한국 마사회

통합기본서

시대에듀

2026 최신판 시대에듀 한국마사회 통합기본서

Always **with you**

사람의 인연은 길에서 우연하게 만나거나 함께 살아가는 것만을 의미하지는 않습니다.
책을 펴내는 출판사와 그 책을 읽는 독자의 만남도 소중한 인연입니다.
시대에듀는 항상 독자의 마음을 헤아리기 위해 노력하고 있습니다. 늘 독자와 함께하겠습니다.

머리말 PREFACE

한국마사회는 2026년에 신입사원을 채용할 예정이다. 한국마사회의 신입사원 채용 절차는 「원서접수 → 서류전형 → 필기전형 → 1차 직무역량 면접 → 2차 최종심층 면접 → 신체검사 및 임용」으로 진행되며, 기술직 일부 직렬을 제외하고 채용예정 인원의 약 50배수에게 필기전형 응시 기회를 부여한다. 필기전형은 직업기초능력평가, 직무지식평가로 구성되는데, NCS는 의사소통능력, 문제해결능력, 조직이해능력, 자원관리능력, 정보능력, 수리능력을 평가한다. 전공은 직렬별로 시험과목이 상이하므로 반드시 확정된 채용공고를 확인하여, 지원하는 직렬에 맞춰 학습하는 것이 필요하다.

한국마사회 필기전형 합격을 위해 시대에듀에서는 한국마사회 판매량 1위의 출간 경험을 토대로 다음과 같은 특징을 가진 도서를 출간하였다.

도서의 특징

❶ 기출복원문제를 통한 출제 유형 확인!

- 주요 공기업 2025년 상반기 NCS 및 2025~2024년 전공 기출복원문제를 수록하여 공기업별 출제 경향을 파악할 수 있도록 하였다.

❷ 출제 영역 맞춤 문제를 통한 실력 상승!

- NCS 직업기초능력평가 대표기출유형&기출응용문제를 수록하여 유형별로 꼼꼼히 대비할 수 있도록 하였다.
- 직렬별 직무지식평가(행정학/경영학/경제학/회계학/법학) 적중예상문제를 수록하여 전공 또한 빈틈없이 학습할 수 있도록 하였다.

❸ 최종점검 모의고사를 통한 완벽한 실전 대비!

- 철저한 분석을 통해 실제 유형과 유사한 최종점검 모의고사를 수록하여 자신의 실력을 점검하고 향상시킬 수 있도록 하였다.

❹ 다양한 콘텐츠로 최종 합격까지!

- 한국마사회 채용 가이드와 면접 기출질문을 수록하여 채용 전반에 대비할 수 있도록 하였다.
- 온라인 모의고사 2회분을 무료로 제공하여 필기전형을 준비하는 데 부족함이 없도록 하였다.

끝으로 본 도서를 통해 한국마사회 채용을 준비하는 모든 수험생 여러분이 합격의 기쁨을 누리기를 진심으로 기원한다.

SDC(Sidae Data Center) 씀

한국마사회 기업분석 INTRODUCE

◇ 미션

말산업으로 **국가경제 발전**과 **국민의 여가선용**에 기여한다

◇ 비전 2037

글로벌 TOP 5 말산업 선도기업! **한국마사회**

◇ 핵심가치

혁신	소통	공정

◇ 슬로건

국민을 **행복**하게
말산업을 **든든**하게

◇ 인재상

선도하는 **전문인**	상생하는 **협력인**	신뢰받는 **청렴인**
변화와 혁신을 선도하는 직무 전문가	조직의 비전과 가치를 공유하는 마사인	공정과 정의를 실천하는 공직자

◇ 전략과제

전략방향	전략과제
국제 경쟁력을 갖춘 경마 시행	1. 한국경마 상품성 강화 2. 미래를 준비하는 경마시행환경 구축 3. 안전 최우선 친환경 사업장 조성
고객이 행복한 여가문화 조성	4. 고객 맞춤형 레저활동 지원 5. 건전하고 안정적인 발매서비스 제공 6. 지역사회 기반 상생협력 강화
국민과 함께하는 말산업 가치 창출	7. 승마 대중화 및 활성화 8. 말산업 성장기반 강화 9. 말산업 민간협력 확대
지속 가능한 경영기반 확립	10. 혁신성장 동력 확보 11. 변화를 선도하는 디지털 경영혁신 12. 국민이 신뢰하는 책임경영 실현

◇ CI

KRA 한국마사회

KRA Brand Identity

KRA는 Korea Racing Authority의 약자로, 정직한 KRA 로고에 간결한 획을 더하여 안정성을 표현하고 있다. ‘R’의 비상하는 획은 끊임없이 도약하고 발전하는 한국마사회의 모습을 상징하고 있으며, Racing의 R에 특징을 더하여 국민에게 사랑받는 말산업 전문기업의 자신감을 표현하고 있다.

신입 채용 안내 INFORMATION

◇ 지원자격(공통)

1. 성별, 연령 및 학력 제한 없음(병역필 또는 면제자)
2. 한국마사회 인사규정상 채용 결격사유가 없는 자
3. 본회가 정한 임용일부터 본회 근무가 가능한 자

◇ 필기전형(사무직 기준)

1. 직업기초능력평가(100점) + 직무지식평가(100점)
2. 합격 인원 : 고득점 순으로 분야별 채용인원의 약 5배수 선발
3. 동점자 처리 : 취업지원(보훈) 대상자 ➡ 가점 사항 중 사회형평 점수 고득점자 ➡ 가점 사항 중 직무 역량 보유 점수 고득점자

구분	내용		문항 수
직업기초능력평가(공통)	의사소통능력, 문제해결능력, 조직이해능력, 자원관리능력, 정보능력, 수리능력(승마 및 6급 직무 제외) + 기초외국어능력		50문항
직무지식평가	경영지원	행정학	50문항
	판매마케팅	경영학	
	재무회계관리	경영, 경제, 회계학	
	법무	법학	

◇ 직무지식평가 세부 과목

행정학	정책론, 조직론, 인사행정론, 재무행정론
경영학	경영학원론, 마케팅이론[마케팅 전략 및 기획, 소비자행동, 마케팅커뮤니케이션(프로모션)전략, 유통채널관리, 서비스마케팅, 고객관리 등]
경제학	경제학원론
회계학	회계원리, 중급회계
법학	헌법, 민법, 행정법, 노동법, 민사소송법

❖ 위 채용 안내는 2025년 채용공고를 기준으로 작성하였으므로 세부사항은 확정된 채용공고를 확인하기 바랍니다.

2025년 기출분석 ANALYSIS

총평

한국마사회 필기전형은 피듈형으로 4지선다로 출제되었으며, 난이도는 중간보다 약간 높은 정도라는 평가가 많았다. 의사소통 · 문제해결 · 조직이해 · 자원관리 · 정보 · 수리능력 등의 NCS 45문제에 기초외국어능력 5문항을 더해 총 50문항을 60분 안에 풀어야 했다. 지문의 길이가 길지 않았고 배경지식이 없어도 이해가 가능했으며, 계산 문제도 적당한 시간 안에 풀 수 있었다는 후기가 다수였다. 전체적으로 기존의 교재에서 익히 접해본 문제들이 다수였던 것으로 보이지만, 시간 부족을 토로하는 후기도 적지 않았다. 다만 모듈 이론에 대한 지식이 필요한 문제도 소수 출제되었으므로 이에 대한 대비도 필요하다.

◇ 영역별 출제 비중(사무직 기준)

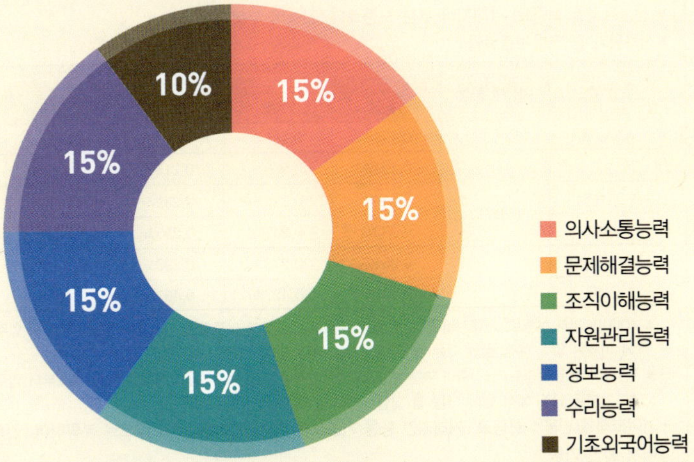

구분	출제 특징	출제 키워드
의사소통능력	• 마사회와 관련한 평이한 수준의 지문이 출제됨 • 맞춤법, 한자성어, 지문 독해, 우리말 어법, 일치 · 불일치, 문장 삽입 등 익숙한 유형의 문제가 출제됨	• 맞춤법(설레다/설레이다), 띄어쓰기, 보조사, 의존명사, 빙산일각 등
문제해결능력	• 참/거짓을 가리는 문제가 출제됨 • 명제 추론, 자리 배치, SWOT 등의 문제가 출제됨	• SWOT, 벤다이어그램 등
조직이해능력	• 지문의 내용으로 옳은 것을 묻는 문제가 출제됨 • 모듈 이론 암기가 필요한 문제가 출제됨 • 종업원 지주 제도 관련 문제가 출제됨	• 종업원 지주 제도 등
자원관리능력	• 지문의 길이가 다소 긴 문제가 있었으며, 복잡한 계산 과정이 필요한 문제는 없었음 • 지문 1개에 2문제가 엮인 세트형 문제가 출제됨	• 부채(負責) 등
정보능력	• 컴활 수준으로, 엑셀 함수 문제가 출제됨 • Sparkline 사용법, 컴퓨터 포맷, 블록체인 관련 문제가 출제됨	• 생성형 AI, HTML, Sparkline, 컴퓨터 포맷, 블록체인 등
수리능력	• 응용 수리(거리 · 속력 · 시간), 비용, 확률 및 경우의 수, 자료 이해, 도표 계산, 그래프 분석 등의 문제가 출제됨	• 경우의 수, 확률, 최소공배수 등
기초외국어능력	• 토익 수준의 문제가 일부 출제됨 • 주제 · 제목, 유사한 단어, 반의어 등 고르기, 문장 삽입, 문법 등 익숙한 유형의 문제가 출제됨	• 기후변화, to 부정사, Liberate, Subjugate등

PSAT형

| 수리능력

04 다음은 신용등급에 따른 아파트 보증률에 대한 사항이다. 자료와 상황에 근거할 때, 갑(甲)과 을(乙)의 보증료의 차이는 얼마인가?(단, 두 명 모두 대지비 보증금액은 5억 원, 건축비 보증금액은 3억 원이며, 보증서 발급일로부터 입주자 모집공고 안에 기재된 입주 예정 월의 다음 달 말일까지의 해당 일수는 365일이다)

- (신용등급별 보증료)=(대지비 부분 보증료)+(건축비 부분 보증료)
- 신용평가 등급별 보증료율

구분	대지비 부분	건축비 부분				
		1등급	2등급	3등급	4등급	5등급
AAA, AA	0.138%	0.178%	0.185%	0.192%	0.203%	0.221%
A^+		0.194%	0.208%	0.215%	0.226%	0.236%
A^-, BBB^+		0.216%	0.225%	0.231%	0.242%	0.261%
BBB^-		0.232%	0.247%	0.255%	0.267%	0.301%
BB^+ ~ CC		0.254%	0.276%	0.296%	0.314%	0.335%
C, D		0.404%	0.427%	0.461%	0.495%	0.531%

※ (대지비 부분 보증료)=(대지비 부분 보증금액)×(대지비 부분 보증료율)×(보증서 발급일로부터 입주자 모집공고 안에 기재된 입주 예정 월의 다음 달 말일까지의 해당 일수)÷365

※ (건축비 부분 보증료)=(건축비 부분 보증금액)×(건축비 부분 보증료율)×(보증서 발급일로부터 입주자 모집공고 안에 기재된 입주 예정 월의 다음 달 말일까지의 해당 일수)÷365

- 기여고객 할인율 : 보증료, 거래기간 등을 기준으로 기여도에 따라 6개 군으로 분류하며, 건축비 부분 요율에서 할인 가능

구분	1군	2군	3군	4군	5군	6군
차감률	0.058%	0.050%	0.042%	0.033%	0.025%	0.017%

〈상황〉

- 갑 : 신용등급은 A^+이며, 3등급 아파트 보증금을 내야 한다. 기여고객 할인율에서는 2군으로 선정되었다.
- 을 : 신용등급은 C이며, 1등급 아파트 보증금을 내야 한다. 기여고객 할인율은 3군으로 선정되었다.

① 554,000원
② 566,000원
③ 582,000원
④ 591,000원
⑤ 623,000원

특징
- ▸ 대부분 의사소통능력, 수리능력, 문제해결능력을 중심으로 출제(일부 기업의 경우 자원관리능력, 조직이해능력을 출제)
- ▸ 자료에 대한 추론 및 해석 능력을 요구

대행사
- ▸ 엑스퍼트컨설팅, 커리어넷, 태드솔루션, 한국행동과학연구소(행과연), 휴노 등

모듈형

| 문제해결능력

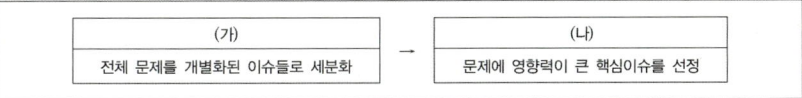

41 문제해결절차의 문제 도출 단계는 (가)와 (나)의 절차를 거쳐 수행된다. 다음 중 (가)에 대한 설명으로 적절하지 않은 것은?

(가)	→	(나)
전체 문제를 개별화된 이슈들로 세분화		문제에 영향력이 큰 핵심이슈를 선정

① 문제의 내용 및 영향 등을 파악하여 문제의 구조를 도출한다.
② 본래 문제가 발생한 배경이나 문제를 일으키는 메커니즘을 분명히 해야 한다.
③ 현상에 얽매이지 말고 문제의 본질과 실제를 봐야 한다.
④ 눈앞의 결과를 중심으로 문제를 바라봐야 한다.
⑤ 문제 구조 파악을 위해서 Logic Tree 방법이 주로 사용된다.

특징
- 이론 및 개념을 활용하여 푸는 유형
- 채용 기업 및 직무에 따라 NCS 직업기초능력평가 10개 영역 중 선발하여 출제
- 기업의 특성을 고려한 직무 관련 문제를 출제
- 주어진 상황에 대한 판단 및 이론 적용을 요구

대행사
- 인트로맨, 휴스테이션, ORP연구소 등

피듈형(PSAT형 + 모듈형)

| 자원관리능력

07 다음 자료를 근거로 판단할 때, 연구모임 A ~ E 중 세 번째로 많은 지원금을 받는 모임은?

〈지원계획〉

- 지원을 받기 위해서는 한 모임당 5명 이상 9명 미만으로 구성되어야 한다.
- 기본지원금은 모임당 1,500천 원을 기본으로 지원한다. 단, 상품개발을 위한 모임의 경우는 2,000천 원을 지원한다.
- 추가지원금

등급	상	중	하
추가지원금(천 원/명)	120	100	70

※ 추가지원금은 연구 계획 사전평가결과에 따라 달라진다.

- 협업 장려를 위해 협업이 인정되는 모임에는 위의 두 지원금을 합한 금액의 30%를 별도로 지원한다.

〈연구모임 현황 및 평가결과〉

특징
- 기초 및 응용 모듈을 구분하여 푸는 유형
- 기초인지모듈과 응용업무모듈로 구분하여 출제
- PSAT형보다 난도가 낮은 편
- 유형이 정형화되어 있고, 유사한 유형의 문제를 세트로 출제

대행사
- 사람인, 스카우트, 인크루트, 커리어케어, 트리피, 한국사회능력개발원 등

한국마사회

SWOT 분석 ▸ 유형

2025년 적중

02 다음은 H섬유회사에 대한 SWOT 분석 결과이다. 분석에 따른 대응 전략으로 적절한 것을 〈보기〉에서 모두 고르면?

〈H섬유회사 SWOT 분석 결과〉

S 강점	W 약점
• 첨단 신소재 관련 특허 다수 보유	• 신규 생산 설비 투자 미흡 • 브랜드의 인지도 부족
O 기회	**T 위협**
• 고기능성 제품에 대한 수요 증가 • 정부 주도의 문화 콘텐츠 사업 지원	• 중저가 의류용 제품의 공급 과잉 • 저임금의 개발도상국과 경쟁 심화

보기

ㄱ. SO전략으로 첨단 신소재를 적용한 고기능성 제품을 개발한다.
ㄴ. ST전략으로 첨단 신소재 관련 특허를 개발도상국의 경쟁업체에 무상 이전한다.
ㄷ. WO전략으로 문화 콘텐츠와 디자인을 접목한 신규 브랜드 개발을 통해 적극적으로 마케팅 한다.
ㄹ. WT전략으로 기존 설비에 대한 재투자를 통해 대량생산 체제로 전환한다.

① ㄱ, ㄷ
② ㄱ, ㄹ
③ ㄴ, ㄷ
④ ㄴ, ㄹ

사자성어 ▸ 유형

2025년 적중

02 다음에서 설명하는 사자성어는?

남의 환심을 얻기 위해 말을 번지르르하게 하거나 얼굴 표정을 통해 아첨을 하는 사람을 두고 이르는 말로, 신라 신문왕 때 설총이 한 화왕계라는 이야기가 유명하다.

① 유비무환(有備無患)
② 경이원지(敬而遠之)
③ 만년지계(萬年之計)
④ 교언영색(巧言令色)

한국농어촌공사

단어의 관계 ▶ 유형

2025년 적중

02 다음 제시된 단어의 관계와 동일한 것을 고르면?

구리 – 전선

① 바람 – 태양열
② 밀 – 쌀
③ 도토리 – 솔방울
④ 계란 – 마요네즈
⑤ 동화책 – 문제집

원탁 자리 배치 ▶ 유형

2025년 적중

12 각 지역본부 대표 8명이 다음 〈조건〉에 따라 원탁에 앉아 회의를 진행한다고 할 때, 경인 지역본부 대표의 맞은편에 앉은 사람을 바르게 추론한 것은?

조건

- 서울, 부산, 대구, 광주, 대전, 경인, 춘천, 속초 대표가 참여하였다.
- 서울 대표는 12시 방향에 앉아 있다.
- 서울 대표의 오른쪽 두 번째 자리에는 대전 대표가 앉아 있다.
- 부산 대표는 경인 대표의 왼쪽에 앉는다.
- 광주 대표의 양 옆자리는 대전 대표와 부산 대표이다.
- 광주 대표와 대구 대표는 마주 보고 있다.
- 속초 대표의 양 옆자리는 서울 대표와 대전 대표이다.

① 대전 대표
② 부산 대표
③ 대구 대표
④ 속초 대표
⑤ 서울 대표

바이러스 ▶ 키워드

2025년 적중

37 K전자는 사원들만 이용할 수 있는 사내 공용 서버를 운영하고 있다. 이 서버에는 아이디와 패스워드를 입력하지 않고 자유롭게 접속하여 업무 관련 파일들을 올리고 내릴 수 있다. 하지만 얼마 전부터 공용 서버의 파일을 다운로드 받은 개인용 컴퓨터에서 바이러스가 감지되어, 우선적으로 공용 서버의 바이러스를 모두 제거하였다. 이런 상황에서 발생한 문제에 대처하기 위한 추가 조치 사항으로 옳은 것을 〈보기〉에서 모두 고르면?

보기

㉠ 접속하는 모든 컴퓨터를 대상으로 바이러스를 치료한다.
㉡ 공용 서버에서 다운로드한 파일을 모두 실행한다.
㉢ 접속 후에는 쿠키를 삭제한다.
㉣ 임시 인터넷 파일의 디스크 공간을 최대로 늘린다.

① ㉠, ㉡
② ㉠, ㉢

주요 공기업 적중 문제 TEST CHECK

한국환경공단

업무 순서 ▶ 키워드

2025년 적중

10 다음 〈조건〉을 보고 K은행의 대기자 중 업무를 보는 순서를 바르게 나열한 것은?

조건

- 예금 대기 순번과 공과금 대기 순번은 별개로 카운트된다.
- 1인당 업무 처리 시간은 모두 동일하게 주어진다.
- 예금 창구에서는 2번 대기자가 업무를 보고 있다.
- 공과금 창구에서는 3번 대기자가 업무를 보고 있다.
- A는 예금 업무를 보려고 한다.
- A보다 B, D가 늦게 발권하였다.
- B의 다음 대기자는 C이다.
- D는 예금 업무를 보려고 한다.
- A가 발권한 대기번호는 6번이다.
- B가 발권한 대기번호는 4번이다.
- E가 발권한 대기번호는 5번이다.

① A－B－C－D－E
② B－C－E－A－D
③ B－E－A－C－D
④ E－A－B－C－D
⑤ E－A－D－B－C

빈칸 삽입 ▶ 유형

2025년 적중

40 다음 〈보기〉의 문장이 들어갈 위치로 가장 적절한 곳은?

카셰어링이란 차를 빌려 쓰는 방법의 하나로, 기존의 방식과는 다르게 시간 또는 분 단위로 필요한 만큼만 자동차를 빌려 사용할 수 있다. (가) 이러한 카셰어링은 비용 절감 효과와 더불어 환경적·사회적 측면에서 현재 세계적으로 주목받고 있는 사업 모델이다.
호주 멜버른시의 조사 자료에 따르면, 카셰어링 차 한 대당 도로상의 개인 소유 차량 9대를 줄이는 효과가 있으며, 실제 카셰어링을 이용하는 사람은 해당 서비스 가입 이후 자동차 사용을 50%까지 줄였다고 한다. 또한 자동차 이용량이 줄어들면 주차 문제를 해결할 수 있으며, 카셰어링 업체에서 제공하는 친환경 차량을 통해 온실가스의 배출을 감소시키는 효과도 기대할 수 있다. (나) 호주 카셰어링 업체 차량의 60% 정도는 경차 또는 하이브리드 차량인 것으로 조사되었다.
호주의 카셰어링 시장규모는 8,360만 호주 달러로, 지난 5년간 연평균 21.7%의 급격한 성장률을 보이고 있다. (다) 전문가들은 호주 카셰어링 시장이 앞으로도 가파르게 성장해 5년 후에는 현재보다 약 2.5배 증가한 2억 1,920만 호주 달러에 이를 것이며, 이용자 수도 10년 안에 150만 명까지 폭발적으로 늘어날 것이라고 예측한다. (라) 호주에서 차량을 소유할 경우 주유비, 서비스비, 보험료, 주차비 등의 부담이 크기 때문이다. 발표 자료에 의하면 차량 2대를 소유한 가족이 구매 금액을 비롯하여 차량 유지비에만 쓰는 비용은 연간 12,000 호주 달러에서 18,000 호주 달러에 이른다고 한다.
호주 자동차 산업에서 경제적·환경적·사회적인 변화에 따라 호주 카셰어링 시장이 폭발적인 성장세를 보이는 것에 주목할 필요가 있다. (마) 전문가들은 카셰어링으로 인해 자동차 산업에 나타나는 변화의 정도를 '위험한 속도'로까지 비유하기도 한다. 카셰어링 차량의 주차공간을 마련하기 위해서 정부의 역할이 매우 중요한 만큼 호주는 정부 차원에서도 카셰어링 서비스를 지원하는 데 적극적으로 움직이고 있다. 호주는 카셰어링 서비스가 발달한 미국, 캐나다, 유럽 대도시에 비하면 아직 뒤처져 있지만, 성장 가능성이 높아 국내기업에서도 차별화된 서비스와 플랫폼을 개발한다면 진출을 시도해 볼 수 있다.

해양환경공단

퍼실리테이션 ▶ 키워드

2025년 적중

14 다음 중 퍼실리테이션의 문제해결에 대한 설명으로 옳지 않은 것은?

① 어떤 그룹이나 집단이 의사결정을 잘하도록 도와주는 일을 의미한다.
② 제3자가 합의점이나 줄거리를 준비해놓고 예정대로 결론을 도출한다.
③ 구성원의 동기뿐만 아니라 팀워크도 한층 강화되는 특징을 보인다.
④ 주제에 대한 공감을 이룰 수 있도록 능숙하게 도와주는 역할을 한다.

조직의 유형 ▶ 키워드

2025년 적중

21 다음 〈보기〉 중 조직의 유형에 대한 설명으로 옳지 않은 것을 모두 고르면?

〈보기〉

㉠ 기업은 대표적인 영리 조직이다.
㉡ 병원, 대학은 영리 조직에 해당한다.
㉢ 최근 다국적 기업과 같은 대규모 조직이 증가하고 있다.
㉣ 공식 조직 내에서 비공식 조직들이 새롭게 생성되기도 한다.
㉤ 공직이 발달해 온 역사를 보면 공식 조직에서 자유로운 비공식 조직으로 발전해 왔다.

① ㉠, ㉡
② ㉡, ㉤
③ ㉠, ㉢, ㉣
④ ㉢, ㉣, ㉤

데이터베이스의 특징 ▶ 키워드

2025년 적중

32 다음은 데이터베이스에 대한 설명이다. 데이터베이스의 특징으로 적절하지 않은 것은?

데이터베이스란 대량의 자료를 관리하고 내용을 구조화하여 검색이나 자료 관리 작업을 효과적으로 실행하는 프로그램으로, 삽입·삭제·수정·갱신 등을 통하여 항상 최신의 데이터를 유동적으로 유지할 수 있으며, 이와 같은 다량의 데이터는 사용자의 질의에 대한 신속한 응답 처리를 가능하게 한다. 또한 이러한 데이터를 여러 명의 사용자가 동시에 공유할 수 있고, 각 데이터를 참조할 때는 사용자가 요구하는 내용에 따라 참조가 가능함은 물론 응용프로그램과 데이터베이스를 독립시킴으로써 데이터를 변경시키더라도 응용프로그램은 변경되지 않는다.

① 실시간 접근성
② 계속적인 진화
③ 내용에 의한 참조
④ 데이터 논리적 의존성

도서 200% 활용하기 STRUCTURES

1 기출복원문제로 출제경향 파악

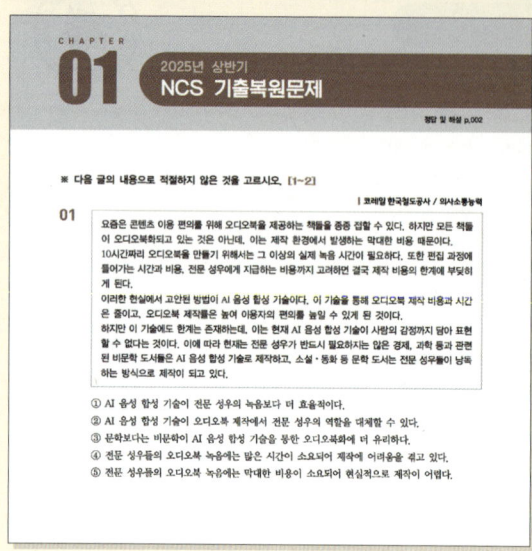

CHAPTER 01 2025년 상반기 NCS 기출복원문제

정답 및 해설 p.002

※ 다음 글의 내용으로 적절하지 않은 것을 고르시오. [1~2]

| 코레일 한국철도공사 / 의사소통능력

01

요즘은 콘텐츠 이용 편의를 위해 오디오북을 제공하는 책들을 종종 접할 수 있다. 하지만 모든 책들이 오디오북화되고 있는 것은 아닌데, 이는 제작 환경에서 발생하는 막대한 비용 때문이다. 10시간짜리 오디오북을 만들기 위해서는 그 이상의 실제 녹음 시간이 필요하다. 또한 편집 과정에 들어가는 시간과 비용, 전문 성우에게 지급하는 비용까지 고려하면 결국 제작 비용의 한계에 부딪히게 된다.
이러한 현실에서 고안된 방법이 AI 음성 합성 기술이다. 이 기술을 통해 오디오북 제작 비용과 시간은 줄이고, 오디오북 제작률은 높여 이용자의 편의를 높일 수 있게 된 것이다.
하지만 이 기술에도 한계는 존재하는데, 이는 현재 AI 음성 합성 기술이 사람의 감정까지 담아 표현할 수 없다는 것이다. 이에 따라 현재는 전문 성우가 반드시 필요하지는 않은 경제, 과학 등과 관련된 비문학 도서들은 AI 음성 합성 기술로 제작하고, 소설·동화 등 문학 도서는 전문 성우들이 낭독하는 방식으로 제작이 되고 있다.

① AI 음성 합성 기술이 전문 성우의 녹음보다 더 효율적이다.
② AI 음성 합성 기술이 오디오북 제작에서 전문 성우의 역할을 대체할 수 있다.
③ 문학보다는 비문학이 AI 음성 합성 기술을 통한 오디오북화에 더 유리하다.
④ 전문 성우들의 오디오북 녹음에는 많은 시간이 소요되어 제작에 어려움을 겪고 있다.
⑤ 전문 성우들의 오디오북 녹음에는 막대한 비용이 소요되어 현실적으로 제작이 어렵다.

CHAPTER 02 2025 ~ 2024년 전공 기출복원문제

정답 및 해설 p.015

01 행정학

| 25상 / 서울교통공사

01 다음 중 정부실패의 원인으로 옳지 않은 것은?

① 파생적 외부 효과
② 정부조직의 내부성
③ 비용과 편익의 괴리
④ 점증적 정책결정의 불확실성
⑤ 권력으로 인한 분배적 불공정성

| 25상 / 건강보험심사평가원

02 다음 중 엽관주의에 대한 설명으로 옳은 것은?

① 관료제 조직 내의 민주화에 기여한다.
② 실적주의에 비해 부정부패 방지에 유리하다.
③ 직업공무원제에 비해 대의민주주의의 가치 실현에 적절하다.
④ 관료조직이 전문성을 바탕으로 정치세력화가 이루어지기 쉽다.

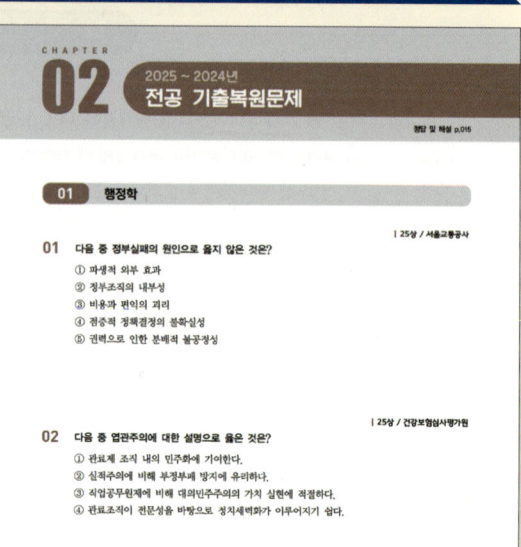

▸ 주요 공기업 2025년 상반기 NCS 및 2025~2024년 전공 기출복원문제를 수록하여 공기업별 출제경향을 파악할 수 있도록 하였다.

2 출제 영역 맞춤 문제로 필기전형 완벽 대비

대표기출유형 01 문서 내용 이해

| 유형분석 |

- 주어진 지문을 읽고 선택지를 고르는 전형적인 독해 문제이다.
- 지문은 주로 신문기사(보도자료 등)나 업무 보고서, 시사 등이 제시된다.
- 공사·공단에 따라 자사와 관련된 내용의 기사나 법조문, 보고서 등이 출제되기도 한다.

K씨는 성장기인 아들의 수면 습관을 바로 잡기 위해 수면 습관에 관련된 글을 찾아보았다. 다음 글을 읽고 이해한 내용으로 적절하지 않은 것은?

수면은 비렘(Non-REM)수면과 렘수면의 사이클이 반복되면서 이뤄지는 복잡한 신경계의 상호작용이며, 좋은 수면이란 이 사이클이 끊어지지 않고 충분한 시간 동안 유지되도록 하는 것이다. 수면 패턴은 일정한 것이 좋으며, 깨는 시간을 지키는 것이 중요하다. 그리고 수면 패턴은 휴일과 평일 모두 일정하게 지키는 것이 성장하는 아이들의 수면 리듬을 유지하는 데 좋다. 수면 상태에서 깨어날 때 영향을 주는 자극들은 '빛, 식사 시간, 운동, 사회 활동' 등이 있으며, 이 중 가장 강한 자극은 '빛'이다. 침실을 밝게 하는 것은 적절한 수면을 방해한다. 반대로 깨어날 때 강한 빛 자극을 주면 수면 상태에서 빠르게 벗어날 수 있다. 이는 뇌의 신경전달 물질인 멜라토닌의 농도와 연관되어 나타나는 현상이다. 수면 중 최대치로 올라간 멜라토닌의 농도는 시신경이 강한 빛에 노출되면 빠르게 줄어들게 되는데, 이때 수면 상태에서 벗어나게 된다. 아침 일찍 일어나 커튼을 젖히고 밝은 빛이 침실 안으로 들어오게 하는 것은 매우 효과적인 각성 방법인 것이다.

① 잠에서 깨는 데 가장 강력한 자극을 주는 것은 빛이었구나.
② 멜라토닌의 농도에 따라 수면과 각성이 영향을 받는군.
③ 평일에 잠이 모자란 우리 아들은 잠을 보충해 줘야 하니까 휴일에 늦게까지 자도록 둬야겠다.
④ 좋은 수면은 비렘수면과 렘수면의 사이클이 충분한 시간 동안 유지되도록 하는 것이구나.

CHAPTER 01 행정학 적중예상문제

정답 및 해설 p.056

01 다음 중 신공공관리론(NPM)의 오류에 대한 반작용으로 대두된 신공공서비스론(NPS)에서 주장하는 원칙에 해당하는 것은?

① 지출보다는 수익 창출
② 노 젓기보다는 방향 잡기
③ 서비스 제공보다 권한 부여
④ 고객이 아닌 시민에 대한 봉사

02 다음 중 예산원칙의 예외에 대한 설명으로 옳지 않은 것은?

① 목적세는 공개성의 원칙에 대한 예외이다.
② 특별회계는 단일성의 원칙에 대한 예외이다.
③ 준예산 제도는 사전의결의 원칙에 대한 예외이다.
④ 예산의 이용(移用)은 한계성의 원칙에 대한 예외이다.

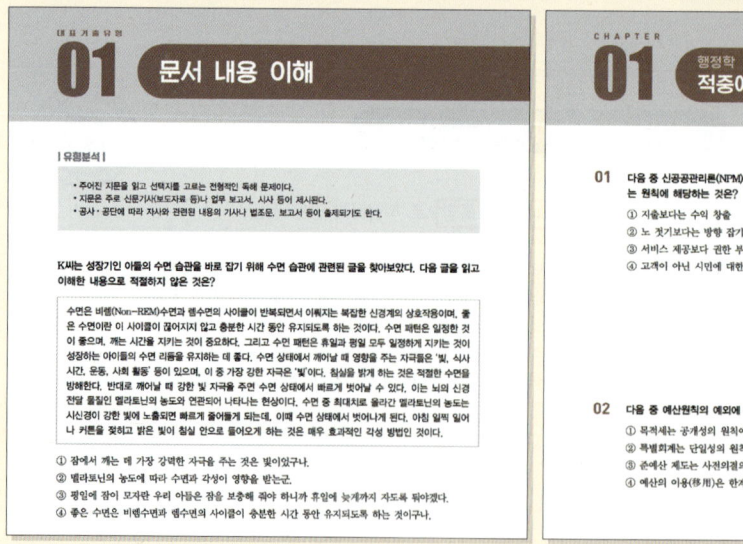

▸ NCS 직업기초능력평가 대표기출유형&기출응용문제를 수록하여 유형별로 꼼꼼히 대비할 수 있도록 하였다.
▸ 직무지식평가(행정학/경영학/경제학/회계학/법학) 적중예상문제를 수록하여 전공 또한 빈틈없이 학습할 수 있도록 하였다.

3 최종점검 모의고사 + OMR을 활용한 실전 연습

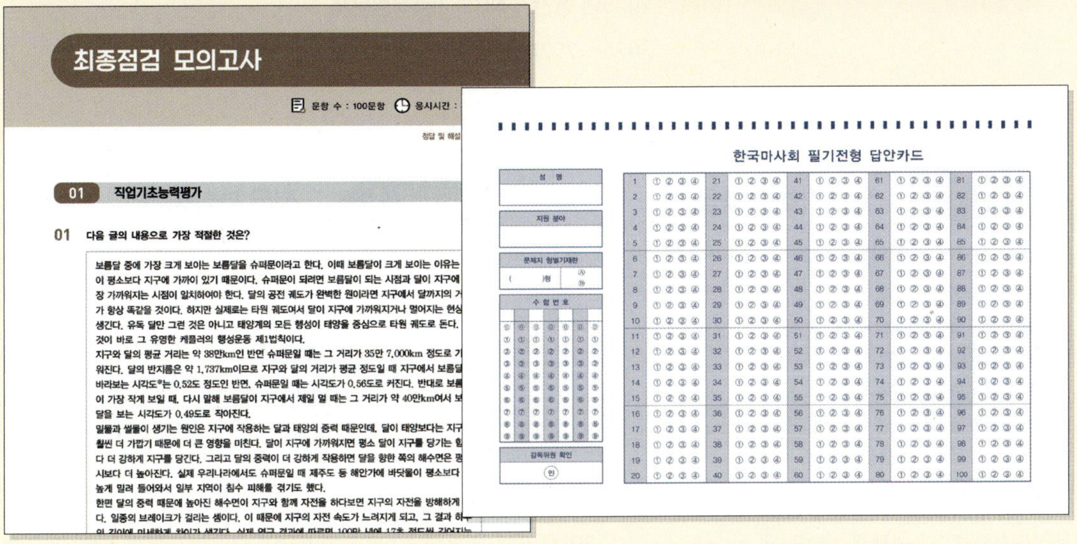

- 철저한 분석을 통해 실제 유형과 유사한 최종점검 모의고사를 수록하여 자신의 실력을 점검하고 향상시킬 수 있도록 하였다.
- 모바일 OMR 답안채점/성적분석 서비스를 통해 필기전형에 대비할 수 있도록 하였다.

4 인성검사부터 면접까지 한 권으로 최종 마무리

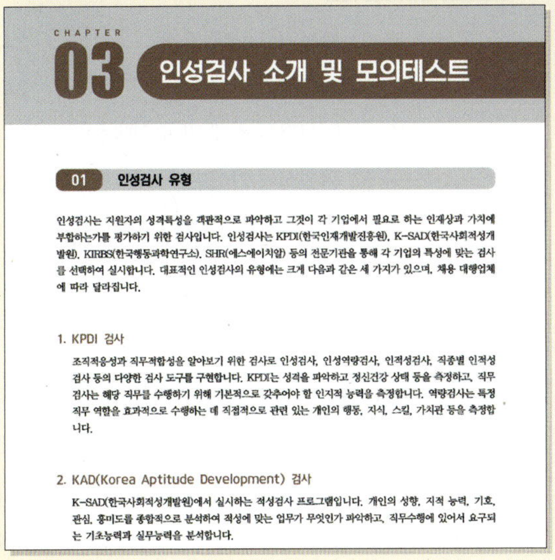

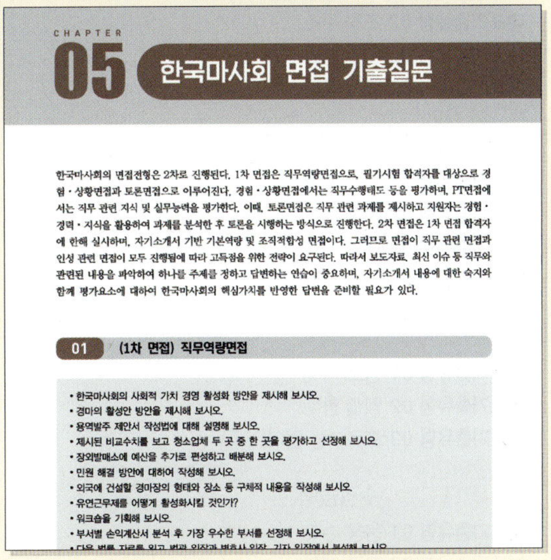

- 인성검사 모의테스트를 수록하여 인성검사 유형 및 문항을 확인할 수 있도록 하였다.
- 한국마사회 면접 기출질문을 수록하여 면접에서 나오는 질문을 미리 파악하고 대비할 수 있도록 하였다.

이 책의 차례 CONTENTS

Add+

주요 공기업 기출복원문제

2025년 상반기 NCS 기출복원문제

정답 및 해설 p.002

※ 다음 글의 내용으로 적절하지 않은 것을 고르시오. [1~2]

| 코레일 한국철도공사 / 의사소통능력

01

요즘은 콘텐츠 이용 편의를 위해 오디오북을 제공하는 책들을 종종 접할 수 있다. 하지만 모든 책들이 오디오북화되고 있는 것은 아닌데, 이는 제작 환경에서 발생하는 막대한 비용 때문이다.
10시간짜리 오디오북을 만들기 위해서는 그 이상의 실제 녹음 시간이 필요하다. 또한 편집 과정에 들어가는 시간과 비용, 전문 성우에게 지급하는 비용까지 고려하면 결국 제작 비용의 한계에 부딪히게 된다.
이러한 현실에서 고안된 방법이 AI 음성 합성 기술이다. 이 기술을 통해 오디오북 제작 비용과 시간은 줄이고, 오디오북 제작률은 높여 이용자의 편의를 높일 수 있게 된 것이다.
하지만 이 기술에도 한계는 존재하는데, 이는 현재 AI 음성 합성 기술이 사람의 감정까지 담아 표현할 수 없다는 것이다. 이에 따라 현재는 전문 성우가 반드시 필요하지는 않은 경제, 과학 등과 관련된 비문학 도서들은 AI 음성 합성 기술로 제작하고, 소설·동화 등 문학 도서는 전문 성우들이 낭독하는 방식으로 제작이 되고 있다.

① AI 음성 합성 기술이 전문 성우의 녹음보다 더 효율적이다.
② AI 음성 합성 기술이 오디오북 제작에서 전문 성우의 역할을 대체할 수 있다.
③ 문학보다는 비문학이 AI 음성 합성 기술을 통한 오디오북화에 더 유리하다.
④ 전문 성우들의 오디오북 녹음에는 많은 시간이 소요되어 제작에 어려움을 겪고 있다.
⑤ 전문 성우들의 오디오북 녹음에는 막대한 비용이 소요되어 현실적으로 제작이 어렵다.

02

> 민족의 대명절인 설날과 추석은 가족과 친지를 만나기 위해 전국 각지로 이동하는 사람들이 급증하는 시기다. 이때 코레일의 기차 이용률은 평소보다 훨씬 높아진다. 예매가 시작되면 몇 분 만에 전 노선의 승차권이 매진되고, 예매 경쟁률이 수십 배에 달하는 경우도 흔하다. 그만큼 명절 기간 기차는 국민들의 중요한 이동 수단으로 자리 잡았지만, 최근에는 '노쇼' 문제로 인해 심각한 어려움을 겪고 있다. 이 문제는 명절 기간에 더욱 두드러지며 해마다 노쇼 비율이 증가하는 추세이다.
>
> 2024년 설 연휴 기간 코레일이 판매한 승차권은 약 408만 매에 이른다. 추석 연휴 역시 약 120만 매가 판매되어 명절에 기차 이용 수요가 얼마나 폭발적인지 알 수 있다. 하지만 이 중 상당수가 실제 탑승하지 않아 공석으로 남는 일이 반복되고 있다. 2024년 설날 노쇼 비율은 무려 46%에 달했으며, 이 중 약 19만 매 이상의 좌석이 재판매되지 못해 빈 좌석으로 운행되었다. 추석 연휴에도 비슷한 수준의 노쇼와 공석 운행 문제가 발생했다. 이는 단순히 좌석이 비어 있는 것 이상의 심각한 문제를 야기한다.
>
> 공석 운행은 여러 측면에서 부정적인 영향을 끼친다. 우선, 실제로 기차를 타고자 하는 실수요자들이 좌석을 구하지 못하는 상황이 발생한다. 예매 경쟁이 매우 치열한 명절 기간에 노쇼로 인해 좌석이 비어 있음에도 불구하고, 다른 승객들이 그 좌석을 이용하지 못하는 것은 매우 불합리하다. 결국 노쇼는 국민들의 이동권을 제한하는 결과를 낳는다. 두 번째로, 공석 운행은 철도 운영의 효율성을 떨어뜨린다. 빈 좌석을 채우지 못한 채 열차를 운행하는 것은 불필요한 에너지와 인력, 비용 낭비로 이어진다. 이는 코레일뿐 아니라 국가적으로도 큰 손실이다. 세 번째로, 노쇼 문제는 사회적 비용 증가로 연결된다. 노쇼를 줄이기 위한 정책 마련과 시스템 개선에 투입되는 비용, 그리고 이에 따른 환불 정책 변경 등은 모두 국민의 부담으로 돌아올 수밖에 없다.
>
> 이러한 문제를 해결하기 위해 코레일은 다양한 대책을 시행하고 있다. 2025년부터 명절 특별수송기간에 출발 후 20분까지의 위약금을 기존 15%에서 30%로 상향 조정하는 등 노쇼 억제에 나서고 있으며, 취소·반환 기준 시점을 앞당겨 승객들이 불필요한 예약을 조기에 취소할 수 있도록 유도하고 있다. 이와 함께 좌석 재판매율을 높이기 위한 시스템 개선 작업도 진행 중이다.
>
> 하지만 노쇼 문제는 단순히 코레일의 노력만으로 해결되기 어렵다. 근본적인 제도 개선과 국민 인식 변화가 함께 이루어져야 한다. 예매 시스템의 투명성 강화, 노쇼에 대한 법적 제재 강화 그리고 국민들의 책임감 있는 예약 문화 정착이 필요하다. 또한 실수요자 중심의 예약 정책과 더불어, 노쇼 발생 시 불이익을 명확히 하는 제도적 장치도 마련되어야 한다. 이러한 종합적인 접근이 이루어질 때 비로소 명절 노쇼 문제를 효과적으로 줄이고, 국민 모두가 편리하고 공정하게 기차를 이용할 수 있을 것이다.

① 명절에는 승차권 예매 경쟁이 평소보다 수십 배에 달하다

② 노쇼로 인해 발생하는 비용은 결국 국민의 부담으로 돌아온다.

③ 2024년 설날에 판매된 승차권 중 46%는 노쇼로 인해 공석으로 운행되었다.

④ 2025년부터 명절 특별수송기간에는 승차권 취소 위약금이 평소보다 높아진다.

⑤ 노쇼 문제를 해결하기 위해서는 코레일의 노력뿐만 아니라 국민 의식 변화와 정부의 제도 개선이 필요하다.

| 코레일 한국철도공사 / 의사소통능력

03 다음 제시된 표현법에 대한 사례로 가장 적절한 것은?

> 관용의 격률이란 자신의 이익은 최소화하고 부담은 최대화하여 말하는 표현법이다. 관용의 격률에 따르면 자신의 부담이 커질수록 상대에게는 예의 있는 표현으로 여겨지기 때문에 어떠한 문제를 자신 탓으로 돌려 말하는 것이라고도 해석된다.

① 민재 : 조은 씨는 좋겠네요. 아들이 훤칠한데 공부까지 잘해서요.
② 지우 : 설명이 너무 어려워서 이해가 되지 않아요. 더 쉽게 설명해 주시겠어요?
③ 다예 : 제가 다음 주에 발표가 있으니, 이번 주까지 자료 정리해서 보내줄 수 있나요?
④ 동현 : 짐을 옮겨야 되는데 너무 무거워서, 미안한데 잠깐 도와줄 수 있을까요?
⑤ 선주 : 제가 시력이 안 좋아서 잘 보이지가 않네요. 조금 더 크게 보여주실 수 있나요?

| 코레일 한국철도공사 / 수리능력

04 다음 수식을 계산한 결과는 $\frac{q}{p}$의 기약분수 형태로 나타낼 수 있으며, p와 q는 서로소이다. 이때, $q+p$의 값을 구하면?

$$\frac{18\times(15^2+12+3)}{90^2-2\times45\times4}+1$$

① 90
② 100
③ 110
④ 120
⑤ 130

| 코레일 한국철도공사 / 수리능력

05 K시의 전철 요금은 1회 탑승 시 1,500원이며, 오전 6시 30분 이전에 탑승할 경우 20%의 할인이 적용된다. K시에 사는 A씨는 전철을 이용하여 한 달간 총 22일의 출근과 퇴근을 할 예정이다. 한 달 전철 요금을 62,000원 이하로 유지하려면 A씨가 할인을 받아야 하는 날은 최소 며칠이어야 하는가?(단, A씨는 오후 6시에 회사에서 퇴근한다)

① 12일
② 13일
③ 14일
④ 15일
⑤ 16일

06 K공사의 사내 보안시스템은 숫자 1부터 6까지를 사용해 4자리 비밀번호를 설정할 수 있다. 이때, 다음 〈조건〉을 만족하는 4자리 비밀번호는 모두 몇 가지인가?

> **조건**
> - 각 자릿수에는 1부터 6까지의 숫자 중 하나가 들어간다.
> - 같은 숫자는 최대 2번까지만 사용할 수 있다.
>
> 예 1123, 2331, 4455 가능 / 1112, 2122, 4444 불가능

① 1,170가지
② 1,196가지
③ 1,236가지
④ 1,241가지
⑤ 1,296가지

07 다음은 K쇼핑몰에서 판매된 상품에 대한 월별 리뷰 수와 반품 및 환불률을 조사한 자료이다. 상품을 구매한 사람이 모두 1건씩 리뷰를 작성하였다고 가정할 때, 조사기간 동안 발생한 반품 건수와 환불 건수를 모두 합하면?

〈K쇼핑몰 월별 리뷰 수 및 반품·환불 비율〉

(단위 : 건, %)

구분	리뷰 수	반품률	환불률
1월	1,000	3	2
2월	1,200	2	3
3월	1,500	4	1
4월	1,300	3	2

① 240건
② 246건
③ 248건
④ 250건
⑤ 252건

08 다음은 서울시 전철 3개 주요 역사에서 시간대별 탑승 및 하차 인원수를 정리한 자료이다. 이에 대한 설명으로 옳은 것은?

〈서울시 전철 3개 주요 역사 시간대별 탑승 및 하차 인원수〉

(단위 : 명)

구분	역삼역		시청역		구로디지털단지역	
	탑승	하차	탑승	하차	탑승	하차
07:00 ~ 09:00 (출근시간)	1,150	350	620	870	2,300	400
12:00 ~ 14:00 (점심시간)	480	520	530	500	900	950
17:00 ~ 19:00 (퇴근시간)	390	1,250	420	1,480	280	2,150

① 역삼역은 모든 시간대에서 탑승 인원이 하차 인원보다 많다.
② 시청역은 점심시간대보다 퇴근시간대에 탑승 인원이 더 많다.
③ 역삼역은 전 시간대를 통틀어 탑승보다 하차 인원이 많은 유일한 역이다.
④ 시청역은 출근시간대 대비 퇴근시간대 하차 인원의 증가 폭이 역삼역보다 크다.
⑤ 구로디지털단지역은 퇴근시간대 하차 인원이 출근시간대 하차 인원의 5배 이상이다.

09 다음 사례에서 나타나는 창의적 사고 개발방법으로 옳은 것은?

3개의 노선이 교차하는 환승역인 K역은 복잡한 역사 구조로 인해 승객들이 길을 헤매는 문제가 있다. A주임은 이러한 문제를 창의적으로 해결하기 위해 지하철역과 비슷하게 사람이 많고 구조가 복잡한 쇼핑센터의 사례를 탐색하였다. 탐색 결과 쇼핑센터에서 입점 가게 위치를 스마트폰 증강현실 지도로 보여주는 기술이 있음을 확인하고, 이를 바탕으로 K역에 적용하여 QR코드를 찍고, 환승구역이나 나가는 곳을 입력하면 그 위치를 스마트폰 증강현실을 통해 안내하는 서비스를 기획하였다.

① NM법
② Synectics
③ 체크리스트
④ SCAMPER
⑤ 브레인스토밍

10 **다음 사례에서 나타나는 A씨의 논리적 오류로 가장 적절한 것은?**

> 매일 지하철을 이용하여 출퇴근하는 A씨는 혼잡해진 지하철 상황에 불만을 가지고 있다. 어느 날 혼잡한 출근 시간에 지하철이 흔들려 어떤 학생이 A씨와 부딪히게 되었다. 부딪힌 학생은 즉시 A씨에게 사과하였지만, A씨는 화를 내며 요즘 젊은이들은 전부 조심성도 없고 남을 배려하지도 않는다고 학생을 비난하였다.

① 무지의 오류
② 결합의 오류
③ 애매성의 오류
④ 과대 해석의 오류
⑤ 성급한 일반화의 오류

11 **다음은 철도사업을 수행하는 K공사에 대한 SWOT 분석 결과이다. 기회(Opportunity) 요인에 해당하는 사례를 〈보기〉에서 모두 고르면?**

> 보기
> ㄱ. 신재생 관련 법안 개정으로 인한 철도 이용객 수 증가
> ㄴ. 높은 국내 철도망 운영 노하우
> ㄷ. 도시철도에 대한 민간투자의 확대
> ㄹ. 정부의 교통요금 동결 정책 지속
> ㅁ. 직원 수 부족으로 인해 저조한 고객 만족도
> ㅂ. 글로벌 공동 철도 프로젝트 참여

① ㄱ, ㄴ, ㅁ
② ㄱ, ㄷ, ㅂ
③ ㄴ, ㄷ, ㄹ
④ ㄴ, ㅁ, ㅂ
⑤ ㄷ, ㅁ, ㅂ

12 다음은 K철도공사의 문제해결 사례이다. 〈보기〉의 사례와 문제해결 방법을 바르게 연결한 것은?

보기

ㄱ. K철도공사는 65세 이상의 노인을 위한 복지 정책으로 노인 무임승차 제도를 실시하고 있다. 그러나 K철도공사의 재정 문제와 더불어 이용자 세대별 형평성 문제로 인해 무임승차 혜택에 대해 이용자들의 갈등이 첨예해졌다. 이 문제를 해결하기 위해 A차장은 노인 이용자 대표를 K철도공사에 초청하여 노인 무임승차 제도 혜택 축소를 목적으로 합의점을 찾기 위한 토론회를 개최하였다.

ㄴ. 최근 K철도공사의 고객센터에는 노인들이 매표 키오스크를 사용하기 불편하다는 불만이 자주 들어오고 있다. A센터장은 직원들에게 이 사실을 알리고, 노인 이용자가 편하게 키오스크를 사용할 수 있는 방법을 모색하기 위해 노인 역할극 및 브레인스토밍을 통해 아이디어를 모으도록 유도하였다. 그 결과 직원들의 아이디어를 결합하여 키오스크를 조작하는 동안 잠시 기대어 앉을 수 있는 간이 의자와 주요 기능을 크게 강조하는 방안이 채택되어 노인 이용자들이 편하게 이용할 수 있게 되었다.

ㄷ. 신입사원 B는 철도회사 업무에 익숙하지 않아 발생하는 실수로 팀 내부에서 갈등을 일으키고 있다. 이를 해결하기 위해 A팀장은 B사원에게 철도 업무에서 실수가 있을 때, 어떤 상황이 일어날 수 있는지 넌지시 이야기하며 헷갈리는 일이 있을 때는 팀원들의 도움을 받는 것이 좋다고 조언하였고, 다른 팀원들에게는 신입사원 시절에는 모두가 실수가 많았다며 B사원이 업무에 빨리 적응할 수 있도록 도와달라고 격려하였다. 이후 B사원과 다른 팀원들의 노력으로 B사원은 빠르게 업무에 적응하게 되었다.

	ㄱ	ㄴ	ㄷ
①	소프트 어프로치	하드 어프로치	퍼실리테이션
②	소프트 어프로치	퍼실리테이션	하드 어프로치
③	하드 어프로치	소프트 어프로치	퍼실리테이션
④	하드 어프로치	퍼실리테이션	소프트 어프로치
⑤	퍼실리테이션	소프트 어프로치	하드 어프로치

13 다음 중 제시된 단어와 가장 비슷한 어휘는?

된서리

① 타계(他界) ② 타격(打擊)
③ 타점(打點) ④ 타락(墮落)
⑤ 타산(打算)

14 다음 중 빈칸에 들어갈 단어로 옳은 것은?

정조는 애민주의를 ______하며 백성들을 위한 정책을 펼쳤다.

① 표징(表徵) ② 표집(標集)
③ 표방(標榜) ④ 표류(漂流)
⑤ 표리(表裏)

※ 다음 글의 주제로 가장 적절한 것을 고르시오. [15~16]

| 한국전력공사 / 의사소통능력

15

온실가스를 적게 배출하면서도 높은 경제성을 가진 원자력 발전소는 원전에서 나오는 방사성 물질의 차단이나, 외부 오염 물질의 유입을 방지하기 위한 강력한 공기조화 시스템(공조 시스템)이 필요하다. 특히 공기 중으로 떠다닐 수 있는 에어로졸 형태의 방사성 물질 크기는 1 ~ 10㎛ 정도의 아주 작은 물질이지만, 높은 밀도의 방사성 기체는 인체에 치명적일 수 있으며, 환경 오염 문제 또한 발생할 수 있다. 따라서 원자력 발전소의 공조 시스템에는 이러한 미립자를 걸러내기 위하여 헤파필터(HEPA Filter)를 사용하고 있다.

헤파필터는 'High Efficiency Particulate Air Filter'의 약자로, 공기 중의 아주 미세한 입자까지 효과적으로 걸러내는 고성능 필터이다. 일상 생활에서는 주로 공기청정기, 진공청소기, 에어컨 등에 사용되며, 0.3㎛ 크기의 입자(MPPS; Most Penetrating Particle Size)를 99.97% 이상 포획할 수 있는 고성능 필터이다. 헤파필터는 주로 유리섬유나 폴리프로필렌 같은 합성섬유로 만들어지는데, 0.5 ~ 2.0㎛의 섬유가 불규칙하게 얽혀 있는 거미줄 구조로 구성되어 있다. 오염 물질이 포함된 공기가 헤파필터를 통과할 때, 헤파필터의 간격보다 큰 오염 물질은 걸러지고 그보다 작은 오염 물질은 공기 흐름을 따라 진행하다 섬유에 닿아 달라붙게 된다. 헤파필터는 등급에 따라 E10(85%), E11(95%), E12(99.5%), H13(99.75%), H14(99.975%) 등으로 나뉘며, 등급이 높을수록 더 작은 입자까지 더 많이 걸러낼 수 있다. 특히 H13 이상을 트루 헤파필터라고 부르며 원자력 발전소의 경우 H13 이상의 트루 헤파필터를 사용하는 등 일반적인 산업용 필터보다 더욱 엄격한 기준을 충족해야 한다.

이처럼 헤파필터는 원자력 발전소의 안전을 지키는 핵심 장치로 방사성 입자와 미세먼지, 바이러스까지도 효과적으로 제거하는 중요한 역할을 한다. 특히 헤파필터의 정화 성능을 보장하기 위하여 ASME AG-1이나 KEPIC-MH 등 국내외에서 기술기준을 정해 시설·유지·보수 등 관리법의 기준을 제시하고 있으며, 엄격한 안전관리가 필요한 원자력 발전소 특성상 없어서는 안 될 중요한 안전 설비이다.

① 헤파필터의 여과 원리
② 헤파필터의 등급별 성능
③ 방사성 물질의 위험과 대처 방법
④ 원자력 발전소에서의 헤파필터의 역할
⑤ 원자력 발전소의 발전 효율과 미래 전망

16

결핵은 기원전 7000년경 석기 시대의 화석에서도 흔적이 발견될 만큼 인류와 오랜 시간을 함께 해 온 질병이다. 결핵균(Mycobacterium Tuberculosis)에 의해 발병하는 결핵은 치료법이 없던 시기에는 수많은 사람들의 생명을 앗아가 백색 페스트라고 불릴 정도로 전염성과 치명률이 높은 질병이다.
그러나 결핵균에 감염된다 하더라도 모든 사람이 즉시 결핵이 발병하지는 않는다. 상당수의 감염자는 결핵균에 노출된 후에도 바로 증상을 보이지 않는데, 이를 잠복결핵감염(LTBI; Latent TuBerculosis Infection)이라 한다. 잠복결핵감염은 결핵균에 감염되어 있지만, 몸속에 들어온 결핵균이 활동하지 않아 결핵 증상이 없고, 몸 밖으로 균이 배출되지 않아 전염성 또한 없는 상태이다. 증상과 전염성이 없어 잠복결핵감염은 별것 아닌 것 같아 보이지만, 이는 면역체계가 결핵균을 억제하고 있기 때문이며, 면역력이 약해지는 경우 언제든지 결핵으로 이어질 가능성이 있음을 의미한다.
잠복결핵감염이 결핵으로 악화되는 경우는 약 5 ~ 10% 수준으로 특히 고령자, 당뇨병 환자, 면역억제 치료를 받는 환자 등 면역력이 저하된 사람들에게서 더욱 빈번하게 발생한다. 잠복결핵감염이 활동성 결핵으로 진행된 경우 이미 다른 요인에 의해 면역력이 떨어진 상황이므로 독성이 더욱 강력하며, 본인은 물론 주변 사람들에게도 광범위하게 결핵을 전파할 수 있어 공중보건상의 심각한 문제를 야기한다.
잠복결핵감염은 증상이 없기 때문에 본인이 감염 사실을 인지하지 못하는 경우가 많다. 따라서 결핵 발생률이 높은 국가에서는 결핵 환자와 밀접하게 접촉한 사람, 면역 저하자, 의료업계 종사자 등 고위험군을 대상으로 잠복결핵감염 검사를 권고하고 있다. 대표적인 검사 방법으로는 투베르쿨린 피부반응 검사(TST)와 인터페론 감마 분비 검사(IGRA)가 있다. 만일 잠복결핵감염에 양성 반응이 있을 경우 3 ~ 9개월 동안 꾸준한 투약 치료가 필요하며, 적절한 치료를 받을 경우 결핵 발병 확률을 60 ~ 90%까지 예방할 수 있다.
잠복결핵감염의 위험성은 단순히 개인의 건강 문제를 넘어 사회 전체의 공중보건과 직결되는 문제이므로 무증상이라고 방치할 것이 아니라, 적극적인 검사와 예방적 치료를 통해 결핵의 확산을 차단하는 노력이 필요하다. 특히 우리나라의 경우 보건소나 가까운 의료 기관에서 잠복결핵감염 치료를 전액 무료로 치료받을 수 있으므로 평소에 잠복결핵감염에 관심을 가지고, 미연에 예방하는 것이 가장 중요할 것이다.

① 잠복결핵감염의 위험성
② 잠복결핵감염의 치료 과정
③ 잠복결핵의 증상과 전염성
④ 효과적인 결핵의 억제 방법
⑤ 잠복결핵감염이 활동성 결핵으로 이어지는 과정

17 다음은 K식당의 메뉴에 따른 판매가격과 재료비 및 고정비용에 대한 정보이다. 손익분기점을 넘기 위해 필요한 판매량이 가장 많은 메뉴는?

〈K식당 메뉴의 판매가격 · 재료비 · 고정비용〉

(단위 : 원)

구분	판매가격	재료비	고정비용
제육볶음	10,000	2,000	2,800,000
오징어볶음	12,000	2,000	3,300,000
돈가스	9,000	1,500	2,600,000
라면	6,000	800	1,800,000
고등어구이	11,000	2,000	3,100,000

※ 판매가격과 재료비는 1인분당 비용임

※ 손익분기점을 넘기기 위해서는 순이익(판매가격－재료비)이 고정비용을 초과해야 함

① 제육볶음
② 오징어볶음
③ 돈가스
④ 라면
⑤ 고등어구이

18 **K주임이 다음 〈조건〉에 따라 출장을 갈 때, C지점에 도착한 시각과 A지점에서 C지점까지 이동할 때의 평균 속력이 바르게 연결된 것은?(단, 평균 속력에는 B지점에서의 업무 시간을 포함하지 않으며, 가속·정차 등 제시된 조건 이외의 사항은 고려하지 않는다)**

조건

- K주임은 A지점에서 정오에 회사 차량을 이용하여 출장을 간다.
- K주임의 이동 경로는 A지점 → B지점 → C지점 순서이다.
- A지점에서 B지점까지 시속 100km로 이동하였다.
- B지점에서 C까지는 시속 80km로 이동하였다.
- A지점에서 C지점까지의 거리는 190km이다.
- A지점에서 B지점까지의 거리는 B지점에서 C지점까지의 거리보다 110km 길다.
- K사원은 B에 도착하여 1시간 업무를 수행하였다.

	도착 시각	평균 속력
①	오후 2시	90km/h
②	오후 2시	92km/h
③	오후 2시	95km/h
④	오후 3시	90km/h
⑤	오후 3시	95km/h

19 다음 중 J공사 직원들이 본회의를 시작할 수 있는 가장 빠른 시각은?

J공사의 직원들은 공사 프로젝트 회의를 1시간 동안 진행하려고 한다. 회의 시작 30분 전에는 반드시 회의실에서 회의 준비를 해야 하며, 본회의 이후 30분 동안 회의록을 작성해야 한다. 회의 준비, 본회의, 회의록 작성은 다음 조건에 따라 연속적으로 이루어져야 한다.

- 회의실은 오전 9시부터 오후 6시 사이에 사용할 수 있다.
- J공사의 점심시간은 12:00 ~ 13:00로 이 시간에는 회의 및 준비, 회의록 작성이 불가능하다.
- 참석자 중 1명은 15:00 ~ 16:00에 외부 미팅이 있어 이 시간에는 회의 및 준비, 회의록 작성이 불가능하다.
- 현재 회의실은 10:00 ~ 10:30, 14:00 ~ 14:30에 이미 예약되어 사용할 수 없다.

① 오전 9시 30분
② 오전 11시
③ 오후 1시
④ 오후 4시
⑤ 오후 4시 30분

20 다음은 제20회 J국가자격 필기시험 결과이다. 이를 토대로 할 때 합격한 사람은 모두 몇 명인가?

〈제20회 J국가자격 필기시험 결과〉

(단위 : 점)

구분	필기시험				가점
	객관식 1과목	객관식 2과목	논술형	약술형	
A	85	52	61	57	6
B	75	71	67	81	–
C	67	81	72	54	2
D	87	72	57	48	5
E	66	82	58	78	–

※ 한 과목이라도 50점 이하 득점 시 과락 처리
※ 전체 평균 점수에 가점을 합하여 70점 이상 득점 시 합격

① 1명
② 2명
③ 3명
④ 4명
⑤ 5명

21 **다음 중 SSD와 비교했을 때, HDD의 특징으로 옳은 것은?**

① 무게가 가볍다.
② 전력 소모가 적다.
③ 가격이 저렴하다.
④ 데이터 접근 속도가 빠르다.
⑤ 외부 충격에 대한 내구력이 높다.

22 **다음 중 점수(참조 대상)가 90점 이상이면 '합격'을, 그렇지 않으면 '불합격'을 출력하는 엑셀 함수식으로 옳은 것은?**

① =IF(참조 대상>90,"합격","불합격")
② =IF(참조 대상>=90,"불합격","합격")
③ =IF(참조 대상>=90,"합격","불합격")
④ =CHOOSE(참조 대상<=90,"불합격","합격")
⑤ =CHOOSE(참조 대상>=90,"합격","불합격")

23 다음 글의 주제로 가장 적절한 것은?

일생에 한 번쯤 누구나 경험할 수 있는 건강 문제인 허리 통증은 다양한 원인으로 인해 발생한다. 허리 통증은 나이 증가에 따른 허리 근력 약화, 허리에 무리를 주는 취미 생활, 임신과 출산을 경험한 여성 등 개인적 요인으로 인해 발생할 수 있지만, 가장 큰 원인은 바로 직업적 요인이다.
첫 번째 직업적 요인은 중량물 취급이다. 중량물을 한 번만 들어도 급성 요통이나 추간판탈출증이 발생할 수 있으며, 이러한 작업을 반복하면 허리 통증의 위험이 더욱 높아질 뿐 아니라 척추와 추간판의 퇴행성 변화가 촉진되어 추간판탈출증과 척추협착증의 위험도 증가한다. 특히 10kg 이상의 물건을 들어야 할 때는 허리를 구부려 드는 것이 아니라, 물건을 몸에 밀착시키고 다리의 힘으로 들어 올려야 한다는 점에 유의해야 한다.
두 번째 직업적 요인은 허리의 자세이다. 허리를 앞으로 혹은 옆으로 구부리거나 비트는 동작은 허리가 구부러지는 각도가 커질수록 추간판에 가해지는 압력이 증가해 허리 부상의 위험이 높아진다. 특히 구부린 자세로 장시간 작업할 경우 허리 통증과 추간판탈출증이 유발될 수 있다. 실제로 건설노동자나 조선업 노동자처럼 허리 구부림이 많은 업종에서 타 업종보다 허리 통증 관련 산재 신청률과 승인율이 높은 것으로 알려져 있다.
마지막 직업적 요인은 전신 진동이다. 전신 진동은 몸 전체가 상하로 흔들리는 상태로 주로 버스, 트럭, 건설용 차량 운전자가 경험한다. 이러한 진동은 척추와 추간판에 자극을 가해 퇴행성 변화를 일으키고, 결국 추간판탈출증과 척추협착증의 위험을 높인다. 최근 도로 노면이 개선되고 버스 운전석 의자에 진동 흡수 기능이 도입되면서 위험성이 줄었으나, 트럭이나 건설장비 운전자는 여전히 허리 질환에 노출되어 있다.

① 허리 통증의 직업적 요인
② 허리 질환별 통증 관리 방법
③ 직업에 따라 다르게 유발되는 허리 질환
④ 직업 환경에 따라 다른 허리 통증 관련 산재 신청 빈도

24 다음은 보건의료 빅데이터 심포지엄의 발표 순서이다. 이를 참고할 때, 각 발표자의 자료 준비로 적절하지 않은 것은?

〈2024년 보건의료 빅데이터 활용 성과 공유 심포지엄〉

1부 : 빅데이터 · AI 기반 건강보험 서비스 혁신

1. 인공지능(AI) 기술을 통해 공단이 어떻게 데이터 기반의 가입자 맞춤형 서비스를 제공하고, 보험자의 역할을 보다 강화할 수 있을지에 대한 비전
   – ○○대병원 A교수
2. 'sLLM(소형 언어 모델)을 활용한 건강보험 내 · 외부 서비스 향상'을 주제로 인공지능(AI) 기술을 통한 고객 서비스와 업무 효율성 증대 사례
   – ○○대 B교수
3. 공단이 보유한 방대한 건강보험 데이터를 어떻게 인공지능(AI)을 통해 분석하고 활용할 수 있는지에 대한 방안
   – 공단 C실장(빅데이터연구개발실)

2부 : 건강보험 빅데이터를 활용한 우수 연구 성과

1. 야간 인공조명이 인간의 건강에 미치는 영향에 대한 분석 결과
   – ○○대 D교수
2. 결핵 빅데이터인 국가결핵통합자료원(K-TB-N Cohort) 구축을 통해 국가 결핵 관리 정책 · 사업의 효과를 평가, 정책을 수립 · 보완할 근거를 생산
   – ○○청 E과장
3. 병원 내에서 발생하는 폐렴 데이터의 분석을 통해, 이를 예방하기 위한 실효성 있는 병원 내 감염관리 체계 마련 필요성 제시
   – 공단 F팀장(빅데이터연구개발실)

① A교수 : 사람과의 직접 대면이 아닌 인공지능 기술로 대체할 수 있는 공단의 서비스에 대한 자료가 필요하겠군.

② B교수 : 인공지능 기술을 활용해 건강보험 서비스를 이용한 고객과 공단 근로자에게 편리성 및 효율성에 대한 설문조사를 진행해야겠군.

③ D교수 : 자연광에만 주로 노출된 사람과 자연광과 더불어 인공조명에 많이 노출된 사람의 건강 상태를 비교할 수 있는 자료가 필요하겠군.

④ F팀장 : 병원 내 병동별 폐렴 발생 현황과 주로 발병하는 연령대에 대한 조사가 필요하겠군.

25 다음 글을 읽고 추론한 내용으로 적절하지 않은 것은?

> 만성질환이란 증상이 극심하지는 않지만 오래 지속되는 질환인 탓에 삶의 질을 저하시키고, 관리를 소홀히 할 경우 합병증의 발생으로 사망까지 이를 수 있어, 운동이나 식이 등 꾸준한 관리가 필요한 질환을 말한다.
> 만성질환에는 당뇨·천식·심장병·허리통증 등이 있으며, 만성질환이라 하더라도 모든 운동이 좋은 것은 아니며, 질환별로 또 환자의 상태에 따라 맞는 운동 방법과 강도는 천차만별이다.
> 당뇨병의 경우 인슐린 분비량이 없거나 또는 적어 인슐린이 혈당을 낮추는 기능을 정상적으로 수행할 수 없는 상태를 말한다. 따라서 혈당 조절에 효과적인 유산소 운동을 통해 인슐린이 더 효율적으로 사용되도록 하여 혈당 수치를 낮출 수 있다. 또한 규칙적인 유산소 운동은 심혈관계를 향상시켜 심장 건강을 개선시킬 수 있다.
> 운동 중 또는 운동 후에 호흡곤란과 반복적이고 발작적인 기침이 나타날 수 있는 천식의 경우 운동 시 각별히 주의하여야 한다. 특히 건조하거나 찬 공기가 있는 환경에서 운동하거나, 갑작스레 격렬한 운동을 할 경우 천식 발작이 일어날 수 있다. 따라서 수영과 같이 건조하지 않고, 심장 박동이나 호흡수가 급격히 증가하지 않는 환경에서 운동하는 것이 도움이 될 수 있다.
> 허리 통증의 경우는 유산소 운동보다는 코어 운동이 도움이 된다. 코어 운동을 통해 척추 주위의 근육이 강화되면서 척추를 지지하는 힘이 늘어나 허리 통증이 감소되는 것이다.

① 당뇨 환자는 달리기나 등산, 수영과 같은 운동을 하는 것이 혈당 개선에 도움이 된다.
② 규칙적인 걷기 운동은 당뇨 환자와 심장병 환자의 질환을 개선시킬 수 있다.
③ 천식 환자는 심장박동 및 호흡수를 증가시키는 달리기나 줄넘기보다는 등산이 좋다.
④ 허리 통증을 겪고 있는 환자에게는 허리의 중심 부위를 강화시키는 플랭크나 브릿지와 같은 운동이 좋다.

26 다음 문단을 논리적 순서대로 바르게 나열한 것은?

> 국민건강보험공단은 담배 소송 제12차 변론에서 직접 손해배상 청구권을 포함해 지금까지의 주요 쟁점에 관련한 전반적 입장을 적극적으로 표명했다.
>
> (가) 또한 흡연과 암 발생의 인과관계를 과학적 근거에 따라 분명히 하기 위해 대상 암종을 소세포암과 편평세포암으로 흡연 기간이 30년 이상이고, 하루 한 갑의 담배를 20년 이상 흡연한 대상자로 구분하였기에 이번 변론에서는 흡연과 암 발생의 인과관계를 의학적으로 또 국민 상식에 부합하도록 인정하여야 한다고 강조했다.
>
> (나) 공단은 담배 회사들이 담배라는 제품에 대한 중독성과 건강 유해성을 인지하고 있음에도 수십 년 동안 이를 소비자에게 정확히 알리지 않고 막대한 이득을 취한 것은 소비자를 기만한 것이자 기업의 사회적 책임을 다하지 않은 중대한 문제임을 지적하며, 특히 담배 회사가 흡연 중독 피해를 개인의 선택으로 치부한 것은 소비자를 두 번 기만한 것이라며 비판했다.
>
> (다) 마지막으로 공단은 이번 변론을 준비하면서 국민들의 보험료가 주요 재원인 건강보험 재정이 담배로 인해 발생되는 질병으로 재산상 손해가 발생한 점에 대해 당연히 담배 회사에 법적으로 책임을 물어야 한다고 주장하며, 이에 대한 국민들의 관심과 지지가 필요하다고 호소했다.
>
> (라) 아울러 공단은 이 주장을 입증하기 위한 뒷받침 자료로 대한폐암학회와 호흡기내과 전문의 의견서, 담배 중독에 대한 한국중독정신의학회와 정신건강의학과 전문의 의견서, 대한금연학회에서 실시한 담배 중독 감정서와 이들 중 일부에 대한 흡연 경험 심층 사례 분석 결과, 공단 내부 연구 결과 등을 추가 증거로 제출하였다.

① (가) – (나) – (라) – (다)
② (가) – (라) – (나) – (다)
③ (나) – (가) – (라) – (다)
④ (나) – (라) – (가) – (다)

※ 다음은 K국의 지역별 및 5대 업종별 기업 현황이다. 이어지는 질문에 답하시오. **[27~28]**

〈K국의 조사 지역별 기업 현황〉

(단위 : 개소)

구분	대기업	중소기업	5인 미만	법인			기타	합계
					사단법인	재단법인		
수도권	5,000	10,000	200,000	60,000	50,000	( )	5,000	( )
강원권	500	2,000	10,000	1,000	500	( )	500	( )
충청권	2,000	3,000	30,000	2,500	( )	800	500	( )
호남권	3,000	5,000	30,000	3,000	( )	1,000	1,000	( )
영남권	3,000	5,000	20,000	2,500	1,500	( )	500	( )
전체	13,500	25,000	290,000	69,000	55,700	13,300	7,500	405,000

※ 조사 기업 종류는 대기업, 중소기업, 5인 미만, 법인, 기타만 존재함

※ 조사 지역은 수도권, 강원권, 충청권, 호남권, 영남권으로만 구성함

〈K국의 5대 업종별 기업 현황〉

(단위 : 개소)

구분	대기업	중소기업	5인 미만	법인			기타
					사단법인	재단법인	
IT업	6,000	5,000	30,000	3,000	2,000	1,000	500
건설업	2,000	5,000	70,000	4,000	3,000	1,000	300
운송업	1,000	9,000	100,000	7,000	5,000	2,000	200
마케팅업	1,000	1,000	30,000	7,000	5,000	2,000	500
제조업	1,000	2,000	5,000	8,000	5,000	3,000	500
합계	11,000	22,000	235,000	29,000	20,000	9,000	2,000

27 다음 중 위 자료에 대한 설명으로 옳지 않은 것은?

① 조사 지역별 법인 기업에서 사단법인이 차지하는 비율이 세 번째로 높은 지역은 영남권이다.
② 5대 업종의 대기업 중 IT업에 속하지 않는 기업의 수는 수도권 지역 기타 기업의 수와 같다.
③ 조사 지역에서 대기업이 20% 증가하고, 중소기업이 10% 감소한다면 전체 기업 수는 증가한다.
④ 조사 지역의 재단법인 중 강원권 재단법인이 차지하는 비율은 조사 지역의 대기업 중 강원권 대기업이 차지하는 비율보다 크다.

28 다음은 위 자료를 근거로 작성한 보고서이다. 이에 대한 내용으로 옳지 않은 것은?

〈기업 현황 보고서〉

① 조사 지역의 전체 기업 중 5인 미만인 기업은 70% 이상을 차지하고 있으며, 이는 중소기업 수의 10배 이상이다. 특히, 5인 미만인 기업은 수도권에 밀집되어 있는데 ② 조사 지역의 5인 미만 기업 중 수도권이 차지하는 비율 또한 60% 이상이다.
모든 지역에 걸쳐 대기업보단 중소기업이, 중소기업보단 5인 미만 기업의 수가 많았는데, 5인 미만 기업 수 대비 대기업의 수는 영남권이 가장 높았다. 5대 업종만을 분석했을 때 역시 대기업보단 중소기업이, 중소기업보단 5인 미만 기업이 많았으며, 사단법인이 재단법인보다 많았다. ③ 이에 따라 조사 지역의 전체 기업 중 5대 업종에 해당하지 않는 기업도 앞선 순서와 동일하였다. 또한 ④ 조사 지역의 전체 기업 중 운송업에 해당하는 기업의 비율은 5인 미만 기업이 중소기업보다 높았다.

※ 다음은 K국의 연도별 7대 주요 범죄 발생 현황과 교도소별 복역자 현황에 대한 자료이다. 이어지는 질문에 답하시오. [29~30]

〈K국의 연도별 7대 주요 범죄 발생 현황〉

(단위 : 건)

구분	살인	사기	폭행	강도	절도	성범죄	방화
1989년	500	2,000	5,000	4,000	25,000	3,000	500
1990년	600	2,500	7,000	8,000	20,000	2,500	600
1991년	700	3,000	10,000	5,000	23,000	2,000	800
1992년	800	2,000	15,000	8,000	18,000	2,500	700
1993년	900	3,000	10,000	10,000	20,000	3,000	1,000
1994년	1,000	2,000	20,000	10,000	27,000	5,000	900
1995년	1,100	3,500	17,000	9,000	34,000	2,000	1,100

※ 현 시점은 2025년임

〈K국 교도소의 잔여 형량별 복역자 수〉

(단위 : 명)

구분	A교도소	B교도소	C교도소	D교도소	E교도소	F교도소
1년 미만	3,000	4,000	5,000	6,000	7,000	8,000
1년 이상 3년 미만	1,500	1,000	2,000	3,000	2,000	2,500
3년 이상 5년 미만	400	400	500	600	800	1,000
5년 이상 10년 미만	350	250	250	300	400	50
10년 이상 20년 미만	30	35	40	60	55	35
20년 이상	20	15	10	40	45	15
합계	5,300	5,700	7,800	10,000	10,300	11,600

※ K국의 교도소는 A~F 6개만 존재함

29 **다음 중 위 자료에 대한 설명으로 옳지 않은 것은?**

① 살인이 가장 많이 발생한 해에는 절도 역시 가장 많이 발생하였다.
② 모든 교도소에서 잔여 형량이 많을수록 복역자 수는 감소한다.
③ 범죄가 가장 많이 발생한 해는 폭행도 가장 많이 발생하였다.
④ 잔여 형량이 1년 미만인 경우가 가장 많은 교도소는 전체 복역자 수가 가장 많다.

30 **다음 중 위 자료를 계산하여 해석한 내용으로 옳지 않은 것은?**

① 1990년부터 1995년까지 전년 대비 살인 사건 발생 변화율은 매년 감소한다.
② K국 전체 교도소 복역자 수 중 D교도소 복역자 수의 비율은 20% 이하이다.
③ 1993년부터 1995년까지 7대 주요 발생 범죄 중 절도가 차지하는 비율은 45% 이하이다.
④ 교도소별 잔여 형량이 1년 미만인 복역자 수 대비 3년 이상 5년 미만인 복역자 수의 비율은 F교도소가 가장 높다.

※ 다음은 2025년 2월 10일 기준 국내 월평균 식재료 가격이다. 이어지는 질문에 답하시오. [31~32]

〈월평균 식재료 가격(2025.02.10 기준)〉

구분	세부항목	2024년						2025년
		7월	8월	9월	10월	11월	12월	1월
곡류	쌀 (원/kg)	1,992	1,083	1,970	1,895	1,850	1,809	1,805
채소류	양파 (원/kg)	1,385	1,409	1,437	1,476	1,504	1,548	1,759
	배추 (원/포기)	2,967	4,556	7,401	4,793	3,108	3,546	3,634
	무 (원/개)	1,653	1,829	2,761	3,166	2,245	2,474	2,543
수산물	물오징어 (원/마리)	2,286	2,207	2,267	2,375	2,678	2,784	2,796
	건멸치 (원/kg)	23,760	23,760	24,100	24,140	24,870	25,320	25,200
축산물	계란 (원/30개)	5,272	5,332	5,590	5,581	5,545	6,621	9,096
	닭 (원/kg)	5,436	5,337	5,582	5,716	5,579	5,266	5,062
	돼지 (원/kg)	16,200	15,485	15,695	15,260	15,105	15,090	15,025
	소_국산 (원/kg)	52,004	52,220	52,608	52,396	51,918	51,632	51,668
	소_미국산 (원/kg)	21,828	22,500	23,216	21,726	23,747	22,697	21,432
	소_호주산 (원/kg)	23,760	23,777	24,122	23,570	23,047	23,815	24,227

※ 주요 식재료 소매가격(물오징어는 냉동과 생물의 평균 가격, 계란은 특란의 평균 가격, 돼지는 국내 냉장과 수입 냉동의 평균 가격, 국산 소고기는 갈비, 등심, 불고기의 평균 가격, 미국산 소고기는 갈비, 갈빗살, 불고기의 평균 가격, 호주산 소고기는 갈비, 등심, 불고기의 평균 가격임)

※ 표시 가격은 주요 재료의 월평균 가격이며, 조사 주기는 일별로 조사함

| 국민건강보험공단 / 문제해결능력

31 **다음 중 위 자료를 이해한 내용으로 옳지 않은 것은?**

① 2024년 8월 대비 9월 쌀 가격의 증가율은 2024년 11월 대비 12월 무 가격의 증가율보다 크다.
② 소의 가격은 국산, 미국산, 호주산 모두 2024년 7월부터 9월까지 증가하다가 10월에 감소한다.
③ 계란 가격은 2024년 7월부터 2025년 1월까지 꾸준히 증가하고 있다.
④ 쌀 가격은 2024년 8월에 감소했다가 9월에 증가한 후 그 후로 계속 감소하고 있다.

| 국민건강보험공단 / 문제해결능력

32 **K식품회사에 재직 중인 A사원은 국내 농수산물의 가격 동향과 관련한 보고서를 쓰기 위해 위 자료를 참고하여 2024년 12월 대비 2025년 1월 식재료별 가격의 증감률을 구하고 있으며, 다음은 A사원이 작성한 보고서의 일부이다. 이를 토대로 했을 때 증감률이 가장 큰 식재료는?(단, 소수점 셋째 자리에서 버림한다)**

〈국내 농수산물 가격 동향에 따른 보고서〉

식품개발팀 A사원

저희 개발팀에서 올해 기획하고 있는 신제품 출시를 위하여 국내 농수산물 가격 동향을 조사하였습니다. 하단에 월평균 식재료 증감률을 첨부하였으니 신제품 개발 일정을 수립하는 데 참고하시면 될 것 같습니다. 자세한 사항은 식품개발팀 B과장님께 문의하십시오.

〈월평균 식재료 증감률(2025.02.10 기준)〉

구분	세부항목	2024년 12월	2025년 1월	증감률(%)
곡류	쌀(원/kg)	1,809	1,805	
채소류	양파(원/kg)	1,548	1,759	
	무(원/개)	2,474	2,543	
수산물	건멸치(원/kg)	25,320	25,200	
… 생략 …				

① 쌀
② 양파
③ 무
④ 건멸치

33 다음은 K사의 신입사원 선발 조건이다. 〈보기〉의 지원자 중 최고득점자와 최저득점자를 바르게 연결한 것은?

〈K사 신입사원 선발 조건〉

• 다음과 같은 항목에 따른 점수를 합산하여 최종점수(100점 만점)을 산정하여 점수가 가장 높은 지원자 2명을 신입사원으로 선발한다.

– 학위점수(30점 만점)

학위	학사	석사	박사
점수(점)	18	25	30

– 어학능력점수(20점 만점)

어학시험점수(300점 만점)	0점 이상 50점 미만	50점 이상 150점 미만	150점 이상 220점 미만	220점 이상
점수(점)	8	14	17	20

– 면접점수(30점 만점)

면접점수	미흡	보통	우수
점수(점)	18	24	30

– 실무경험점수(20점 만점)

총 인턴근무 기간	4개월 미만	4개월 이상 8개월 미만	8개월 이상 12개월 미만	12개월 이상
점수(점)	12	16	18	20

보기

구분	학위	어학시험점수	면접	총 인턴근무 기간
A	학사	228	우수	8개월
B	석사	204	보통	11개월
C	학사	198	보통	9개월
D	박사	124	미흡	3개월

	최고득점자	최저득점자
①	A	B
②	A	D
③	B	C
④	C	D

34 다음 글과 가장 관련 있는 한자성어는?

> A씨는 대학 졸업 후 창업에 도전하기로 결심했다. 그는 자신의 아이디어에 확신을 가지고 작은 카페를 열었지만, 예상치 못한 문제들이 끊임없이 발생했다. 위치 선정이 잘못되었고, 경쟁이 치열했으며, 운영 경험 부족으로 인해 손님을 끌어들이지 못했다. 결국 1년 만에 카페는 문을 닫아야 했고, A씨는 큰 빚과 좌절감 속에서 실패를 받아들여야 했다.
> 하지만 A씨는 실패를 통해 얻은 교훈을 놓치지 않았다. 그는 자신이 부족했던 점들을 분석하며 경영과 마케팅에 대해 더 깊이 공부하기 시작했다. 또한 카페를 운영하며 쌓은 고객 관리 경험과 식음료 산업에 대한 이해를 바탕으로 새로운 방향을 모색했다. 그러던 중, 그는 소규모 카페 운영자들이 겪는 어려움 해소를 돕기 위해 전문 컨설팅 서비스를 제공하는 사업 아이디어를 떠올렸다.
> A씨는 이전의 실패를 발판 삼아 철저히 준비한 끝에 컨설팅 회사를 설립했다. 그의 서비스는 소규모 카페 운영자들에게 실질적인 도움을 제공하며 빠르게 입소문을 탔고, 사업은 성공적으로 성장했다.

① 전화위복(轉禍爲福)
② 사필귀정(事必歸正)
③ 일취월장(日就月將)
④ 우공이산(愚公移山)

35 다음 중 밑줄 친 단어의 의미가 다른 것은?

① 인간은 네 번째 <u>차원</u>인 시간을 인식하며 살아간다.
② 그의 능력은 취미의 <u>차원</u>을 넘어 예술의 경지로 나아갔다.
③ 과도한 사탕발림이 예의의 <u>차원</u>을 넘어 불편하게 다가왔다.
④ 독창적인 아이디어가 한 <u>차원</u> 높은 수준의 품질을 이끌어 내었다.

36 다음 글에 대한 설명으로 적절하지 않은 것은?

> 큐비트(Qubit)는 양자 컴퓨터에서 정보를 저장하고 처리하는 기본 단위다. 기존의 컴퓨터가 정보를 0과 1로 이루어진 비트(Bit)로 표현하는 것과 달리, 큐비트는 양자역학의 특성을 활용해 더 복잡하고 강력한 방식으로 정보를 다룬다.
> 큐비트는 0과 1의 상태를 동시에 가질 수 있는 양자 중첩 특성을 가지고 있다. 양자 중첩이란 빛이 입자와 파동 2가지 상태를 가진 것과 마찬가지로 미시적 세계에서 여러 양자 상태가 동시에 존재할 수 있는 현상을 뜻하며, 측정하기 전까지는 양자 상태를 정확히 파악할 수 없고 관측과 동시에 상태가 결정되는 것을 의미한다. 이처럼 큐비트 또한 측정하기 전까지 0과 1의 상태를 동시에 가진 중첩 상태가 유지되며 측정 시에는 0 또는 1 중 하나의 값으로 확정된다. 이를 통해 큐비트는 병렬 계산을 가능하게 만들어 복잡한 문제를 빠르게 해결할 수 있다.
> 또한 두 개 이상의 큐비트가 양자 얽힘 상태에 있으면, 한 큐비트의 상태가 다른 큐비트의 상태와 즉각적으로 연결된다. 이에 따라 한 큐비트가 측정되면 얽혀 있는 다른 큐비트의 상태 또한 자동으로 결정되므로 큐비트 간의 빠른 정보 전달과 협력 계산을 가능하게 한다.
> 양자 컴퓨터에 사용되는 큐비트는 다양한 방식으로 개발되고 있으며 대표적인 방식은 초전도 회로, 이온 트랩, 광자, 스핀 등이 있다. 초전도 회로는 전기적 초전도체를 활용해 양자 상태를 생성하고, 이온 트랩은 전기장으로 이온을 가두고 조작한다. 광자는 빛 입자를 이용한 정보 저장 및 전송에 사용되며, 스핀은 전자의 스핀 상태를 활용한다.
> 큐비트는 기존 컴퓨터보다 훨씬 더 많은 정보를 처리할 수 있다. 예를 들어, 20개의 큐비트를 활용하면 2^{20}, 즉 약 100만 개의 상태를 동시에 표현할 수 있다. 이는 암호 해독이나 복잡한 시뮬레이션 같은 문제에서 기존 컴퓨터보다 월등히 빠른 성능을 발휘한다. 하지만 현재 기술로는 큐비트를 안정적으로 유지하고 제어하는 데 한계가 있다. 환경적 요인으로 인해 양자 상태가 쉽게 붕괴되기 때문에 이를 극복하기 위한 연구가 활발히 진행 중이다.
> 큐비트는 양자역학의 원리를 기반으로 기존 컴퓨터와는 완전히 다른 방식으로 정보를 처리한다. 중첩과 얽힘 같은 특성 덕분에 복잡한 계산 문제를 해결하는 데 강력한 도구가 될 수 있지만, 기술적 도전 과제도 많다. 앞으로 양자 컴퓨팅 기술이 발전하면 큐비트를 활용한 혁신적인 응용이 더욱 확대될 것으로 기대된다.

① 큐비트의 값은 측정과 동시에 정해진다.
② 큐비트는 정보를 0와 1의 2진수로 나타내는 것이다.
③ 큐비트는 측정하기 전까지는 양자 중첩 상태로 존재한다.
④ 4개의 큐비트를 활용하면 16번의 상태를 동시에 표현할 수 있다.

37 다음 글에 대한 설명으로 가장 적절한 것은?

> 소형 모듈 원전(SMR; Small Modular Reactor)은 기존 대형 원자로와는 다른 설계와 운영 방식을 가진 차세대 원자력 발전 기술이다. SMR은 전기 출력이 300MWe 이하로 소형화된 원자로를 의미하며, 크기가 작고 유연한 설계 덕분에 다양한 환경에서 활용 가능하다. 주요 특징 중 하나는 모듈화된 설계로, 주요 기기를 모듈화하여 공장에서 제작한 뒤 현장으로 운송해 조립한다. 이로 인해 건설 기간이 단축되고 초기 투자 비용을 줄일 수 있다.
> SMR은 기존 원전에 비해 안정성 또한 높다. 자연 순환 냉각 방식을 채택해 전력 공급 없이도 중력과 밀도 차, 자연 대류를 활용해 원자로를 냉각할 수 있다. 이는 사고 발생 시 노심 용융 가능성을 낮추며, 방사성 물질의 저장 및 관리 측면에서도 유리하다. 또한 다양한 입지 조건에서 설치가 가능하여 전력망이 없는 지역이나 해상에서도 활용할 수 있다. 이는 탄소 배출이 적은 에너지원으로서 기후 변화 대응에도 기여할 수 있다.
> SMR의 경제성도 강점이다. 공장에서 미리 제작된 모듈을 현장에서 조립하는 방식은 전통적인 대형 원전보다 건설 비용과 기간을 줄인다. 그러나 단위 출력당 건설 비용이 높아질 수 있어 대량 생산과 표준화를 통해 비용을 절감해야 한다. 기술적 검증도 중요한 과제로, 안전성과 경제성을 동시에 만족시켜야 한다. 기후 변화에 따른 환경적 취약성도 고려해야 하며, 이를 극복하기 위해 각국 정부와 민간 기업들은 협력하여 연구 개발에 투자하고 있다.
> SMR은 탄소 중립 시대를 맞아 중요한 에너지원으로 주목받고 있으며, 다양한 분야에서 활용 가능성이 높다. 한국을 포함한 여러 국가가 SMR 개발에 적극적으로 나서고 있으며, 이를 통해 글로벌 에너지 시장에서 새로운 패러다임을 제시할 것으로 보인다. SMR은 단순히 기존 원전을 대체하는 것을 넘어 안전하고 지속 가능한 에너지 시스템 구축에 기여할 핵심 기술로 자리 잡아가고 있다.

① SMR은 방사성 폐기물이 발생하지 않는다.
② SMR은 기존의 원전보다 다양한 환경에서 건설이 가능하다.
③ SMR은 원전 부지에서 모듈을 생산하여 조립하는 방식으로 건설된다.
④ 선진국에서는 기존 원전 대부분이 SMR로 전환되어 탄소 중립을 실천하고 있다.

38 다음은 J공사의 컴퓨터 비밀번호 규칙에 대한 글이다. 〈보기〉 중 J공사 비밀번호 규칙에 맞지 않는 것은 모두 몇 개인가?

> J공사의 직원들은 업무를 시작하기 위해 컴퓨터에 직원별 비밀번호를 입력해야 한다. 직원들의 비밀번호는 9자리의 숫자와 문자로 구성되어 있다. 첫 번째 자리는 직원 종류별 코드로 정직원은 1, 계약직은 2, 파견직은 3이 부여된다. 두 번째 자리부터는 직원별 입사일이 YYMMDD 방식으로 부여된다. 이후 데이터의 진위 여부를 확인하기 위해 체크데이터로 앞의 숫자를 모두 더한 뒤, 2를 뺀 값에 해당하는 알파벳이 대문자로 부여된다. 마지막으로 비밀번호 식별의 용이성을 위해 첫 번째 자리의 숫자와 동일한 숫자가 부여된다.

보기

- 3011210F3
- 2981111U2
- 3051231M3
- 1241215N2
- 4200817T4
- 1942131S1
- 1840624W1
- 1211014H1
- 2210830P2
- 2191229Z2

① 2개 ② 3개
③ 4개 ④ 5개

39 다음 사례에서 나타나는 논리적 오류로 가장 적절한 것은?

> A씨는 오랜만에 고향 친구를 만났다. 약속 장소에서 A씨는 고향 친구가 말끔한 정장을 입고 나온 것을 보고, 그가 부자일 확률보다 부자이면서 좋은 차를 끌고 다닐 확률이 높다고 생각하였다.

① 결합의 오류 ② 무지의 오류
③ 연역법의 오류 ④ 과대 해석의 오류

※ 다음은 J기업의 본사와 부속 공장 간의 도로에 대한 자료이다. 이어지는 질문에 답하시오. [40~41]

〈J기업의 본사와 부속 공장 간 도로〉

(단위 : km)

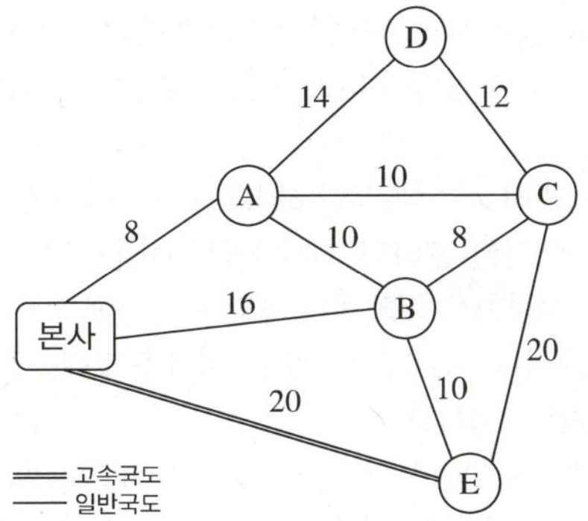

| 한국중부발전 / 자원관리능력

40 S대리는 본사에서 출발하여 모든 부속 공장을 방문한 뒤, 본사로 복귀하려고 한다. S대리가 일반국도만을 이용한다면, 최단거리는 몇 km인가?(단, 한 번 방문한 공장은 다시 방문하지 않는다)

① 72km
② 76km
③ 80km
④ 84km

| 한국중부발전 / 자원관리능력

41 S대리는 회사로부터 교통비를 지원받아 고속국도를 이용할 수 있게 되었다. S대리가 고속국도를 이용하여 모든 부속 공장을 방문한 뒤, 본사로 복귀할 때의 최단거리는 고속국도를 이용하지 않을 때의 최단거리와 몇 km 차이가 나는가?(단, 한 번 방문한 공장은 다시 방문하지 않는다)

① 6km
② 8km
③ 10km
④ 12km

| 한국중부발전 / 기술능력

42 **다음은 K기업 종합관리 시스템의 발전 단계를 나타낸 글이다. 기술 시스템의 발전 단계에 따라 (가) ~ (라) 문단을 순서대로 나열한 것은?**

(가) 종합관리 시스템 납품 경쟁에서 승리한 K기업의 종합관리 시스템은 정부기관에서도 사용하게 되었으며, 기술표준으로 확립되어 여러 산업 기술들이 K기업의 종합관리 시스템에 맞춰져 개발되기에 이르렀다.

(나) K기업이 개발한 종합관리 시스템은 탄소배출권 거래에서 실무적 안정성을 인정받아 K기업 내 다른 부서뿐만 아니라 다른 분야의 회사에서도 차용하기 시작하였다.

(다) 정부의 탄소중립 정책 강화로 인해 탄소배출권 거래에 대한 국책 사업이 활발해졌고, 국가적 관리 시스템이 필요해지자, K기업을 비롯한 여러 탄소배출권 거래 기업이 자사의 종합관리 시스템을 납품하기 위해 경쟁하였다.

(라) 탄소배출권을 거래하는 K기업은 거래 내역을 일괄적으로 관리하는 종합관리 시스템을 자체 개발하여 사용하였고, 실무적 여건에 따라 유연하게 발전시켰다.

① (다) – (가) – (나) – (라)
② (다) – (라) – (나) – (가)
③ (라) – (나) – (다) – (가)
④ (라) – (다) – (나) – (가)

| 한국중부발전 / 정보능력

43 **다음은 A주임의 상사가 평소 엑셀을 능숙하게 다루는 A주임에게 요청한 내용이다. A주임이 상사의 요청을 수행하면서 사용한 엑셀 단축키가 아닌 것은?**

A주임, 지금 회사 거래 내역이 담긴 엑셀 파일을 수정해야 하는데, 제 컴퓨터의 마우스가 고장이 나서 단축키로만 작업을 해야 합니다. A주임이 엑셀을 능숙하게 쓴다고 들어서 도와주셨으면 합니다. [F12] 셀에서 왼쪽에 있는 값을 모두 선택하여 차트를 만들고, [F13] 셀에는 오늘 날짜를 입력해 주세요.

① 〈Ctrl〉+〈1〉
② 〈Ctrl〉+〈;〉
③ 〈Alt〉+〈F1〉
④ 〈Shift〉+〈Home〉

❙ K-water 한국수자원공사 / 의사소통능력

44 다음 중 단어의 뜻이 나머지와 다른 것은?

① 호도(糊塗)　　② 맹아(萌芽)
③ 무마(撫摩)　　④ 은폐(隱蔽)

❙ K-water 한국수자원공사 / 의사소통능력

45 다음 중 밑줄 친 어휘가 나머지와 다른 의미로 사용된 것은?

① 건조한 환경으로 인해 쉽게 불이 붙었다.
② 새로운 소재로 불이 붙는 것을 방지하였다.
③ 토론은 양측이 첨예하게 대립해 불이 붙었다.
④ 들판에 불이 붙자 걷잡을 수 없이 퍼져 나갔다.

❙ K-water 한국수자원공사 / 수리능력

46 K고등학교의 운동장은 윗변이 20m, 밑변이 50m, 높이가 20m인 등변 사다리꼴 형태이다. 운동장의 가장자리에 2m마다 의자를 놓고 학생을 앉힐 때, 의자에 앉을 수 있는 학생의 수는?

① 59명　　② 60명
③ 61명　　④ 62명

47 다음 중 제시된 자료를 그래프로 바르게 변환한 것은?

〈K-water 한강유역 대수력 발전소 연간 발전량〉

(단위 : GWh)

구분	2019년	2020년	2021년	2022년	2023년	2024년
소양강댐	347	551	314	600	430	490
충주댐	484	769	574	680	706	759

①
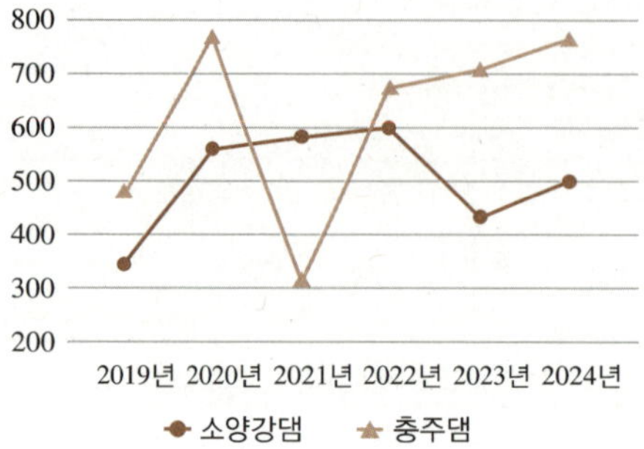

②
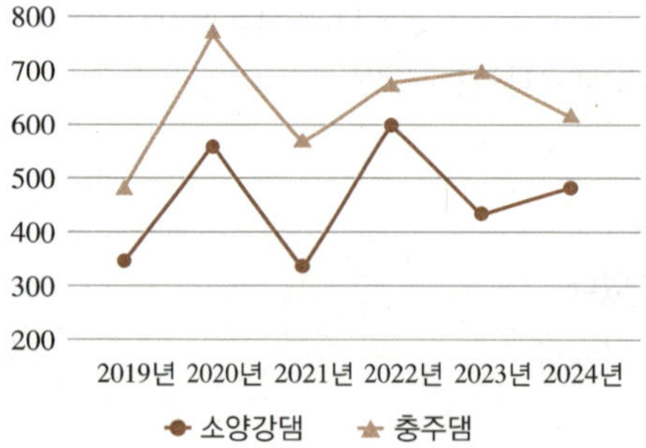

③
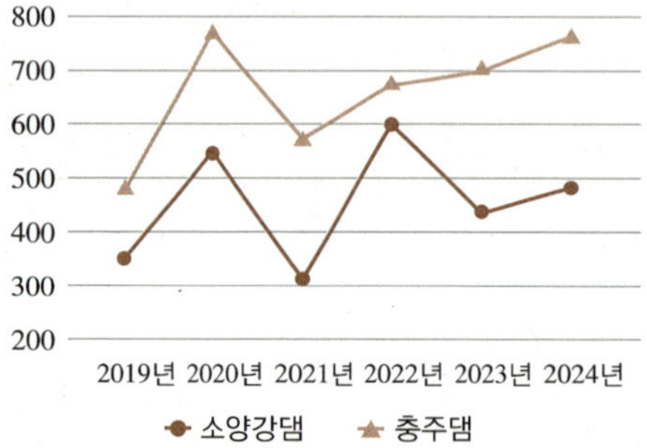

④
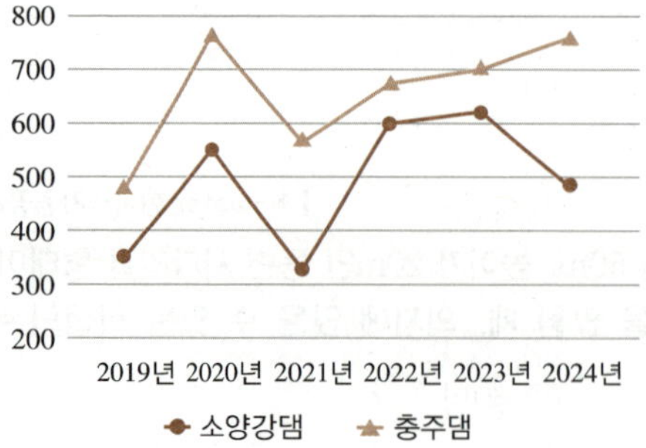

| K-water 한국수자원공사 / 자원관리능력

48 다음 중 효과적인 시간관리를 통하여 빠르고 효율적인 생산으로 작업 소요 시간을 단축시켰을 때, 기업의 입장에서 나타나는 효과로 옳지 않은 것은?

① 가격 인상
② 위험 감소
③ 정확한 예산 분배
④ 시장 점유율 증가

| K-water 한국수자원공사 / 자원관리능력

49 효율적이고 합리적인 인사관리 원칙 중 해당 직무 수행에 가장 적합한 인재를 배치해야 한다는 원칙으로 옳은 것은?

① 단결의 원칙
② 공정 인사의 원칙
③ 종업원 안정의 원칙
④ 적재적소 배치의 원칙

| K-water 한국수자원공사 / 자원관리능력

50 다음 사례에서 나타나는 물적자원관리의 원칙으로 옳은 것은?

> 편의점 점장인 A씨는 상품의 판매량과 입고량을 파악하여 많이 팔리고, 많이 들어오는 상품은 출입구에 가깝게 위치시켰으며, 적게 팔려서 주문할 양이 적은 상품은 매장 안쪽에 배치하여 상품의 입·출하가 원활하게 이루어지도록 하였다.

① 동일성의 원칙
② 유사성의 원칙
③ 회전대응의 원칙
④ 기호화의 원칙

CHAPTER

02 2025 ~ 2024년 전공 기출복원문제

정답 및 해설 p.015

01 행정학

| 25상 / 서울교통공사

01 다음 중 정부실패의 원인으로 옳지 않은 것은?

① 파생적 외부 효과
② 정부조직의 내부성
③ 비용과 편익의 괴리
④ 점증적 정책결정의 불확실성
⑤ 권력으로 인한 분배적 불공정성

| 25상 / 건강보험심사평가원

02 다음 중 엽관주의에 대한 설명으로 옳은 것은?

① 관료제 조직 내의 민주화에 기여한다.
② 실적주의에 비해 부정부패 방지에 유리하다.
③ 직업공무원제에 비해 대의민주주의의 가치 실현에 적절하다.
④ 관료조직이 전문성을 바탕으로 정치세력화가 이루어지기 쉽다.

| 24하 / 건강보험심사평가원

03 추가경정예산을 통한 재정의 방만한 운영 가능성을 줄이기 위해 국가재정법 제89조에서는 추가경정예산안을 편성할 수 있는 경우를 제한하고 있다. 다음 중 위 법 조항에 명시된 추가경정예산안을 편성할 수 있는 경우가 아닌 것은?

① 부동산 경기 등 경기부양을 위하여 기획재정부장관이 필요하다고 판단하는 경우
② 전쟁이나 대규모 자연재해가 발생한 경우
③ 경기침체, 대량실업, 남북관계의 변화, 경제협력 같은 대내외 여건에 중대한 변화가 발생하였거나 발생할 우려가 있는 경우
④ 법령에 따라 국가가 지급하여야 하는 지출이 발생하거나 증가하는 경우

| 25상 / K-water 한국수자원공사

04 **다음은 동기부여 이론가들과 그 주장에 바탕을 둔 관리 방식을 연결한 것이다. 이들 중 동기부여 효과가 가장 낮다고 판단되는 것은?**

① 매슬로(Maslow) – 근로자의 자아실현 욕구를 일깨워 준다.

② 허즈버그(Herzberg) – 근로 환경 가운데 위생요인을 제거해 준다.

③ 맥그리거(McGregor)의 Y 이론 – 근로자들은 작업을 놀이처럼 즐기고 스스로 통제할 줄 아는 존재이므로 자율성을 부여한다.

④ 앨더퍼(Alderfer) – 개인의 능력개발과 창의적 성취감을 북돋운다.

| 24하 / K-water 한국수자원공사

05 **다음 중 계획예산 제도(PPBS)에 대한 설명으로 옳지 않은 것은?**

① PPBS는 집권화를 강화시킨다.

② 계량적인 기법인 체제 분석, 비용편익 분석 등을 사용한다.

③ 품목별 예산은 하향식 예산 과정을 수반하나, PPBS는 상향식 접근이 원칙이다.

④ 품목별 예산과는 달리 부서별로 예산을 배정하지 않고 정책별로 예산을 배분한다.

02 경영학

| 25상 / 코레일 한국철도공사

01 다음 중 주식회사에 대한 설명으로 옳은 것을 〈보기〉에서 모두 고르면?

보기

ㄱ. 주식회사의 최고 의사결정기구는 이사회가 담당한다.
ㄴ. 주식회사를 설립할 때 정관 작성은 발기인이 한다.
ㄷ. 주식회사의 채무가 과다할 경우 주주가 회사의 채권자에게 변제할 의무가 발생한다.
ㄹ. 우리나라에서 주식회사에 대한 사무업무는 금융감독원과 한국예탁결제원에서 맡고 있다.

① ㄱ, ㄴ
② ㄱ, ㄷ
③ ㄱ, ㄹ
④ ㄴ, ㄷ
⑤ ㄴ, ㄹ

| 25상 / 코레일 한국철도공사

02 다음 경영관리 순환 과정에 대한 설명으로 옳지 않은 것은?

① 계획 : 미래에 기업에 발생할 문제를 사전에 예측하여 해결 방안을 결정하는 과정이다.
② 조직 : 수립된 계획을 실천하는 데 필요한 자원들을 필요에 맞게 배분하는 과정이다.
③ 지휘 : 구체적인 업무 수행을 위해 지시하는 과정이다.
④ 조정 : 지휘가 잘 이뤄질 수 있도록 업무, 조직 등을 수정하는 과정이다.
⑤ 통제 : 계획과 결과를 비교하여 발생한 차이를 수정하고 다음 계획에 반영하는 과정이다.

| 25상 / 코레일 한국철도공사

03 다음 중 고객 페르소나에 대한 설명으로 옳지 않은 것은?

① 기업의 제품 또는 서비스를 구매할 가능성이 높은 고객을 가상의 인물로 설정한다.
② 유사한 특징을 가진 고객을 그룹으로 분류한다.
③ 인구 통계, 행동 패턴, 라이프스타일 등 다양한 데이터로 전략을 수립한다.
④ 설문조사, 인터뷰 등을 통해 고객 정보를 파악한다.
⑤ 설정된 고객 페르소나와 실제 고객이 얼마나 일치하는지 검증이 필요하다.

| 25상 / 코레일 한국철도공사

04 다음 중 매슬로의 욕구 단계 중 관계 욕구 이하에 해당하는 것은?

① 자아실현 욕구, 존경 욕구
② 자아실현 욕구, 안전 욕구
③ 자아실현 욕구, 생리적 욕구
④ 생리적 욕구, 존경 욕구
⑤ 생리적 욕구, 안전 욕구

| 25상 / 코레일 한국철도공사

05 다음 중 명목집단법에 대한 설명으로 옳지 않은 것은?

① 참여자들이 서로 문제나 이슈 등을 분석하고 순위를 정하는 가중서열화 방법이다.
② 참여자 간 대화를 통한 의사소통을 금지하고 서면으로 아이디어를 작성한다.
③ 참여자의 다양한 생각을 제약조건 없이 짧은 시간에 이끌어 낼 수 있다.
④ 최종 아이디어 선정은 투표를 통하여 결정한다.
⑤ 자유분방하게 다양한 아이디어를 비판 없이 제시하는 자유연상법이다.

| 24상 /코레일 한국철도공사

06 다음 중 테일러의 과학적 관리법과 관계가 없는 것은?

① 시간연구
② 동작연구
③ 동등 성과급제
④ 과업관리
⑤ 표준 작업조건

| 24상 /코레일 한국철도공사

07 다음 중 근로자가 직무능력 평가를 위해 개인능력평가표를 활용하는 제도는 무엇인가?

① 자기신고 제도
② 직능자격 제도
③ 평가센터 제도
④ 직무순환 제도
⑤ 기능목록 제도

| 24상 /코레일 한국철도공사

08 다음 중 데이터베이스 마케팅에 대한 설명으로 옳지 않은 것은?

① 기업 규모와 관계없이 모든 기업에서 활용이 가능하다.
② 기존 고객의 재구매를 유도하며, 장기적인 마케팅 전략 수립이 가능하다.
③ 인구통계, 심리적 특성, 지리적 특성 등을 파악하여 고객별 맞춤 서비스가 가능하다.
④ 단방향 의사소통으로 고객과 1 : 1 관계를 구축하여 즉각적으로 반응을 확인할 수 있다.
⑤ 고객 자료를 바탕으로 고객 및 매출 증대에 대한 마케팅 전략을 실행하는 데 목적이 있다.

| 24상 /코레일 한국철도공사

09 다음 중 공정성 이론에서 절차적 공정성에 해당하지 않는 것은?

① 접근성
② 반응 속도
③ 형평성
④ 유연성
⑤ 적정성

| 24상 /코레일 한국철도공사

10 다음 중 e-비즈니스 기업의 장점으로 옳지 않은 것은?

① 빠른 의사결정을 진행할 수 있다.
② 양질의 고객서비스를 제공할 수 있다.
③ 배송, 물류비 등 각종 비용을 절감할 수 있다.
④ 소비자에게 더 많은 선택권을 부여할 수 있다.
⑤ 기업이 더 높은 가격으로 제품을 판매할 수 있다.

| 25상 / K-water 한국수자원공사

11 다음 설명에 해당하는 의사결정 방법은?

> • 사회자만 주제를 알고 나머지 참가자들은 토론 주제를 알지 못한다.
> • 고정관념이나 습관적인 사고에서 벗어나 창의적인 아이디어가 제시될 수 있다.
> • 다양한 아이디어를 토론 주제와 연결시켜야 하기 때문에 사회자의 능력이 중요하다.

① 고든법
② 롤스토밍법
③ 직관상기법
④ 집단토론법

| 25상 / K-water 한국수자원공사

12 **다음 중 전방통합에 대한 설명으로 옳지 않은 것은?**

① 소비자의 접근성을 높이고, 시장지배력을 강화하기 위한 목적을 갖는다.
② 소비자 방향으로 기업통합을 시도하는 것이다.
③ 자동차 생산업체가 철강공장을 구입하는 사례가 해당된다.
④ 제품 판매 및 유통 부문에 대한 소유권을 확보하는 전략이다.

| 25상 / K-water 한국수자원공사

13 **다음 설명에 해당하는 민츠버그의 조직 유형은?**

- 전문화된 명확한 역할을 토대로 정해진 절차를 준수하는 것을 중요시한다.
- 사회적 변화, 상품 변화 등 외부 환경요인에 대한 적응력이 떨어질 수 있다.
- 의사결정 프로세스가 간소화되어 효율성이 높으나, 수평적인 의사결정은 제한적이다.

① 단순 구조
② 사업부제 구조
③ 임시조직 구조
④ 기계적 관료제 구조

| 25상 / K-water 한국수자원공사

14 **다음 설명에 해당하는 면접법은?**

- 면접관마다 각각 다른 평가요소를 중심으로 질문 및 평가를 한다.
- 다수의 면접관이 한 명이나 소수의 지원자를 면접한다.
- 한 명의 면접관에게 질문을 받아도 답변은 전체 면접관에게 하듯이 하는 것이 좋다.

① 집단 면접
② 스트레스 면접
③ 상황 면접
④ 패널 면접

| 25상 / K-water 한국수자원공사

15 **다음 중 귀인오류에 해당하지 않는 것은?**

① 근본적 귀인오류
② 외부요인 귀인
③ 자존적 편견
④ 행위자 – 관찰자 편견

| 25상 / K-water 한국수자원공사

16 다음 설명에 해당하는 노동조합 숍 제도는?

> • 노동조합 가입을 고용의 조건으로 삼아 모든 노동자를 노동조합에 가입시킨다.
> • 노사 간 단체협약 조항으로 노동조합 측에 가장 유리한 제도이다.
> • 기업별 노동조합을 단위로 하는 우리나라에서는 활성화되어 있지 않은 제도이다.

① 에이전시 숍 ② 유니언 숍
③ 오픈 숍 ④ 클로즈드 숍

| 25상 / K-water 한국수자원공사

17 다음 중 ISO 26000에 대한 설명으로 옳지 않은 것은?

① 국제표준화기구(ISO)에서 개발한 기업의 사회적 책임의 국제표준이다.
② 2010년에 제정 및 발표되었다.
③ 책임성, 투명성, 윤리적 행동 등 총 7개의 기본원칙으로 구성된다.
④ 기업의 사회적 책임을 위한 기존 방법이나 계획을 대체하는 역할을 한다.

| 25상 / K-water 한국수자원공사

18 다음 중 진입장벽이 높은 경우가 아닌 것은?

① 초기 투자가 많이 필요한 경우
② 제품 차별화가 낮은 경우
③ 법적 규제가 있는 경우
④ 기존 경쟁업체가 많은 경우

| 25상 / K-water 한국수자원공사

19 다음 중 포터의 가치사슬에서 지원적 활동에 해당하는 것은?

① 인적자원관리 ② 생산운영
③ 마케팅 ④ 외부물류

| 25상 / K-water 한국수자원공사

20 다음 중 카르텔에 대한 설명으로 옳지 않은 것은?

① 기업들이 서로 협력하여 경쟁을 제한하거나 시장을 조작하는 형태의 비합법적인 협력을 일컫는다.
② 카르텔로 인해 구성원들의 위험은 더욱 커지게 된다.
③ 경쟁기업과 소비자 모두에게 불이익을 초래할 수 있다.
④ OPEC의 경우 석유 생산 국가 간 공식적인 카르텔로 볼 수 있다.

| 24하 / K-water 한국수자원공사

21 다음 중 매트릭스 조직의 단점으로 옳지 않은 것은?

① 책임, 목표, 평가 등에 대한 갈등이 유발되어 혼란을 줄 수 있다.
② 관리자 및 구성원 모두에게 역할 등에 대한 스트레스를 유발할 수 있다.
③ 힘의 균형을 유지하기 어려워 경영자의 개입이 빈번하게 일어날 수 있다.
④ 구성원의 창의력을 저해하고, 문제해결에 필요한 전문지식이 부족할 수 있다.

| 24하 / K-water 한국수자원공사

22 다음 중 BCG 매트릭스에 대한 설명으로 옳지 않은 것은?

① X축은 상대적 시장 점유율, Y축은 성장률을 의미한다.
② 1970년대 미국 보스턴컨설팅그룹에 의해 개발된 경영전략 분석 기법이다.
③ 수익이 많고 안정적이어서 현상을 유지하는 것이 필요한 사업은 스타(Star)이다.
④ 물음표(Question), 스타(Star), 현금젖소(Cash Cow), 개(Dog)의 4개 영역으로 구성된다.

| 24하 / K-water 한국수자원공사

23 **다음 중 변혁적 리더십의 특성으로 옳지 않은 것은?**

① 구성원들은 리더가 이상적이며 높은 수준의 기준과 능력을 지니고 있다고 생각한다.
② 리더는 구성원 모두가 공감할 수 있는 바람직한 목표를 설정하고, 그들이 이를 이해하도록 한다.
③ 리더는 구성원들의 생각・가치・신념 등을 발전시키고, 그들이 창의적으로 행동하도록 이끈다.
④ 구성원들을 리더로 얼마나 육성했는지보다 구성원의 성과 측정을 통해 객관성을 가질 수 있다는 효과가 있다.

| 24하 / K-water 한국수자원공사

24 **다음 중 변혁적 리더십의 구성 요소에 해당하지 않는 것은?**

① 감정적 치유
② 카리스마
③ 영감적 동기화
④ 지적 자극

| 24하 / K-water 한국수자원공사

25 **다음 중 가치사슬 분석을 통해 얻을 수 있는 효과로 옳지 않은 것은?**

① 프로세스 혁신
② 원가 절감
③ 매출 확대
④ 품질 향상

03 경제학

| 25상 / K-water 한국수자원공사

01 **다음 중 소비자 물가지수에 대한 설명으로 옳지 않은 것은?**

① 한 국가의 소비자가 구입하는 재화 및 용역의 평균가격을 측정한 지수이다.
② 명목 GDP를 실질 GDP로 나눈 값에 100을 곱하여 계산할 수 있다.
③ 소비자 물가지수의 변동률로 인플레이션을 측정할 수 있다.
④ 통계청에서 작성한다.

| 25상 / K-water 한국수자원공사

02 **다음 중 테일러 준칙에 대한 설명으로 옳지 않은 것은?**

① 중앙은행이 금리를 결정할 때 경제성장률과 물가상승률을 고려한다는 원칙이다.
② 실제 인플레이션율이 목표치보다 높은 경우 금리를 인상한다.
③ 실제 성장률이 잠재 성장률보다 낮은 경우 금리를 인하한다.
④ 인플레이션율이 1% 상승한 경우 중앙은행은 실질이자율을 1% 이상 상승시켜야 한다.

| 25상 / K-water 한국수자원공사

03 **다음 중 IS-LM 모형에 대한 설명으로 옳지 않은 것은?**

① 거시경제에서 이자율과 국민소득 간의 관계를 나타내는 모형이다.
② IS 곡선의 IS는 투자와 화폐 공급을 의미한다.
③ IS 곡선과 LM 곡선이 만나는 교차점에서는 모든 시장이 균형이 된다.
④ 유동성 선호 이론은 LM 곡선의 이론적 기반이라 할 수 있다.

| 25상 / K-water 한국수자원공사

04 다음 중 GDP를 구하는 공식으로 옳은 것은?

① (소비)+(투자)+(수출)+(수입)
② (소비)−(투자)+(수출)+(수입)
③ (소비)+(투자)−(수출)−(수입)
④ (소비)+(투자)+(수출)−(수입)

| 24하 / 한국자산관리공사

05 다음 중 독점적 경쟁시장의 특징에 대한 설명으로 옳지 않은 것은?

① 독점시장과 완전경쟁시장의 성격이 혼합된 시장이다.
② 독점적 경쟁시장의 수요곡선은 우하향한다.
③ 기업마다 판매하는 재화의 속성을 차별화하여 다른 기업들과 경쟁하는 시장이다.
④ 시장에 새로 진출하는 신규 기업을 차단하는 진입장벽이 낮다.
⑤ 독점적 경쟁시장에서 기업은 완전한 시장 지배력을 가질 수 있다.

| 24하 / 한국자산관리공사

06 다음 중 종량세에 대한 설명으로 옳지 않은 것은?

① 종량세는 과세단위 기준을 금액에 둔다.
② 종량세를 생산자에게 부과할 경우 공급곡선은 왼쪽으로 이동한다.
③ 종량세를 부과할 경우 수요공급곡선은 평행이동하게 된다.
④ 세액 산정이 비교적 간편하여 행정 능률을 높일 수 있는 장점이 있다.
⑤ 현재 우리나라 주류 과세체계는 종가세 방식을 채택하고 있다.

| 24하 / 한국자산관리공사

07 다음 중 유위험 이자율 평가설에 기본 가정으로 옳지 않은 것은?

① 비대칭 정보가 존재하지 않는다.
② 국가 간 자산이 완전대체재 성격을 갖는다.
③ 거래비용이 없다.
④ 자본이동에 대한 제약사항이 없다.
⑤ 투자자가 위험회피 성향을 갖는다.

| 24하 / 한국자산관리공사

08 다음 중 먼델 – 플레밍 모형의 기본 가정으로 옳지 않은 것은?

① 현물 환율과 선물 환율은 동일하다.
② 국내 물가 수준이 일정하게 유지되고, 국내 생산량의 공급은 탄력적이다.
③ 소득에 따라 세금과 저축이 증가한다.
④ 국가 규모가 매우 작아 해외 국가소득이나 국제 이자율 수준에 영향을 미칠 수 없다.
⑤ 화폐에 대한 수요는 이자율에 의존하며, 투자는 소득과 이자율에 의존한다.

| 24하 / 근로복지공단

09 다음 중 보완재의 관계로 볼 수 있는 것은?

① 천연가스 – 석탄
② 소고기 – 돼지고기
③ 빵 – 잼
④ 보리 – 쌀
⑤ 기차 – 버스

24하 / 근로복지공단

10 다음 중 실업의 종류에 해당하지 않는 것은?

① 경기적 실업
② 마찰적 실업
③ 구조적 실업
④ 계절적 실업
⑤ 생산적 실업

24하 / 근로복지공단

11 다음 중 과점시장의 특징으로 옳지 않은 것은?

① 시장 내 기업 간 밀접한 의존관계를 갖는다.
② 비가격경쟁을 통해 가격의 경직성이 나타난다.
③ 시장에서 판매되는 제품의 차별화가 나타난다.
④ 담합 등과 같은 비경쟁행위가 나타난다.
⑤ 독점시장보다는 약하지만 비교적 높은 진입장벽을 갖는다.

24상 / 건강보험심사평가원

12 다음 중 수요·공급의 가격탄력성에 대한 설명으로 옳지 않은 것은?

① 수요가 탄력적일수록 수요의 가격탄력성은 1보다 커진다.
② 수요곡선이 비탄력적일수록 기울기는 더 가파르게 된다.
③ 대체재가 존재하는 경우 수요의 가격탄력성이 커지게 된다.
④ 장기공급의 가격탄력성이 단기공급의 가격탄력성보다 작다.

| 24상 / 건강보험심사평가원

13 **다음 중 국내 총수요를 계산하는 산식으로 옳은 것은?**

① (소비)+(투자)−(정부지출)−(수출)−(수입)
② (소비)+(투자)−(정부지출)−(수출)+(수입)
③ (소비)+(투자)+(정부지출)+(수출)+(수입)
④ (소비)+(투자)+(정부지출)+(수출)−(수입)

| 24상 / 건강보험심사평가원

14 **다음 〈조건〉을 참고하여 최적생산량을 구하면 얼마인가?**

조건

- 총비용 : $50+Q^2$
- 총수입 : $60Q-Q^2$

① 10 ② 15
③ 20 ④ 25

| 24상 / 건강보험심사평가원

15 **다음 중 장기적인 경제성장을 위해 필요한 전략으로 옳지 않은 것은?**

① 장기적 성장을 위해서는 자본투자와 생산가능인구 확대를 통해 잠재성장률을 끌어올려야 한다.
② 노동, 자본 등의 양적 생산요소 및 기술, 지식 등의 질적 생산요소의 경쟁력을 강화하여야 한다.
③ 제조업 제품뿐만 아니라 고부가 서비스제품의 수출 확대를 통해 글로벌 산업구조에 대응하여야 한다.
④ 경제의 외부충격에 대비하기 위해 내수시장을 집중하여 키우고, 이후 수출주도 경제성장 전략을 도입하여야 한다.

04 법학

❙ 25상 / 서울교통공사

01 다음 중 채무인수 등에 대한 설명으로 옳지 않은 것은?(단, 다툼이 있는 경우에 판례에 따른다)

① 중첩적 채무인수는 채무자의 의사에 반해서도 할 수 있다.

② 채무인수가 있으면 계약관계로부터 생기는 취소권·해제권은 인수인에게 이전된다.

③ 전(前) 채무자의 채무에 대한 보증이나 제3자가 제공한 담보는 원칙적으로 채무인수로 인하여 소멸한다.

④ 채무자가 채권자에 대하여 부담하는 채무를 인수인이 이행하기로 하는 채무자와 인수인 사이의 계약은 이행인수이다.

⑤ 부동산의 매수인이 매매목적물에 대한 근저당권의 피담보채무를 인수하면서 그 채무액을 매매대금에서 공제하기로 약정한 경우, 특별한 사정이 없는 한 이행인수이다.

❙ 24상 / 서울교통공사

02 다음 중 행정상 실효성 확보 수단에 대한 설명으로 옳지 않은 것은?(단, 다툼이 있는 경우 판례에 따른다)

① 가산세를 부과함에 있어 고의·과실은 고려되지 않는다.

② 국세기본법상에는 고액체납자의 명단공개 제도에 대하여 규정하고 있다.

③ 국세징수법상 공매통지 자체는 원칙적으로 항고소송의 대상이 되는 행정처분이다.

④ 질서위반행위규제법의 적용을 받는 과태료 부과처분은 행정청을 피고로 하는 행정소송의 대상이 되는 행정처분이라고 볼 수 없다.

⑤ 구 건축법상 이행강제금은 일신전속적인 성질의 것이므로 이행강제금을 부과받은 사람이 재판절차가 개시된 이후에 사망한 경우, 절차가 종료된다.

| 25상 / K-water 한국수자원공사

03 다음 중 이행불능과 위험부담에 대한 설명으로 옳지 않은 것은?(단, 다툼이 있는 경우 판례에 따른다)

① 채무자의 책임 없는 사유로 후발적 불능이 된 경우에도 채권자는 대상청구권을 행사할 수 있다.
② 채무자의 책임 있는 사유로 이행불능이 되면 채권자는 이행의 최고 없이 전보배상을 청구할 수 있다.
③ 이행지체 중에 이행보조자의 과실로 이행불능으로 된 경우, 채무자는 자신의 책임 없는 사유를 증명하여 채무불이행책임을 면할 수 있다.
④ 매매계약을 체결한 경우, 매도인이 매매목적물에 관하여 다시 제3자와 매매계약을 체결하였다는 사실만으로는 매매계약이 법률상 이행불능이라고 할 수 없다.

| 24상 / K-water 한국수자원공사

04 다음 중 민법에서 규정하는 법률행위의 취소권자로 옳지 않은 것은?

① 미성년자
② 피특정후견인
③ 피성년후견인
④ 사기・강박에 의하여 의사표시를 한 자

| 24상 / K-water 한국수자원공사

05 다음 〈보기〉 중 행정소송법상 당사자소송이 아닌 것은?

> 보기
> ㄱ. 비위사실로 인해 면직을 당한 공무원이 면직이 무효라고 주장하면서 국가를 상대로 공무원의 지위확인을 구하는 소송
> ㄴ. 국가를 상대로 국가유공자 확인을 구하는 소송
> ㄷ. 공무원이 미지급된 봉급에 대한 지급을 청구하는 소송
> ㄹ. 선거의 관리 및 집행이 규정을 위반하였다고 주장하면서 해당 선거의 불법성을 다투는 소송

① ㄱ　② ㄴ
③ ㄷ　④ ㄹ

시대에듀

M E M O

PART 1

직업기초능력평가

CHAPTER 01 의사소통능력

합격 CHEAT KEY

의사소통능력은 평가하지 않는 공사・공단이 없을 만큼 필기시험에서 중요도가 높은 영역으로, 세부 유형은 문서 이해, 문서 작성, 의사 표현, 경청, 기초 외국어로 나눌 수 있다. 문서 이해・문서 작성과 같은 지문에 대한 주제 찾기, 내용 일치 문제의 출제 비중이 높으며, 문서의 특성을 파악하는 문제도 출제되고 있다.

01 문제에서 요구하는 바를 먼저 파악하라!

의사소통능력에서 가장 중요한 것은 제한된 시간 안에 빠르고 정확하게 답을 찾아내는 것이다. 의사소통능력에서는 지문이 아니라 문제가 주인공이므로 지문을 보기 전에 문제를 먼저 파악해야 하며, 문제에 따라 전략적으로 빠르게 풀어내는 연습을 해야 한다.

02 잠재되어 있는 언어 능력을 발휘하라!

세상에 글은 많고 우리가 학습할 수 있는 시간은 한정적이다. 이를 극복할 수 있는 방법은 다양한 글을 접하는 것이다. 실제 시험장에서 어떤 내용의 지문이 나올지 아무도 예측할 수 없으므로 평소에 신문, 소설, 보고서 등 여러 글을 접하는 것이 필요하다.

03 상황을 가정하라!

업무 수행에 있어 상황에 따른 언어 표현은 중요하다. 같은 말이라도 상황에 따라 다르게 해석될 수 있기 때문이다. 그런 의미에서 자신의 의견을 효과적으로 전달할 수 있는 능력을 평가하는 것이다. 업무를 수행하면서 발생할 수 있는 여러 상황을 가정하고 그에 따른 올바른 언어표현을 정리하는 것이 필요하다.

04 말하는 이의 입장에서 생각하라!

잘 듣는 것 또한 하나의 능력이다. 상대방의 이야기에 귀 기울이고 공감하는 태도는 업무를 수행하는 관계 속에서 필요한 요소이다. 그런 의미에서 다양한 상황에서 듣는 능력을 평가하는 것이다. 말하는 이가 요구하는 듣는 이의 태도를 파악하고, 이에 따른 판단을 할 수 있도록 언제나 말하는 사람의 입장이 되는 연습이 필요하다.

대표기출유형

01 문서 내용 이해

| 유형분석 |

- 주어진 지문을 읽고 선택지를 고르는 전형적인 독해 문제이다.
- 지문은 주로 신문기사(보도자료 등)나 업무 보고서, 시사 등이 제시된다.
- 공사 · 공단에 따라 자사와 관련된 내용의 기사나 법조문, 보고서 등이 출제되기도 한다.

K씨는 성장기인 아들의 수면 습관을 바로 잡기 위해 수면 습관에 관련된 글을 찾아보았다. 다음 글을 읽고 이해한 내용으로 적절하지 않은 것은?

> 수면은 비렘(Non-REM)수면과 렘수면의 사이클이 반복되면서 이뤄지는 복잡한 신경계의 상호작용이며, 좋은 수면이란 이 사이클이 끊어지지 않고 충분한 시간 동안 유지되도록 하는 것이다. 수면 패턴은 일정한 것이 좋으며, 깨는 시간을 지키는 것이 중요하다. 그리고 수면 패턴은 휴일과 평일 모두 일정하게 지키는 것이 성장하는 아이들의 수면 리듬을 유지하는 데 좋다. 수면 상태에서 깨어날 때 영향을 주는 자극들은 '빛, 식사 시간, 운동, 사회 활동' 등이 있으며, 이 중 가장 강한 자극은 '빛'이다. 침실을 밝게 하는 것은 적절한 수면을 방해한다. 반대로 깨어날 때 강한 빛 자극을 주면 수면 상태에서 빠르게 벗어날 수 있다. 이는 뇌의 신경 전달 물질인 멜라토닌의 농도와 연관되어 나타나는 현상이다. 수면 중 최대치로 올라간 멜라토닌의 농도는 시신경이 강한 빛에 노출되면 빠르게 줄어들게 되는데, 이때 수면 상태에서 벗어나게 된다. 아침 일찍 일어나 커튼을 젖히고 밝은 빛이 침실 안으로 들어오게 하는 것은 매우 효과적인 각성 방법인 것이다.

① 잠에서 깨는 데 가장 강력한 자극을 주는 것은 빛이었구나.

② 멜라토닌의 농도에 따라 수면과 각성이 영향을 받는군.

③ 평일에 잠이 모자란 우리 아들은 잠을 보충해 줘야 하니까 휴일에 늦게까지 자도록 둬야겠다.

④ 좋은 수면은 비렘수면과 렘수면의 사이클이 충분한 시간 동안 유지되도록 하는 것이구나.

정답 ③

수면 패턴은 휴일과 평일 모두 일정하게 지키는 것이 성장하는 아이들의 수면 리듬을 유지하는 데 좋다. 따라서 휴일에 늦잠을 자는 것은 적절하지 않다.

풀이 전략!

주어진 선택지에서 키워드를 체크한 후, 지문의 내용과 비교해 가면서 내용의 일치 여부를 빠르게 판단한다.

대표기출유형 01 기출응용문제

※ 다음 글의 내용으로 가장 적절한 것을 고르시오. [1~2]

01

일반적으로 동식물에서 종(種)이란 '같은 개체끼리 교배하여 자손을 남길 수 있는' 또는 '외양으로 구분이 가능한' 집단을 뜻한다. 그렇다면 세균처럼 한 개체가 둘로 분열하여 번식하며 외양의 특징도 많지 않은 미생물에서는 종을 어떤 기준으로 구분할까?
미생물의 종 구분에는 외양과 생리적 특성을 이용한 방법이 사용되기도 한다. 하지만 이러한 특성들은 미생물이 어떻게 배양되는지에 따라 변할 수 있으며, 모든 미생물에 적용될 만한 공통적 요소가 되기도 어렵다. 이런 문제를 극복하기 위해 오늘날 미생물 종의 구분에는 주로 유전적 특성을 이용하고 있다. 미생물의 유전체는 DNA로 이루어진 많은 유전자로 구성되는데, 특정 유전자를 비교함으로써 미생물들 간의 유전적 관계를 알 수 있다. 종의 구분에는 서로 간의 차이를 잘 나타내 주는 유전자를 이용한다. 유전자 비교를 통해 미생물들이 유전적으로 얼마나 가깝고 먼지를 확인할 수 있는데, 이를 '유전거리'라 한다. 유전거리가 가까울수록 같은 종으로 묶일 가능성이 커진다.
하지만 유전자 비교로 확인한 유전거리만으로는 두 미생물이 같은 종에 속하는지를 명확히 판별하기 어렵다. 특정 유전자가 해당 미생물의 전체적인 유전적 특성을 대변하지는 못하기 때문이다. 이러한 문제를 보완하기 위한 것이 미생물들 간의 유전체 유사도를 측정하는 방법이다. 유전체 유사도를 정확히 측정하기 위해서는 모든 유전자를 대상으로 유전적 관계를 살펴야 하지만, 수많은 유전자를 모두 비교하는 것은 현실적으로 어렵다. 따라서 유전체의 특성을 화학적으로 비교하는 방법이 주로 사용되고 있다. 이렇게 얻어진 유전체 유사도는 종의 경계를 확정하는 데 유용한 기준을 제공한다.

① 외양과 생리적 특성을 이용한 종 구분 방법은 미생물의 종 구분 시 일절 사용하지 않는다.
② 유전체 유사도를 이용한 방법은 비교 대상이 되는 유전자를 모두 비교해야만 가능하다.
③ 유전거리보다는 유전체의 비교가 종을 구분하는 데 더 명확한 기준을 제시한다.
④ 미생물의 유전체는 동식물의 유전자보다 구조가 단순하여 종 구분이 용이하다.

02

일반적으로 종자를 발아시킨 후 약 1주일 정도 된 채소의 어린 싹을 새싹 채소라고 말한다. 씨앗에서 싹을 틔우고 뿌리를 단단히 뻗은 성체가 되기까지 열악한 환경을 극복하고 성장하기 위하여 종자 안에는 각종 영양소가 많이 포함되어 있다.
이러한 종자의 에너지를 이용하여 틔운 새싹은 성숙한 채소에 비해 영양 성분이 약 3～4배 정도 더 많이 함유되어 있으며, 종류에 따라서는 수십 배 이상의 차이를 보이기도 하는 것으로 보고된다. 식물의 성장 과정 중 씨에서 싹이 터 어린잎이 두세 개 달릴 즈음이 생명 유지와 성장에 필요한 생리 활성 물질을 가장 많이 만들어 내는 때라고 한다. 그렇기 때문에 그 모든 영양이 새싹 안에 그대로 모일뿐더러, 단백질과 비타민・미네랄 등의 영양적 요소도 결집하게 된다. 그러므로 새싹 채소는 영양면에 있어서도 다 자란 채소나 씨앗 자체보다도 월등히 나은 데다가 신선함과 맛까지 덤으로 얻을 수 있으니 더없이 매력적인 채소라 하겠다. 따라서 성체의 채소류들이 가지는 각종 비타민, 미네랄 및 생리 활성 물질들을 소량의 새싹 채소 섭취로 충분히 공급받을 수 있다. 채소류에 포함되어 있는 각종 생리 활성 물질이 암의 발생을 억제하고 치료에 도움을 준다는 것은 많은 연구에서 입증되고 있으며, 이에 따라 새싹 채소는 식이요법 등에도 활용되고 있다.
예를 들어, 브로콜리에 다량 함유되어 있는 황 화합물인 설포라펜의 항암 활성 및 면역 활성 작용은 널리 알려져 있는데, 성숙한 브로콜리보다 어린 새싹에 설포라펜의 함량이 약 40배 이상 많이 들어 있는 것으로 보고되기도 한다. 메밀 싹에는 항산화 활성이 높은 플라보노이드 화합물인 루틴이 다량 함유되어 있어 체내 유해 산소의 제거를 통하여 암의 발생과 성장의 억제에 도움을 줄 수 있다. 새싹 채소는 기존에 널리 쓰여온 무 싹 정도 이외에는 많이 알려져 있지 않았으나, 최근 관심이 고조되면서 다양한 새싹 채소나 이를 재배할 수 있는 종자 등을 쉽게 구할 수 있게 되었다.
새싹 채소는 종자를 뿌린 후 1주일 정도면 식용이 가능하므로 재배 기간이 짧고 키우기가 쉬워 근래에는 가정에서도 직접 재배하여 섭취하기도 한다. 새싹으로 섭취할 수 있는 채소로는 순무 싹, 밀 싹, 메밀 싹, 브로콜리 싹, 청경채 싹, 보리 싹, 케일 싹, 녹두 싹 등이 있는데, 다양한 종류를 섭취하는 것이 좋다.

① 종자 상태에서는 아직 영양분을 갖고 있지 않는다.
② 다 자란 식물은 새싹 상태에 비해 3～4배 많은 영양분을 갖게 된다.
③ 씨에서 싹이 바로 나왔을 때 비타민, 미네랄과 같은 물질을 가장 많이 생성한다.
④ 새싹 채소 역시 성체와 마찬가지로 항암 효과를 보이는 물질을 가지고 있다.

03 H초등학교에서는 '샛강을 어떻게 살릴 수 있을까'라는 주제로 토의하고자 한다. ㉠과 ㉡에 대한 설명으로 적절하지 않은 것은?

> 토의는 어떤 공통된 문제에 대해 최선의 해결안을 얻기 위하여 여러 사람이 의논하는 말하기 양식이다. 패널 토의, 심포지엄 등이 그 대표적인 예이다.
> ㉠ 패널 토의는 3～6인의 전문가들이 사회자의 진행에 따라 일반 청중 앞에서 토의 문제에 대한 정보나 지식, 의견이나 견해 등을 자유롭게 주고받는 유형이다. 토의가 끝난 뒤에는 청중의 질문을 받고 그에 대해 토의자들이 답변하는 시간을 갖는다. 이 질의·응답 시간을 통해 청중들은 관련 문제를 보다 잘 이해하게 되고 점진적으로 해결 방안을 모색하게 된다.
> ㉡ 심포지엄은 전문가가 참여한다는 점, 청중과 질의·응답 시간을 갖는다는 점에서는 패널 토의와 그 형식이 비슷하다. 다만 전문가가 토의 문제의 하위 주제에 대해 서로 다른 관점에서 연설이나 강연의 형식으로 10분 정도 발표한다는 점에서는 차이가 있다.

① ㉠과 ㉡은 모두 '샛강 살리기'와 관련하여 전문가의 의견을 들은 이후, 질의·응답 시간을 갖는다.
② ㉠은 '샛강 살리기'에 대해 찬반 입장을 나누어 이야기한 후 절차에 따라 청중이 참여한다.
③ ㉡은 토의자가 샛강의 생태적 특성, 샛강 살리기의 경제적 효과 등의 하위 주제를 발표한다.
④ ㉠과 ㉡은 모두 '샛강을 어떻게 살릴 수 있을까'라는 문제에 대해 최선의 해결책을 얻기 위함이 목적이다.

대표기출유형

02 글의 주제 · 제목

| 유형분석 |

- 주어진 지문을 파악하여 전달하고자 하는 핵심 주제를 고르는 문제이다.
- 정보를 종합하고 중요한 내용을 구별하는 능력이 필요하다.
- 설명문부터 주장, 반박문까지 다양한 성격의 지문이 제시되므로 글의 성격별 특징을 알아두는 것이 좋다.

다음 글의 제목으로 가장 적절한 것은?

> 사회 보장 제도는 사회 구성원에게 생활의 위험이 발생했을 때 사회적으로 보호하는 대응 체계를 가리키는 포괄적 용어로, 크게 사회 보험, 공공 부조, 사회 서비스가 있다. 예를 들면 실직자들이 구직 활동을 포기하고 다시 노숙자가 되지 않도록 지원하는 것 등이 있다.
> 사회 보험은 보험의 기전을 이용하여 일반 주민들을 질병 · 상해 · 폐질 · 실업 · 분만 등으로 인한 생활의 위협으로부터 보호하기 위하여 국가가 법에 의하여 보험 가입을 의무화하는 제도로, 개인적 필요에 따라 가입하는 민간 보험과 차이가 있다.
> 공공 부조는 극빈자, 불구자, 실업자 또는 저소득계층과 같이 스스로 생계를 영위할 수 없는 계층의 생활을 그들이 자립할 수 있을 때까지 국가가 재정 기금으로 보호하여 주는 일종의 구빈 제도이다.
> 사회 서비스는 복지 사회를 건설할 목적으로 법률이 정하는 바에 의하여 특정인에게 사회 보장 급여를 국가 재정 부담으로 실시하는 제도로, 군경, 전상자, 배우자 사후, 고아, 지적 장애아 등과 같은 특별한 사유가 있는 자나 노령자 등이 해당된다.

① 사회 보장 제도의 의의
② 사회 보장 제도의 대상자
③ 우리나라의 사회 보장 제도
④ 사회 보험 제도와 민간 보험 제도의 차이

정답 ①

제시문은 사회 보장 제도가 무엇인지 정의하고 있으므로, 제목으로는 '사회 보장 제도의 의의'가 가장 적절하다.

풀이 전략!

'결국, 즉, 그런데, 그러나, 그러므로' 등의 접속어 뒤에 주제가 드러나는 경우가 많다는 것에 주의하면서 지문을 읽는다.

대표기출유형 02 기출응용문제

01 다음 (가) ~ (라) 문단의 주제로 적절하지 않은 것은?

(가) 우리는 최근 '사회가 많이 깨끗해졌다.'라는 말을 많이 듣는다. 실제 우리의 일상생활은 정말 많이 깨끗해졌다. 과거에 비하면 일상생활에서 뇌물이 오가는 경우가 거의 없어진 것이다. 그런데 왜 부패인식지수가 나아지기는커녕 도리어 나빠지고 있을까? 일상생활과 부패인식지수가 전혀 다른 모습을 보이는 이유는 어디에 있을까?

(나) 부패인식지수가 산출되는 과정에서 그 물음의 답을 찾을 수 있다. 부패인식지수는 국제투명성기구에서 매년 조사하여 발표하고 있는 세계적으로 가장 권위 있는 부패 지표로, 지수는 국제적인 조사 및 평가를 실시하고 있는 여러 기관의 조사 결과를 바탕으로 산출된다. 각 기관의 조사 항목과 조사 대상은 서로 다르지만, 주요 항목은 공무원의 직권 남용 억제 기능, 공무원의 공적 권력의 사적 이용, 공공 서비스와 관련한 뇌물 등으로 공무원의 뇌물과 부패에 초점이 맞추어져 있다.

(다) 부패인식지수를 이해하는 데에 주목하여야 할 또 하나의 중요한 점은 부패인식지수 계산에 사용된 각 지수의 조사 대상이다. 조사에 따라 약간의 차이가 있기는 하지만 조사는 주로 해당 국가나 해당 국가와 거래하고 있는 고위 기업인과 전문가들을 대상으로 이루어진다. 일반 시민이 아닌 기업 활동에서 공직자들과 깊숙한 관계를 맺고 있어 공직자들의 행태를 누구보다 잘 알고 있을 것으로 추정되는 사람들의 의견을 대상으로 하는 것이다. 결국 부패인식지수는 고위 기업 경영인과 전문가들의 공직 사회의 뇌물과 부패에 대한 평가라 할 수 있다.

(라) 그렇다면 부패인식지수를 개선하는 방법은 무엇일까? 그간 정부는 공무원 행동강령, 청탁금지법, 부패방지기구 설치 등 많은 제도적인 노력을 기울여왔다. 이러한 정부의 노력에도 불구하고 정부의 반부패정책은 대부분 효과가 없는 것으로 보인다. 정부의 노력에 대한 일반 시민들의 시선도 차갑기만 하다. 결국 법과 제도적 장치는 우리 사회에 만연한 연줄 문화 앞에서 힘을 쓰지 못하고 있는 것으로 해석할 수 있다.

천문학적인 뇌물을 받아도 마스크를 낀 채 휠체어를 타고 교도소를 나오는 기업 경영인과 공직자들의 모습을 우리는 자주 보아왔다. 이처럼 솜방망이 처벌이 반복되는 상황에서 부패는 계속될 수밖에 없다. 예상되는 비용에 비해 기대 수익이 큰 상황에서 부패는 끊어질 수 없는 것이다. 이러한 상황이 인간의 욕망을 도리어 자극하여 사람들은 연줄을 찾아 더 많은 부당이득을 노리려 할지 모른다. 연줄로 맺어지든 다른 방식으로 이루어지든 부패로 인하여 지불해야 할 비용이 크다면 부패에 대한 유인이 크게 줄어들 수 있을 것이다.

① (가) : 일상생활에서 부패에 대한 인식과 부패인식지수의 상반되는 경향에 대한 의문
② (나) : 공공 분야에 맞추어진 부패인식지수의 산출 과정
③ (다) : 특정 계층으로 집중된 부패인식지수의 조사 대상
④ (라) : 부패인식지수의 효과적인 개선 방안

02 다음 글의 제목으로 가장 적절한 것은?

시장경제는 국민 모두가 잘살기 위한 목적을 달성하기 위해 필요한 수단으로서 선택한 나라 살림의 운영 방식이다. 그러나 최근에 재계, 정계, 그리고 경제 관료 사이에 벌어지고 있는 시장경제에 대한 논쟁은 마치 시장경제 그 자체가 목적인 것처럼 왜곡되고 있다. 국민들이 잘살기 위해서는 경제가 성장해야 한다. 그러나 경제가 성장했는데도 다수의 국민들이 잘사는 결과를 가져오지 못하고 경제적 강자들의 기득권을 확대 생산하는 결과만을 가져온다면, 국민들은 시장경제를 버리고 대안적(代案的) 경제 체제를 찾을 것이다. 그렇기 때문에 시장경제를 유지하기 위해서는 성장과 분배의 균형이 중요하다.

시장경제는 경쟁을 통해서 효율성을 높이고 성장을 달성한다. 경쟁의 동기는 사적인 이익을 추구하는 인간의 이기적 속성에 기인한다. 국민 각자는 모두가 함께 잘 살기 위해서가 아니라 내가 잘살기 위해서 경쟁을 한다. 모두가 함께 잘살기 위한 공동의 목적을 달성하기 위한 수단으로 시장경제를 선택한 것이지만, 개개인은 이기적인 동기로 시장에 참여하는 것이다. 이와 같이 시장경제는 개인과 공동의 목적이 서로 상반되는 모순을 갖는 것이 그 본질이다. 그래서 시장경제가 제대로 운영되기 위해서는 국가의 소임이 중요하다.

시장경제에서 국가가 할 일을 크게 세 가지로 나누어 볼 수 있다. 첫째는 경쟁을 유도하는 시장 체제를 만드는 것이고, 둘째는 공정한 경쟁이 이루어지도록 시장 질서를 세우는 것이며, 셋째는 경쟁의 결과로 얻은 성과가 모두에게 공평하게 분배되도록 조정하는 것이다. 최근에 벌어지고 있는 시장경제의 논쟁은 그 주체들이 국가의 세 가지 역할 중에서 자신의 이해관계에 따라 선택적으로 시장경제를 왜곡하면서 심화되었다. 경쟁에서 강자의 위치를 확보한 재벌들은 경쟁 촉진을 주장하면서 공정경쟁이나 분배를 말하는 것은 반시장적이라고 매도한다. 정치권은 인기 영합의 수단으로, 그리고 일부 노동계는 이기적 동기에서 분배를 주장하면서 분배의 전제가 되는 성장을 위해서 필요한 경쟁을 훼손하는 모순된 주장을 한다. 경제 관료들은 자신의 권력을 강화하기 위한 부처의 이기적인 관점에서 경쟁 촉진과 공정 경쟁 사이에서 줄타기 곡예를 하며 분배에 대해서 말하는 것을 금기시한다. 모두가 자신들의 기득권을 위해서 선택적으로 왜곡하고 있다.

경쟁은 원천적으로 공정성을 보장하지 못한다. 서로 다른 능력이 주어진 천부적인 차이는 물론이고, 물려받는 재산과 환경의 차이로 인하여 출발선에서부터 공정하지 못한 경쟁이 시작된다. 그럼에도 불구하고 경쟁은 창의력을 가지고 노력하는 사람에게 성공을 가져다주는 체제이다. 그래서 출발점이 다를지라도 노력과 능력에 따라서 성공의 기회가 제공되도록 보장하기 위해서는 공정 경쟁이 중요하다.

경쟁은 또한 분배의 공평성을 보장하지 못한다. 경쟁의 결과는 경쟁에 참여한 모든 사람들의 노력의 결과로 이루어진 것이지, 승자만의 노력으로 이루어진 것은 아니다. 경쟁의 결과가 승자에 의해서 독점된다면 국민들은 경쟁의 참여를 거부할 수밖에 없다. 그래서 경쟁에 참여한 모두에게 공평한 분배가 이루어지는 것이 중요하다.

① 시장경제에서의 개인과 경쟁의 상호 관계
② 시장경제에서의 국가의 역할
③ 시장경제에서의 개인 상호 간의 경쟁
④ 시장경제에서의 경쟁의 양면성과 그 한계

03 다음 글의 주제로 가장 적절한 것은?

최근에 사이버공동체를 중심으로 한 시민의 자발적 정치 참여 현상이 많은 관심을 끌고 있다. 이러한 현상과 관련하여 A의 연구가 새삼 주목을 받고 있다. A의 연구에 따르면 공동체의 구성원이 됨으로써 얻게 되는 '사회적 자본'이 시민사회의 성숙과 민주주의 발전을 가져오는 원동력이다. A의 이론에서는 공동체에 대한 자발적 참여를 통해 사회 구성원 간의 상호 의무감과 신뢰, 구성원들이 공유하는 규칙과 관행, 사회적 유대 관계와 같은 사회적 자본이 늘어나면, 사회 구성원 간의 협조적인 행위가 가능하게 된다고 보았다. 더 나아가 A는 자원봉사자와 같이 공동체 참여도가 높은 사람이 투표할 가능성이 높고 정부 정책에 대한 의견 개진도 활발해지는 등 정치 참여도가 높아진다고 주장하였다.

몇몇 학자들은 A의 이론을 적용하여 면대면 접촉에 따른 인간관계의 산물인 사회적 자본이 사이버공동체에서도 충분히 형성될 수 있다고 보았다. 그리고 사이버공동체에서 사회적 자본의 증가는 곧 정치 참여도 활성화시킬 것으로 기대했다. 하지만 이러한 기대와는 달리 정치 참여가 활성화되지 않았다. 요즘 젊은이들을 보면 각종 사이버공동체에 자발적으로 참여하는 수준은 높지만 투표나 다른 정치 활동에는 무관심하거나 심지어 정치를 혐오하기도 한다. 이런 측면에서 A의 주장은 사이버공동체가 활성화된 오늘날에는 잘 맞지 않는다.

이러한 이유 때문에 오늘날 사이버공동체를 중심으로 한 정치 참여를 더 잘 이해하기 위해서 '정치적 자본' 개념의 도입이 필요하다. 정치적 자본은 사회적 자본의 구성 요소와는 달리 정치 정보의 습득과 이용, 정치적 토론과 대화, 정치적 효능감 등으로 구성된다. 정치적 자본은 사회적 자본과 마찬가지로 공동체 참여를 통해서 획득되지만, 정치 과정에의 관여를 촉진한다는 점에서 사회적 자본과는 구분될 필요가 있다. 사회적 자본만으로 정치 참여를 기대하기 어렵고, 사회적 자본과 정치 참여 사이를 정치적 자본이 매개할 때 비로소 정치 참여가 활성화된다.

① 사이버공동체를 통해 축적된 사회적 자본에 정치적 자본이 더해질 때 정치 참여가 활성화된다.
② 사회적 자본은 정치적 자본을 포함하기 때문에 그 자체로 정치 참여의 활성화를 가져온다.
③ 사회적 자본이 많은 사회는 정치 참여가 활발하기 때문에 민주주의가 실현된다.
④ 사이버공동체의 특수성으로 인해 시민들의 정치 참여가 어렵게 되었다.

03 문단 나열

| 유형분석 |

- 각 문단 또는 문장의 내용을 파악하고 논리적 순서에 맞게 배열하는 복합적인 문제이다.
- 전체적인 글의 흐름을 이해하는 것이 중요하며, 각 문장의 지시어나 접속어에 주의한다.

다음 문단을 논리적 순서대로 바르게 나열한 것은?

(가) 이와 같이 임베디드 금융의 개선을 위해서는 효과적인 보안 시스템과 프라이버시 보호 방안을 도입하여 사용자의 개인정보를 안전하게 관리하는 것이 필요하다. 또한 디지털 기기의 접근성을 개선하고 사용자들이 편리하게 이용할 수 있는 환경을 조성해야 한다.

(나) 임베디드 금융은 기업과 소비자 모두에게 이점을 제공한다. 기업은 제품과 서비스에 금융 기능을 통합함으로써 자사 플랫폼 의존도를 높이고, 수집한 고객의 정보를 통해 매출을 증대시킬 수 있으며, 고객들에게 편리한 금융 서비스를 제공할 수 있다. 소비자의 경우는 모바일 앱을 통해 간편하게 금융 거래를 할 수 있고, 스마트 기기 하나만으로 다양한 금융 상품에 접근할 수 있어 편의성과 접근성이 크게 향상된다.

(다) 그러나 임베디드 금융은 개인정보 보호와 안전성에 대한 관리가 필요하다. 사용자의 금융 데이터와 개인정보가 디지털 플랫폼이나 기기에 저장되므로 해킹이나 데이터 유출과 같은 사고가 발생할 수 있다. 이는 사용자의 프라이버시 침해와 금융 거래 안전성에 대한 심각한 위협이 될 수 있다. 또한 모든 사람들이 안정적인 인터넷 연결과 임베디드 금융이 포함된 최신 기기를 보유하고 있지는 않기 때문에 디지털 기기에 익숙하지 않은 사람들은 임베디드 금융 서비스를 제공받는 데 제한을 받을 수 있다.

(라) 임베디드 금융은 비금융 기업이 자신의 플랫폼이나 디지털 기기에 금융 서비스를 탑재하는 것을 뜻한다. S페이나 A페이 같은 결재 서비스부터 대출이나 보험까지 임베디드 금융은 제품과 서비스에 금융 기능을 통합하여 사용자에게 편의성과 접근성을 높여준다.

① (가) – (다) – (라) – (나)　　② (나) – (가) – (다) – (라)
③ (라) – (나) – (가) – (다)　　④ (라) – (나) – (다) – (가)

정답 ④

제시문은 임베디드 금융에 대한 정의와 장점 및 단점 그리고 이에 대한 개선 방안을 설명하는 글이다. 따라서 (라) 임베디드 금융의 정의 → (나) 임베디드 금융의 장점 → (다) 임베디드 금융의 단점 → (가) 단점에 대한 개선 방안 순으로 나열되어야 한다.

풀이 전략!

상대적으로 시간이 부족하다고 느낄 때는 선택지를 참고하여 문장의 순서를 생각해 본다.

대표기출유형 03 기출응용문제

※ 다음 문단을 논리적 순서대로 바르게 나열한 것을 고르시오. [1~4]

01

(가) 오히려 클레나 몬드리안의 작품을 우리 조각보의 멋에 비견되는 것으로 보아야 할 것이다. 조각보는 몬드리안이나 클레의 작품보다 100여 년 이상 앞서 제작된 공간 구성미를 가진 작품이며, 시대적으로 앞설 뿐 아니라 평범한 여성들의 일상에서 시작되었다는 점 그리고 정형화되지 않은 색채감과 구성미로 독특한 예술성을 지닌다는 점에서 차별화된 가치를 지닌다.

(나) 조각보는 일상생활에서 쓰다 남은 자투리 천을 이어서 만든 것으로, 옛 서민들의 절약 정신과 소박한 미의식을 보여준다. 조각보의 색채와 공간 구성 면은 공간 분할의 추상화가로 유명한 클레(Paul Klee)나 몬드리안(Peit Mondrian)의 작품과 비견되곤 한다. 그만큼 아름답고 훌륭한 조형미를 지녔다는 의미이기도 하지만 일견 돌이켜 보면 이것은 잘못된 비교이다.

(다) 기하학적 추상을 표방했던 몬드리안의 작품보다 세련된 색상 배치로 각 색상이 가진 느낌을 살렸으며, 동양적 정서가 담김 '오방색'이라는 원색을 통해 강렬한 추상성을 지닌다. 또한 조각보를 만드는 과정과 그 작업의 내면에 가족의 건강과 행복을 기원하는 마음이 담겨 있어 단순한 오브제이기 이전에 기복신앙적인 부분이 있다. 조각보가 아름답게 느껴지는 이유는 이처럼 일상 속에서 삶과 예술을 함께 담았기 때문일 것이다.

① (가) – (나) – (다)
② (나) – (가) – (다)
③ (나) – (다) – (가)
④ (다) – (가) – (나)

02

(가) 그뿐 아니라, 자신을 알아주는 이, 즉 지기자(知己者)를 위해서라면 기꺼이 자신의 전부를 버릴 수 있어야 하며, 더불어 은혜는 은혜대로, 원수는 원수대로 자신이 받은 만큼 되갚기 위해 진력하여야 한다.

(나) 무공이 높다고 하여 반드시 협객으로 인정되지 않는 이유는 바로 이런 원칙에 위배되는 경우가 심심치 않게 발생하기 때문이다. 요컨대 협(俠)이란 사생취의(捨生取義)의 정신에 입각하여 살신성명(殺身成名)의 의지를 실천하는 것, 또는 그러한 실천을 기꺼이 감수할 준비가 되어 있는 상태를 뜻한다고 할 수 있다.

(다) 협(俠)으로 인정받기 위해서는 무엇보다도 절개와 의리를 숭상하여야 하며, 개인의 존엄을 중시하고 간악함을 제거하기 위해 노력해야만 한다. 신의(信義)를 목숨보다 중히 여길 것도 강조되는데, 여기서의 신의란 상대방을 향한 것인 동시에 스스로에게 해당되는 것이기도 하다.

(라) 무(武)와 더불어 보다 신중하게 다루어야 할 것이 '협(俠)'의 개념이다. 무협 소설에서 문제가 되는 협이란 무덕(武德), 즉 무인으로서의 덕망이나 인격과 관계가 되는 것으로, 이는 곧 무공 사용의 전제가 되는 기준 내지는 원칙이라고 할 수 있다.

① (나) – (다) – (가) – (라)
② (나) – (다) – (라) – (가)
③ (라) – (가) – (다) – (나)
④ (라) – (다) – (가) – (나))

03

(가) 한 연구팀은 1979년부터 2017년 사이 덴먼(Denman) 빙하의 누적 얼음 손실량이 총 2,680억 톤에 달한다는 것을 밝혀냈고, 이탈리아우주국(ISA) 위성 시스템의 간섭계* 자료를 이용해 빙하가 지반과 분리되어 바닷물에 뜨는 지점인 '지반선(Grounding Line)'을 정확히 측정했다.
(나) 남극 대륙에서 얼음의 양이 압도적으로 많은 동남극은 최근 들어 빠르게 녹고 있는 서남극에 비해 지구 온난화의 위협을 덜 받는 것으로 생각되어 왔다.
(다) 그러나 동남극의 덴먼 빙하 등에 대한 정밀 조사가 이뤄지면서 동남극 역시 지구 온난화의 위협을 받고 있다는 증거가 속속 드러나고 있다.
(라) 이것은 덴먼 빙하의 동쪽 측면에서는 빙하 밑의 융기부가 빙하의 후퇴를 저지하는 역할을 한 반면, 서쪽 측면은 깊고 가파른 골이 경사져 있어 빙하 후퇴를 가속하는 역할을 하는 데 따른 것으로 분석됐다.
(마) 그 결과 1996년부터 2018년 사이 덴먼 빙하의 육지를 덮은 얼음인 빙상(Ice Sheet)의 육지 – 바다 접점 지반선 후퇴가 비대칭성을 보인 것으로 나타났다.

*간섭계(干涉計) : 동일한 광원에서 나오는 빛을 두 갈래 이상으로 나눈 후 다시 만났을 때 일어나는 간섭 현상을 관찰하는 기구

① (가) – (나) – (다) – (라) – (마)
② (가) – (마) – (라) – (다) – (나)
③ (나) – (다) – (가) – (마) – (라)
④ (나) – (라) – (가) – (다) – (마)

04

(가) 이글루가 따듯해질 수 있는 원리를 과정에 따라 살펴보면, 먼저 눈 벽돌로 이글루를 만든 후에 이글루 안에서 불을 피워 온도를 높이는 것부터 시작한다.
(나) 이누이트 하면 연상되는 것 중의 하나가 이글루이다.
(다) 이 과정을 반복하면서 눈 벽돌집은 얼음집으로 변하게 되며, 눈 사이에 들어 있던 공기는 빠져나가지 못하고 얼음 속에 갇히게 되면서 내부가 따듯해진다.
(라) 이글루는 눈을 벽돌 모양으로 잘라 만든 집임에도 불구하고 사람이 거주할 수 있을 정도로 따듯하다.
(마) 온도가 올라가면 눈이 녹으면서 벽의 빈틈을 메워 주고 어느 정도 눈이 녹으면 출입구를 열어 물이 얼도록 한다.

① (나) – (라) – (가) – (마) – (다)
② (나) – (라) – (다) – (마) – (가)
③ (라) – (나) – (다) – (마) – (가)
④ (라) – (다) – (나) – (가) – (마)

05 **다음 제시된 문단을 읽고, 이어질 문단을 논리적 순서대로 바르게 나열한 것은?**

> 우리는 자본주의 체제에서 살고 있다. '우리는 자본주의라는 체제의 종말보다 세계의 종말을 상상하는 것이 더 쉬운 시대에 살고 있다.'라고 할 만큼 현재 세계는 자본주의의 논리 아래에 굴러가고 있다. 이러한 자본주의는 어떻게 발생하였을까?

> (가) 그러나 1920년대에 몰아친 세계 대공황은 자본주의가 완벽하지 않은 체제이며 수정이 필요함을 모든 사람에게 각인시켜줬다. 학문적으로 보자면 대표적으로 존 메이너드 케인스의 『고용·이자 및 화폐에 관한 일반 이론』 등의 저작을 통해 수정자본주의가 꾀해졌다.
>
> (나) 애덤 스미스로부터 학문화된 자본주의는 데이비드 리카도의 비교우위론 등의 이론을 포섭해 나가며 자신의 영역을 공고히 했다. 자본의 폐해에 대한 마르크스 등의 경고가 있었지만, 자본주의는 그 위세를 계속 떨칠 것 같이 보였다.
>
> (다) 1950년대에는 중산층의 신화가 이루어지면서 수정자본주의 체제는 영원할 것 같이 보였지만, 오일 쇼크 등으로 인해서 수정자본주의 또한 그 한계를 보이게 되었고, 빈(Wien) 학파로부터 파생된 신자유주의 이론이 가미되기 시작하였다.
>
> (라) 자본주의의 시작이라 하면 대부분 애덤 스미스의 『국부론』을 떠올리겠지만, 역사학자인 페르낭 브로델에 의하면 자본주의는 16세기 이탈리아에서부터 시작된 것이라고 한다. 이를 학문적으로 정립한 최초의 저작이 『국부론』이다.

① (나) – (라) – (가) – (다)　　② (나) – (라) – (다) – (가)

③ (라) – (나) – (가) – (다)　　④ (라) – (나) – (다) – (가)

04 내용 추론

| 유형분석 |

- 주어진 지문을 바탕으로 도출할 수 있는 내용을 찾는 문제이다.
- 선택지의 내용을 정확하게 확인하고 지문의 정보와 비교하여 추론하는 능력이 필요하다.

다음 글을 읽고 추론한 내용으로 가장 적절한 것은?

'쓰는 문화'가 책의 문화에서 가장 우선이다. 쓰는 이가 없이는 책이 나올 수가 없다. 그러나 지혜를 많이 갖고 있다는 것과 그것을 글로 옮길 줄 아는 것은 별개의 문제이다. 엄격하게 이야기해서 지혜는 어떤 한 가지 일에 지속적으로 매달린 사람이면 누구나 머릿속에 쌓아두고 있는 것이다. 하지만 그것을 글로 옮기기 위해서는 특별하고도 고통스러운 훈련이 필요하다. 생각을 명료하게 정리하고 글의 맥을 이어갈 줄 알아야 하며, 줄기찬 노력을 바칠 준비가 되어 있어야 한다. 모든 국민이 책 한 권을 남길 수 있을 만큼 쓰는 문화가 발달한 사회가 도래한다면, 그때에는 지혜의 르네상스가 가능할 것이다.

'읽는 문화'의 실종, 그것이 바로 현대의 특징이다. 새로운 정보를 제공하던 신문의 역할은 TV, 유튜브 등 동영상 매체로 넘어갔으며, 논리적인 글로 학문을 탐구하고, 독자로 하여금 주제에 대해 심도 깊게 생각할 거리를 주는 책도 즉각적인 정보와 재미를 주는 쇼츠, OTT 등에 밀려나고 있다. 그야말로 '보는 문화'가 읽는 문화를 대체해 가고 있다. 읽는 일에는 피로가 동반되지만 보는 놀이에는 휴식이 따라온다. 일을 저버리고 놀이만 좇는 문화가 범람하고 있지 않는가. 보는 놀이가 머리를 비게 하는 것은 너무나 당연하다. 읽는 일이 장려되지 않는 한 생각 없는 사회로 치달을 수밖에 없다. 책의 문화는 바로 읽는 일과 직결되며, 생각하는 사회를 만드는 지름길이다.

① 고통스러운 훈련을 견뎌야 지혜로운 사람이 될 수 있다.
② 사람들이 동영상 매체를 많이 접할수록 생각하는 시간이 줄어든다.
③ TV를 많이 보는 사람은 그렇지 않은 사람보다 신문을 적게 읽는다.
④ 동영상 매체는 내용과 관계없이 화제성이 높을수록 더 많이 소비된다.

정답 ②

현대는 동영상 매체를 보는 문화가 신문이나 책을 읽는 문화를 대체하고 있다. 이처럼 휴식이 따라오는 보는 놀이는 사람들의 머리를 비게 하여 생각 없는 사회로 치닫게 한다. 즉 사람들이 동영상 매체를 많이 접하여 읽는 문화가 사라질수록 생각하는 시간이 줄어듦을 추론할 수 있다.

풀이 전략!

주어진 제시문이 어떠한 내용을 다루고 있는지 파악한 후 선택지의 키워드를 확실하게 체크하고, 제시문의 정보에서 도출할 수 있는 내용을 찾는다.

01 다음 글을 바탕으로 〈보기〉에서 추론할 수 있는 내용으로 가장 적절한 것은?

독립신문은 우리나라 최초의 민간 신문이다. 사장 겸 주필(신문의 최고 책임자)은 서재필 선생이, 국문판 편집과 교정은 최고의 국어학자로 유명한 주시경 선생이, 그리고 영문판 편집은 선교사 호머 헐버트가 맡았다. 창간 당시 독립신문은 이들 세 명에 기자 두 명과 몇몇 인쇄공들이 합쳐 단출하게 시작했다.
신문은 우리가 흔히 사용하는 'A4 용지'보다 약간 큰 '국배판(218×304mm)' 크기로 제작됐고, 총 4면 중 3면은 순 한글판으로, 나머지 1면은 영문판으로 발행했다. 제1호는 '독닙신문'이고 영문판은 'Independent(독립)'로 조판했고, 내용을 살펴보면 제1면에는 대체로 논설과 광고가 실렸고, 제2면에는 관보・외국통신・잡보가, 제3면에는 물가・우체시간표・제물포 기선 출입항 시간표와 광고가 게재됐다.
독립신문은 민중을 개화시키고 교육하기 위해 발간된 것이지만, 그 이름에서부터 알 수 있듯 스스로 우뚝 서는 독립국을 만들고자 자주적 근대화 사상을 강조했다. 창간호 표지에는 '뎨일권 뎨일호. 조선 서울 건양 원년 사월 초칠일 금요일'이라고 표기했는데, '건양(建陽)'은 조선의 연호이고, 한성 대신 서울을 표기한 점과 음력 대신 양력을 쓴 점 모두 중국 사대주의에서 벗어난 자주독립을 꾀한 것으로 볼 수 있다.
독립신문이 발행되자 사람들은 모두 깜짝 놀랄 수밖에 없었다. 순 한글로 만들어진 것은 물론 유려한 편집 솜씨에 조판과 내용까지 완벽했기 때문이다. 무엇보다 제4면을 영어로 발행해 국내 사정을 외국에 알린다는 점은 호시탐탐 한반도를 노리던 일본 당국에 큰 부담을 안겨주었고, 더는 자기네들 마음대로 조선의 사정을 왜곡 보도할 수 없게 된 것이다.
날이 갈수록 독립신문을 구독하려는 사람은 늘어났고, 처음 300부씩 인쇄되던 신문이 곧 500부로, 나중에는 3,000부까지 확대됐다. 오늘날에는 한 사람이 신문 한 부를 읽으면 폐지 처리하지만, 과거에는 돌려가며 읽는 경우가 많았고, 시장이나 광장에서 글을 아는 사람이 낭독해주는 일도 빈번했기에 한 부의 독자 수는 50명에서 100명에 달했다. 이런 점을 감안해보면 실제 독립신문의 독자 수는 10만 명을 넘어섰다고 가늠해 볼 수 있다.

보기

우리 신문이 한문은 아니 쓰고 국문으로만 쓰는 것은 상하귀천이 다 보게 함이라. 또 국문을 이렇게 구절을 떼어 쓴즉 아무라도 이 신문을 보기가 쉽고 신문 속에 있는 말을 자세히 알아보게 함이라.

① 교통수단도 발달하지 않았던 과거에는 활자 매체인 신문이 소식 전달에 있어 절대적인 역할을 차지했다.
② 민중을 개화시키고 교육하기 위해 발간된 것으로 역사적・정치적으로 큰 의의가 있다.
③ 한글을 사용해야 누구나 읽을 수 있다는 점을 인식해 한문 우월주의에 영향을 받지 않고, 소신 있는 행보를 했다.
④ 일본이 한반도를 집어삼키려 하던 혼란기 우리만의 신문을 펴낼 수 있었다는 것에 큰 의의가 있다.

02 다음 글의 밑줄 친 ㉠의 시기에 대한 설명으로 가장 적절한 것은?

> 하나의 패러다임 형성은 애초에 불완전하지만 이후 연구의 방향을 제시하고 소수 특정 부분의 성공적인 결과를 약속할 수 있을 뿐이다. 그러나 패러다임의 정착은 연구의 정밀화, 집중화 등을 통하여 자기 지식을 확장해 가며 차츰 폭넓은 이론 체계를 구축한다.
> 이처럼 과학자들이 패러다임을 기반으로 하여 연구를 진척시키는 것을 쿤(Thomas S. Kuhn)은 '정상 과학'이라고 부른다. 기초적인 전제가 확립되었으므로 과학자들은 이 시기에 상당히 심오한 문제의 작은 영역들에 집중함으로써 그렇지 않았더라면 상상조차 못했을 자연의 어느 부분을 깊이 있게 탐구하게 된다. 그에 따라 각종 실험 장치들도 정밀해지고 다양해지며, 문제를 해결해 가는 특정 기법과 규칙들이 만들어진다.
> 연구는 이제 혼란으로서의 다양성이 아니라, 이론과 자연 현상을 일치시켜 가는 지식의 확장으로서의 다양성을 이루게 된다. 그러나 정상 과학은 완성된 과학이 아니다. 과학적 사고방식과 관습, 기법 등이 하나의 기반으로 통일되어 있다는 것일 뿐 해결해야 할 과제는 무수하다. 패러다임이란 과학자들 사이의 세계관 통일이지 세계에 대한 해석의 끝은 아니다.
> 그렇다면 ㉠ 정상 과학의 시기에는 어떤 연구가 어떻게 이루어지는가? 정상 과학의 시기에는 이미 이론의 핵심 부분들은 정립되어 있다. 따라서 과학자들의 연구는 근본적인 새로움을 좇아가지는 않으며, 다만 연구의 세부 내용이 좀 더 깊어지거나 넓어질 뿐이다. 그렇다면 이러한 시기에 과학자들의 열정과 헌신성은 무엇으로 유지될 수 있을까? 연구가 고작 예측된 결과를 좇아갈 뿐이고, 예측된 결과가 나오지 않으면 실패라고 규정되는 상태에서 과학의 발전은 어떻게 이루어지는가?
> 쿤은 이 물음에 대하여 '수수께끼 풀이'라는 대답을 준비한다. 어떤 현상의 결과가 충분히 예측된다고 할지라도 정작 그 예측이 달성되는 세세한 과정은 대개 의문 속에 있기 마련이다. 자연 현상의 전 과정을 우리가 일목요연하게 알고 있는 것은 아니기 때문이다. 이론으로서의 예측 결과와 실제의 현상을 일치시키기 위해서는 여러 복합적인 기기적·개념적·수학적인 방법이 필요하다. 이것이 바로 수수께끼 풀이다.

① 패러다임을 기반으로 하여 연구를 진척하기 때문에 다양한 학설과 이론이 등장한다.
② 예측된 결과만을 좇을 수밖에 없기 때문에 과학자들의 열정과 헌신성은 낮아진다.
③ 기초적인 전제가 확립되었으므로 작은 범주의 영역에 대한 연구에 집중한다.
④ 이 시기는 문제를 해결해 가는 과정보다는 기초 이론에 대한 발견이 주가 된다.

03 다음 글을 토대로 〈보기〉를 해석한 내용으로 적절하지 않은 것은?

자기 조절은 목표 달성을 위해 자신의 사고・감정・욕구・행동 등을 바꾸려는 시도를 뜻하는데, 목표를 달성한 경우는 자기 조절의 성공을, 반대의 경우는 자기 조절의 실패를 의미한다. 이에 대한 대표적인 이론으로는 앨버트 반두라의 '사회 인지 이론'과 로이 바우마이스터의 '자기 통제 힘 이론'이 있다.

반두라의 사회 인지 이론에서는 인간이 자기 조절 능력을 선천적으로 가지고 있다고 본다. 이런 특징을 가진 인간은 가치 있는 것을 획득하기 위해 행동하거나 두려워하는 것을 피하기 위해 행동한다. 반두라에 따르면 자기 조절은 세 가지의 하위 기능인 자기 검열, 자기 판단, 자기 반응의 과정을 통해 작동한다. 자기 검열은 자기 조절의 첫 단계로, 선입견이나 감정을 배제하고 자신이 지향하는 목표와 관련하여 자신이 놓여 있는 상황과 현재 자신의 행동을 감독・관찰하는 것을 말한다. 자기 판단은 목표 성취와 관련된 개인의 내적 기준인 개인적 표준, 현재 자신이 처한 상황, 그리고 자신이 하게 될 행동 이후 느끼게 될 정서 등을 고려하여 자신이 하고자 하는 행동을 결정하는 것을 말한다. 그리고 자기 반응은 자신이 한 행동 이후에 자신에게 부여하는 정서적 현상을 의미하는데, 자신이 지향하는 목표와 관련된 개인적 표준에 부합하는 행동은 만족감이나 긍지라는 자기 반응을 만들어 내고 그렇지 않은 행동은 죄책감이나 수치심이라는 자기 반응을 만들어 낸다.

한편 바우마이스터의 자기 통제 힘 이론은 사회 인지 이론의 기본적인 틀을 유지하면서 인간의 심리적 현상에 대해 자연과학적 근거를 찾으려는 경향이 대두되면서 등장하였다. 이 이론에서 말하는 자기 조절은 개인의 목표 성취와 관련된 개인적 표준, 자신의 행동을 관찰하는 모니터링, 개인적 표준에 도달할 수 있게 하는 동기, 자기 조절에 들이는 에너지로 구성된다. 바우마이스터는 그중 에너지의 양이 목표 성취의 여부에 결정적인 영향을 준다고 보기 때문에 자기 조절에서 특히 에너지의 양적인 측면을 중시한다. 바우마이스터에 따르면 다양한 자기 조절 과업에서 개인은 자신이 가지고 있는 에너지를 사용하는데, 에너지의 양은 제한되어 있기 때문에 지속적으로 자기 조절에 성공하기 위해서는 에너지를 효율적으로 사용해야 한다. 그런데 에너지를 많이 사용한다 하더라도 에너지가 완전히 고갈되는 상황은 벌어지지 않는다. 그 이유는 인간이 긴박한 욕구나 예외적인 상황을 대비하여 에너지의 일부를 남겨 두기 때문이다.

보기

S씨는 건강관리를 삶의 가장 중요한 목표로 삼았다. 우선 그녀는 퇴근하는 시간이 규칙적인 자신의 근무 환경을, 그리고 과식을 하고 운동을 하지 않는 자신을 관찰하였다. 그래서 퇴근 후의 시간을 활용하여 일주일에 3번 필라테스를 하고, 균형 잡힌 식단에 따라 식사를 하겠다고 다짐하였다. 한 달 후 S씨는 다짐한 대로 운동을 한 것에 만족감을 느꼈다. 그러나 균형 잡힌 식단에 따라 식사를 하지는 못했다.

① 반두라에 따르면 S씨는 선천적인 자기 조절 능력을 통한 자기 검열, 자기 판단, 자기 반응의 자기 조절 과정을 거쳤다.

② 반두라에 따르면 S씨는 식단 조절에 실패함으로써 죄책감이나 수치심을 느꼈을 것이다.

③ 반두라에 따르면 S씨는 건강관리를 가치 있는 것으로 생각하고 이를 획득하기 위해 운동을 시작하였다.

④ 바우마이스터에 따르면 S씨는 운동하는 데 모든 에너지를 사용하여 에너지가 고갈됨으로써 식단 조절에 실패하였다.

대표기출유형

05 문서 작성 · 수정

| 유형분석 |

- 기본적인 어휘력과 어법에 대한 지식을 필요로 하는 문제이다.
- 글의 내용을 파악하고 문맥을 읽을 줄 알아야 한다.

다음 글에서 밑줄 친 ㉠~㉣의 수정 방안으로 적절하지 않은 것은?

동양의 산수화에는 자연의 다양한 모습을 대하는 화가의 개성 혹은 태도가 ㉠ 드러나 있는데, 이를 표현하는 기법 중의 하나가 준법(皴法)이다. 준법이란 점과 선의 특성을 활용하여 산・바위・토파(土坡) 등의 입체감・양감・질감・명암 등을 나타내는 기법으로, 산수화 중 특히 수묵화에서 발달하였다.

수묵화는 선의 예술이다. 수묵화에서는 먹(墨)만을 사용하기 때문에 대상의 다양한 모습이나 질감을 표현하는 데 한계가 있다. ㉡ 거친 선, 부드러운 선, 곧은 선, 꺾은 선 등 다양한 선을 활용하여 대상에 대한 느낌, 분위기를 표현한다. 이 과정에서 선들이 지닌 특성과 효과 등이 점차 유형화되어 발전된 것이 준법이다. 준법 가운데 보편적으로 쓰이는 것에는 피마준, 수직준, 절대준, 미점준 등이 있다. 일정한 방향과 간격으로 선을 여러 개 그어 산의 등선을 표현하여 부드럽고 차분한 느낌을 주는 것이 피마준이다. 반면 수직준은 선을 위에서 아래로 죽죽 내려 그어 강하고 힘찬 느낌을 주어 뾰족한 바위산을 표현할 때 주로 사용한다. 절대준은 수평으로 선을 긋다가 수직으로 꺾어 내리는 것을 반복하여 마치 'ㄱ'자 모양이 겹쳐진 듯 표현한 것이다. 이는 주로 모나고 거친 느낌을 주는 지층이나 바위산을 표현할 때 쓰인다. 미점준은 쌀알 같은 타원형의 작은 점을 연속적으로 ㉢ 찍혀 주로 비 온 뒤의 습한 느낌이나 수풀을 표현할 때 사용한다.

㉣ 준법은 화가가 자연에 대해 인식하고 표현하는 수단이다. 화가는 준법을 통해 단순히 대상의 외양뿐만 아니라 대상에 대한 자신의 느낌, 인식의 깊이까지 화폭에 그려내는 것이다.

① ㉠ : 문맥의 흐름을 고려하여 '들어나'로 고친다.

② ㉡ : 문장을 자연스럽게 연결하기 위해 문장 앞에 '그래서'를 추가한다.

③ ㉢ : 목적어와 서술어의 호응 관계를 고려하여 '찍어'로 고친다.

④ ㉣ : 필요한 문장 성분이 생략되었으므로 '표현하는' 앞에 '인식의 결과를'을 추가한다.

정답 ①

문맥의 흐름상 '겉에 나타나 있거나 눈에 띄다.'의 의미를 지닌 '드러나다'의 쓰임은 적절하다. 한편, '들어나다'는 사전에 등록되어 있지 않은 단어로 '드러나다'의 잘못된 표현이다.

풀이 전략!

문장에서 주어와 서술어의 호응 관계가 적절한지 주어와 서술어를 찾아 확인해 보는 연습을 하며, 문서 작성의 원칙과 주의사항은 미리 알아 두는 것이 좋다.

대표기출유형 05 기출응용문제

01 다음 중 ㉠ ~ ㉣의 수정 방안으로 가장 적절한 것은?

최근 사물인터넷에 대한 사람들의 관심이 부쩍 늘고 있는 추세이다. 사물인터넷은 '인터넷을 기반으로 모든 사물을 연결하여 사람과 사물, 사물과 사물 간에 정보를 상호 소통하는 지능형 기술 및 서비스'를 말한다.

㉠ 통계에 따르면 사물인터넷은 전 세계적으로 민간 부문 14조 4,000억 달러, 공공 부문 4조 6,000억 달러에 달하는 경제적 가치를 창출할 것으로 ㉡ 예상되며 그 가치는 더욱 커질 것으로 기대된다. 그래서 사물인터넷 사업은 국가 경쟁력을 확보할 수 있는 미래 산업으로서 그 중요성이 강조되고 있으며, 이에 선진국들은 에너지·교통·의료·안전 등 다양한 분야에 걸쳐 투자를 하고 있다. 그러나 우리나라는 정부 차원의 경제적 지원이 부족하여 사물인터넷 산업이 활성화되는 데 어려움이 있다. 또한 국내의 기업들은 사물인터넷 시장의 불확실성 때문에 적극적으로 투자에 나서지 못하고 있으며, 사물인터넷 관련 기술을 확보하지 못하고 있는 실정이다. ㉢ 그 결과 우리나라의 사물인터넷 시장은 선진국에 비해 확대되지 못하고 있다.

그렇다면 국내 사물인터넷 산업을 활성화하기 위한 방안은 무엇일까? 우선 정부에서는 사물인터넷 산업의 기반을 구축하는 데 필요한 정책과 제도를 정비하고, 관련 기업에 경제적 지원책을 마련해야 한다. 또한 수익성이 불투명하다고 느끼는 기업으로 하여금 투자를 하도록 유도하여 사물인터넷 산업이 발전할 수 있도록 해야 한다. 그리고 기업들은 이동 통신 기술 및 차세대 빅데이터 기술 개발에 집중하여 사물인터넷으로 인해 발생하는 대용량의 데이터를 원활하게 수집하고 분석할 수 있는 기술력을 ㉣ 확증해야 할 것이다.

사물인터넷은 세상을 연결하여 소통하게 하는 끈이다. 이러한 사물인터넷은 우리에게 편리한 삶을 약속할 뿐만 아니라 경제적 가치를 창출할 미래 산업으로 자리매김할 것이다.

① ㉠ : 서로 다른 내용을 다루고 있는 부분이 있으므로 문단을 두 개로 나눈다.
② ㉡ : 불필요한 피동 표현에 해당하므로 '예상하며'로 수정한다.
③ ㉢ : 앞 문장의 결과라기보다는 원인이므로 '그 이유는 우리나라의 사물인터넷 시장은 선진국에 비해 확대되지 못하고 있기 때문이다.'로 수정한다.
④ ㉣ : 문맥상 어울리지 않는 단어이므로 '확인'으로 바꾼다.

※ 다음 글의 밑줄 친 ㉠~㉣의 수정 방안으로 적절하지 않은 것을 고르시오. [2~3]

02

사회복지와 근로 의욕의 관계에 대한 조사를 보면 '사회복지와 근로 의욕이 관계가 있다.'는 응답과 '그렇지 않다.'는 응답의 비율이 비슷하게 나타난다. 하지만 기타 의견에 ㉠ 따라 과도한 사회복지는 근로 의욕을 떨어뜨릴 수 있다는 응답이 많았던 것으로 조사되었다. 예를 들어 정부 지원금을 받으나 아르바이트를 하나 비슷한 돈이 나온다면 ㉡ 더군다나 일하지 않고 정부 지원금으로만 먹고사는 사람들이 많이 있다는 것이다. 여기서 주목해야 할 점은 과도한 복지 때문이 아니라 정책상의 문제라는 의견도 있다는 사실이다. 현실적으로 일을 할 수 있는 능력이 있는 사람에게는 ㉢ 최대한의 생계 비용 이외의 수입을 인정하고, 빈곤층에서 벗어날 수 있게 지원해 주는 것이 개인에게도, 국가에도 바람직한 방식이라는 것이다.
이 설문 조사 결과에서 주목해야 할 또 다른 측면은 사회복지 체제가 잘 되어 있을수록 근로 의욕이 떨어진다고 응답한 사람의 과반수가 중산층 이상의 경제력을 가지고 있었다는 점이다. 재산이 많은 사람에게는 약간의 세금 확대도 ㉣ 영향이 적을 수 있기 때문에 경제 발전을 위한 세금 확대는 찬성하더라도 복지 정책을 위한 세금 확대는 반대하는 것이다. 이러한 점을 고려해 보면 소득 격차 축소를 원하는 국민보다 복지 정책을 위한 세금 확대에 반대하는 국민이 많은 다소 모순된 설문 결과에 대한 설명이 가능하다.

① ㉠ : 호응 관계를 고려하여 '따르면'으로 수정한다.
② ㉡ : 앞뒤 내용의 관계를 고려하여 '차라리'로 수정한다.
③ ㉢ : 전반적인 내용의 흐름을 고려하여 '최소한의'로 수정한다.
④ ㉣ : 일반적인 사실을 말하는 것이므로 '영향이 적기 때문에'로 수정한다.

03

> '오투오(O2O; Online to Off-line) 서비스'는 모바일 기기를 통해 소비자와 사업자를 유기적으로 이어주는 서비스를 말한다. 어디에서든 실시간으로 서비스가 가능하다는 편리함 때문에 최근 오투오 서비스의 이용자가 증가하고 있다. 스마트폰에 설치된 앱으로 택시를 부르거나 배달 음식을 주문하는 것 등이 대표적인 예이다.
> 오투오 서비스 운영 업체는 스마트폰에 설치된 앱을 매개로 소비자와 사업자에게 필요한 서비스를 ㉠ 제공받고 있다. 이를 통해 소비자는 시간이나 비용을 절약할 수 있게 되었고, 사업자는 홍보 및 유통 비용을 줄일 수 있게 되었다. 이처럼 소비자와 사업자 모두에게 경제적으로 유리한 환경이 조성되어 서비스 이용자가 ㉡ 증가함으로써, 오투오 서비스 운영 업체도 많은 수익을 낼 수 있게 되었다.
> ㉢ 게다가 오투오 서비스 시장이 성장하면서 여러 문제들이 발생하고 있다. 소비자의 경우 신뢰성이 떨어지는 정보나 기대에 부응하지 못하는 서비스를 제공받는 사례가 늘어나고 있고, 사업자의 경우 관련 법규가 미비하여 수수료 문제로 오투오 서비스 운영 업체와 마찰이 생기는 사례도 증가하고 있다. 또한 오투오 서비스 운영 업체의 경우에는 오프라인으로 유사한 서비스를 제공하는 기존 업체와의 갈등이 발생하고 있다.
> 이를 해결하기 위해 소비자는 오투오 서비스에서 제공한 정보가 믿을 만한 것인지를 ㉣ 꼼꼼이 따져 합리적으로 소비하는 태도가 필요하고, 사업자는 수수료와 관련된 오투오 서비스 운영 업체와의 마찰을 해결하기 위한 다양한 방법을 강구해야 한다. 오투오 서비스 운영 업체 역시 기존 업체들과의 갈등을 조정하기 위한 구체적인 노력들이 필요하다.
> 스마트폰 사용자가 늘어나고 있는 추세를 고려할 때, 오투오 서비스 산업의 성장을 저해하는 문제점들을 해결해 나가면 앞으로 오투오 서비스 시장 규모는 더 커질 것으로 예상된다.

① ㉠ : 문맥을 고려하여 '제공하고'로 고친다.
② ㉡ : 격조사의 쓰임이 적절하지 않으므로 '증가함으로서'로 고친다.
③ ㉢ : 앞 문단과의 내용을 고려하여 '하지만'으로 고친다.
④ ㉣ : 맞춤법에 어긋나므로 '꼼꼼히'로 고친다.

대표기출유형

06 맞춤법 · 어휘

| 유형분석 |

- 맞춤법에 맞는 단어를 찾거나 주어진 지문의 내용에 어울리는 단어를 찾는 문제가 주로 출제된다.
- 단어 사이의 관계에 대한 문제가 출제되므로 뜻이 비슷하거나 반대되는 단어를 함께 학습하는 것이 좋다.
- 자주 출제되는 단어나 헷갈리는 단어에 대한 학습을 꾸준히 하는 것이 좋다.

다음 밑줄 친 ㉠~㉤ 중 맞춤법이 옳지 않은 것을 모두 고르면?

재정 ㉠ 추계는 국민연금 재정 수지 상태를 점검하고 제도의 발전 방향을 논의하기 위하여 5년마다 실시하는 법정 제도로서, 1998년 도입되어 ㉡ 그 동안 2023년까지 ㉢ 5차례 수행되어 왔다. 재정 추계를 수행하기 위해서는 보험료 수입과 지출의 흐름이 ㉣ 전제되어야 한다. 이를 산출하기 위해서는 투입되는 주요 변수에 대한 가정이 필요하다. 대표적인 가정 변수로는 인구 가정, 임금, 금리 등과 같은 거시경제 변수와 기금 운용 ㉤ 수익율 그리고 제도 변수가 있다.

① ㉠, ㉡
② ㉠, ㉤
③ ㉡, ㉤
④ ㉢, ㉣

정답 ③

㉡ '앞에서 이미 이야기한 만큼의 시간적 길이, 또는 다시 만나거나 연락하기 이전의 일정한 기간 동안'이라는 의미의 한 단어이므로 '그동안'으로 붙여 써야 한다.

㉤ 한글 맞춤법 제11항에 따르면 '률(率)'은 모음이나 'ㄴ' 받침 뒤에서는 '이자율, 회전율'처럼 '율'로 적고, 그 이외의 받침 뒤에서는 '능률, 합격률'처럼 '률'로 적는다. 따라서 '수익률'이 바른 표기이다.

오답분석

㉠ 추계(推計) : '일부를 가지고 전체를 미루어 계산함'을 뜻하는 단어로, 재정 추계는 국가 또는 지방 자치 단체가 정책을 시행하기 위해 필요한 자금을 추정하여 계산하는 일을 말한다.

㉢ 5차례 : 단위를 나타내는 명사는 띄어 쓴다. 다만, 순서를 나타내는 경우나 숫자와 어울리어 쓰이는 경우에는 붙여 쓸 수 있다(한글 맞춤법 제43항).

㉣ 전제(前提) : '어떠한 사물이나 현상을 이루기 위하여 먼저 내세우는 것'의 의미를 지닌 단어로 바른 표기이다.

풀이 전략!

문제에서 물어보는 단어를 정확히 확인해야 하고, 문제에서 다루고 있는 단어의 앞뒤 내용을 읽고 글의 전체적 흐름을 생각하며 문제에 접근해야 한다.

대표기출유형 06 기출응용문제

01 다음 중 밑줄 친 부분의 맞춤법이 옳지 않은 것은?

① 어제는 <u>왠지</u> 피곤한 하루였다.
② 용감한 시민의 제보로 진실이 <u>드러났다</u>.
③ 점심을 먹은 뒤 바로 <u>설겆이</u>를 했다.
④ 그 나무는 <u>밑동</u>만 남아 있었다.

02 다음 중 띄어쓰기가 적절하지 않은 것을 모두 고르면?

> H기업은 다양한 분야에서 ㉠ <u>괄목할만한</u> 성과를 거두고 있다. 그러나 타 기업들이 단순히 이를 벤치마킹한다고 해서 반드시 우수한 성과를 거둘 수 있는 것은 아니다. H기업의 성공 요인은 주어진 정책 과제를 수동적으로 ㉡ <u>수행하는데</u> 머무르지 않고, 대국민 접점에서 더욱 다양하고 복잡해지고 있는 수요를 빠르게 인지하고 심도 깊게 파악하여 그 개선점을 내놓기 위해 노력하는 일련의 과정을 ㉢ <u>기업만의</u> 특색으로 바꾸어 낸 것이다.

① ㉠ ② ㉡
③ ㉢ ④ ㉠, ㉡

03 다음은 H기업의 고객헌장 전문이다. 틀린 단어는 모두 몇 개인가?(단, 띄어쓰기는 무시한다)

> 우리는 모든 업무를 수행하면서 고객의 입장에서 생각하며 친절·신속·정확하게 처리하겠습니다. 우리는 잘못된 서비스로 고객에게 불편을 초례한 경우 즉시 계선·시정하고 재발 방지에 노력하겠습니다. 우리는 항상 고객의 말씀에 귀를 기울이며, 고객의 의견을 경영에 최대한 반영하겠습니다. 이와 같은 목표를 달성하기 위하여 구체적인 고객 서비스 이행 표준을 설정하고 이를 성실이 준수할 것을 약속드립니다.

① 1개 ② 2개
③ 3개 ④ 4개

07 한자성어 · 속담

| 유형분석 |

- 실생활에서 활용되는 한자성어나 속담을 이해할 수 있는지 평가한다.
- 제시된 상황과 일치하는 한자성어 및 속담을 고르거나 한자의 훈음·독음을 맞히는 등 다양한 유형이 출제된다.

다음 상황에 가장 적절한 한자성어는?

> 매일 아침 사과를 먹는 A씨는 어느 날 심한 감기에 걸리게 되었는데, 감기에 걸린 이유가 자신의 건강이 나빠서이며, 건강이 나빠진 이유는 매일 아침에 사과를 먹었기 때문이라고 생각하였다. 이후 A씨는 아침에 사과를 먹으면 심한 감기에 걸릴 수 있다고 사람들에게 주장하기 시작했다.

① 아전인수(我田引水)　　② 견강부회(牽强附會)
③ 지록위마(指鹿爲馬)　　④ 맹호복초(猛虎伏草)

정답 ②

견강부회(牽强附會)는 '이치에 맞지 않는 말을 억지로 끌어 붙여 자기에게 유리하게 함'을 뜻한다. A씨의 경우 아침에 먹는 사과와 감기의 상관관계가 없음에도 불구하고, 이치에 맞지 않는 주장을 억지로 주장하고 있다. 따라서 이러한 A씨의 행동을 표현하기에 가장 적절한 한자성어는 ②이다.

오답분석

① 아전인수(我田引水) : 자기 논에 물 대기라는 뜻으로, 자기에게만 이롭게 되도록 생각하거나 행동함을 이르는 말이다.
③ 지록위마(指鹿爲馬) : 사슴을 가리키며 말이라고 한다는 뜻으로, 윗사람을 농락하여 권세를 마음대로 함을 이르는 말, 또는 모순된 것을 끝까지 우겨서 남을 속이려는 짓을 비유적으로 이르는 말이다.
④ 맹호복초(猛虎伏草) : 사나운 범이 풀숲에 엎드려 있다는 뜻으로, 영웅은 일시적으로 숨어 있어도 때가 되면 세상에 드러나게 마련이라는 말이다.

풀이 전략!

- 한자성어나 속담 문제의 경우 일정 수준 이상의 사전지식을 요구하므로, 지원 기업 관련 기사 및 이슈를 틈틈이 찾아보며 한자성어나 속담에 대입하는 연습을 하면 효과적으로 대처할 수 있다.
- 문제에 제시된 한자성어의 의미를 파악하기 어렵다면, 먼저 알고 있는 한자가 있는지 확인한 후 글의 문맥과 상황에 대입하며 선택지를 하나씩 소거해 나가는 것이 효율적이다.

01 다음 밑줄 친 속담과 의미가 가장 유사한 한자성어는?

> 외국 여행이 보편화되고 있다고 하지만 나에게는 그저 '<u>그림의 떡</u>'일 뿐이다.

① 견이불식(見而不食)
② 적구지병(適口之餠)
③ 양수집병(兩手執餠)
④ 화룡점정(畫龍點睛)

02 다음 글과 가장 관련 있는 한자성어는?

> 서로 다른 산업 분야의 기업 간 협업이 그 어느 때보다 절실해진 상황에서 기업은 '협업'과 '소통'을 고민하지 않을 수 없다. 협업과 소통의 중요성은 기업의 경쟁력 강화를 위해 항상 강조되어 왔지만, 한 기업 내에서조차 성공적으로 운영하기가 쉽지 않았다. 그런데 이제는 서로 다른 산업 분야에서 기업 간의 원활한 협업과 소통까지 이뤄내야 하니 기업의 고민은 깊어질 수밖에 없다.
> 협업과 소통의 문화 및 환경을 성공적으로 정착시키는 길은 결코 쉽게 갈 수 없다. 하지만 그 길을 가기 위해 첫걸음을 내디딜 수만 있다면 성공의 절반은 담보할 수 있다. 우선 직원 개인에게 '혼자서 큰일을 할 수 있는 시대는 끝이 났음'을 명확하게 인지시키고, 협업과 소통을 통한 실질적 성공 사례들을 탐구하여 그 가치를 직접 깨닫게 해야 한다.
> 그런 다음에는 협업과 소통을 위한 시스템을 갖추는 데 힘을 쏟아야 한다. 당장 협업 시스템을 전사 차원에서 적용하라는 것은 결코 아니다. 작은 변화를 통해 직원들 간 또는 협력업체 간, 고객들 간의 협업과 소통을 조금이나마 도울 수 있는 노력을 시작하라는 것이다. 동시에 시스템을 십분 활용할 수 있도록 독려하는 노력도 간과하지 말아야 한다.

① 장삼이사(張三李四)
② 하석상대(下石上臺)
③ 등고자비(登高自卑)
④ 주야장천(晝夜長川)

03 다음 문장과 관련된 속담으로 가장 적절한 것은?

> 그 동네에 있는 레스토랑의 음식은 보기와 달리 너무 맛이 없었어.

① 보기 좋은 떡이 먹기도 좋다.
② 볶은 콩에 싹이 날까?
③ 빛 좋은 개살구
④ 뚝배기보다 장맛이 좋다.

CHAPTER 02

문제해결능력

합격 CHEAT KEY

문제해결능력은 업무를 수행하면서 여러 가지 문제 상황이 발생하였을 때, 창의적이고 논리적인 사고를 통하여 이를 올바르게 인식하고 적절히 해결하는 능력으로, 하위 능력에는 사고력과 문제처리능력이 있다.

문제해결능력은 NCS 기반 채용을 진행하는 대다수의 공사·공단에서 채택하고 있으며, 다양한 자료와 함께 출제되는 경우가 많아 어렵게 느껴질 수 있다. 특히, 난이도가 높은 문제로 자주 출제되기 때문에 다른 영역보다 더 많은 노력이 필요할 수는 있지만 그렇기에 차별화를 할 수 있는 득점 영역이므로 포기하지 말고 꾸준하게 노력해야 한다.

01 질문의 의도를 정확하게 파악하라!

문제해결능력은 문제에서 무엇을 묻고 있는지 정확하게 파악하여 먼저 풀이 방향을 설정하는 것이 가장 효율적인 방법이다. 특히, 조건이 주어지고 답을 찾는 창의적·분석적인 문제가 주로 출제되고 있기 때문에 처음에 정확한 풀이 방향이 설정되지 않는다면 문제를 제대로 풀지 못하게 되므로 첫 번째로 출제 의도 파악에 집중해야 한다.

02 중요한 정보는 반드시 표시하라!

출제 의도를 정확히 파악하기 위해서는 문제의 중요한 정보를 반드시 표시하거나 메모하여 하나의 조건, 단서도 잊고 넘어가는 일이 없도록 해야 한다. 실제 시험에서는 시간의 압박과 긴장감으로 정보를 잘못 적용하거나 잊어버리는 실수가 많이 발생하므로 사전에 충분한 연습이 필요하다.

03 반복 풀이를 통해 취약 유형을 파악하라!

문제해결능력은 특히 시간관리가 중요한 영역이다. 따라서 정해진 시간 안에 고득점을 할 수 있는 효율적인 문제 풀이 방법을 찾아야 한다. 이때, 반복적인 문제 풀이를 통해 자신이 취약한 유형을 파악하는 것이 중요하다. 정확하게 풀 수 있는 문제부터 빠르게 풀고 취약한 유형은 나중에 푸는 효율적인 문제 풀이를 통해 최대한 고득점을 맞는 것이 중요하다.

01 명제 추론

| 유형분석 |

• 주어진 조건을 토대로 논리적으로 추론하여 참 또는 거짓을 구분하는 문제이다.
• 자료를 제시하고 새로운 결과나 자료에 주어지지 않은 내용을 추론해 가는 형식의 문제가 출제된다.

어느 도시에 있는 병원의 공휴일 진료 현황은 다음 〈조건〉과 같다. 공휴일에 진료하는 병원의 수는?

조건

• B병원이 진료를 하지 않으면 A병원이 진료를 한다.
• B병원이 진료를 하면 D병원은 진료를 하지 않는다.
• A병원이 진료를 하면 C병원은 진료를 하지 않는다.
• C병원이 진료를 하지 않으면 E병원이 진료를 한다.
• E병원은 공휴일에 진료를 하지 않는다.

① 1곳　　② 2곳
③ 3곳　　④ 4곳

정답 ②

제시된 진료 현황을 각각의 명제로 보고 이들을 수식으로 설명하면 다음과 같다(단, 명제가 참일 경우 그 대우도 참이다).
• B병원이 진료를 하지 않으면 A병원이 진료한다(~B → A / ~A → B).
• B병원이 진료를 하면 D병원은 진료를 하지 않는다(B → ~D / D → ~B).
• A병원이 진료를 하면 C병원은 진료를 하지 않는다(A → ~C / C → ~A).
• C병원이 진료를 하지 않으면 E병원이 진료한다(~C → E / ~E → C).
이를 하나로 연결하면 D병원이 진료를 하면 B병원이 진료를 하지 않고, B병원이 진료를 하지 않으면 A병원은 진료를 한다. A병원이 진료를 하면 C병원은 진료를 하지 않고, C병원이 진료를 하지 않으면 E병원은 진료를 한다(D → ~B → A → ~C → E). 명제가 참일 경우 그 대우도 참이므로 ~E → C → ~A → B → ~D가 된다. E병원은 공휴일에 진료를 하지 않으므로 위의 명제를 참고하면 C와 B병원만이 진료를 하는 경우가 된다. 따라서 공휴일에 진료를 하는 병원은 2곳이다.

풀이 전략!

조건과 관련한 기본적인 논법에 대해서는 미리 학습해 두며, 이를 바탕으로 각 문장에 있는 핵심단어 또는 문구를 기호화하여 정리한 후, 선택지와 비교하여 참 또는 거짓을 판단한다. 또한 이를 바탕으로 문제에서 구하고자 하는 내용을 추론 및 분석한다.

대표기출유형 01 기출응용문제

01 A～G 7명이 원형 테이블에 〈조건〉과 같이 앉아 있을 때, 다음 중 직급이 사원인 사람과 대리인 사람을 순서대로 바르게 나열한 것은?(단, A～G는 모두 사원, 대리, 과장, 차장, 팀장, 부장, 이사 중 하나의 직급에 해당하며, 이 중 동일한 직급인 직원은 없다.)

조건

- A의 왼쪽에는 부장이, 오른쪽에는 차장이 앉아 있다.
- E는 사원과 이웃하여 앉지 않았다.
- B는 부장과 이웃하여 앉아 있다.
- C의 직급은 차장이다.
- G는 차장과 과장 사이에 앉아 있다.
- D는 A와 이웃하여 앉아 있다.
- 사원은 부장, 대리와 이웃하여 앉아 있다.

	사원	대리
①	A	F
②	B	E
③	B	F
④	D	E

02 갑～병 3명의 사람이 다트 게임을 하고 있다. 다트 과녁의 색깔에 따라 다음과 같이 점수가 나눠진다고 할 때, 〈조건〉에 맞는 3명의 점수 결과가 될 수 있는 경우의 수는?

〈다트 과녁 점수〉

(단위 : 점)

구분	빨강	노랑	파랑	검정
점수	10	8	5	0

조건

- 모든 다트는 네 가지 색깔 중 한 가지를 맞힌다.
- 각자 다트를 5번씩 던진다.
- 점수가 높은 순서는 '을－갑－병'이다.
- 병의 점수는 5점 이상 10점 이하이고, 갑의 점수는 36점이다.
- 검정을 제외한 똑같은 색깔은 3번 이상 맞힌 적이 없다.

① 5가지
② 6가지
③ 8가지
④ 9가지

03 다음 〈조건〉에 근거하여 판단할 때, 항상 옳은 것은?

조건

- 기획팀 사람인데 컴퓨터 자격증이 없는 사람은 기혼자이다.
- 영업팀 사람은 컴퓨터 자격증이 있고 귤을 좋아한다.
- 경상도 출신인 사람은 컴퓨터 자격증이 없다.
- 경기도에 사는 사람은 지하철을 이용한다.
- 통근버스를 이용하는 사람은 기획팀 사람이 아니다.

① 영업팀 사람 중 경상도 출신이 있다.

② 경기도에 사는 사람은 기획팀 사람이다.

③ 경상도 출신인 사람이 기획팀에 소속되어 있다면 기혼자이다.

④ 기획팀 사람 중 통근버스를 이용하는 사람이 있다.

04 H대학교의 기숙사에 거주하는 A ~ D는 1층부터 4층에 매년 새롭게 방을 배정받고 있으며, 올해도 방을 배정받는다. 다음 〈조건〉을 참고할 때, 반드시 참인 것은?

조건

- 한 번 배정받은 층에는 다시 배정받지 않는다.
- A와 D는 2층에 배정받은 적이 있다.
- B와 C는 3층에 배정받은 적이 있다.
- A와 B는 1층에 배정받은 적이 있다.
- A, B, D는 4층에 배정받은 적이 있다.

① C는 4층에 배정될 것이다.

② D는 3층에 배정받은 적이 있을 것이다.

③ D는 1층에 배정받은 적이 있을 것이다.

④ C는 2층에 배정받은 적이 있을 것이다.

05 **H기업의 건물에서는 엘리베이터 여섯 대(1 ~ 6호기)를 6시간에 걸쳐 검사하고자 한다. 한 시간에 한 대씩만 검사한다고 할 때, 다음 〈조건〉에 근거하여 바르게 추론한 것은?**

> 조건
>
> • 제일 먼저 검사하는 엘리베이터는 5호기이다.
> • 가장 마지막에 검사하는 엘리베이터는 6호기가 아니다.
> • 2호기는 6호기보다 먼저 검사한다.
> • 3호기는 두 번째로 먼저 검사하며, 그 다음으로 검사하는 엘리베이터는 1호기이다.

① 6호기는 4호기보다 늦게 검사한다.
② 마지막으로 검사하는 엘리베이터는 4호기가 아니다.
③ 4호기 다음으로 검사할 엘리베이터는 2호기이다.
④ 6호기는 1호기 다다음에 검사하며, 다섯 번째로 검사하게 된다.

06 **이번 학기에 4개의 강좌 A ~ D가 새로 개설되는데, 강사 갑 ~ 무 중 4명이 한 강좌씩 맡으려 한다. 배정 결과를 궁금해 하는 5명은 다음 〈조건〉과 같이 예측했다. 배정 결과를 보니 갑 ~ 무의 진술 중 한 명의 진술만이 거짓이고 나머지는 참임이 드러났을 때, 다음 중 바르게 추론한 것은?**

> 조건
>
> 갑 : 을이 A강좌를 담당하고 병은 강좌를 담당하지 않을 것이다.
> 을 : 병이 B강좌를 담당할 것이다.
> 병 : 정은 D강좌가 아닌 다른 강좌를 담당할 것이다.
> 정 : 무가 D강좌를 담당할 것이다.
> 무 : 을의 말은 거짓일 것이다.

① 갑은 A강좌를 담당한다.
② 을은 C강좌를 담당한다.
③ 병은 강좌를 담당하지 않는다.
④ 정은 D강좌를 담당한다.

02 규칙 적용

| 유형분석 |

- 주어진 상황과 규칙을 종합적으로 활용하여 풀어 가는 문제이다.
- 일정, 비용, 순서 등 다양한 내용을 다루고 있어 유형을 한 가지로 단일화하기 어렵다.

다음 〈조건〉을 근거로 〈보기〉를 계산한 값은?

조건

연산자 A, B, C, D는 다음과 같이 정의한다.
- A : 좌우에 있는 두 수를 더한다. 단, 더한 값이 10 미만이면 좌우에 있는 두 수를 곱한다.
- B : 좌우에 있는 두 수 가운데 큰 수에서 작은 수를 뺀다. 단, 두 수가 같거나 뺀 값이 10 미만이면 두 수를 곱한다.
- C : 좌우에 있는 두 수를 곱한다. 단, 곱한 값이 10 미만이면 좌우에 있는 두 수를 더한다.
- D : 좌우에 있는 두 수 가운데 큰 수를 작은 수로 나눈다. 단, 두 수가 같거나 나눈 값이 10 미만이면 두 수를 곱한다.

※ 연산은 '( )', '{ }'의 순으로 함

보기

{(1 A 5) B (3 C 4)} D 6

① 10　　② 12
③ 90　　④ 210

정답 ①

조건에 따라 소괄호 안에 있는 부분을 순서대로 풀이하면 '1 A 5'에서 A는 좌우의 두 수를 더하는 것이지만, 더한 값이 10 미만이면 좌우에 있는 두 수를 곱해야 한다. $1+5=6$으로 10 미만이므로 두 수를 곱하여 5가 된다. '3 C 4'에서 C는 좌우의 두 수를 곱하는 것이지만, 곱한 값이 10 미만이면 좌우에 있는 두 수를 더한다. 이 경우 $3\times4=12$로 10 이상이므로 12가 된다.
중괄호를 풀어보면 '5 B 12'이다. B는 좌우에 있는 두 수 가운데 큰 수에서 작은 수를 빼는 것이지만, 두 수가 같거나 뺀 값이 10 미만이면 두 수를 곱한다. $12-5=7$로 10 미만이므로 두 수를 곱해야 한다. 따라서 60이 된다. '60 D 6'에서 D는 좌우에 있는 두 수 가운데 큰 수를 작은 수로 나누는 것이지만, 두 수가 같거나 나눈 값이 10 미만이면 두 수를 곱해야 한다. 이 경우 나눈 값이 $60\div6=10$이므로 답은 10이다.

풀이 전략!

문제에 제시된 조건이나 규칙을 정확히 파악한 후, 선택지나 상황에 적용하여 문제를 풀어 나간다.

01 다음 자료를 근거로 판단할 때, 방에 출입한 사람의 순서는?

방에는 1부터 6까지의 번호가 각각 적힌 6개의 전구가 다음과 같이 놓여 있다.

왼쪽 ← → 오른쪽

전구 번호	1	2	3	4	5	6
상태	켜짐	켜짐	켜짐	꺼짐	꺼짐	꺼짐

총 3명(A ~ C)이 각각 한 번씩 홀로 방에 들어가 자신이 정한 규칙에 의해서만 전구를 켜거나 끄고 나왔다.

〈규칙〉

- A는 번호가 3의 배수인 전구가 켜진 상태라면 그 전구를 끄고, 꺼진 상태라면 그대로 둔다.
- B는 번호가 2의 배수인 전구가 켜진 상태라면 그 전구를 끄고, 꺼진 상태라면 그 전구를 켠다.
- C는 3번 전구는 그대로 두고, 3번 전구를 기준으로 왼쪽과 오른쪽 중 켜진 전구의 개수가 많은 쪽의 전구를 전부 끈다.
- 다만 켜진 전구의 개수가 같다면 양쪽에 켜진 전구를 모두 끈다.
- 마지막 사람이 방에서 나왔을 때, 방의 전구는 모두 꺼져 있었다.

① A－B－C　　② A－C－B
③ B－A－C　　④ B－C－A

02 갑은 다음 규칙을 참고하여 알파벳 단어를 숫자로 변환하고자 한다. 〈보기〉의 ㉠ ~ ㉣에서 알파벳 Z에 해당하는 자연수들을 모두 더한 값은?

〈규칙〉

ⓐ 알파벳 'A'부터 'Z'까지 순서대로 자연수를 부여한다.
　예 A=2라고 하면 B=3, C=4, D=5이다.
ⓑ 단어의 음절에 같은 알파벳이 연속되는 경우 ⓐ에서 부여한 숫자를 알파벳이 연속되는 횟수만큼 거듭제곱한다.
　예 A=2이고 단어가 'AABB'이면 AA는 '2^2'이고, BB는 '3^2'이므로 '49'로 적는다.

보기

㉠ AAABBCC는 10000001020110404로 변환된다.
㉡ CDFE는 3465로 변환된다.
㉢ PJJYZZ는 1712126729로 변환된다.
㉣ QQTSR은 625282726으로 변환된다.

① 154　　② 176
③ 199　　④ 212

03 A ~ E 5명이 순서대로 퀴즈 게임을 해서 벌칙을 받을 사람 1명을 선정하고자 한다. 다음 게임 규칙과 결과에 근거할 때, 〈보기〉 중 항상 옳은 것을 모두 고르면?

• 규칙
- A → B → C → D → E 순서대로 퀴즈를 1개씩 풀고, 모두 한 번씩 퀴즈를 풀고 나면 한 라운드가 끝난다.
- 퀴즈 2개를 맞힌 사람은 벌칙에서 제외되고, 다음 라운드부터는 게임에 참여하지 않는다.
- 라운드를 반복하여 맨 마지막까지 남는 한 사람이 벌칙을 받는다.
- 벌칙에서 제외되는 4명이 확정되면 라운드 중이라도 더 이상 퀴즈를 출제하지 않으며, 이 외에는 라운드 끝까지 퀴즈를 출제한다.
- 게임 중 동일한 문제는 출제하지 않는다.

• 결과
3라운드에서 A는 참가자 중 처음으로 벌칙에서 제외되었고, 4라운드에서는 오직 B만 벌칙에서 제외되었으며, 벌칙을 받을 사람은 5라운드에서 결정되었다.

보기

ㄱ. 5라운드까지 참가자들이 정답을 맞힌 퀴즈는 총 9개이다.
ㄴ. 게임이 종료될 때까지 총 22개의 퀴즈가 출제되었다면, E는 5라운드에서 퀴즈의 정답을 맞혔다.
ㄷ. 게임이 종료될 때까지 총 21개의 퀴즈가 출제되었다면, 퀴즈를 푸는 순서가 벌칙을 받을 사람 선정에 영향을 미친 것으로 볼 수 있다.

① ㄱ
② ㄴ
③ ㄱ, ㄷ
④ ㄴ, ㄷ

04 **다음 글을 근거로 판단할 때, 그림 2의 정육면체 아랫면에 쓰인 36개 숫자의 합은?**

정육면체인 하얀 블록 5개와 검은 블록 1개를 일렬로 붙인 막대 30개를 만든다. 각 막대의 윗면에는 가장 위에 있는 블록부터, 아랫면에는 가장 아래에 있는 블록부터 세어 검은 블록이 몇 번째 블록인지를 나타내는 숫자를 쓴다. 이런 규칙에 따르면 그림 1의 예에서는 윗면에 2를, 아랫면에 5를 쓰게 된다. 다음으로 검은 블록 없이 하얀 블록 6개를 일렬로 붙인 막대를 6개 만든다. 검은 블록이 없으므로 윗면과 아랫면 모두에 0을 쓴다.
이렇게 만든 36개의 막대를 붙여 그림 2와 같은 큰 정육면체를 만들었더니, 윗면에 쓰인 36개 숫자의 합이 109였다.

〈그림 1〉

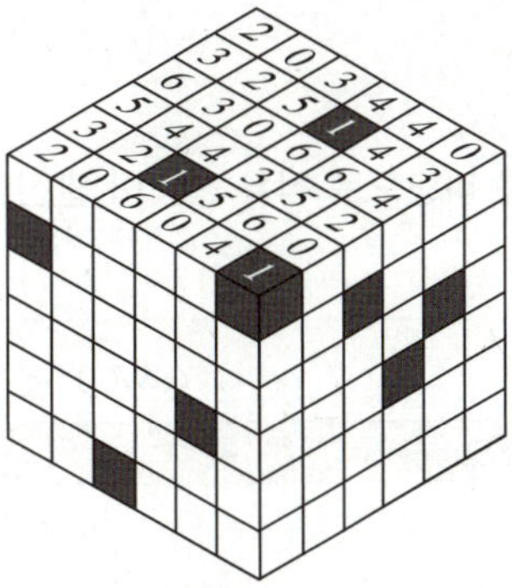

〈그림 2〉

① 97
② 100
③ 101
④ 103

대표기출유형

03 SWOT 분석

| 유형분석 |

- 상황에 대한 환경 분석 결과를 통해 주요 과제를 도출하는 문제이다.
- 주로 SWOT 분석 또는 3C 분석을 활용한 문제들이 출제되고 있으므로 해당 분석 도구에 대한 사전 학습이 요구된다.

다음 SWOT 분석 결과를 바탕으로 섬유 산업이 발전할 수 있는 방안으로 적절한 것을 〈보기〉에서 모두 고르면?

〈SWOT 분석 결과〉

강점(Strength)	약점(Weakness)
• 빠른 제품 개발 시스템	• 기능 인력 부족 심화 • 인건비 상승
기회(Opportunity)	**위협(Threat)**
• 한류의 영향으로 한국 제품 선호 • 국내 기업의 첨단 소재 개발 성공	• 외국산 저가 제품 공세 강화 • 선진국의 기술 보호주의

보기

ㄱ. 한류 배우를 모델로 브랜드 홍보 전략을 추진한다.
ㄴ. 단순 노동 집약적인 소품종 대량 생산 체제를 갖춘다.
ㄷ. 소비자 기호를 빠르게 분석하여 제품 생산에 반영한다.
ㄹ. 선진국의 원천 기술을 이용한 기능성 섬유를 생산한다.

① ㄱ, ㄴ
② ㄱ, ㄷ
③ ㄴ, ㄹ
④ ㄷ, ㄹ

정답 ②

ㄱ. 한류의 영향으로 한국 제품을 선호하므로 한류 배우를 모델로 하여 적극적인 홍보 전략을 추진한다.
ㄷ. 빠른 제품 개발 시스템이 있기 때문에 소비자 기호를 빠르게 분석하여 제품 생산에 반영한다.

오답분석

ㄴ. 인건비 상승과 외국산 저가 제품 공세 강화로 인해 적절한 대응이라고 볼 수 없다.
ㄹ. 선진국은 기술 보호주의를 강화하고 있으므로 적절한 대응이라고 볼 수 없다.

풀이 전략!

문제에 제시된 분석 도구를 확인한 후, 분석 결과를 종합적으로 판단하여 각 선택지의 전략 과제와 일치 여부를 판단한다.

대표기출유형 03 기출응용문제

01 H기업에서 근무하는 A사원은 경제자유구역 사업에 대한 SWOT 분석 결과를 토대로 SWOT 분석에 의한 경영전략을 세웠다. 다음 〈보기〉 중 SWOT 분석에 의한 경영전략의 내용으로 적절하지 않은 것을 모두 고르면?

〈경제자유구역 사업에 대한 SWOT 분석 결과〉

구분	분석 결과
강점(Strength)	• 성공적인 경제자유구역 조성 및 육성 경험 • 다양한 분야의 경제자유구역 입주희망 국내기업 확보
약점(Weakness)	• 과다하게 높은 외자금액 비율 • 외국계 기업과 국내기업 간의 구조 및 운영상 이질감
기회(Opportunity)	• 국제경제 호황으로 인하여 타국 사업지구 입주를 희망하는 해외시장 부문의 지속적 증가 • 국내진출 해외기업 증가로 인한 동형화 및 협업 사례 급증
위협(Threat)	• 국내거주 외국인 근로자에 대한 사회적 포용심 부족 • 대대적 교통망 정비로 인한 기성 대도시의 흡수 효과 확대

〈SWOT 분석에 의한 경영전략〉

- SO전략 : 강점을 활용하여 기회를 선점하는 전략
- ST전략 : 강점을 활용하여 위협을 최소화하거나 극복하는 전략
- WO전략 : 기회를 활용하여 약점을 보완하는 전략
- WT전략 : 약점을 최소화하고 위협을 회피하는 전략

보기

ㄱ. 성공적인 경제자유구역 조성 노하우를 활용하여 타국 사업지구로의 진출을 희망하는 해외기업을 유인 및 유치하는 전략은 SO전략에 해당한다.

ㄴ. 다수의 풍부한 경제자유구역 성공 사례를 바탕으로 외국인 근로자를 국내주민과 문화적으로 동화시킴으로써 원활한 지역발전의 토대를 조성하는 전략은 ST전략에 해당한다.

ㄷ. 기존에 국내에 입주한 해외기업의 동형화 사례를 활용하여 국내기업과 외국계 기업의 운영상 이질감을 해소하여 생산성을 증대시키는 전략은 WO전략에 해당한다.

ㄹ. 경제자유구역 인근 대도시와의 연계를 활성화하여 경제자유구역 내 국내·외기업 간의 이질감을 해소하는 전략은 WT전략에 해당한다.

① ㄱ, ㄴ ② ㄱ, ㄷ

③ ㄴ, ㄹ ④ ㄷ, ㄹ

02 다음 중 H기관에 대한 SWOT 분석 결과를 토대로 한 전략으로 적절한 것을 〈보기〉에서 모두 고르면?

S(강점)	W(약점)
• 공공기관으로서의 신뢰성 • 국토의 종합적 이용 · 개발	• 국토개발로 인한 환경파괴 • 정부 통제 및 보수적 조직문화
O(기회)	**T(위협)**
• 정부의 해외 개발 사업 추진 • 환경친화적 디지털 신도시에 대한 관심 확대	• 환경보호 단체, 시민 단체와의 충돌 • 건설 경기 위축 및 침체

보기

ㄱ. 공공기관으로서의 높은 신뢰도를 바탕으로 정부의 해외 개발 사업에 적극적으로 참여한다.
ㄴ. 침체된 건설 경기를 회복하기 위해 비교적 개발이 진행되지 않은 산림, 해안지역 등의 개발을 추진한다.
ㄷ. 환경파괴를 최소화하면서도 국토를 효율적으로 이용할 수 있는 환경친화적 신도시를 개발한다.
ㄹ. 환경보호 단체나 시민 단체에 대한 규제 강화를 통해 공공기관으로서의 역할을 수행한다.

① ㄱ, ㄴ　② ㄱ, ㄷ
③ ㄴ, ㄷ　④ ㄷ, ㄹ

03 다음 중 SWOT 분석에 대한 설명으로 적절하지 않은 것은?

〈SWOT 분석〉

강점, 약점, 기회, 위협요인을 분석 · 평가하고 이들을 서로 연관 지어 전략을 개발하고 문제해결 방안을 개발하는 방법이다.

	강점 (Strengths)	약점 (Weaknesses)
기회 (Opportunities)	SO	WO
위협 (Threats)	ST	WT

① 강점과 약점은 외부 환경요인에 해당하며, 기회와 위협은 내부 환경요인에 해당한다.
② SO전략은 강점을 살려 기회를 포착하는 전략을 의미한다.
③ ST전략은 강점을 살려 위협을 회피하는 전략을 의미한다.
④ WO전략은 약점을 보완하여 기회를 포착하는 전략을 의미한다.

04 **다음은 국내 금융기관에 대한 SWOT 분석 자료이다. 이를 통해 SWOT 전략을 세운다고 할 때, 〈보기〉 중 전략과 그 내용이 바르게 연결된 것을 모두 고르면?**

국내 대부분의 예금과 대출을 국내 은행이 차지하고 있을 정도로 국내 금융기관에 대한 우리나라 국민들의 충성도는 높은 편이다. 또한 국내 금융기관은 철저한 신용 리스크 관리로 해외 금융기관과 비교해 자산건전성 지표가 매우 우수한 편이다. 시장 리스크 관리도 해외 선진 금융기관 수준에 도달한 것으로 평가받는다. 국내 금융기관은 외환위기와 글로벌 금융위기 등을 거치며 꾸준히 자산건전성을 강화해왔기 때문이다.

그러나 은행과 이자 이익에 수익이 편중돼 있다는 점은 국내 금융기관의 가장 큰 약점이 된다. 대부분 예금과 대출 거래 중심의 영업 구조로 되어 있기 때문이다. 취약한 해외 비즈니스도 문제로 들 수 있다. 최근 동남아 시장을 중심으로 해외 진출에 박차를 가하고 있지만, 아직은 눈에 띄는 성과가 많지 않은 상황이다.

많은 어려움에도 불구하고 국내 금융기관의 발전 가능성은 아직 무궁무진하다. 우선 해외 시장으로 눈을 돌리면 다양한 기회가 열려 있다. 전 세계 신용·단기 자금 확대, 글로벌 무역 회복세로 국내 금융기관의 해외 진출 여건은 양호한 편이다. 따라서 해외 시장 개척을 통해 어떻게 신규 수익원을 확보하느냐가 성장의 새로운 기회로 작용할 전망이다. IT 기술 발달에 따른 핀테크의 등장도 새로운 기회가 될 수 있다. 국내의 발달된 인터넷과 모바일뱅킹 서비스, IT 인프라를 활용한 새로운 수익 창출 가능성이 열려 있는 것이다.

역설적으로 핀테크의 등장은 오히려 국내 금융기관의 발목을 잡을 수 있다. 블록체인 기술에 기반한 암호화폐, 간편결제와 송금, 로보어드바이저, 인터넷 은행, P2P 대출 등 다양한 핀테크 분야의 새로운 서비스들이 기존 금융 서비스의 대체재로서 출현하고 있기 때문이다. 금융시장 개방에 따른 글로벌 금융기관과의 경쟁 심화도 넘어야 할 산이다. 특히 중국 은행을 비롯한 중국 금융이 급성장하고 있어 이에 대한 대비책 마련이 시급하다.

보기

㉠ SO전략 : 높은 국내 시장점유율을 기반으로 국내 핀테크 사업에 진출한다.
㉡ WO전략 : 위기관리 역량을 강화하여 해외 금융시장에 진출한다.
㉢ ST전략 : 해외 금융기관과 비교해 우수한 자산건전성을 강조하여 글로벌 금융기관과의 경쟁에서 우위를 차지한다.
㉣ WT전략 : 해외 비즈니스 역량을 강화하여 해외 금융시장에 진출한다.

① ㉠, ㉡
② ㉠, ㉢
③ ㉡, ㉢
④ ㉡, ㉣

04 자료 해석

| 유형분석 |

- 주어진 자료를 해석하고 활용하여 풀어가는 문제이다.
- 꼼꼼하고 분석적인 접근이 필요한 다양한 자료들이 출제된다.

H동에서는 임신한 주민에게 출산장려금을 지원하고자 한다. 출산장려금 지급 기준 및 H동에 거주하는 임산부에 대한 정보가 다음과 같을 때, 출산장려금을 가장 먼저 받을 수 있는 사람은?

〈H동 출산상려금 지급 기준〉

- 출산장려금 지급액은 모두 같으나, 지급 시기는 모두 다르다.
- 지급 순서 기준은 임신일, 자녀 수, 소득 수준 순서이다.
- 임신일이 길수록, 자녀가 많을수록, 소득 수준이 낮을수록 먼저 받는다(단, 자녀는 만 19세 미만의 아동 및 청소년으로 제한한다).
- 임신일, 자녀 수, 소득 수준이 모두 같으면 같은 날에 지급한다.

〈H동 거주 임산부 정보〉

임산부	임신일	자녀	소득 수준
갑	200일	만 3세	상
을	100일	만 10세, 만 6세, 만 5세, 만 4세	상
병	200일	만 7세, 만 5세, 만 3세	중
정	200일	만 20세, 만 16세, 만 14세, 만 10세	상

① 갑 임산부 ② 을 임산부
③ 병 임산부 ④ 정 임산부

정답 ③

출산장려금 지급 시기의 가장 우선순위인 임신일이 가장 긴 임산부는 갑, 병, 정 임산부이다. 이 중에서 만 19세 미만인 자녀 수가 많은 임산부는 병, 정 임산부이고, 소득 수준이 더 낮은 임산부는 병 임산부이다. 따라서 병 임산부가 가장 먼저 출산장려금을 받을 수 있다.

풀이 전략!

문제해결을 위해 필요한 정보가 무엇인지 먼저 파악한 후, 제시된 자료를 분석적으로 읽고 해석한다.

대표기출유형 04 기출응용문제

※ 다음은 호텔별 연회장 대여 현황에 대한 자료이다. 이어지는 질문에 답하시오. [1~2]

〈호텔별 연회장 대여 현황〉

건물	연회장	대여료	수용 가능 인원	회사로부터 거리	비고
A호텔	연꽃실	140만 원	200명	6km	2시간 이상 대여 시 추가비용 40만 원
B호텔	백합실	150만 원	300명	2.5km	1시간 초과 대여 불가능
C호텔	매화실	150만 원	200명	4km	이동수단 제공
	튤립실	180만 원	300명	4km	이동수단 제공
D호텔	장미실	150만 원	250명	4km	-

01 총무팀에 근무하고 있는 이대리는 김부장에게 다음과 같은 지시를 받았다. 이대리가 연회장 예약을 위해 지불해야 하는 예약금은 얼마인가?

> 다음 주에 있을 회사 창립 20주년 기념행사를 위해 준비해야 할 것들 알려줄게요. 먼저 다음 주 금요일 오후 6시부터 8시까지 사용 가능한 연회장 리스트를 뽑아서 행사에 적합한 연회장을 예약해 주세요. 연회장 대여를 위한 예산은 160만 원이고, 회사에서의 거리가 가까워야 임직원들이 이동하기에 좋을 것 같아요. 행사 참석 인원은 240명이고, 이동수단을 제공해 준다면 우선적으로 고려하도록 하세요. 예약금은 대여료의 10%라고 하니 예약 완료하고 지불하도록 하세요.

① 14만 원
② 15만 원
③ 16만 원
④ 17만 원

02 회사 창립 20주년 기념행사의 연회장 대여 예산이 200만 원으로 증액된다면, 이대리는 어떤 연회장을 예약하겠는가?

① A호텔 연꽃실
② B호텔 백합실
③ C호텔 매화실
④ C호텔 튤립실

03 다음은 H공사가 공개한 부패공직자 사건 및 징계 현황에 대한 자료이다. 〈보기〉 중 이에 대한 설명으로 옳지 않은 것을 모두 고르면?

〈부패공직자 사건 및 징계 현황〉

구분	부패행위 유형	부패금액	징계종류	처분일	고발 여부
1	이권개입 및 직위의 사적 사용	23만 원	감봉 1월	2018. 06. 19.	미고발
2	직무관련자로부터 금품 및 향응수수	75만 원	해임	2019. 05. 20.	미고발
3	직무관련자로부터 향응수수	6만 원	견책	2020. 12. 22.	미고발
4	직무관련자로부터 금품 및 향응수수	11만 원	감봉 1월	2021. 02. 04.	미고발
5	직무관련자로부터 금품수수	40만 원가량	경고 (무혐의 처분, 징계시효 말소)	2022. 03. 06.	미고발
6	직권남용(직위의 사적이용)	–	해임	2022. 05. 24.	고발
7	직무관련자로부터 금품수수	526만 원	해임	2022. 09. 17.	고발
8	직무관련자로부터 금품수수 등	300만 원	해임	2023. 05. 18.	고발

보기

ㄱ. H공사에서 해당 사건의 부패금액이 일정 수준 이상인 경우에만 고발한 것으로 해석할 수 있다.
ㄴ. 해임당한 공직자들은 모두 고발되었다.
ㄷ. 직무관련자로부터 금품을 수수한 사건은 총 5건 있었다.
ㄹ. 동일한 부패행위 유형에 해당하더라도 다른 징계처분을 받을 수 있다.

① ㄱ, ㄴ
② ㄱ, ㄷ
③ ㄴ, ㄷ
④ ㄷ, ㄹ

04 다음은 아동수당에 대한 매뉴얼이다. 〈보기〉 중 고객의 문의에 대한 처리로 적절한 것을 모두 고르면?

〈아동수당〉

- 아동수당은 만 6세 미만 아동의 보호자에게 월 10만 원의 수당을 지급하는 제도이다.
- 아동수당은 보육료나 양육수당과는 별개의 제도로서 다른 복지급여를 받고 있어도 수급이 가능하지만, 반드시 신청을 해야 혜택을 받을 수 있다.
- 6월 20일부터 사전 신청 접수가 시작되고, 9월 21일부터 수당이 지급된다.
- 아동수당 수급 대상 아동을 보호하고 있는 보호자나 대리인은 20일부터 아동 주소지 읍·면·동 주민센터에서 방문 신청 또는 복지로 홈페이지 및 모바일 앱에서 신청할 수 있다.
- 아동수당 제도 첫 도입에 따라 초기에 아동수당 신청이 한꺼번에 몰릴 것으로 예상되어 연령별 신청 기간을 운영한다(연령별 신청 기간은 만 0～1세는 20～25일, 만 2～3세는 26～30일, 만 4～5세는 7월 1～5일, 전 연령은 7월 6일부터이다).
- 아동수당은 신청한 달의 급여분(사전 신청은 제외)부터 지급한다. 따라서 9월분 아동수당을 받기 위해서는 9월 말까지 아동수당을 신청해야 한다(단, 소급 적용은 되지 않는다).
- 아동수당 관련 신청서 작성 요령이나 수급 가능성 등 자세한 내용은 아동수당 홈페이지에서 확인 가능하다.

보기

고객 : 저희 아이가 만 5세인데요. 아동수당을 지급받을 수 있나요?

(가) : 네, 만 6세 미만의 아동이면 9월 21일부터 10만 원의 수당을 지급받을 수 있습니다.

고객 : 제가 보육료를 지원받고 있는데, 아동수당도 받을 수 있는 건가요?

(나) : 아동수당은 보육료와는 별개의 제도로 신청만 하면 수당을 받을 수 있습니다.

고객 : 그럼 아동수당을 신청하려면 어떻게 해야 하나요?

(다) : 아동 주소지의 주민센터를 방문하거나 복지로 홈페이지 또는 모바일 앱에서 신청하시면 됩니다.

고객 : 따로 정해진 신청 기간이 있나요?

(라) : 6월 20일부터 사전 신청 접수가 시작되고, 9월 말까지 아동수당을 신청하면 되지만 소급 적용이 되지 않습니다. 10월에 신청하시면 9월 아동수당은 지급받을 수 없으므로 9월 말까지 신청해 주시면 될 것 같습니다.

고객 : 네, 감사합니다.

(마) : 아동수당 관련 신청서 작성 요령이나 수급 가능성 등의 자세한 내용은 메일로 문의해 주세요.

① (가), (나)　　② (가), (다)

③ (가), (나), (다)　　④ (나), (다), (마)

05 다음은 H공사에서 발표한 행동강령 위반 신고물품 최종 처리 결과이다. 이에 대한 설명으로 옳은 것은?

〈행동강령 위반 신고물품 처리 현황〉

연번	접수일	제공받은 물품	제공자 인적사항		처리 내용	처리일
			소속	성명		
1	22.01.28	귤 1상자(10kg)	직무관련자	안유민	복지단체 기증	22.01.29
2	22.04.19	결혼경조금 200,000원	직무관련자	이미애	즉시 반환	22.04.23
3	22.08.11	박카스 10상자(100병)	민원인	김철수	즉시 반환	22.08.12
4	22.11.11	사례금 100,000원	민원인	이영수	즉시 반환	22.11.14
5	22.12.11	과메기 1상자	직무관련자	박대기	즉시 반환	22.12.12
6	23.09.07	음료 1상자	민원인	유인정	즉시 반환	23.09.07
7	23.09.24	음료 1상자	민원인	김지희	즉시 반환	23.09.24
8	24.02.05	육포 1상자	직무관련자	최지은	즉시 반환	24.02.11
9	24.04.29	1만 원 상품권 5매	직무관련업체	S마켓	즉시 반환	24.05.03
10	24.07.06	음료 1상자	민원인	차은지	복지단체 기증	24.07.06
11	24.09.01	표고버섯 선물세트 3개, 견과류 선물세트 1개	직무관련업체	M단체	즉시 반환	24.09.01
12	24.09.07	표고버섯 선물세트 3개, 확인 미상 물품 1개	직무관련업체	L단체	즉시 반환	24.09.07
13	24.09.12	과일선물세트 1개	직무관련업체	N병원	즉시 반환	24.09.12
14	24.09.12	음료 1상자	민원인	장지수	복지단체 기증	24.09.12
15	24.09.22	사례금 20,000원	민원인	고유림	즉시 반환	24.09.23
16	24.10.19	홍보 포스트잇	직무관련업체	Q화학	즉시 반환	24.10.19

① 신고 물품 중 직무관련업체로부터 제공받은 경우가 가장 많았다.

② 모든 신고물품은 접수일시로부터 3일 이내에 처리되었다.

③ 2022년 4월부터 2024년 9월까지 접수된 신고물품 중 개인으로부터 제공받은 신고물품이 차지하는 비중은 80% 이상이다.

④ 직무관련업체로부터 받은 물품은 모두 즉시 반환되었다.

06 A씨와 B씨는 카셰어링 업체인 H카를 이용하여 각각 일정을 소화하였다. H카의 이용요금표와 일정이 다음과 같을 때, A씨와 B씨가 지불해야 하는 요금이 바르게 연결된 것은?

〈H카 이용요금표〉

구분	기준요금(10분)	누진 할인요금				주행요금
		대여요금(주중)		대여요금(주말)		
		1시간	1일	1시간	1일	
M○○	880원	3,540원	35,420원	4,920원	49,240원	160원/km
R○○		3,900원	39,020원	5,100원	50,970원	170원/km
A○○	1,310원	5,520원	55,150원	6,660원	65,950원	
K○○						

※ 주중 / 주말 기준
- 주중 : 일요일 20:00 ~ 금요일 12:00
- 주말 : 금요일 12:00 ~ 일요일 20:00(공휴일 및 당사 지정 성수기 포함)

※ 최소 예약은 30분이며 10분 단위로 연장할 수 있음(1시간 이하는 10분 단위로 환산하여 과금함)
※ 예약시간이 4시간을 초과하는 경우에는 누진 할인요금이 적용됨(24시간 한도)
※ 연장요금은 기준요금으로 부과함
※ 이용시간 미연장에 따른 반납지연 패널티 요금은 초과한 시간에 대한 기준요금의 2배가 됨

〈일정〉

• A씨
- 차종 : A○○
- 예약시간 : 3시간(토요일, 11:00 ~ 14:00)
- 주행거리 : 92km
- A씨는 저번 주 토요일, 친구 결혼식에 참석하기 위해 인천에 다녀왔다. 인천으로 가는 길은 순탄하였으나 돌아오는 길에는 고속도로에서 큰 사고가 있었던 모양인지 예상했던 시간보다 1시간 30분이 더 걸렸다. A씨는 이용시간을 연장해야 한다는 사실을 몰라 하지 못했다.

• B씨
- 차종 : R○○
- 예약시간 : 목요일, 금요일 00:00 ~ 08:00
- 주행거리 : 243km
- B씨는 납품 시언에 따른 상황을 파악하기 위해 강원도 원주에 있는 거래처에 들러 이틀에 걸쳐 일을 마무리한 후 예정된 일정에 맞추어 다시 서울로 돌아왔다.

	A씨	B씨
①	61,920원	120,140원
②	62,800원	122,570원
③	62,800원	130,070원
④	63,750원	130,070원

CHAPTER 03
조직이해능력

합격 CHEAT KEY

조직이해능력은 업무를 원활하게 수행하기 위해 조직의 체제와 경영을 이해하고 국제적인 추세를 이해하는 능력이다. 현재 많은 공사·공단에서 출제 비중을 높이고 있는 영역이기 때문에 미리 대비하는 것이 중요하다. 실제 업무 능력에서 조직이해능력을 요구하기 때문에 중요도는 점점 높아 질 것이다.

세부 유형은 조직 체제 이해, 경영 이해, 업무 이해, 국제 감각으로 나눌 수 있다. 조직도를 제시하는 문제가 출제되거나 조직의 체계를 파악해 경영의 방향성을 예측하고, 업무의 우선순위를 파악하는 문제가 출제된다.

01 문제 속에 정답이 있다!

경력이 없는 경우 조직에 대한 이해가 낮을 수밖에 없다. 그러나 문제 자체가 실무적인 내용을 담고 있어도 문제 안에는 해결의 단서가 주어진다. 부담을 갖지 않고 접근하는 것이 중요하다.

02 경영·경제학원론 정도의 수준은 갖추도록 하라!

지원한 직군마다 차이는 있을 수 있으나, 경영·경제이론을 접목시킨 문제가 꾸준히 출제되고 있다. 따라서 기본적인 경영·경제이론은 익혀 둘 필요가 있다.

03 지원하는 공사·공단의 조직도를 파악하라!

출제되는 문제는 각 공사·공단의 세부 내용일 경우가 많기 때문에 지원하는 공사·공단의 조직도를 파악해 두어야 한다. 조직이 운영되는 방법과 전략을 이해하고, 조직을 구성하는 체제를 파악하고 간다면 조직이해능력에서 조직도가 나올 때 단기간에 문제를 풀 수 있을 것이다.

04 실제 업무에서도 요구되므로 이론을 익히라!

각 공사·공단의 직무 특성상 일부 영역에 중요도가 가중되는 경우가 있어서 많은 취업준비생들이 일부 영역에만 집중하지만, 실제 업무 능력에서 직업기초능력 10개 영역이 골고루 요구되는 경우가 많고, 현재는 필기시험에서도 조직이해능력을 출제하는 기관의 비중이 늘어나고 있기 때문에 미리 이론을 익혀 둔다면 모듈형 문제에서 고득점을 노릴 수 있다.

대표기출유형

01 경영 전략

| 유형분석 |

- 경영 전략에서 대표적으로 출제되는 문제는 마이클 포터(Michael Porter)의 본원적 경쟁전략이다.
- 경쟁 전략의 기본적인 이해와 구조를 물어보는 문제가 자주 출제되므로 전략별 특징 및 개념에 대한 이론 학습이 요구된다.

다음 〈보기〉 중 경영의 4요소에 대한 설명으로 옳은 것을 모두 고르면?

보기

ㄱ. 조직의 목적을 달성하기 위해 경영자가 수립하는 것으로 더욱 구체적인 방법과 과정이 담겨 있다.
ㄴ. 조직에서 일하는 구성원으로 경영은 이들의 직무수행에 기초하여 이루어지기 때문에 이것의 배치 및 활용이 중요하다.
ㄷ. 생산자가 상품 또는 서비스를 소비자에게 유통하는 데 관련된 모든 체계적 경영 활동이다.
ㄹ. 특정의 경제적 실체에 관하여 이해관계를 이루는 사람들에게 합리적인 경제적 의사결정을 하는 데 유용한 재무적 정보를 제공하기 위한 일련의 과정 또는 체계이다.
ㅁ. 경영하는 데 사용할 수 있는 돈으로 이것이 충분히 확보되는 정도에 따라 경영의 방향과 범위가 정해진다.
ㅂ. 조직이 변화하는 환경에 적응하기 위하여 경영활동을 체계화하는 것으로, 목표달성을 위한 수단이다.

① ㄱ, ㄴ, ㄷ, ㄹ
② ㄱ, ㄴ, ㅁ, ㅂ
③ ㄴ, ㄷ, ㅁ, ㅂ
④ ㄷ, ㄹ, ㅁ, ㅂ

정답 ②

경영은 경영목적, 인적자원, 자금, 전략의 4요소로 구성된다.
ㄱ. 경영목적에 대한 설명이다.
ㄴ. 인적자원에 대한 설명이다.
ㅁ. 자금에 대한 설명이다.
ㅂ. 전략에 대한 설명이다.

오답분석

ㄷ. 마케팅에 대한 설명이다.
ㄹ. 회계에 대한 설명이다.

풀이 전략!

대부분의 기업들은 마이클 포터의 본원적 경쟁전략을 사용하고 있다. 각 전략에 해당하는 대표적인 기업을 연결하고, 그들의 경영 전략을 상기하며 문제를 풀어보도록 한다.

대표기출유형 01 기출응용문제

01 다음 중 경영활동을 수행하고 있는 사례로 적절하지 않은 것은?

(가) 다음 시즌 우승을 목표로 해외 전지훈련에 참여하여 열심히 구슬땀을 흘리고 있는 선수단과 이를 운영하는 구단 직원들
(나) 자발적인 참여로 뜻을 같이한 동료들과 함께 매주 어려운 이웃을 찾아다니며 봉사활동을 펼치고 있는 K씨
(다) 교육지원대 대장으로서 사병들의 교육이 원활히 진행될 수 있도록 훈련장 관리와 유지에 최선을 다하고 있는 K대령과 참모진
(라) 영화 촬영을 앞두고 시나리오와 제작 콘셉트를 회의하기 위해 모인 감독 및 스태프와 출연 배우들

① (가)
② (나)
③ (다)
④ (라)

02 A는 취업스터디에서 마이클 포터의 본원적 경쟁전략을 토대로 기업의 경영전략을 정리하고자 한다. 다음 중 〈보기〉의 내용이 바르게 분류된 것은?

• 차별화 전략 : 가격 이상의 가치로 브랜드 충성심을 이끌어 내는 전략
• 원가우위 전략 : 업계에서 가장 낮은 원가로 우위를 확보하는 전략
• 집중화 전략 : 특정 세분시장만 집중공략하는 전략

보기

㉠ I기업은 S/W에 집중하기 위해 H/W의 한글 전용 PC 분야를 한국계 기업과 전략적으로 제휴하고 회사를 설립해 조직체에 위양하였으며 이후 고유 분야였던 S/W에 사원을 집중하였다.
㉡ B마트는 재고 네트워크를 전산화하여 원가를 절감하고 양질의 제품을 최저가격에 판매하고 있다.
㉢ A호텔은 5성급 호텔로 하루 숙박비용이 상당히 비싸지만, 환상적인 풍경과 더불어 친절한 서비스를 제공하고 객실 내 제품이 모두 최고급으로 비치되어 있어 이용객들에게 높은 만족도를 준다.

	차별화 전략	원가우위 전략	집중화 전략
①	㉠	㉡	㉢
②	㉠	㉢	㉡
③	㉢	㉠	㉡
④	㉢	㉡	㉠

02 조직 구조

| 유형분석 |

- 조직 구조 유형에 대한 특징을 물어보는 문제가 자주 출제된다.
- 기계적 조직과 유기적 조직의 차이점과 사례 등을 숙지하고 있어야 한다.
- 조직 구조 형태에 따라 기능적 조직, 사업별 조직으로 구분하여 출제되기도 한다.

다음 중 맥킨지의 7S 모형에 대한 설명으로 옳지 않은 것은?

① 기업, 부서 등 조직의 내부역량을 분석하는 도구이다.

② 전략, 공유가치, 관리기술은 경영전략의 목표와 지침이 된다.

③ 하위 4S는 상위 3S를 지원하는 하위 지원 요소를 말한다.

④ 지방자치단체, 국가와 같은 큰 조직에는 적절하지 않다.

정답 ④

세계적 기업인 맥킨지에 의해 개발된 7S 모형은 조직의 내부역량을 분석하는 도구로, 조직 문화를 구성하고 있는 7S는 전략·공유가치·관리기술·시스템·스태프·스타일·조직 구조를 말한다. 7S 모형은 기업, 부서나 사업뿐만 아니라 지방자치단체, 국가 등 큰 조직을 진단하고 변혁할 때도 사용된다.

7S 모형

- 3S : 경영전략의 목표와 지침이 되는 항목
  - 시스템(System) : 조직 운영의 의사 결정과 일상 운영의 틀이 되는 각종 시스템
  - 조직 구조(Structure) : 조직의 전략을 수행하는 데 필요한 틀로서 구성원의 역할과 그들 간의 상호관계를 지배하는 공식요소
  - 전략(Strategy) : 조직의 장기적인 목적과 계획 그리고 이를 달성하기 위한 장기적인 행동지침
- 4S : 상위 3S를 지원하는 하위 지원 요소
  - 스태프(Staff) : 조직의 인력 구성, 구성원들의 능력과 전문성·가치관과 신념·욕구와 동기·지각과 태도·행동패턴
  - 스타일(Style) : 구성원들을 이끌어 나가는 전반적인 조직관리 스타일
  - 공유가치(Shared Value) : 조직 구성원들의 행동이나 사고를 특정 방향으로 이끌어 가는 원칙이나 기준
  - 관리기술(Skill) : 하드웨어는 물론 이를 사용하는 소프트웨어 기술을 포함하는 요소

풀이 전략!

조직 구조는 유형에 따라 기계적 조직과 유기적 조직으로 나눌 수 있다. 기계적 조직과 유기적 조직은 서로 상반된 특징을 가지고 있으며, 기계적 조직이 관료제의 특징과 비슷함을 파악하고 있다면, 이와 상반된 유기적 조직의 특징도 수월하게 파악할 수 있다.

대표기출유형 02 기출응용문제

01 다음 중 기계적 조직의 특징으로 옳은 것을 〈보기〉에서 모두 고르면?

보기

㉠ 변화에 맞춰 쉽게 변할 수 있다.
㉡ 상하 간 의사소통이 공식적인 경로를 통해 이루어진다.
㉢ 대표적으로 사내 벤처팀, 프로젝트팀이 있다.
㉣ 구성원의 업무가 분명하게 규정되어 있다.
㉤ 다양한 규칙과 규제가 있다.

① ㉠, ㉡, ㉢
② ㉠, ㉣, ㉤
③ ㉡, ㉢, ㉣
④ ㉡, ㉣, ㉤

02 다음 중 조직 목표의 기능에 대한 설명으로 옳지 않은 것은?

① 조직이 나아갈 방향을 제시해 주는 기능을 한다.
② 조직 구성원의 의사결정 기준의 기능을 한다.
③ 조직 구성원의 행동에 동기를 유발시키는 기능을 한다.
④ 조직을 운영하는 데 융통성을 제공하는 기능을 한다.

03 다음 글에 해당하는 조직 체계의 구성 요소는 무엇인가?

조직의 목표나 전략에 따라 수립되며, 조직 구성원들의 활동 범위를 제약하고 일관성을 부여하는 기능을 한다.

① 조직 목표
② 조직 구조
③ 조직 문화
④ 규칙 및 규정

04 H기업은 경영진과 직원의 자유로운 소통, 부서 간 화합 등을 통해 참여와 열린 소통의 조직 문화를 조성하고자 노력한다. 이러한 조직 문화는 조직의 방향을 결정하고 조직을 존속하게 하는 중요한 요인 중의 하나이다. 다음 중 조직 문화에 대한 설명으로 옳지 않은 것은?

① 조직 구성원들에게 일체감과 정체성을 부여하고, 결속력을 강화시킨다.
② 조직 구성원들의 조직 몰입을 높여준다.
③ 조직 구성원의 사고방식과 행동양식을 규정한다.
④ 대부분의 조직들은 서로 비슷한 조직 문화를 만들기 위해 노력한다.

05 다음 중 조직 변화의 과정을 순서대로 바르게 나열한 것은?

ㄱ. 환경 변화 인지	ㄴ. 변화 결과 평가
ㄷ. 조직 변화 방향 수립	ㄹ. 조직 변화 실행

① ㄱ－ㄷ－ㄹ－ㄴ ② ㄱ－ㄹ－ㄷ－ㄴ
③ ㄴ－ㄷ－ㄹ－ㄱ ④ ㄹ－ㄱ－ㄷ－ㄴ

06 다음 중 조직 구조의 결정 요인에 대한 설명으로 옳지 않은 것은?

① 급변하는 환경에서는 유기적 조직보다 원칙이 확립된 기계적 조직이 더 적합하다.
② 대규모 조직은 소규모 조직에 비해 업무의 전문화 정도가 높다.
③ 조직 구조의 주요 결정 요인은 4가지로 전략, 규모, 기술, 환경이다.
④ 일반적으로 소량생산 기술을 가진 조직은 유기적 조직 구조를, 대량생산 기술을 가진 조직은 기계적 조직 구조를 가진다.

07 조직 구조의 형태 중 사업별 조직 구조는 제품이나 고객별로 부서를 구분하는 것이다. 다음 중 사업별 조직 구조의 형태로 적절하지 않은 것은?

①
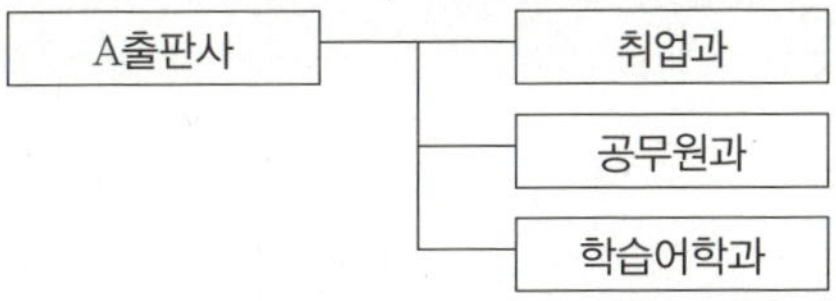

②
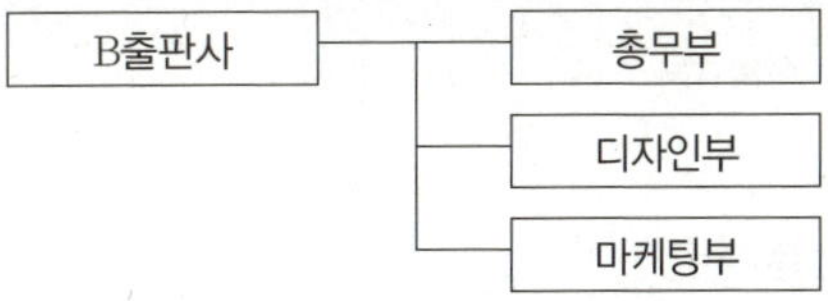

③
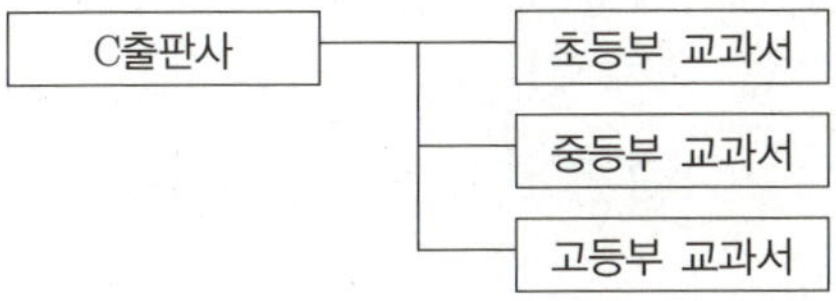

④
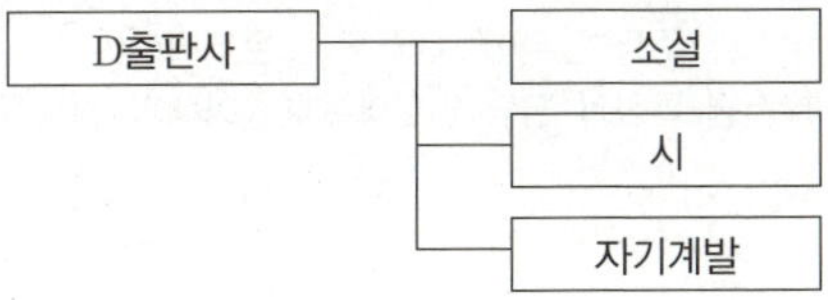

08 다음은 조직의 의사결정 단계를 보여주는 사례이다. 〈보기〉 중 개발 단계에 해당하는 것을 모두 고르면?

> L씨는 H전자회사의 부품 조립라인에 근무하는 근로자이다. 최근 부품에서 계속 불량품이 발생하여 L씨와 그의 동료들은 이에 대한 해결책을 마련하기 위하여 회의를 개최하였다. 먼저 그들은 조직 내에서 그동안 부품 불량 문제가 발생할 경우 어떻게 해결을 해왔는지 관련 자료를 살펴보았다. 그러나 그는 뚜렷한 해결책을 발견하지 못하였고, 문제 해결을 위해 가능한 대안들을 모두 도출하고 관련 자료를 찾아보고 토의하는 과정을 통해 이들의 장단점을 분석하였다. 결론적으로 대안별 장단점을 비교해 보았더니 부품 불량 문제가 발생하는 원인을 좀 더 과학적으로 분석할 필요가 있다고 판단되었다.

보기

ㄱ. 부품 조립 작업 시 계속적인 불량품 발생 인식
ㄴ. 기존 부품 불량 문제 발생 시 해결 방법 찾기
ㄷ. 문제 해결을 위한 새로운 대안 도출
ㄹ. 추려진 대안들의 장단점을 분석하고 해결안 도출
ㅁ. 관련 자료를 찾아 부품 조립라인 근로자 간 토의

① ㄱ, ㄴ
② ㄴ, ㄷ
③ ㄱ, ㄹ, ㅁ
④ ㄴ, ㄷ, ㅁ

대표기출유형

03 업무 종류

| 유형분석 |

- 부서별 주요 업무에 대해 묻는 문제이다.
- 부서별 특징과 담당 업무에 대한 이해가 필요하다.

귀하는 H기업 인사총무팀에 근무하는 A사원이다. 귀하는 다음과 같은 업무 리스트를 작성한 뒤 우선순위에 맞게 재배열하려고 한다. 업무 리스트를 보고 귀하가 한 생각으로 옳지 않은 것은?

■ **2025년 8월 28일 인사총무팀 A사원의 업무 리스트**

- 인사총무팀 회식(9월 8일) 장소 예약 확인
- 회사 창립 기념일(9월 11일) 행사 준비
- 영업1팀 비품 주문 → 월요일에 배송될 수 있도록 오늘 내 반드시 발주할 것
- 이번주 토요일(8월 30일) 당직 근무자 명단 확인 → 업무 공백 생기지 않도록 주의
- 9월 5일 신입사원 면접 날짜 유선 안내 및 면접 가능 여부 확인

① 내일 당직 근무자 명단 확인을 가장 먼저 해야겠다.

② 영업1팀 비품 주문 후 회식장소 예약을 확인해야겠다.

③ 신입사원 면접 안내는 여러 변수가 발생할 수 있으니 서둘러 준비해야겠다.

④ 회사 창립 기념일 행사는 전 직원이 다 참여하는 큰 행사인 만큼 가장 첫 번째 줄에 배치해야겠다.

정답 ④

우선순위를 파악하기 위해서는 먼저 중요도와 긴급성을 파악해야 한다. 즉, 중요도와 긴급성이 높은 일부터 처리해야 하는 것이다. 그러므로 업무 리스트 중에서 가장 먼저 해야 할 일은 이번주 토요일(8월 30일) 당직 근무자 명단 확인이다. 그다음 영업1팀의 비품 주문, 신입사원 면접 날짜 확인, 인사총무팀 회식 장소 예약 확인, 회사 창립 기념일 행사 준비 순으로 진행하면 된다.

풀이 전략!

조직은 목적의 달성을 위해 업무를 효과적으로 분배하고 처리할 수 있는 구조를 확립해야 한다. 조직의 목적이나 규모에 따라 업무의 종류는 다양하지만, 대부분의 조직에서는 총무, 인사, 기획, 회계, 영업으로 부서를 나누어 업무를 담당하고 있다. 따라서 5가지 업무 종류에 대해서는 미리 숙지해야 한다.

01 직무 전결 규정상 전무이사가 전결인 '과장의 국내출장 건'의 결재를 시행하고자 한다. 박기수 전무이사가 해외출장으로 인해 부재중이어서 직무대행자인 최수영 상무이사가 결재하였다. 다음 〈보기〉 중 이에 대한 설명으로 적절하지 않은 것을 모두 고르면?

> **보기**
>
> ㄱ. 최수영 상무이사가 결재한 것은 전결이다.
> ㄴ. 공문의 결재표 상에는 '과장 최경옥, 부장 김석호, 상무이사 전결, 전무이사 최수영'이라고 표시되어 있다.
> ㄷ. 박기수 전무이사가 출장에서 돌아와서 해당 공문을 검토하는 것은 후결이다.
> ㄹ. 위임 전결받은 사항에 대해서는 원결재자인 대표이사에게 후결을 받는 것이 원칙이다.

① ㄱ, ㄴ
② ㄱ, ㄹ
③ ㄱ, ㄴ, ㄹ
④ ㄴ, ㄷ, ㄹ

02 김부장과 박대리는 H기업의 고객지원실에서 근무하고 있다. 다음 상황에서 김부장이 박대리에게 지시할 사항으로 가장 적절한 것은?

> • 부서별 업무분장
> – 인사혁신실 : 신규 채용, 부서/직무별 교육계획 수립/시행, 인사고과 등
> – 기획조정실 : 조직문화 개선, 예산사용계획 수립/시행, 대외협력, 법률지원 등
> – 총무지원실 : 사무실, 사무기기, 차량 등 업무지원 등
>
> 〈상황〉
>
> 박대리 : 고객지원실에서 사용하는 A4 용지와 볼펜이 부족해서 비품을 신청해야 할 것 같습니다. 그리고 지난번에 말씀하셨던 고객 상담 관련 사내 교육 일정이 이번에 확정되었다고 합니다. 고객지원실 직원들에게 관련 사항을 전달하려면 교육 일정 확인이 필요할 것 같습니다.

① 박대리, 기획조정실에 가서 교육 일정 확인하고, 인사혁신실에 가서 비품 신청하고 오도록 해요.
② 박대리, 총무지원실에 가서 교육 일정 확인하고, 간 김에 비품 신청도 하고 오세요.
③ 박대리, 인사혁신실에 전화해서 비품 신청하고, 전화한 김에 교육 일정도 확인해서 나한테 알려줘요.
④ 박대리, 총무지원실에 전화해서 비품 신청하고, 인사혁신실에서 교육 일정 확인해서 나한테 알려줘요.

04 국제 동향

| 유형분석 |

- 국제 매너에 대한 이해를 묻는 문제이다.
- 국제 공통 예절과 국가별 예절을 구분해서 알아야 하며, 특히 식사 예절은 필수로 알아 두어야 한다.

다음 〈보기〉 중 조직의 환경 적응에 대한 설명으로 적절하지 않은 것을 모두 고르면?

보기

ㄱ. 기업에 대한 세계화의 영향은 진출시장, 투자 대상 확대 등 기업의 대외적 경영 측면으로 국한된다.
ㄴ. 특정 국가에서의 업무 동향 점검 시에는 거래 기업에 대한 정보와 시장의 특성뿐 아니라 법규에 대하여도 파악하는 것이 필수적이다.
ㄷ. 이문화 이해는 곧 상이한 문화와의 언어적 소통을 가리키므로 현지에서의 인사법 등 예절에 주의하여야 한다.
ㄹ. 이문화 이해는 특정 타 지역에 오랜 기간 형성된 문화를 이해하는 것으로, 단기간에 집중적인 학습으로 신속하게 수월한 언어적 능력을 갖추는 것이 최선이다.

① ㄱ
② ㄱ, ㄷ
③ ㄱ, ㄷ, ㄹ
④ ㄴ, ㄷ, ㄹ

정답 ③

ㄱ. 세계화는 조직 구성원들의 근무환경 등 개인의 삶에도 직·간접적으로 영향을 주기 때문에 구성원들은 의식 및 태도, 지식 습득에 있어서 적응이 필요하다. 따라서 기업의 대외적 경영 측면뿐 아니라 대내적 관리에도 영향을 준다.
ㄷ. 이문화 이해는 언어적 소통 및 비언어적 소통, 문화, 정서의 이해를 모두 포괄하는 개념이다. 따라서 이문화 이해가 곧 언어적 소통이 되는 것은 아니다.
ㄹ. 문화란 장시간에 걸쳐 무의식적으로 형성되는 영역으로 단기간에 외국 문화를 이해하는 것은 한계가 있으므로 지속적인 학습과 노력이 요구된다.

오답분석

ㄴ. 대상 국가의 법규 및 제도 역시 기업이 적응해야 할 경영 환경이다.

풀이 전략!

국제 매너가 우리나라의 예절 상식과 항상 같지는 않음에 유의하며, 문제에서 묻는 내용(적절한, 적절하지 않은)을 분명히 확인한 후 문제를 풀어야 한다.

대표기출유형 04 기출응용문제

01 **다음 대화 내용 중 국제문화에 대해 적절하지 않은 말을 한 사람은?**

> 철수 : 12월에 필리핀에 흑색경보가 내려져서 안 가길 잘했어. 아직 해제 발표가 없으니 지금도 들어가지 못할 거야.
> 만수 : 요새 환율이 올라서 해외여행을 하기에 좋아.
> 영수 : 환율이 올라서 수출 사업하는 사람들이 이득을 보겠네.
> 희수 : 미국에 가고 싶었는데 ESTA 신청을 안 해서 관광을 못 할 것 같아.

① 철수　② 만수
③ 영수　④ 희수

02 **다음 중 외국인을 대하는 예절에 대한 설명으로 적절하지 않은 것은?**

① 미국인과는 상대의 눈을 마주보고 미소를 지으며 악수한다.
② 머리를 조아리거나 허리를 굽실거리는 수줍은 태도의 악수는 비겁하게 보일 수 있다.
③ 영문 명함이 아닐 경우에는 교환하지 않는다.
④ 여성 / 연장자에서 남성 / 연소자 순으로 소개한다.

03 **다음 대화 내용 중 경제 상식에 대해 적절하지 않은 말을 한 사람은?**

> A사원 : 주식을 볼 때 미국은 나스닥, 일본은 자스닥, 한국은 코스닥을 운영하고 있던가?
> B사원 : 응, 국가마다 기준이 다른데 MSCI 지수를 통해 상호 비교할 수 있어.
> C사원 : 그렇지. 그리고 요즘 기축통화에 대해 들었어? 한국의 결제나 금융거래에서 기본이 되는 화폐인데 이제 그 가치가 더 상승한대.
> D사원 : 그래? 고도의 경제성장률을 보이는 이머징마켓에 속한 국가들 때문에 그런가?

① A사원　② B사원
③ C사원　④ D사원

CHAPTER 04

자원관리능력

합격 CHEAT KEY

자원관리능력은 현재 NCS 기반 채용을 진행하는 많은 공사·공단에서 핵심영역으로 자리 잡아, 일부를 제외한 대부분의 시험에서 출제되고 있다.

세부 유형은 비용 계산, 해외파견 지원금 계산, 주문 제작 단가 계산, 일정 조율, 일정 선정, 행사 대여 장소 선정, 최단거리 구하기, 시차 계산, 소요시간 구하기, 해외파견 근무 기준에 부합하는 또는 부합하지 않는 직원 고르기 등으로 나눌 수 있다.

01 시차를 먼저 계산하라!

시간 자원 관리의 대표유형 중 시차를 계산하여 일정에 맞는 항공권을 구입하거나 회의시간을 구하는 문제에서는 각각의 나라 시간을 한국 시간으로 전부 바꾸어 계산하는 것이 편리하다. 조건에 맞는 나라들의 시간을 전부 한국 시간으로 바꾸고 한국 시간과의 시차만 더하거나 빼면 시간을 단축하여 풀 수 있다.

02 선택지를 잘 활용하라!

계산을 해서 값을 요구하는 문제 유형에서는 선택지를 먼저 본 후 자리 수가 몇 단위로 끝나는지 확인해야 한다. 예를 들어 412,300원, 426,700원, 434,100원인 선택지가 있다고 할 때, 제시된 조건에서 100원 단위로 나올 수 있는 항목을 찾아 그 항목만 계산하는 방법이 있다. 또한 일일이 계산하는 문제가 많다. 예를 들어 640,000원, 720,000원, 810,000원 등의 수를 이용해 푸는 문제가 있다고 할 때, 만 원 단위를 절사하고 계산하여 64, 72, 81처럼 요약하는 방법이 있다.

03 최적의 값을 구하는 문제인지 파악하라!

물적 자원 관리의 대표유형에서는 제한된 자원 내에서 최대의 만족 또는 이익을 얻을 수 있는 방법을 강구하는 문제가 출제된다. 이때, 구하고자 하는 값을 x, y로 정하고 연립방정식을 이용해 x, y 값을 구한다. 최소 비용으로 목표생산량을 달성하기 위한 업무 및 인력 할당, 정해진 시간 내에 최대 이윤을 낼 수 있는 업체 선정, 정해진 인력으로 효율적 업무 배치 등을 구하는 문제에서 사용되는 방법이다.

04 각 평가항목을 비교하라!

인적 자원 관리의 대표유형에서는 각 평가항목을 비교하여 기준에 적합한 인물을 고르거나, 저렴한 업체를 선정하거나, 총점이 높은 업체를 선정하는 문제가 출제된다. 이런 유형은 평가항목에서 가격이나 점수 차이에 영향을 많이 미치는 항목을 찾아 $1 \sim 2$개의 선택지를 삭제하고, 남은 $3 \sim 4$개의 선택지만 계산하여 시간을 단축할 수 있다.

대표기출유형

01 시간 계획

| 유형분석 |

- 시간 자원과 관련된 다양한 정보를 활용하여 풀어 가는 유형이다.
- 대체로 교통편 정보나 국가별 시차 정보가 제공되며, 이를 근거로 '현지 도착 시각 또는 약속된 시간 내에 도착하기 위한 방안'을 고르는 문제가 출제된다.

H기업은 한국 현지 시각 기준으로 오후 4시부터 5시까지 외국 지사와 화상회의를 진행하려고 한다. 모든 지사는 각국 현지 시각으로 오전 8시부터 오후 6시까지 근무한다고 때, 다음 중 회의에 참석할 수 없는 지사는 어디인가?(단, 서머타임을 시행하는 국가는 +1:00을 반영한다)

〈각국 시차 정보〉

국가	시차	국가	시차
파키스탄	−4:00	불가리아	−6:00
호주	+1:00	영국	−9:00
싱가포르	−1:00		

※ 오후 12시부터 1시까지는 점심시간이므로 회의를 진행하지 않음

※ 서머타임 시행 국가 : 영국

① 파키스탄 지사　　② 호주 지사

③ 싱가포르 지사　　④ 불가리아 지사

정답 ①

화상회의 진행 시각(한국 기준 오후 4 ~ 5시)을 각국 현지 시각으로 변환하면 다음과 같다.

- 파키스탄 지사(−4시간) : 오후 12 ~ 1시, 점심시간이므로 회의에 참석 불가능하다.
- 불가리아 지사(−6시간) : 오전 10 ~ 11시이므로 회의에 참석 가능하다.
- 호주 지사(+1시간) : 오후 5 ~ 6시이므로 회의에 참석 가능하다.
- 영국 지사(−8시간) : 오전 8 ~ 9시이므로 회의에 참석 가능하다(시차는 −9시간 나지만, 서머타임을 적용한다).
- 싱가포르 지사(−1시간) : 오후 3 ~ 4시이므로 회의에 참석 가능하다.

따라서 파키스탄 지사는 화상회의에 참석할 수 없다.

풀이 전략!

문제에서 묻는 것을 정확히 파악한다. 특히 제한사항에 대해서는 빠짐없이 확인해 두어야 한다. 이후 제시된 정보(시차 등)에서 필요한 것을 선별하여 문제를 풀어 간다.

대표기출유형 01 기출응용문제

01 해외로 출장을 가는 김대리는 출발 당일 〈조건〉에 따라 이동하려고 계획하고 있다. 연착 없이 계획대로 출장지에 도착했다면, 도착했을 때의 현지 시각은?

조건
- 서울 시각으로 오후 1시 35분에 출발하는 비행기를 타고, 경유지 한 곳을 거쳐 출장지에 도착한다.
- 경유지는 서울보다 1시간 빠르고, 출장지는 경유지보다 2시간 느리다.
- 첫 번째 비행은 3시간 45분이 소요된다.
- 경유지에서 3시간 50분을 대기하고 출발한다.
- 두 번째 비행은 9시간 25분이 소요된다.

① 오전 5시 35분 ② 오전 6시
③ 오후 5시 35분 ④ 오후 6시

02 대한민국의 A기업, 오스트레일리아의 B기업, 아랍에미리트의 C기업, 러시아의 D기업은 상호협력 프로젝트를 추진하고자 화상회의를 하려고 한다. 한국 시각을 기준으로 삼을 때 화상회의 진행이 가능한 시간은?

〈국가별 시간〉

국가(도시)	현지 시각
대한민국(서울)	2025. 06. 19 08:00am
오스트레일리아(캔버라)	2025. 06. 19 10:00am
아랍에미리트(두바이)	2025. 06. 19 03:00am
러시아(모스크바)	2025. 06. 19 02:00am

※ 각 회사의 위치는 위 자료에 있는 도시에 있음
※ 모든 회사의 근무 시간은 현지 시각으로 오전 9시 ~ 오후 6시임
※ A, B, D기업의 식사 시간은 현지 시각으로 오후 12시 ~ 오후 1시임
※ C기업의 식사 시간은 오전 11시 30분 ~ 오후 12시 30분이고, 오후 12시 30분부터 오후 1시까지 전 직원이 종교 활동을 함
※ 화상회의의 소요 시간은 1시간임

① 오후 1 ~ 2시 ② 오후 2 ~ 3시
③ 오후 3 ~ 4시 ④ 오후 4 ~ 5시

03 자동차 부품을 생산하는 H기업은 반자동과 자동생산라인을 하나씩 보유하고 있다. 최근 일본의 자동차 회사와 수출계약을 체결하여 자동차 부품 34,500개를 납품하였다. 아래 H기업의 생산조건을 고려할 때, 일본에 납품할 부품을 생산하는 데 소요된 시간은 얼마인가?

〈자동차 부품 생산조건〉

- 반자동라인은 4시간에 300개의 부품을 생산하며, 그 중 20%는 불량품이다.
- 자동라인은 3시간에 400개의 부품을 생산하며, 그 중 10%는 불량품이다.
- 반자동라인은 8시간마다 2시간씩 생산을 중단한다.
- 자동라인은 9시간마다 3시간씩 생산을 중단한다.
- 불량 부품은 생산 후 폐기하고 정상인 부품만 납품한다.

① 230시간　　② 240시간
③ 250시간　　④ 260시간

04 다음은 H기업 신제품개발1팀의 하루 업무 스케줄에 대한 자료이다. 신입사원 A씨는 스케줄을 바탕으로 금일 회의 시간을 정하려고 한다. 1시간 동안 진행될 팀 회의의 가장 적절한 시간대는?

〈H기업 신제품개발1팀 스케줄〉

시간	직급별 스케줄				
	부장	차장	과장	대리	사원
09:00 ~ 10:00	업무회의				
10:00 ~ 11:00					비품요청
11:00 ~ 12:00			시장조사	시장조사	시장조사
12:00 ~ 13:00	점심식사				
13:00 ~ 14:00	개발전략수립		시장조사	시장조사	시장조사
14:00 ~ 15:00		샘플검수	제품구상	제품구상	제품구상
15:00 ~ 16:00			제품개발	제품개발	제품개발
16:00 ~ 17:00					
17:00 ~ 18:00			결과보고	결과보고	

① 09:00 ~ 10:00　　② 10:00 ~ 11:00
③ 14:00 ~ 15:00　　④ 16:00 ~ 17:00

05 다음은 H제품의 생산계획을 나타낸 자료이다. 〈조건〉에 따라 공정이 진행될 때, 첫 번째 완제품이 생산되기 위해서는 최소 몇 시간이 소요되는가?

〈H제품 생산계획〉

공정	선행공정	소요시간
A	없음	3
B	A	1
C	B, E	3
D	없음	2
E	D	1
F	C	2

조건
- 공정별로 1명의 작업 담당자가 공정을 수행한다.
- A공정과 D공정의 작업 시점은 같다.
- 공정 간 제품의 이동 시간은 무시한다.

① 6시간　② 7시간
③ 8시간　④ 9시간

06 A대리는 다가오는 9월에 결혼을 앞두고 있다. 다음 〈조건〉을 참고할 때, A대리의 결혼 날짜로 가능한 날은?

조건
- 9월은 1일부터 30일까지이며, 9월 1일은 금요일이다.
- 9월 30일부터 추석연휴가 시작되고 추석연휴 이틀 전엔 A대리가 주관하는 회의가 있다.
- A대리는 결혼식을 한 다음날 8박 9일간 신혼여행을 간다.
- 회사에서 신혼여행으로 주는 휴가는 5일이다.
- A대리는 신혼여행과 겹치지 않도록 수요일 3주 연속 치과 진료가 예약되어 있다.
- 신혼여행에서 돌아오는 날 부모님 댁에서 하루 자고, 그 다음날 출근할 예정이다.

① 1일　② 2일
③ 22일　④ 23일

PART 1

02 비용 계산

| 유형분석 |

- 예산 자원과 관련된 다양한 정보를 활용하여 문제를 풀어간다.
- 대체로 한정된 예산 내에서 수행할 수 있는 업무 및 예산 가격을 묻는 문제가 출제된다.

현재 H마트에서는 배추를 한 포기당 3,000원에 판매하고 있다고 한다. 다음은 배추의 유통 과정을 나타낸 자료이며, 이를 참고해 최대의 이익을 내고자 할 때, X·Y산지 중 어느 곳을 선택하는 것이 좋으며, 최종적으로 H마트에서 배추 한 포기당 얻을 수 있는 수익은 얼마인가?(단, 소수점 첫째 자리에서 반올림한다)

〈산지별 배추 유통 과정〉

구분	X산지	Y산지
재배원가	1,000원	1,500원
산지 → 경매인	재배원가에 20%의 이윤을 붙여서 판매한다.	재배원가에 10%의 이윤을 붙여서 판매한다.
경매인 → 도매상인	산지가격에 25%의 이윤을 붙여서 판매한다.	산지가격에 10%의 이윤을 붙여서 판매한다.
도매상인 → 마트	경매가격에 30%의 이윤을 붙여서 판매한다.	경매가격에 10%의 이윤을 붙여서 판매한다.

	산지	이익
①	X	1,003원
②	X	1,050원
③	Y	1,003원
④	Y	1,050원

정답 ②

X산지와 Y산지의 배추의 재배원가에 대하여 각 유통 과정에 따른 판매가격을 계산하면 다음과 같다.

구분	X산지	Y산지
재배원가	1,000원	1,500원
산지 → 경매인	1,000원×(1+0.2)=1,200원	1,500원×(1+0.1)=1,650원
경매인 → 도매상인	1,200원×(1+0.25)=1,500원	1,650원×(1+0.1)=1,815원
도매상인 → 마트	1,500원×(1+0.3)=1,950원	1,815원×(1+0.1)=1,996.5≒1,997원

따라서 X산지에서 재배한 배추를 구매하는 것이 좋으며, 최종적으로 A마트에서 얻는 수익은 3,000원−1,950원=1,050원이다.

풀이 전략!

제한사항인 예산을 고려하여 문제에서 묻는 것을 정확히 파악한 후, 제시된 정보에서 필요한 것을 선별하여 문제를 풀어 간다.

대표기출유형 02 기출응용문제

01 서울에 사는 H씨는 결혼기념일을 맞이하여 가족과 함께 KTX를 타고 부산으로 여행을 다녀왔다. H씨의 가족이 이번 여행에서 지불한 교통비는 모두 얼마인가?

• H씨 부부에게는 만 6세인 아들과 만 3세인 딸이 있다.
• 갈 때는 딸을 무릎에 앉혀 갔고, 돌아올 때는 좌석을 구입했다.
• H씨의 가족은 일반석을 이용하였다.

〈KTX 좌석별 요금〉

구분	일반석	특실
가격	59,800원	87,500원

※ 만 4세 이상 13세 미만 어린이는 운임의 50%를 할인함
※ 만 4세 미만의 유아는 보호자 1명당 2명까지 운임의 75%를 할인함
(단, 유아의 좌석을 지정하지 않을 시 보호자 1명당 유아 1명의 운임을 받지 않음)

① 301,050원
② 307,000원
③ 313,850원
④ 313,950원

02 다음은 예산 관리의 정의이다. 빈칸에 들어갈 단어로 적절하지 않은 것은?

예산 관리는 활동이나 사업에 소요되는 비용을 산정하고, 예산을 ______하는 것뿐만 아니라 예산을 ______하는 것 모두를 포함한다고 할 수 있다. 즉, 예산을 ______하고 ______하는 모든 일을 예산 관리라고 할 수 있다.

① 편성
② 지원
③ 통제
④ 수립

03 다음 중 빈칸 ㉠~㉤에 들어갈 말을 순서대로 바르게 나열한 것은?

> 예산의 구성 요소는 일반적으로 직접비용과 간접비용으로 구분된다. ___㉠___ 비용은 제품 또는 서비스를 창출하기 위해 ___㉡___ 소비된 것으로 여겨지는 비용을 말한다. 반면, ___㉢___ 비용은 과제를 수행하기 위해 소비된 비용 중 ___㉣___ 비용을 제외한 비용으로, 생산에 ___㉤___ 관련되지 않은 비용을 말한다.

	㉠	㉡	㉢	㉣	㉤
①	직접	직접	간접	직접	직접
②	직접	직접	간접	간접	직접
③	직접	간접	간접	직접	간접
④	간접	간접	직접	간접	직접

04 H기업은 연말 시상식을 개최하여 한 해 동안 모범이 되거나 훌륭한 성과를 낸 직원을 독려하고자 한다. 시상 종류 및 인원, 상품에 대한 정보가 다음과 같을 때, 상품 구입비는 총 얼마인가?

〈시상 내역〉

상 종류	수상 인원	상품
사내선행상	5명	1인당 금 도금 상패 1개, 식기 1세트
사회기여상	1명	1인당 은 도금 상패 1개, 신형 노트북 1대
연구공로상	2명	1인당 금 도금 상패 1개, 안마의자 1개, 태블릿 PC 1대
성과공로상	4명	1인당 은 도금 상패 1개, 만년필 2개, 태블릿 PC 1대
청렴모범상	2명	1인당 동 상패 1개, 안마의자 1개

- 상패 제작 비용
  - 금 도금 상패 : 1개당 55,000원(5개 이상 주문 시 1개당 가격 10% 할인)
  - 은 도금 상패 : 1개당 42,000원(주문 수량 4개당 1개 무료 제공)
  - 동 상패 : 1개당 35,000원
- 물품 구입 비용(1개당)
  - 식기 세트 : 450,000원
  - 신형 노트북 : 1,500,000원
  - 태블릿 PC : 600,000원
  - 만년필 : 100,000원
  - 안마의자 : 1,700,000원

① 14,085,000원　② 15,050,000원
③ 15,534,500원　④ 16,805,000원

05 H기업에서는 냉방 효율을 위하여 층별 에어컨 수와 종류를 조정하고자 한다. 판매하는 구형 에어컨과 구입하는 신형 에어컨의 수를 최소화하려고 할 때, 에어컨을 사고팔 때 드는 비용은 얼마인가?

〈냉방 효율 조정 방안〉

구분	조건	미충족 시 조정 방안
1	층별 전기료 월 75만 원 미만	구형 에어컨을 판매해 조건 충족
2	층별 구형 에어컨 대비 신형 에어컨 비율 2분의 1 이상 유지	신형 에어컨을 구입해 조건 충족

※ 구형 에어컨 1대 전기료는 월 5만 원이고, 신형 에어컨 1대 전기료는 월 3만 원임
※ 구형 에어컨 1대 중고 판매가는 10만 원이고, 신형 에어컨 1대 가격은 50만 원임
※ 조건과 조정 방안은 1번부터 적용함

〈층별 냉방시설 현황〉

(단위 : 대)

구분	1층	2층	3층	4층	5층
구형	10	13	15	11	12
신형	4	5	7	6	5

① 50만 원
② 55만 원
③ 60만 원
④ 70만 원

06 H기업은 창고업체를 통해 아래 세 제품군을 보관하고 있다. 각 제품군에 대한 정보를 참고하여 다음 〈조건〉에 따라 H기업이 보관료로 지급해야 할 총금액은?

구분	매출액(억 원)	용량	
		용적(CUBIC)	무게(톤)
A제품군	300	3,000	200
B제품군	200	2,000	300
C제품군	100	5,000	500

조건

- A제품군은 매출액의 1%를 보관료로 지급한다.
- B제품군은 1CUBIC당 20,000원의 보관료를 지급한다.
- C제품군은 1톤당 80,000원의 보관료를 지급한다.

① 3억 2천만 원
② 3억 4천만 원
③ 3억 6천만 원
④ 3억 8천만 원

대표기출유형

03 품목 확정

| 유형분석 |

- 물적 자원과 관련된 다양한 정보를 활용하여 풀어 가는 문제이다.
- 주로 공정도·제품·시설 등에 대한 가격·특징·시간 정보가 제시되며, 이를 종합적으로 고려하는 문제가 출제된다.

H기업은 천안에 있는 제빵 회사로 밀가루 거래처와의 계약 만료를 앞두고 있다. 동일한 양의 밀가루에 대하여 1회 구입 시 기존의 거래처와 새로운 후보들의 지역과 밀가루 가격, 운송료가 다음과 같을 때, 가장 적은 비용이 드는 회사는 어디인가?(단, 운송 비용은 최종 거리에 해당하는 가격으로 일괄 적용한다)

〈A～D기업 밀가루 가격 및 운송료〉

(단위 : km, 천 원)

구분	A사(기존 거래처)	B사	C사	D사
위치	충주	청주	대전	안성
거리	90	60	75	35
밀가루 구입 가격	890	1,490	1,150	1,860

(단위 : 만 원)

구분	20km 이하	20km 초과 40km 이하	40km 초과 60km 이하	60km 초과 80km 이하	80km 초과 100km 이하
1km당 운송료	1	1.1	1.2	1.4	1.5

① A기업
② B기업
③ C기업
④ D기업

정답 ③

전체 비용은 (구입 가격)+(운송 비용)이다. 단위를 '천 원'으로 맞추어 계산하면 다음과 같다.

- A기업 : 890+(15×90)=2,240
- B기업 : 1,490+(12×60)=2,210
- C기업 : 1,150+(14×75)=2,200
- D기업 : 1,860+(11×35)=2,245

따라서 C기업과 계약하는 것이 가장 적은 비용이 든다.

풀이 전략!

문제에서 제시한 물적 자원의 정보를 문제의 의도에 맞게 선별하면서 풀어 간다.

대표기출유형 03 기출응용문제

01 H기업은 새로운 협력업체를 선정하려고 한다. 다음의 협력업체 후보 평가표와 항목별 가중치를 고려하여 평가점수가 가장 높은 업체를 선정할 때, 선정되는 업체는?

〈협력업체 후보 평가표〉

(단위 : 점)

구분	경제성	신속성	안정성	유연성
A기업	4	3	9	3
B기업	2	4	7	3
C기업	8	7	4	2
D기업	7	6	2	6

※ 영역별 만점은 10점임

〈항목별 가중치〉

항목	경제성	신속성	안정성	유연성
가중치	0.3	0.2	0.4	0.1

※ 평가점수는 가중치를 적용하여 모든 영역의 점수를 합한 값임

① A기업 ② B기업
③ C기업 ④ D기업

02 H사원은 A ~ E 총 5개의 과제 중 어떤 과제를 먼저 수행해야 할지를 결정하기 위해 평가표를 작성하였다. 다음 자료를 근거로 할 때 가장 먼저 수행할 과제는?(단, 평가 항목 점수를 합산하여 최종 점수가 가장 높은 과제부터 수행한다)

〈과제별 평가표〉

(단위 : 점)

구분	A	B	C	D	E
중요도	84	82	95	90	94
긴급도	92	90	85	83	92
적용도	96	90	91	95	83

※ 과제당 다음과 같은 가중치를 별도로 부여하여 계산함
[(중요도)×0.3]+[(긴급도)×0.2]+[(적용도)×0.1]
※ 항목별로 최하위 점수에 해당하는 과제는 선정하지 않음

① A ② B
③ C ④ D

03 H기업 마케팅 팀장은 팀원 50명에게 연말 선물을 하기 위해 물품을 구매하려고 한다. 아래는 업체별 품목 가격과 팀원들의 품목 선호도를 나타낸 자료이다. 다음 중 〈조건〉에 따라 팀장이 구매하는 물품과 업체를 순서대로 바르게 나열한 것은?

〈업체별 품목 가격〉

구분		한 벌당 가격(원)
A업체	티셔츠	6,000
	카라 티셔츠	8,000
B업체	티셔츠	7,000
	후드 집업	10,000
	맨투맨	9,000

〈팀원 품목 선호도〉

순위	품목
1	카라 티셔츠
2	티셔츠
3	후드 집업
4	맨투맨

조건

- 팀원의 선호도를 우선으로 품목을 선택한다.
- 총구매금액이 30만 원 이상이면 총금액에서 5%를 할인해 준다.
- 차순위 품목이 1순위 품목보다 총금액이 20% 이상 저렴하면 차순위를 선택한다.

① 티셔츠, A업체
② 카라 티셔츠, A업체
③ 맨투맨, B업체
④ 후드 집업, B업체

04 H기업은 직원용 컴퓨터를 교체하려고 한다. 다음 중 〈조건〉을 만족하는 컴퓨터로 옳은 것은?

〈컴퓨터별 가격 현황〉

구분	A컴퓨터	B컴퓨터	C컴퓨터	D컴퓨터
모니터	20만 원	23만 원	20만 원	19만 원
본체	70만 원	64만 원	60만 원	54만 원
세트	80만 원	75만 원	70만 원	66만 원
성능평가	중	상	중	중
할인혜택	-	세트로 15대 이상 구매 시 총금액에서 100만 원 할인	모니터 10대 초과 구매 시 초과 대수 15% 할인	-

조건

- 예산은 1,000만 원이다.
- 교체할 직원용 컴퓨터는 모니터와 본체 각각 15대이다.
- 성능평가에서 '중' 이상을 받은 컴퓨터로 교체한다.
- 컴퓨터 구매는 세트 또는 모니터와 본체 따로 구매할 수 있다.

① A컴퓨터
② B컴퓨터
③ C컴퓨터
④ D컴퓨터

05 H사진관은 올해 찍은 사진을 모두 모아서 한 개의 USB에 저장하려고 한다. 사진의 용량 및 찍은 사진 수가 자료와 같고 USB 한 개에 모든 사진을 저장하려 한다. 다음 중 최소 몇 GB의 USB가 필요한가?(단, 1MB=1,000KB, 1GB=1,000MB이며, USB 용량은 소수점 자리는 버림한다)

〈올해 사진 자료〉

구분	크기(cm)	용량	개수
반명함	3×4	150KB	8,000개
신분증	3.5×4.5	180KB	6,000개
여권	5×5	200KB	7,500개
단체사진	10×10	250KB	5,000개

① 3.0GB
② 3.5GB
③ 4.0GB
④ 5.0GB

대표기출유형

04 인원 선발

| 유형분석 |

- 인적 자원과 관련된 다양한 정보를 활용하여 풀어 가는 문제이다.
- 주로 근무명단, 휴무일, 업무할당 등의 주제로 다양한 정보를 활용하여 종합적으로 풀어 가는 문제가 출제된다.

어느 버스회사에서 (가)시에서 (나)시를 연결하는 버스 노선을 개통하기 위해 새로운 버스를 구매하려고 한다. 다음 〈조건〉과 같이 노선을 운행하려고 할 때, 최소 몇 대의 버스를 구매해야 하며 이때 필요한 운전사는 최소 몇 명인가?

조건

1) 새 노선의 왕복 시간 평균은 2시간이다(승하차 시간을 포함).
2) 배차시간은 15분 간격이다.
3) 운전사의 휴식시간은 매 왕복 후 30분씩이다.
4) 첫차는 05시 정각에, 막차는 23시에 (가)시를 출발한다.
5) 모든 차는 (가)시에 도착하자마자 (나)시로 곧바로 출발하는 것을 원칙으로 한다.
   즉, (가)시에 도착하는 시간이 바로 (나)시로 출발하는 시간이다.
6) 모든 차는 (가)시에서 출발해서 (가)시로 복귀한다.

	버스	운전사
①	6대	8명
②	8대	10명
③	10대	12명
④	12대	14명

정답 ②

왕복 시간이 2시간, 배차 간격이 15분이라면 첫차가 재투입되는 데 필요한 앞차의 수는 첫차를 포함해서 8대이다(∵ 15분×8대=2시간이므로 8대 버스가 운행된 이후 9번째에 첫차 재투입 가능).
운전사는 왕복 후 30분의 휴식을 취해야 하므로 첫차를 운전했던 운전사는 2시간 30분 뒤에 운전을 시작할 수 있다. 따라서 8대의 버스로 운행하더라도 운전자는 150분 동안 운행되는 버스 150÷15=10대를 운전하기 위해서는 10명의 운전사가 필요하다.

풀이 전략!

문제에서 신입사원 채용이나 인력 배치 등의 주제가 출제될 경우에는 주어진 규정 혹은 규칙을 꼼꼼히 확인하여야 한다. 이를 근거로 각 선택지가 어긋나지 않는지 검토하며 문제를 풀어 간다.

대표기출유형 04 기출응용문제

01 H공사 인사부의 P사원은 직원들의 근무평정 업무를 수행하고 있다. 다음 가점평정 기준표를 참고할 때, P사원이 Q과장에게 부여해야 할 가점은?

〈가점평정 기준표〉

<table>
<tr><th colspan="2">구분</th><th>내용</th><th>가점</th><th>인정 범위</th><th>비고</th></tr>
<tr><td colspan="2" rowspan="5">근무경력</td><td>본부 근무 1개월(본부, 연구원, 인재개발원 또는 정부부처 파견근무기간 포함)</td><td>0.03점
(최대 1.8점)</td><td>1.8점</td><td>동일 근무기간 중 다른 근무경력 가점과 원거리, 장거리 및 특수지</td></tr>
<tr><td>지역본부 근무 1개월(지역본부 파견근무기간 포함)</td><td>0.015점
(최대 0.9점)</td><td rowspan="4">1.8점</td><td rowspan="4">가점이 중복될 경우, 원거리, 장거리 및 특수지 근무 가점은 1/2만 인정</td></tr>
<tr><td>원거리 근무 1개월</td><td>0.035점
(최대 0.84점)</td></tr>
<tr><td>장거리 근무 1개월</td><td>0.025점
(최대 0.6점)</td></tr>
<tr><td>특수지 근무 1개월</td><td>0.02점
(최대 0.48점)</td></tr>
<tr><td colspan="2" rowspan="2">내부평가</td><td>내부평가 결과 최상위 10%</td><td>월 0.012점</td><td rowspan="2">0.5점</td><td rowspan="2">현 직위에 누적됨
(승진 후 소멸)</td></tr>
<tr><td>내부평가 결과 차상위 10%</td><td>월 0.01점</td></tr>
<tr><td rowspan="5">제안</td><td rowspan="3">제안상 결정 시</td><td>금상</td><td>0.25점</td><td rowspan="3">0.5점</td><td rowspan="3">수상 당시 직위에 한정함</td></tr>
<tr><td>은상</td><td>0.15점</td></tr>
<tr><td>동상</td><td>0.1점</td></tr>
<tr><td rowspan="2">시행 결과 평가</td><td>탁월</td><td>0.25점</td><td rowspan="2">0.5점</td><td rowspan="2">제안상 수상 당시 직위에 한정함</td></tr>
<tr><td>우수</td><td>0.15점</td></tr>
</table>

〈Q과장 가점평정 사항〉

- 입사 후 36개월 동안 본부에서 연구원으로 근무
- 지역본부에서 24개월 동안 근무
  - 지역본부에서 24개월 동안 근무 중 특수지에서 12개월 동안 파견근무
- 본부로 복귀 후 현재까지 총 23개월 근무
- 팀장(직위 : 과장)으로 승진 후 현재까지 업무 수행 중
  - 내부평가 결과 최상위 10% 총 12회
  - 내부평가 결과 차상위 10% 총 6회
  - 금상 2회, 은상 1회, 동상 1회 수상
  - 시행 결과 평가 탁월 2회, 우수 1회

① 3.284점

② 3.454점

③ 3.604점

④ 3.854점

02 H기업에서는 약 2개월 동안 근무할 인턴사원을 선발하고자 다음과 같은 공고를 게시하였다. 이에 지원한 A ~ D 4명 중에서 H기업의 인턴사원으로 가장 적절한 지원자는 누구인가?

〈인턴사원 모집 공고〉

- 근무 기간 : 약 2개월(8 ~ 10월)
- 자격 요건
  - 1개월 이상 경력자
  - 포토샵 가능자
  - 근무 시간(9 ~ 18시) 이후에도 근무가 가능한 자
- 기타 사항
  - 경우에 따라서 인턴 기간이 연장될 수 있음

A지원자	• 경력 사항 : 출판사 3개월 근무 • 컴퓨터 활용 능력 중급 정도(포토샵, 워드 프로세서) • 대학 휴학 중(9월 복학 예정)
B지원자	• 경력 사항 : 없음 • 포토샵 능력 우수 • 전문대학 졸업
C지원자	• 경력 사항 : 마케팅 회사 1개월 근무 • 컴퓨터 활용 능력 상급 정도(포토샵, 워드 프로세서, 파워포인트) • 4년제 대학 졸업
D지원자	• 경력 사항 : 제약 회사 3개월 근무 • 포토샵 가능 • 저녁 근무 불가

① A지원자　　② B지원자
③ C지원자　　④ D지원자

03 1～3년 차 근무를 마친 H기업 사원들은 인사이동 시기를 맞아 근무지 이동을 해야 한다. 근무지 이동 규정과 각 사원이 근무지 이동을 신청한 내용이 다음과 같을 때, 이에 대한 설명으로 옳지 않은 것은?

〈근무지 이동 규정〉

- 수도권 지역은 여의도, 종로, 영등포이고, 지방의 지역은 광주, 제주, 대구이다.
- 2번 이상 같은 지역을 신청할 수 없다(예 여의도 → 여의도 ×).
- 3년 연속 같은 수도권 지역이나 지방 지역을 신청할 수 없다.
- 2, 3년 차보다 1년 차 신입 및 1년 차 근무를 마친 직원이 신청한 내용이 우선된다.
- 1년 차 신입은 전년도 평가 점수를 100점으로 한다.
- 직원 A～E는 서로 다른 곳에 배치된다.
- 같은 지역으로의 이동을 신청한 경우 전년도 평가 점수가 더 높은 사람이 우선하여 이동한다.
- 규정에 부합하지 않게 이동 신청을 한 경우, 신청한 곳에 배정받을 수 없다.

〈근무지 이동 신청〉

직원	1년 차 근무지	2년 차 근무지	3년 차 근무지	신청지	전년도 평가
A	대구	–	–	종로	–
B	여의도	광주	–	영등포	92점
C	종로	대구	여의도	미정	88점
D	영등포	종로	–	여의도	91점
E	광주	영등포	제주	영등포	89점

① B는 영등포로 이동하게 될 것이다.

② C는 지방 지역으로 이동하고, E는 여의도로 이동하게 될 것이다.

③ A는 대구를 1년 차 근무지로 신청하였을 것이다.

④ D는 자신의 신청지로 이동하게 될 것이다.

04 H기업은 신용정보 조사를 위해 계약직 한 명을 채용하려고 한다. 지원자격이 다음과 같을 때, 지원자 중 업무에 가장 적절한 사람은?

자격 구분	지원자격
학력	고졸 이상
전공	제한 없음
병역	제한 없음
기타	1. 금융기관 퇴직자 중 1961년 이전 출생자로 신용 부문 근무경력 10년 이상인 자 2. 검사역 경력자 및 민원처리 업무 경력자 우대 3. 채용공고일 기준(2025. 04. 14.) 퇴직일로부터 2년을 초과하지 아니한 자 4. 퇴직일로부터 최근 3년 이내 감봉 이상의 징계를 받은 사실이 없는 자 5. 신원이 확실하고 업무수행에 결격사유가 없는 자 6. H기업 채용에 결격사유가 없는 자

	성명	출생연도	근무처	입사일 / 퇴사일	비고
①	이도영	1959	Y은행 여신관리부	1996. 04. 10. ~ 2023. 08. 21.	2022. 11. 1개월 감봉 처분
②	김춘재	1960	M보험사 마케팅전략부	1998. 03. 03. ~ 2023. 07. 07.	–
③	박영진	1948	C신용조합 영업부	1978. 11. 10. ~ 2020. 10. 27.	2018. 03. 견책 처분
④	홍도경	1957	P은행 신용부서	1988. 09. 08. ~ 2023. 04. 28.	–

05 재무팀에서는 주말 사무보조 직원을 채용하기 위해 공고문을 게재하였으며, 지원자 명단은 다음과 같다. 다음 자료를 참고하였을 때, 최소비용으로 가능한 많은 인원을 채용하고자 한다면 총 몇 명의 지원자를 채용할 수 있겠는가?(단, 급여는 지원자가 희망하는 금액으로 지급한다)

〈사무보조 직원 채용 공고문〉

- 업무내용 : 문서수발, 전화응대 등
- 지원자격 : 경력, 성별, 나이, 학력 무관
- 근무조건 : 장기(6개월 이상, 협의 불가) / 주말 11:00 ~ 22:00(협의 가능)
- 급여 : 협의 후 결정
- 연락처 : 02-000-0000

〈지원자 명단〉

성명	희망근무기간	근무가능시간	최소근무시간 (하루 기준)	희망임금 (시간당 / 원)
박소다	10개월	11:00 ~ 18:00	3시간	7,500
서창원	12개월	12:00 ~ 20:00	2시간	8,500
한승희	8개월	18:00 ~ 22:00	2시간	7,500
김병우	4개월	11:00 ~ 18:00	4시간	7,000
우병지	6개월	15:00 ~ 20:00	3시간	7,000
김래원	10개월	16:00 ~ 22:00	2시간	8,000
최지홍	8개월	11:00 ~ 18:00	3시간	7,000

※ 지원자 모두 주말 이틀 중 하루만 출근하기를 원함

※ 하루에 2회 이상 출근은 불가함

① 2명 ② 3명

③ 4명 ④ 5명

PART 1

CHAPTER 05

정보능력

합격 CHEAT KEY

정보능력은 업무를 수행함에 있어 기본적인 컴퓨터를 활용하여 필요한 정보를 수집, 분석, 활용하는 능력을 의미한다. 또한 업무와 관련된 정보를 수집하고, 이를 분석하여 의미 있는 정보를 얻는 능력이다. 국가직무능력표준에 따르면 정보능력의 세부 유형은 컴퓨터 활용・정보 처리로 나눌 수 있다.

01 평소에 컴퓨터 활용 스킬을 틈틈이 익히라!

윈도우(OS)에서 어떠한 설정을 할 수 있는지, 응용프로그램(엑셀 등)에서 어떠한 기능을 활용할 수 있는지를 평소에 직접 사용해 본다면 문제를 보다 수월하게 해결할 수 있다. 여건이 된다면 컴퓨터 활용 능력에 관련된 자격증 공부를 하는 것도 이론과 실무를 익히는 데 도움이 될 것이다.

02 문제의 규칙을 찾는 연습을 하라!

일반적으로 코드체계나 시스템 논리체계를 제공하고 이를 분석하여 문제를 해결하는 유형이 출제된다. 이러한 문제는 문제해결능력과 같은 맥락으로 규칙을 파악하여 접근하는 방식으로 연습이 필요하다.

03 현재 보고 있는 그 문제에 집중하라!

정보능력의 모든 것을 공부하려고 한다면 양이 너무나 방대하다. 그렇기 때문에 수험서에서 본인이 현재 보고 있는 문제들을 집중적으로 공부하고 기억하려고 해야 한다. 그러나 엑셀의 함수 수식, 연산자 등 암기를 필요로 하는 부분들은 필수적으로 암기를 해서 출제가 되었을 때 오답률을 낮출 수 있도록 한다.

04 사진 · 그림을 기억하라!

컴퓨터 활용 능력을 파악하는 영역이다 보니 컴퓨터 속 옵션, 기능, 설정 등의 사진 · 그림이 문제에 같이 나오는 경우들이 있다. 그런 부분들은 직접 컴퓨터를 통해서 하나하나 확인을 하면서 공부한다면 더 기억에 잘 남게 된다. 조금 귀찮더라도 한 번씩 클릭하면서 확인을 해보도록 한다.

대표기출유형

01 정보 이해

| 유형분석 |

- 정보능력 전반에 대한 이해를 확인하는 문제이다.
- 정보능력 이론이나 새로운 정보 기술에 대한 문제가 자주 출제된다.

다음은 기획안을 제출하기 위한 정보수집 전에 어떠한 정보를 어떻게 수집할지에 대한 '정보의 전략적 기획'의 사례이다. S사원이 필요한 정보로 적절하지 않은 것은?

> H전자의 S사원은 상사로부터 세탁기 신상품에 대한 기획안을 제출하라는 업무 지시를 받았다. 먼저 S사원은 기획안을 작성하기 위해 자신에게 어떠한 정보가 필요한지를 생각해 보았다. 개발하려는 세탁기 신상품의 콘셉트는 중년층을 대상으로 한 실용적이고 경제적이며 조작하기 쉬운 것을 대표적인 특징으로 삼고 있다.

① 기존에 세탁기를 구매한 고객들의 데이터베이스로부터 정보가 필요할 수도 있다.
② 현재 세탁기를 사용하면서 불편한 점은 무엇인지에 대한 정보가 필요하다.
③ 데이터베이스로부터 성별로 세탁기 선호 디자인에 대한 정보가 필요하다.
④ 고객들의 세탁기에 대한 부담 가능한 금액은 얼마인지에 대한 정보도 필요할 것이다.

정답 ③

세탁기 신상품의 콘셉트가 중년층을 대상으로 하기 때문에 성별이 아니라 연령에 따라 자료를 분류하여 중년층의 세탁기 선호 디자인에 대한 정보가 필요함을 알 수 있다.

풀이 전략!

> 자주 출제되는 정보능력 이론을 확인하고, 확실하게 암기해야 한다. 특히 새로운 정보 기술이나 컴퓨터 전반에 대해 관심을 가지는 것이 좋다.

대표기출유형 01 기출응용문제

01 **다음의 상황에서 K과장의 물음에 대해 H대리가 가장 간단한 조치 방법을 안내하려고 할 때, 빈칸 ㉠에 들어갈 가장 적절한 답변은?**

> K과장 : 어제 내가 무엇을 건드렸는지 모르겠는데, 보조프로그램 폴더에 가면 그림판이 있었는데 사라졌어. 그림판이 없으면 업무하기 불편한데…. 어떻게 하면 좋을지 모르겠네.
> H대리 : 글쎄요. ___㉠___

① 컴퓨터를 다시 재부팅하면 그림판이 돌아오지 않을까요?
② 포맷을 하고 Windows 운영체제를 재설치하는 것이 좋을 것 같습니다.
③ 그림판 대신에 포토샵이나 일러스트를 사용하시는 건 어떨까요?
④ 바로가기 아이콘이 삭제된 것이니 그림판 응용프로그램이 설치되어 있는 폴더에서 다시 찾으시면 될 것 같습니다.

02 **다음 중 컴퓨터 바이러스에 대한 설명으로 옳지 않은 것은?**

① 소프트웨어뿐만 아니라 하드웨어의 성능에도 영향을 미칠 수 있다.
② 보통 소프트웨어 형태로 감염되나 메일이나 첨부파일은 감염의 확률이 매우 낮다.
③ 온라인 채팅이나 인스턴트 메신저 프로그램을 통해서 전파되기도 한다.
④ 사용자가 인지하지 못한 사이 자가 복제를 통해 다른 정상적인 프로그램을 감염시켜 해당 프로그램이나 다른 데이터 파일 등을 파괴한다.

03 **다음은 데이터베이스에 대한 설명이다. 데이터베이스의 특징으로 적절하지 않은 것은?**

> 데이터베이스란 대량의 자료를 관리하고 내용을 구조화하여 검색이나 자료 관리 작업을 효과적으로 실행하는 프로그램으로, 삽입·삭제·수정·갱신 등을 통하여 항상 최신의 데이터를 유동적으로 유지할 수 있으며, 이와 같은 다량의 데이터는 사용자의 질의에 대한 신속한 응답 처리를 가능하게 한다. 또한 이러한 데이터를 여러 명의 사용자가 동시에 공유할 수 있고, 각 데이터를 참조할 때는 사용자가 요구하는 내용에 따라 참조가 가능함은 물론 응용프로그램과 데이터베이스를 독립시킴으로써 데이터를 변경시키더라도 응용프로그램은 변경되지 않는다.

① 실시간 접근성
② 계속적인 진화
③ 동시 공유
④ 데이터의 논리적 의존성

대표기출유형

02 엑셀 함수

| 유형분석 |

- 컴퓨터 활용과 관련된 상황에서 문제를 해결하기 위한 행동이 무엇인지 묻는 문제이다.
- 주로 업무수행 중에 많이 활용되는 대표적인 엑셀 함수(COUNTIF, ROUND, MAX, SUM, COUNT, AVERAGE, …)가 출제된다.
- 종종 엑셀시트를 제시하여 각 셀에 들어갈 함수식이 무엇인지 고르는 문제가 출제되기도 한다.

다음 시트의 [B9] 셀에 「=DSUM(A1:C7,C1,A9:A10)」 함수를 입력했을 때, 결괏값으로 옳은 것은?

	A	B	C
1	이름	직급	상여금
2	장기욱	과장	1,200,000
3	이승미	대리	900,000
4	김영신	차장	1,300,000
5	공경미	대리	850,000
6	표나리	사원	750,000
7	한미연	과장	950,000
8			
9	상여금		
10	>=1,000,000		

① 1,950,000 ② 2,500,000
③ 3,000,000 ④ 3,450,000

정답 ②

DSUM 함수는 지정한 조건에 맞는 데이터베이스에서 필드 값들의 합을 구하는 함수이다. [A1:C7]에서 상여금이 100만 원 이상인 합계를 구하므로 2,500,000이 도출된다.

풀이 전략!

제시된 상황에서 사용할 엑셀 함수가 무엇인지 파악한 후, 선택지에서 적절한 함수식을 골라 식을 만들어야 한다. 평소 대표적으로 문제에 자주 출제되는 몇몇 엑셀 함수를 익혀두면 풀이시간을 단축할 수 있다.

대표기출유형 02 기출응용문제

01 다음 시트에서 [E10] 셀에 함수식 「=INDEX(E2:E9,MATCH(0,D2:D9,0))」를 입력했을 때, [E10] 셀에 표시되는 결괏값으로 옳은 것은?

	A	B	C	D	E
1	부서	직급	사원명	근무연수	근무월수
2	재무팀	사원	이수연	2	11
3	교육사업팀	과장	조민정	3	5
4	신사업팀	사원	최지혁	1	3
5	교육컨텐츠팀	사원	김다연	0	2
6	교육사업팀	부장	민경희	8	10
7	기구설계팀	대리	김형준	2	1
8	교육사업팀	부장	문윤식	7	3
9	재무팀	대리	한영혜	3	0
10					

① 4
② 3
③ 2
④ 1

02 귀하는 지점별 매출 및 매입 현황을 정리하고 있다. 다음 중 [F3] 셀을 구하는 함수식으로 옳은 것은?

	A	B	C	D	E	F
1	지점명	매출	매입			
2	주안점	2,500,000	1,700,000			
3	동암점	3,500,000	2,500,000		최대 매출액	
4	간석점	7,500,000	5,700,000		최소 매출액	
5	구로점	3,000,000	1,900,000			
6	강남점	4,700,000	3,100,000			
7	압구정점	3,000,000	1,500,000			
8	선학점	2,500,000	1,200,000			
9	선릉점	2,700,000	2,100,000			
10	교대점	5,000,000	3,900,000			
11	서초점	3,000,000	1,900,000			
12	합계					

① =MIN(B2:B11)
② =MAX(B2:C11)
③ =MIN(C2:C11)
④ =MAX(B2:B11)

대표기출유형

03 프로그램 언어(코딩)

| 유형분석 |

- 프로그램의 실행 결과를 코딩을 통해 파악하여 이를 풀이하는 문제이다.
- 출력되는 값이나 배열 순서를 묻는 문제가 자주 출제된다.

다음 프로그램의 실행 결과로 옳은 것은?

```
#include <stdio.h>
int main( ) {
  int i, tot=0;
  int a[10]={10, 37, 23, 4, 8, 71, 23, 9, 52, 41};
  for(i=0; i<10; I++) {
    tot+=a[i];
    if(tot>=100) {
        break;
    }
  }
  printf("%d₩n", tot);
}
```

① 82　　② 100
③ 143　　④ 153

정답 ④

반복문을 통해 배열의 요소를 순회하면서 각 요소들의 값을 더하여 tot에 저장하는 프로그램이다. 요소들의 값이 누적되어 있는 tot의 값이 100보다 크거나 같다면 break 문으로 인해 반복문을 종료하고 현재 tot 값을 출력한다. 따라서 10+37+23+4+8+71일 때 100보다 커져 반복문이 종료되므로 마지막에 더해진 값은 153이 된다.

풀이 전략!

문제에서 실행 프로그램 내용이 주어지면 핵심 키워드를 확인한다. 코딩 프로그램을 통해 요구되는 내용을 알아맞혀 정답 유무를 판단한다.

대표기출유형 03 기출응용문제

01 다음 프로그램에서 빈칸 ㉠에 들어갈 식으로 옳은 것은?

```
#include <stdio.h>
void main( ) {
  int *numPtr;
  int num=10;
________㉠________
  printf("num : %d₩n", *numPtr);
}

실행결과
num : 10
```

① numPtr=num;
② numPtr=#
③ *numPtr=#
④ numPtr=*num;

02 다음 C언어 프로그램을 실행하였을 때 출력되는 값은?

```
#include <stdio.h>
int power(int x, int y);
int main(void)
{    int a, b;
     a=6;
     b=4;
     printf("%d",power(a,b));
     return 0;
}int power(int x, int y)
{    if(y==0)
     return 1;
     return x*power(x,y-1);
}
```

① 24
② 64
③ 1,296
④ 6,543

※ 다음 프로그램의 실행 결과로 옳은 것을 고르시오. [3~6]

03

```
#include <stdio.h>
void main( ) {
    int temp=0;
    int i=10;

    temp=i++;
    temp=i--;

    printf("%d, %d", temp, i);
}
```

① 10, 10
② 11, 10
③ 11, 11
④ 10, 11

04

```
#include <stdio.h>

void func(void);
int a=5;

int main(void)
{
        a=10;
        func( );
        printf("%d", a);

        return 0;
}

void func(void)
{
        a=15;
}
```

① 2
② 5
③ 10
④ 15

05

```
#include <stdio.h>
#include <string.h>

int main( ) {
    char arr[ ]="hello world";
    printf("%d₩n", strlen(arr));
    return 0;
}
```

① 11　　② 12

③ 13　　④ 14

06

```
#include <stdio.h>
void main( ) {
    int arr[10]={1, 2, 3, 4, 5};
    int num=10;
    int i;

    for (i=0; i<10; i++) {
      num+=arr[i];
    }
    printf("%d₩n", num);
}
```

① 15　　② 20

③ 25　　④ 30

07 다음 파이썬 프로그램의 실행 결과로 옳은 것은?

```
>>> print ("1", "2", "3", "4", "5")
```

① 1　　② 12345

③ 1 2 3 4 5　　④ 122333444555

CHAPTER 06

수리능력

합격 CHEAT KEY

수리능력은 사칙 연산·통계·확률의 의미를 정확하게 이해하고 이를 업무에 적용하는 능력으로, 기초 연산과 기초 통계, 도표 분석 및 작성의 문제 유형으로 출제된다. 수리능력 역시 채택하지 않는 공사·공단이 거의 없을 만큼 필기시험에서 중요도가 높은 영역이다.

특히, 난이도가 높은 공사·공단의 시험에서는 도표 분석, 즉 자료 해석 유형의 문제가 많이 출제되고 있고, 응용 수리 역시 꾸준히 출제하는 공사·공단이 많기 때문에 기초 연산과 기초 통계에 대한 공식의 암기와 자료 해석 능력을 기를 수 있는 꾸준한 연습이 필요하다.

01 응용 수리의 공식은 반드시 암기하라!

응용 수리는 공사·공단마다 출제되는 문제는 다르지만, 사용되는 공식은 비슷한 경우가 많으므로 자주 출제되는 공식을 반드시 암기하여야 한다. 문제에서 묻는 것을 정확하게 파악하여 그에 맞는 공식을 적절하게 적용하는 꾸준한 노력과 공식을 암기하는 연습이 필요하다.

02 자료의 해석은 자료에서 즉시 확인할 수 있는 지문부터 확인하라!

수리능력 중 도표 분석, 즉 자료 해석 능력은 많은 시간을 필요로 하는 문제가 출제되므로, 증가·감소 추이와 같이 눈으로 확인이 가능한 지문을 먼저 확인한 후 복잡한 계산이 필요한 지문을 확인하는 방법으로 문제를 풀이한다면 시간을 조금이라도 아낄 수 있다. 또한 여러 가지 보기가 주어진 문제 역시 지문을 잘 확인하고 문제를 풀이한다면 불필요한 계산을 생략할 수 있으므로 항상 지문부터 확인하는 습관을 들여야 한다.

03 도표 작성에서 지문에 작성된 도표의 제목을 반드시 확인하라!

도표 작성은 하나의 자료 혹은 보고서와 같은 수치가 표현된 자료를 도표로 작성하는 형식으로 출제되는데, 대체로 표보다는 그래프를 작성하는 형태로 많이 출제된다. 지문을 살펴보면 각 지문에서 주어진 도표에도 소제목이 있는 경우가 대부분이다. 이때, 자료의 수치와 도표의 제목이 일치하지 않는 경우 함정이 존재하는 문제일 가능성이 높으므로 도표의 제목을 반드시 확인하는 것이 중요하다.

01 응용 수리

| 유형분석 |

- 문제에 주어진 자료를 분석하여 각 선택지의 값을 계산해 정답 유무를 판단하는 문제이다.
- 문제를 풀기 위한 정보가 산재되어 있는 경우가 많으므로 주어진 조건 등을 꼼꼼히 확인해야 한다.

A ~ D기업이 다음 〈조건〉에 따라 인턴과 정규직을 동시에 채용하고자 할 때, A ~ D기업의 인턴과 정규직 채용의 전체 인원은?

조건

- 전체 정규직 채용 인원수와 인턴 채용 인원수의 비는 3 : 2이다.
- A기업과 D기업의 채용 인원수는 각각 전체 채용 인원수의 20%이다.
- B기업과 C기업의 인턴 채용 인원수는 전체 채용 인원수의 10%이다.
- B기업은 인턴만 채용한다.
- C기업의 정규직 채용 인원수는 200명이다.

① 450명 ② 500명
③ 550명 ④ 600명

정답 ②

A ~ D기업의 인턴 및 정규직 채용 인원 비율을 아래처럼 정리하면 C기업의 정규직 채용 인원수는 전체 채용 인원수의 40%이다.

구분	A기업	B기업	C기업	D기업	합계
정규직			0.4	0.2	0.6
인턴	0.2	0.1	0.1		0.4
합계	0.2	0.1	0.5	0.2	1.0

따라서 전체 인원수는 $\frac{200}{0.4}$=500명이다.

풀이 전략!

문제에서 묻는 바를 정확하게 확인한 후, 필요한 조건 또는 정보를 구분하여 신속하게 풀어 나간다. 단, 계산에 착오가 생기지 않도록 유의한다.

대표기출유형 01 기출응용문제

01 어머니와 아버지를 포함한 6명의 가족이 원형 식탁에 둘러앉아 식사를 할 때, 어머니와 아버지가 서로 마주 보고 앉는 경우의 수는?

① 24가지 ② 23가지
③ 22가지 ④ 21가지

02 H기업 총무팀은 A산으로 등산을 가기로 하였다. A산 안내 책자를 살펴보니 총 3개의 지점이 있고 등산로 입구에서 각 지점까지의 거리는 다음과 같다. 총무팀이 산을 오를 때는 시속 3km, 내려올 때는 시속 4km로 이동한다고 할 때 2~3시간 사이에 왕복할 수 있는 지점을 모두 고르면?

구분	P지점	Q지점	R지점
거리	3.2km	4.1km	5.0km

① P지점 ② Q지점
③ R지점 ④ Q, R지점

03 종욱이는 25,000원짜리 피자 두 판과 8,000원짜리 샐러드 세 개를 주문했다. 통신사 멤버십 혜택으로 피자는 15%, 샐러드는 25%를 할인받았고, 이벤트로 총금액의 10%를 추가 할인받았다고 한다. 종욱이가 할인받은 금액은 얼마인가?

① 13,500원 ② 15,700원
③ 18,600원 ④ 19,550원

04 H마트에서는 A사 음료수를 12일마다 납품받고 B사 과자를 14일마다 납품받으며, 각 납품 당일에는 재고 소진을 위해 할인행사를 진행한다고 한다. 4월 9일에 A사 음료수와 B사 과자의 할인행사를 동시에 진행했을 때, 할인행사가 다시 동시에 진행되는 날은 며칠 후인가?(단, 재고 소진 목적 외 할인행사는 진행하지 않는다)

① 6월 30일 ② 7월 1일
③ 7월 2일 ④ 7월 4일

05 현수는 배를 타고 10km/h의 속력으로 흐르는 강을 총 7km 이동했다. 배로 강을 거슬러 올라갈 때는 20km/h의 속력으로, 내려갈 때는 5km/h의 속력으로 이동했더니 총 40분이 걸렸다. 이때 현수가 배를 타고 거슬러 올라간 거리는 얼마인가?

① 3km ② 4km
③ 6km ④ 8km

06 H기업의 사우회에서 참석자들에게 과자를 1인당 8개씩 나누어 주려고 한다. 10개씩 들어 있는 과자를 17상자 준비하였더니 과자가 남았고, 남은 과자를 1인당 1개씩 더 나누어 주려고 하니 부족했다. 만약 지금보다 9명이 더 참석한다면 과자 6상자를 추가해야 참석자 모두에게 1인당 8개 이상씩 나누어 줄 수 있다. 이때 사우회의 처음 참석자 수는 몇 명인가?

① 18명 ② 19명
③ 20명 ④ 21명

07 A지역 유권자의 $\frac{3}{5}$과 B지역 유권자의 $\frac{1}{2}$이 헌법 개정에 찬성하였다. A지역 유권자가 B지역 유권자의 4배일 때, A와 B 두 지역 유권자의 헌법 개정 찬성률은 얼마인가?

① 54% ② 56%
③ 58% ④ 60%

08 농도 5%의 설탕물 600g을 1분 동안 가열하면 10g의 물이 증발한다. 이 설탕물을 10분 동안 가열한 후, 다시 설탕물 200g을 더 넣었더니 10%의 설탕물 700g이 되었다. 이때 더 넣은 설탕물 200g의 농도는 얼마인가?(단, 용액의 농도와 관계없이 가열하는 시간과 증발하는 물의 양은 비례한다)

① 5% ② 15%
③ 20% ④ 25%

09 비누를 생산할 수 있는 두 종류의 기계 A, B가 있다. A기계 1대와 B기계 4대를 동시에 5분 동안 가동하면 100개의 비누를 생산할 수 있고, A기계 2대와 B기계 3대를 동시에 4분 동안 가동하면 100개의 비누를 생산할 수 있다. 이때 A기계 3대와 B기계 2대를 동시에 가동하여 비누 100개를 생산하는 데 걸리는 시간은?

① $\frac{10}{3}$시간 ② $\frac{10}{7}$시간
③ $\frac{11}{3}$시간 ④ $\frac{11}{5}$시간

대표기출유형

02 자료 계산

| 유형분석 |

- 제시된 자료를 통해 문제에서 주어진 특정한 값을 계산하거나 자료의 변동량을 구할 수 있는지 평가하는 유형이다.
- 자료상에 주어진 공식을 활용하는 계산문제와 증감률, 비율, 합, 차 등을 활용한 문제가 출제된다.
- 출제 비중은 낮지만, 숫자가 큰 경우가 많으므로 제시된 수치와 조건을 꼼꼼히 확인하여 정확하게 계산하는 것이 중요하다.

다음은 의약품 A ~ D별 상자 수에 따른 가격표이다. 의약품 종류별 상자 수를 가중치로 적용하여 가격에 대한 가중평균을 구하면 66만 원이다. 이때 빈칸에 들어갈 가격은 얼마인가?

〈의약품 종류별 가격 및 상자 수〉

구분	A	B	C	D
가격(만 원)		70	60	65
상자 수(개)	30	20	30	20

① 60만 원　　② 65만 원
③ 70만 원　　④ 75만 원

정답 ③

가중평균은 원값에 해당되는 가중치를 곱한 총합을 가중치의 합으로 나눈 것을 말한다.
A의 가격을 a만 원이라고 가정하여 가중평균에 대한 방정식을 구하면 다음과 같다.

$$\frac{(a\times30)+(70\times20)+(60\times30)+(65\times20)}{30+20+30+20}=66$$

$$\rightarrow \frac{30a+4,500}{100}=66 \rightarrow 30a=6,600-4,500$$

$$\rightarrow a=\frac{2,100}{30}$$

$$\therefore a=70$$

따라서 A의 가격은 70만 원이다.

풀이 전략!

자료 계산 유형은 두 가지 경우로 나눌 수 있다.
- 정확한 수치를 구해야 하는 경우
  선택지가 아닌 제시된 자료나 그래프를 보고 원하는 수치를 찾는다. 이때, 수치가 크다면 전체를 다 계산하는 것이 아니라 일의 자릿수부터 값이 맞는지를 확인한다.
- 원하는 수치에 해당하는 값을 찾는 경우
  정확한 수치가 아닌 해당하는 경우나 해당하지 않는 경우를 묻는 문제는 선택지를 먼저 보고, 제시되어 있는 경우만 빠르게 계산한다.

01 다음은 H국의 부양인구비를 나타낸 자료이다. 2024년 15세 미만 인구 대비 65세 이상 인구의 비율은 얼마인가?(단, 비율은 소수점 둘째 자리에서 반올림한다)

〈부양인구비〉

구분	2020년	2021년	2022년	2023년	2024년
부양비(%)	37.3	36.9	36.8	36.8	36.9
유소년부양비(%)	22.2	21.4	20.7	20.1	19.5
노년부양비(%)	15.2	15.6	16.1	16.7	17.3

※ [유소년부양비(%)]$=\frac{\text{(15세 미만 인구)}}{\text{(15 ~ 64세 인구)}}\times 100$

※ [노년부양비(%)]$=\frac{\text{(65세 이상 인구)}}{\text{(15 ~ 64세 인구)}}\times 100$

① 72.4%
② 77.6%
③ 81.5%
④ 88.7%

02 이탈리안 음식을 판매하는 H레스토랑에서는 두 가지 음식을 묶은 런치세트를 구성해 판매한다. 런치세트 메뉴와 금액이 다음과 같을 때, 아라비아타의 할인 전 가격은?

〈런치세트 메뉴〉

구분	구성 음식	금액(원)
A세트	카르보나라, 알리오올리오	24,000
B세트	마르게리타, 아라비아타	31,000
C세트	카르보나라, 고르곤졸라	31,000
D세트	마르게리타, 알리오올리오	28,000
E세트	고르곤졸라, 아라비아타	32,000

※ 런치세트 메뉴의 가격은 파스타 종류는 500원, 피자 종류는 1,000원을 할인하여 책정한 가격임
※ 파스타 : 카르보나라, 알리오올리오, 아라비아타
※ 피자 : 마르게리타, 고르곤졸라

① 14,000원
② 14,500원
③ 15,000원
④ 15,500원

※ 다음은 H기업에서 제품별 밀 소비량을 조사한 그래프이다. 이어지는 질문에 답하시오. **[3~4]**

〈제품별 밀 소비량〉

(단위 : 톤)

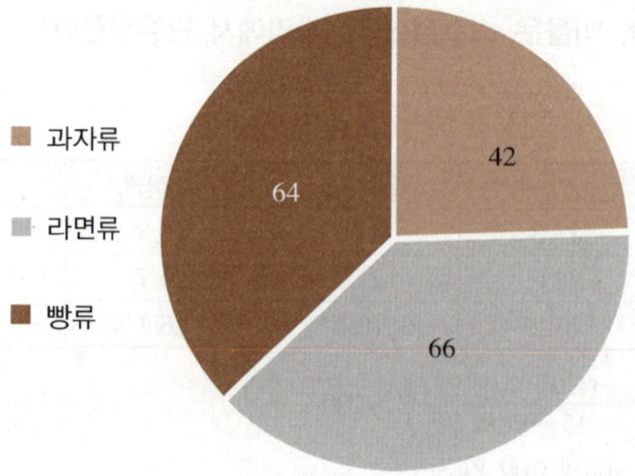

〈과자 종류별 밀 소비 비율〉

(단위 : %)

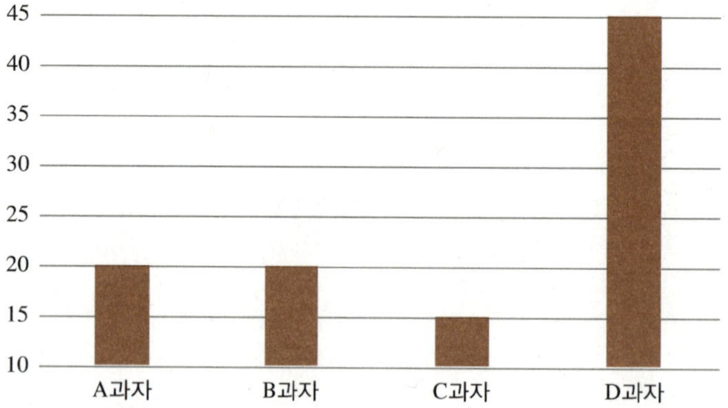

03 H기업은 과자류에 밀 사용량을 늘리기로 결정하였다. 라면류와 빵류에 소비되는 밀 소비량의 각각 10%씩을 과자류에 사용한다면, 과자류에 사용될 밀 소비량은?

① 45톤

② 50톤

③ 55톤

④ 60톤

04 A～D과자 중 가장 많이 밀을 소비하는 과자와 가장 적게 소비하는 과자의 밀 소비량 차이는?(단, 제품별 밀 소비량 그래프의 과자류 밀 소비량 기준이다)

① 10.2톤
② 11.5톤
③ 12.6톤
④ 13톤

05 다음은 2024년 H시 5개 구 주민의 돼지고기 소비량에 대한 자료이다. 〈조건〉을 토대로 변동계수가 3번째로 큰 구를 구하면?

〈H시 5개 구 주민의 돼지고기 소비량 통계〉

(단위 : kg)

구분	평균(1인당 소비량)	표준편차
A구	( )	5.0
B구	( )	4.0
C구	30.0	6.0
D구	12.0	4.0
E구	( )	8.0

※ $(\text{변동계수}) = \frac{(\text{표준편차})}{(\text{평균})} \times 100$

조건

- A구의 1인당 소비량과 B구의 1인당 소비량을 합하면 C구의 1인당 소비량과 같다.
- A구의 1인당 소비량과 D구의 1인당 소비량을 합하면 E구 1인당 소비량의 2배와 같다.
- E구의 1인당 소비량은 B구의 1인당 소비량보다 6.0kg 더 많다.

① A구
② B구
③ C구
④ D구

03 자료 이해

| 유형분석 |

- 제시된 자료를 분석하여 선택지의 정답 유무를 판단하는 문제이다.
- 자료의 수치 등을 통해 변화량이나 증감률, 비중 등을 비교하여 판단하는 문제가 자주 출제된다.
- 지원하고자 하는 기업이나 산업과 관련된 자료 등이 문제의 자료로 많이 다뤄진다.

다음은 우리나라 국민들의 환경오염 방지 기여도에 대한 자료이다. 이에 대한 설명으로 옳은 것은?

〈환경오염 방지 기여도〉

(단위 : %)

구분		합계	매우 노력함	약간 노력함	별로 노력하지 않음	전혀 노력하지 않음
성별	남성	100	13.6	43.6	37.8	5.0
	여성	100	23.9	50.1	23.6	2.4
연령	10 ~ 19세	100	13.2	41.2	39.4	6.2
	20 ~ 29세	100	10.8	39.9	42.9	6.4
	30 ~ 39세	100	13.1	46.7	36.0	4.2
	40 ~ 49세	100	15.5	52.4	29.4	2.7
	50 ~ 59세	100	21.8	50.4	25.3	2.5
	60 ~ 69세	100	29.7	46.0	21.6	2.7
	70세 이상	100	31.3	44.8	20.9	3.0
경제활동	취업	100	16.5	47.0	32.7	3.8
	실업 및 비경제활동	100	22.0	46.6	27.7	3.7

① 10세 이상 국민들 중 환경오염 방지를 위해 별로 노력하지 않는 사람 비율의 합이 가장 높다.

② 우리나라 국민들 중 환경오염 방지를 위해 전혀 노력하지 않는 사람의 비율이 가장 높은 집단은 10 ~ 19세이다.

③ 10 ~ 69세까지 각 연령층에서 약간 노력하는 사람의 비중이 제일 높다.

④ 매우 노력함과 약간 노력하는 사람 비율 합은 남성보다 여성이, 취업자보다 실업 및 비경제 활동자가 더 높다.

정답 ④

매우 노력함과 약간 노력함의 비율 합은 다음과 같다.

구분	남성	여성	취업	실업 및 비경제활동
비율	13.6+43.6=57.2%	23.9+50.1=74.0%	16.5+47.0=63.5%	22.0+46.6=68.6%

따라서 여성이 남성보다 비율이 높고, 취업자보다 실업 및 비경제 활동자의 비율이 높다.

오답분석

① '전혀 노력하지 않음'과 '매우 노력함'은 '약간 노력함'과 '별로 노력하지 않음'에 비해 숫자의 크기가 현저히 작음을 알 수 있다. 그러므로 '약간 노력함'과 '별로 노력하지 않음'만 정확하게 계산해 보면 된다.

- 약간 노력함 : 41.2+39.9+46.7+52.4+50.4+46.0+44.8=321.4%
- 별로 노력하지 않음 : 39.4+42.9+36.0+29.4+25.3+21.6+20.9=215.5%

따라서 약간 노력하는 사람 비율의 합이 더 높은 것을 알 수 있다.

② 우리나라 국민들 중 환경오염 방지를 위해 전혀 노력하지 않는 사람의 비율이 가장 높은 집단은 6.4%로 20 ~ 29세이다.

③ 20 ~ 29세 연령층에서는 별로 노력하지 않는 사람의 비중이 제일 높다.

풀이 전략!

평소 변화량이나 증감률, 비중 등을 구하는 공식을 알아두고 있어야 하며, 지원하는 기업이나 산업에 관한 자료 등을 확인하여 비교하는 연습 등을 해야 한다.

01 다음은 국제우편 접수 매출액 현황 자료이다. 이에 대한 설명으로 옳지 않은 것은?

〈국제우편 접수 매출액 현황〉

(단위 : 백만 원)

구분	2020년	2021년	2022년	2023년	2024년				
					합계	1/4분기	2/4분기	3/4분기	4/4분기
국제통상	16,595	17,002	19,717	26,397	34,012	7,677	7,552	8,000	10,783
국제소포	17,397	17,629	19,794	20,239	21,124	5,125	4,551	5,283	6,165
국제특급	163,767	192,377	229,012	243,416	269,674	62,784	60,288	61,668	84,934
합계	197,759	227,008	268,523	290,052	324,810	75,586	72,391	74,951	101,882

① 2021년 대비 2024년 국제소포 분야의 매출액 증가율은 10% 미만이다.
② 2020년 대비 2024년 매출액 증가율이 가장 큰 분야는 국제통상 분야이다.
③ 2023년 총매출액에서 국제통상 분야의 매출액이 차지하고 있는 비율은 10% 미만이다.
④ 2024년 총매출액에서 2/4분기 매출액이 차지하고 있는 비율은 20% 이상이다.

02 다음은 어느 해 개최된 올림픽에 참가한 6개국의 성적이다. 이에 대한 설명으로 옳지 않은 것은?

〈국가별 올림픽 성적〉

(단위 : 명, 개)

구분	참가선수	금메달	은메달	동메달	메달 합계
A국가	240	4	28	57	89
B국가	261	2	35	68	105
C국가	323	0	41	108	149
D국가	274	1	37	74	112
E국가	248	3	32	64	99
F국가	229	5	19	60	84

① 획득한 금메달 수가 많은 국가일수록 은메달 수는 적었다.
② 금메달을 획득하지 못한 국가가 가장 많은 메달을 획득했다.
③ 참가선수의 수가 많은 국가일수록 획득한 동메달 수도 많았다.
④ 참가선수가 가장 적은 국가의 메달 합계는 전체 6위이다.

03 H소비자단체는 현재 판매 중인 가습기의 표시지 정보와 실제 성능을 비교하기 위해 8개의 제품을 시험하였고, 다음과 같은 결과를 발표하였다. 이에 대한 설명으로 옳은 것은?

〈가습기 성능 시험 결과〉

구분	제조사	구분	가습기 성능					
			미생물 오염도	가습능력	적용 바닥면적 (아파트)	적용 바닥면적 (주택)	소비전력	소음
			CFU/m^2	mL/h	m^2	m^2	W	dB(A)
A가습기	W사	표시지	14	262	15.5	14.3	5.2	26.0
		시험 결과	16	252	17.6	13.4	6.9	29.9
B가습기	L사	표시지	11	223	12.3	11.1	31.5	35.2
		시험 결과	12	212	14.7	11.2	33.2	36.6
C가습기	C사	표시지	19	546	34.9	26.3	10.5	31.5
		시험 결과	22	501	35.5	26.5	11.2	32.4
D가습기	W사	표시지	9	219	17.2	12.3	42.3	30.7
		시험 결과	8	236	16.5	12.5	44.5	31.0
E가습기	C사	표시지	9	276	15.8	11.6	38.5	31.8
		시험 결과	11	255	17.8	13.5	40.9	32.0
F가습기	C사	표시지	3	165	8.6	6.8	7.2	40.2
		시험 결과	5	129	8.8	6.9	7.4	40.8
G가습기	W사	표시지	4	223	14.9	11.4	41.3	31.5
		시험 결과	6	245	17.1	13.0	42.5	33.5
H가습기	L사	표시지	6	649	41.6	34.6	31.5	39.8
		시험 결과	4	637	45.2	33.7	30.6	41.6

① 시험 결과에 따르면 C사의 모든 가습기 소음은 W사의 모든 가습기의 소음보다 더 크다.
② W사와 L사 가습기의 소비전력은 표시지 정보보다 시험 결과가 더 많은 전력이 소모된다.
③ W사의 모든 가습기는 표시지 정보보다 시험 결과의 미생물 오염도가 더 심한 것으로 나타났다.
④ L사의 모든 가습기는 표시지 정보와 시험 결과 모두 아파트 적용 바닥면적이 주택 적용 바닥면적보다 넓다.

04 자료 변환

| 유형분석 |

- 문제에 주어진 자료를 도표로 변환하는 문제이다.
- 주로 자료에 있는 수치와 그래프 또는 표에 있는 수치가 서로 일치하는지의 여부를 판단한다.

다음은 H국가의 2024년 월별 반도체 수출 동향을 나타낸 표이다. 이를 나타낸 그래프로 옳지 않은 것은? (단, 그래프 단위는 모두 '백만 달러'이다)

〈2024년 월별 반도체 수출액 동향〉

(단위 : 백만 달러)

기간	수출액	기간	수출액
1월	9,681	7월	10,383
2월	9,004	8월	11,513
3월	10,804	9월	12,427
4월	9,779	10월	11,582
5월	10,841	11월	10,684
6월	11,157	12월	8,858

① 2024년 월별 반도체 수출액

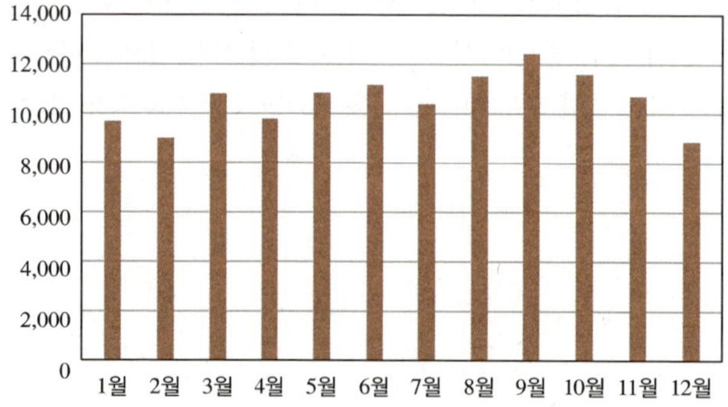

② 2024년 월별 반도체 수출액

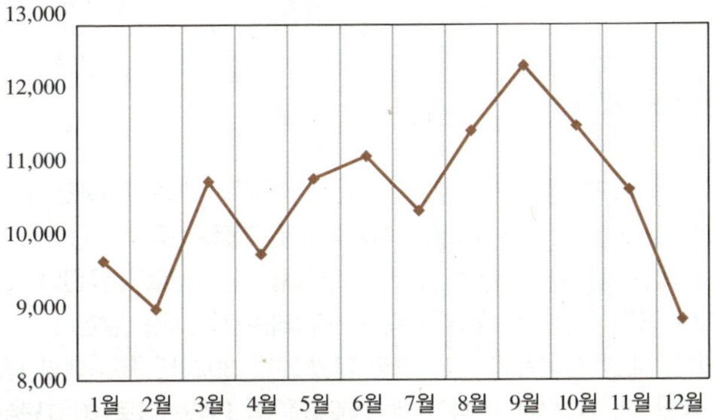

③ 2024년 월별 반도체 수출액

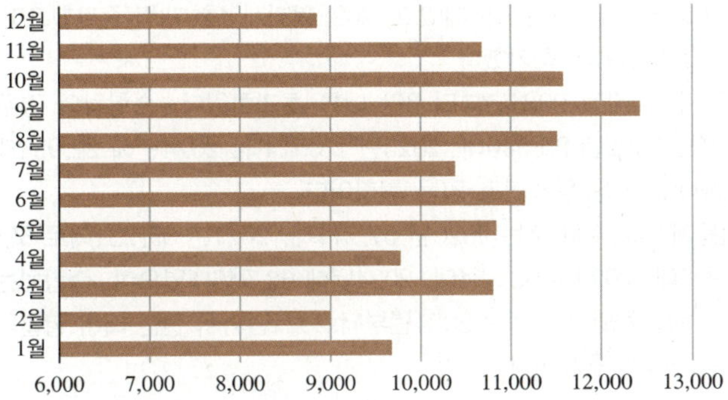

④ 2~12월의 전월 대비 반도체 수출 증감액

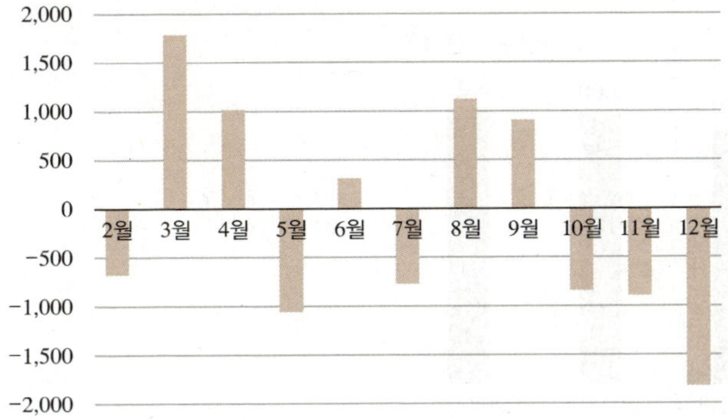

정답 ④

4월 전월 대비 수출액은 감소했고, 5월 전월 대비 수출액은 증가했는데, 반대로 나타나 있다.

풀이 전략!

각 선택지에 있는 도표의 제목을 먼저 확인한다. 그다음 제목에서 어떠한 정보가 필요한지 확인한 후, 문제에서 주어진 자료를 빠르게 확인하여 일치 여부를 판단한다.

대표기출유형 04 기출응용문제

01 다음 자료를 나타낸 그래프로 옳지 않은 것은?

> 국토교통부는 2020년부터 2024년까지 시·도별 등록된 자동차의 제반 사항을 파악해 교통행정의 기초자료로 쓰기 위해 매년 전국을 대상으로 자동차 등록 통계를 시행 중이다. 자동차 종류는 승용차·승합차·화물차·특수차이며, 등록할 때 사용 목적에 따라 자가용·영업용·관용차로 분류된다. 그 중 관용차는 정부(중앙, 지방)기관이나 국립 공공기관 등에 소속돼 운행되는 자동차를 말한다.
> 자가용으로 등록한 자동차 종류 중에서 매년 승용차의 수가 가장 많았으며, 2020년 16.5백만 대, 2021년 17.1백만 대, 2022년 17.6백만 대, 2023년 18백만 대, 2024년 18.1백만 대로 2021년부터 전년 대비 증가하는 추세이다. 다음으로 화물차가 많았고, 승합차·특수차 순으로 등록 수가 많았다. 가장 등록 수가 적은 특수차의 경우 2020년에 2만 대였고, 2022년까지 4천 대씩 증가했으며, 2023년 3만 대, 2024년에는 전년 대비 700대 증가했다.
> 관용차로 등록된 승용차 및 화물차 수는 각각 2021년부터 3만 대를 초과하였다. 승합차의 경우 2020년 20,260대, 2021년 21,556대, 2022년 22,540대, 2023년 23,014대, 2024년에 22,954대가 등록되었다. 특수차는 매년 2,500대 이상 등록되고 있는 현황이다.
> 특수차가 가장 많이 등록되는 영업용에서 특수차 수는 2020년 57,277대, 2021년 59,281대로 6만 대 미만이었지만, 2022년에는 60,902대, 2023년 62,554대, 2024년에 62,946대였으며, 승합차는 매년 약 12.5만 대를 유지하고 있다. 승용차와 화물차는 2021년부터 2024년까지 전년 대비 영업용으로 등록되는 자동차 수가 계속 증가하는 추세이다.

① 자가용으로 등록된 연도별 특수차 수

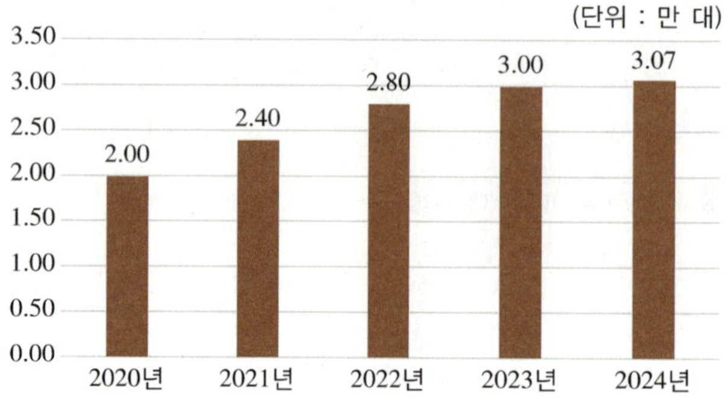

② 자가용으로 등록된 연도별 승용차 수

(단위 : 백만 대)

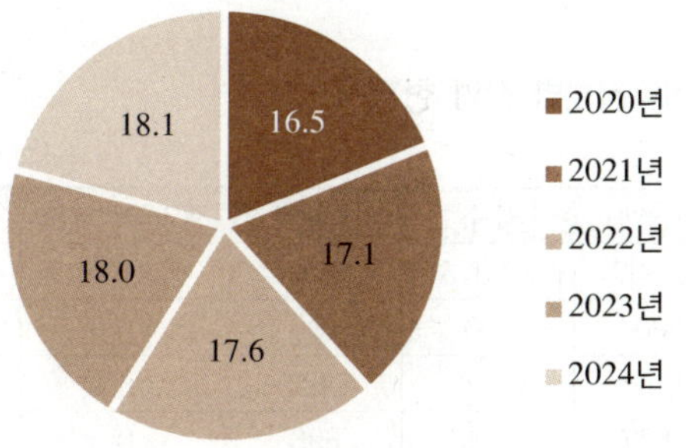

③ 영업용으로 등록된 연도별 특수차 수

(단위 : 대)

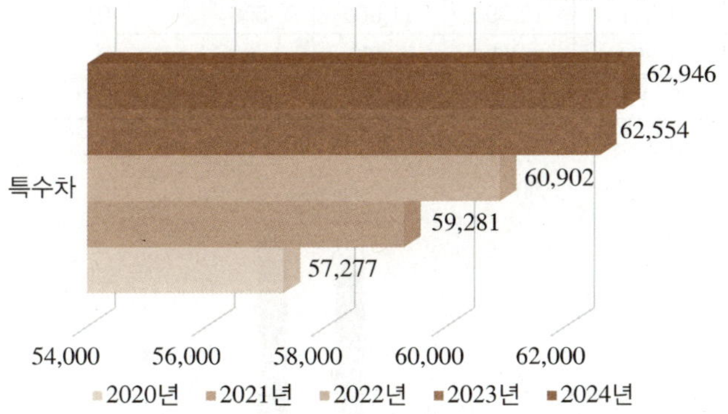

④ 2021 ~ 2024년 영업용으로 등록된 특수차의 전년 대비 증가량

(단위 : 대)

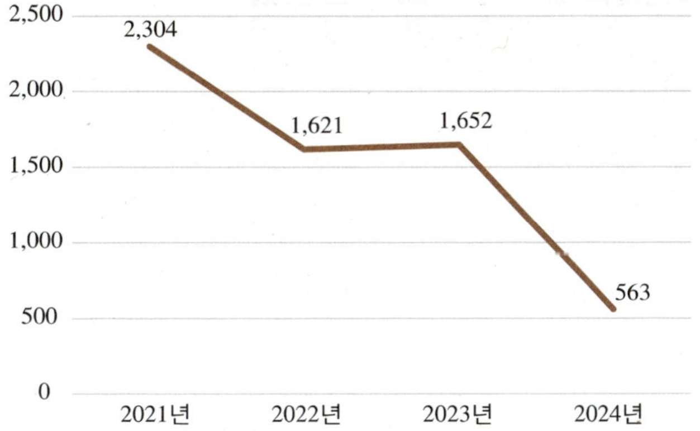

02 다음은 2024년도 신재생에너지 산업통계에 대한 자료이다. 이를 토대로 작성한 그래프로 옳지 않은 것은?

〈신재생에너지원별 산업 현황〉

(단위 : 억 원)

구분	기업체 수(개)	고용인원(명)	매출액	내수	수출액	해외공장매출	투자액
태양광	127	8,698	75,637	22,975	33,892	18,770	5,324
태양열	21	228	290	290	0	0	1
풍력	37	2,369	14,571	5,123	5,639	3,809	583
연료전지	15	802	2,837	2,143	693	0	47
지열	26	541	1,430	1,430	0	0	251
수열	3	46	29	29	0	0	0
수력	4	83	129	116	13	0	0
바이오	128	1,511	12,390	11,884	506	0	221
폐기물	132	1,899	5,763	5,763	0	0	1,539
합계	493	16,177	113,076	49,753	40,743	22,579	7,966

① 신재생에너지원별 기업체 수(단위 : 개)

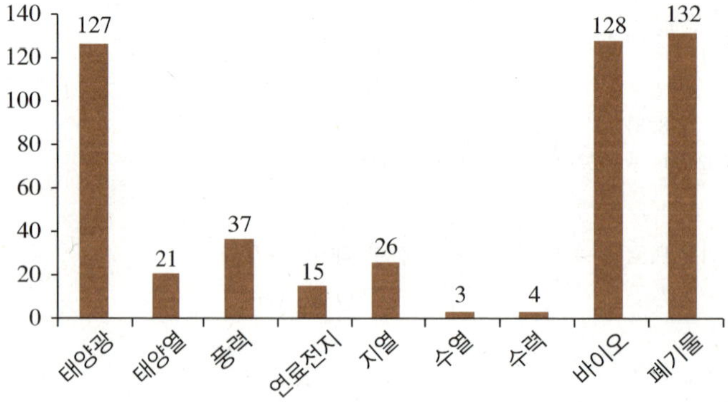

② 신재생에너지원별 고용인원(단위 : 명)

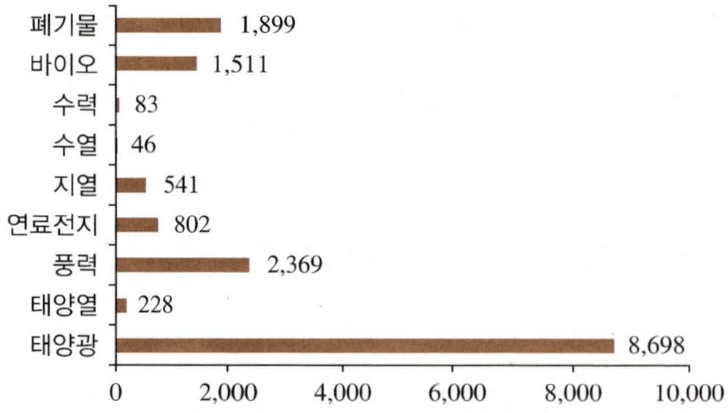

③ 신재생에너지원별 고용인원 비율

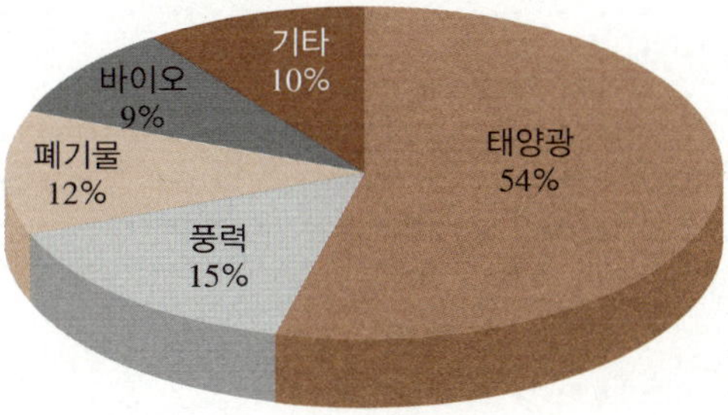

④ 신재생에너지원별 내수 현황(단위 : 억 원)

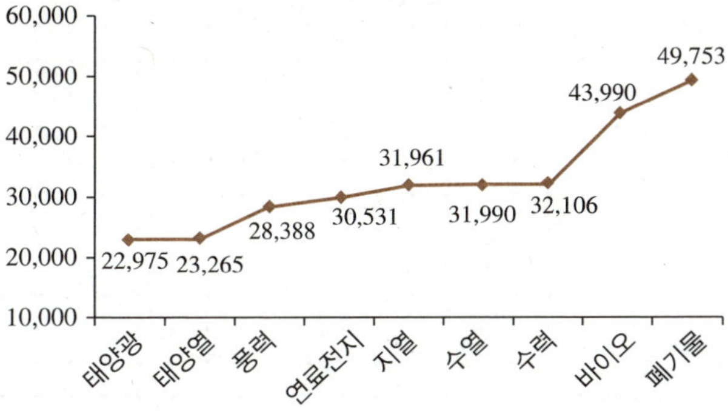

시대에듀

M E M O

PART 2
직무지식평가

행정학 적중예상문제

정답 및 해설 p.058

01 **다음 중 신공공관리론(NPM)의 오류에 대한 반작용으로 대두된 신공공서비스론(NPS)에서 주장하는 원칙에 해당하는 것은?**

① 지출보다는 수익 창출
② 노 젓기보다는 방향 잡기
③ 서비스 제공보다 권한 부여
④ 고객이 아닌 시민에 대한 봉사

02 **다음 중 예산원칙의 예외에 대한 설명으로 옳지 않은 것은?**

① 목적세는 공개성의 원칙에 대한 예외이다.
② 특별회계는 단일성의 원칙에 대한 예외이다.
③ 준예산 제도는 사전의결의 원칙에 대한 예외이다.
④ 예산의 이용(移用)은 한계성의 원칙에 대한 예외이다.

03 **다음 중 우리나라 예산 과정에 대한 설명으로 옳은 것은?**

① 예산불성립 시 조치로서 가예산 제도를 채택하고 있다.
② 정부는 회계연도마다 예산안을 편성하여 회계연도 개시 60일 전까지 국회에 제출해야 한다.
③ 예산집행의 신축성을 확보하기 위한 제도로서 이용, 총괄예산, 계속비, 배정과 재배정 제도가 있다.
④ 예산총액배분 자율편성 제도는 중앙예산기관과 정부부처 사이의 정보 비대칭성을 완화하려는 목적을 갖고 있다.

04 다음 중 다면평가 제도에 대한 설명으로 옳지 않은 것은?

① 일면평가보다 평가의 객관성과 신뢰성을 확보할 수 있다.

② 평가 대상자의 동료와 부하를 제외하고 상급자가 다양한 측면에서 평가한다.

③ 평가 결과의 환류를 통하여 평가 대상자의 자기 역량 강화에 활용할 수 있다.

④ 평가 항목을 부처별·직급별·직종별 특성에 따라 다양하게 설계하는 것이 바람직하다.

05 다음 중 대표관료제에 대한 설명으로 옳지 않은 것은?

① 관료의 행정에 출신배경이 고려되므로 합리적 행정이 저해될 수 있다.

② 공직임용에 소외된 계층에 대한 균형인사가 가능하다.

③ 행정의 합리성보다는 민주성이 강조되는 제도이다.

④ 대표관료제는 실적주의에 입각한 제도이다.

06 다음 중 목표설정 이론 및 목표관리(MBO)에 대한 설명으로 옳지 않은 것은?

① 목표는 구체적이고 도전적으로 설정하는 것이 바람직하다.

② 성과는 경영진이 평가하여 부하 직원 개개인에게 통보한다.

③ 목표를 설정하는 과정에 부하 직원이 함께 참여한다.

④ 조직의 목표를 구체적인 부서별 목표로 전환하게 된다.

07 다음 〈보기〉에서 국회의 예산심의에 대한 설명으로 옳은 것을 모두 고르면?

보기

ㄱ. 상임위원회의 예비심사를 거친 예산안은 예산결산특별위원회에 회부된다.
ㄴ. 예산결산특별위원회의 심사를 거친 예산안은 본회의에 부의된다.
ㄷ. 예산결산특별위원회를 구성할 때에는 그 활동기한을 정하여야 한다. 다만, 본회의의 의결로 그 기간을 연장할 수 있다.
ㄹ. 예산결산특별위원회는 소관 상임위원회의 동의없이 새 비목을 설치할 수 있다.

① ㄱ, ㄴ
② ㄱ, ㄴ, ㄷ
③ ㄱ, ㄷ, ㄹ
④ ㄴ, ㄷ, ㄹ

08 다음 근무성적 평정상의 오류 중 '어떤 평정자가 다른 평정자들보다 언제나 좋은 점수 또는 나쁜 점수를 주게 됨'으로써 나타나는 것은?

① 집중화 경향
② 관대화 경향
③ 시간적 오류
④ 규칙적 오류

09 다음 중 조직 구성원의 동기유발 이론에 대한 설명으로 옳지 않은 것은?

① 허즈버그(F. Herzberg)의 이론은 실제의 동기유발과 만족 자체에 중점을 두고 있기 때문에 하위 욕구를 추구하는 계층에 적용하기가 용이하다.
② 앨더퍼(C. Alderfer)의 이론은 두 가지 이상의 욕구가 동시에 작용되기도 한다는 복합연결형의 욕구 단계를 설명한다.
③ 브룸(V. Vroom)의 이론은 동기부여의 방안을 구체적으로 제시하지 못하는 한계가 있다.
④ 맥그리거(D. McGregor)의 이론에서 X이론은 하위 욕구를, Y이론은 상위 욕구를 중시한다.

10 **다음 중 조직 구조에 대한 설명으로 옳은 것은?**

① 매트릭스 조직은 수평적인 팀제와 유사하다.
② 정보통신 기술의 발달로 통솔의 범위는 과거보다 좁아졌다고 판단된다.
③ 기계적 조직 구조는 직무의 범위가 넓다.
④ 수평적 전문화 수준이 높을수록 업무는 단순해진다.

PART 2

11 **다음 중 정책의제 설정에 대한 설명으로 옳지 않은 것은?**

① 일반적으로 정책의제는 정치성, 주관성, 동태성 등의 성격을 가진다.
② 정책대안이 아무리 훌륭하더라도 정책문제를 잘못 인지하고 채택하여 정책문제가 여전히 해결되지 않은 상태로 남아 있는 현상을 2종 오류라 한다.
③ 킹던(Kingdon)의 정책의 창 모형은 정책문제의 흐름, 정책대안의 흐름, 정치의 흐름이 어떤 계기로 서로 결합함으로써 새로운 정책의제로 형성되는 것을 말한다.
④ 콥(R. W. Cobb)과 엘더(C. D. Elder)의 이론에 의하면 정책의제 설정 과정은 사회문제 – 사회적 이슈 – 체제의제 – 제도의제의 순서로 정책의제로 선택됨을 설명하고 있다.

12 **다음 중 합리적 정책결정 과정에서 정책문제를 정의할 때의 주요 요인이라고 보기 어려운 것은?**

① 관련 요소 파악
② 관련된 사람들이 원하는 가치에 대한 판단
③ 정책대안의 탐색
④ 관련 요소들 간의 인과관계 파악

13 다음 중 조직 구조에 대한 설명으로 옳지 않은 것은?

① 공식화(Formalization)의 수준이 높을수록 조직 구성원들의 재량이 증가한다.
② 통솔 범위(Span of Control)가 넓은 조직은 일반적으로 저층구조의 형태를 보인다.
③ 집권화(Centralization)의 수준이 높은 조직의 의사결정 권한은 조직의 상층부에 집중된다.
④ 명령체계(Chain of Command)는 조직 내 구성원을 연결하는 연속된 권한의 흐름으로, 누가 누구에게 보고하는지를 결정한다.

14 다음 중 정책집행에 대한 설명으로 옳지 않은 것은?

① 정책의 희생집단보다 수혜집단의 조직화가 강하면 정책집행이 곤란하다.
② 집행은 명확하고 일관되게 이루어져야 한다.
③ 규제정책의 집행 과정에서도 갈등은 존재한다고 본다.
④ 정책집행 유형은 집행자와 결정자와의 관계에 따라 달라진다.

15 다음 중 우리나라의 예산 과정에 대한 설명으로 옳지 않은 것은?

① 각 중앙관서의 장은 매년 1월 31일까지 당해 회계연도부터 5회계연도 이상의 기간 동안의 신규사업 및 기획재정부장관이 정하는 주요 계속사업에 대한 중기사업계획서를 기획재정부장관에게 제출하여야 한다.
② 국가가 특정한 목적을 위하여 특정한 자금을 신축적으로 운용할 필요가 있을 때에 법률로써 설치하는 기금은 세입세출예산에 의하지 아니하고 운용할 수 있다.
③ 예산안편성지침은 부처의 예산 편성을 위한 것이기 때문에 국무회의의 심의를 거쳐 대통령의 승인을 받아야 하지만 국회 예산결산특별위원회에 보고할 필요는 없다.
④ 정부는 회계연도마다 예산안을 편성하여 회계연도 개시 90일 전까지 국회에 제출하도록 헌법에 규정되어 있다.

16 **다음 중 분배정책에 대한 설명으로 옳지 않은 것은?**

① 이해당사자 간 제로섬(Zero-sum) 게임이 벌어지고 갈등이 발생될 가능성이 규제정책에 비해 상대적으로 더 크다.
② 일반적으로 포크배럴(Pork Barrel) 현상이 발생한다.
③ 도로, 다리의 건설, 국·공립학교를 통한 교육 서비스의 제공 등이 분배정책에 해당한다.
④ 정책 과정에서 이해당사자들이 서로 협력하는 로그롤링(Log Rolling) 현상이 발생한다.

17 **다음 중 리더십 이론에 대한 설명으로 옳지 않은 것은?**

① 피들러(Fiedler)는 리더의 행태에 따라 권위주의형, 민주형, 자유방임형의 세 가지 유형으로 구분하였다.
② 행태 이론은 리더의 자질보다 리더의 행태적 특성이 조직성과에 영향을 미친다고 본다.
③ 허시(Hersey)와 블랜차드(Blanchard)는 부하의 성숙도에 따라 리더의 역할이 달라져야 한다고 주장한다.
④ 하우스(House)의 경로 – 목표 이론에 의하면 참여적 리더십은 부하들이 구조화되지 않은 과업을 수행할 때 필요하다.

18 **다음 중 예산 제도에 대한 설명으로 옳지 않은 것은?**

① 계획예산 제도(PPBS)는 기획, 사업 구조화, 그리고 예산을 연계시킨 시스템적 예산 제도이다.
② 계획예산 제도(PPBS)의 단점으로는 의사결정이 지나치게 집권화되고 전문화되어 외부 통제가 어렵다는 점과 대중적인 이해가 쉽지 않아 정치적 실현 가능성이 낮다는 점이 있다.
③ 품목별 예산 제도(LIBS)는 정부의 지출을 체계적으로 구조화한 최초의 예산 제도로서, 지출 대상별 통제를 용이하게 할 뿐만 아니라 지출에 대한 근거를 요구하고 확인할 수 있다.
④ 품목별 예산 제도(LIBS)는 왜 돈을 지출해야 하는지, 무슨 일을 하는지에 대하여 구체적인 정보를 제공하는 장점이 있다.

19 **다음 중 균형성과표(BSC; Balanced Score Card)에 대한 설명으로 옳지 않은 것은?**

① 재무적 관점과 비재무적 관점의 균형을 강조한다.
② 정부 부문에 적용시키는 경우 가장 중요한 변화는 재무적 관점보다 학습과 성장의 관점이 강조되어야 한다는 점이다.
③ 단기적 목표와 장기적 목표 간의 균형을 강조한다.
④ 과정과 결과 중 어느 하나를 강조하는 것이 아니라 이들 간의 인과성을 바탕으로 통합적 균형을 추구한다.

20 **다음 중 우리나라의 공무원 인사 제도에 대한 설명으로 옳지 않은 것은?**

① 공무원을 수직적으로 이동시키는 내부 임용의 방법으로는 전직과 전보가 있다.
② 강등은 1계급 아래로 직급을 내리고(고위공무원단에 속하는 공무원은 3급으로 임용하고, 연구관 및 지도관은 연구사 및 지도사로 한다) 공무원 신분은 보유하나 3개월간 직무에 종사하지 못하며 그 기간 중 보수는 전액을 감한다.
③ 청렴하고 투철한 봉사 정신으로 직무에 모든 힘을 다하여 공무 집행의 공정성을 유지하고 깨끗한 공직 사회를 구현하는 데에 다른 공무원의 귀감이 되는 공무원은 특별승진임용하거나 일반 승진 시험에 우선 응시하게 할 수 있다.
④ 임용권자는 만 8세 이하(취학 중인 경우에는 초등학교 2학년 이하)의 자녀를 양육하기 위하여 필요하거나 여성 공무원이 임신 또는 출산하게 되어 휴직을 원하면 대통령령으로 정하는 특별한 사정이 없으면 휴직을 명하여야 한다.

경영학 적중예상문제

정답 및 해설 p.061

01 **다음 중 슈퍼 리더십(Super Leadership)에 대한 설명으로 옳지 않은 것은?**

① 부하에게 지적 자극을 일으키고, 카리스마를 통한 비전을 제시한다.
② 자기 밑에 뛰어난 인재가 없다고 말하는 리더는 무능하다고 보며, 성공적인 리더가 되기 위해서는 평범한 사람을 인재로 키울 수 있는 능력이 있어야 한다고 생각한다.
③ 부하로 하여금 자발적으로 리더십을 발휘할 수 있도록 부하의 능력 개발 및 이를 발휘할 수 있는 여건을 조성한다.
④ 진정한 리더십은 구성원의 자각에서 비롯되기 때문에 구성원의 잠재력을 발현할 수 있게 하는 것이 리더의 역할이라고 생각한다.

02 **다음 중 기계적 조직과 유기적 조직에 대한 설명으로 옳지 않은 것은?**

① 기계적 조직은 공식화 정도가 낮고, 유기적 조직은 공식화 정도가 높다.
② 기계적 조직은 경영관리 위계가 수직적이고, 유기적 조직은 경영관리 위계가 수평적이다.
③ 기계적 조직은 직무 전문화가 높고, 유기적 조직은 직무 전문화가 낮다.
④ 기계적 조직은 의사결정 권한이 집중화되어 있고, 유기적 조직은 의사결정 권한이 분권화되어 있다.

03 **다음 중 동기부여 이론과 학자에 대한 내용으로 옳은 것을 〈보기〉에서 모두 고르면?**

보기

ㄱ. 인간의 욕구에는 존재·관계·성장 등의 욕구가 있으며, 두 가지 이상의 욕구가 복합적으로 작용하여 하나의 행동을 유발한다고 주장한 학자는 앨더퍼(Alderfer)이다.
ㄴ. 욕구는 학습되는 것이므로 개인마다 욕구 계층에 차이가 있고, 학습된 욕구들은 성취·권력·친교 욕구 등으로 구분할 수 있다고 주장한 학자는 맥클리랜드(McClelland)이다.
ㄷ. 동기유발은 과업에 대한 개인의 기대감, 수단성, 보상의 유의미성에 의해 결정된다고 주장한 학자는 샤인(Schein)이다.
ㄹ. 인간의 욕구체계는 매우 복잡하고 때와 장소, 조직 생활의 경험, 직무 등 여러 상황에 따라서 달라진다고 주장한 학자는 해크맨(Hackman)과 올드햄(Oldham)이다.

① ㄱ, ㄴ　　② ㄱ, ㄹ
③ ㄴ, ㄷ　　④ ㄷ, ㄹ

04 **다음 중 과학적 경영 전략에 대한 설명으로 옳지 않은 것은?**

① 테일러의 과학적 관리법은 시간 연구와 동작 연구를 통해 노동자의 심리 상태와 보상심리를 적용한 효과적인 과학적 경영 전략을 제시하였다.

② 포드 시스템은 노동자의 이동경로를 최소화하며 물품을 생산하거나 고정된 생산라인에서 노동자가 계속해서 생산하는 방식을 통하여 불필요한 절차와 행동 요소들을 없애 생산성을 향상시켰다.

③ 목표설정 이론은 인간이 합리적으로 행동한다는 기본적인 가정에 기초하여 개인이 의식적으로 얻으려고 설정한 목표가 동기와 행동에 영향을 미친다는 이론이다.

④ 직무특성 이론은 기술된 핵심 직무 특성이 종업원의 주요 심리 상태에 영향을 미치며, 이것이 다시 종업원의 직무 성과에 영향을 미친다고 주장한다.

05 **H기업은 단일품목을 생산하여 판매하고 있다. 변동비는 판매가의 60%이고 고정비가 600,000원일 때, 다음 중 손익분기점(BEP)에 해당하는 매출액은?**

① 1,000,000원　　② 1,250,000원

③ 1,500,000원　　④ 1,800,000원

06 **다음 글에서 설명하는 이론은 무엇인가?**

> • 매슬로의 욕구단계설이 직면한 문제점들을 극복하고자 실증적인 연구에 기반하여 제시한 수정이론이다.
> • 앨더퍼(Alderfer)가 제시하였으며 인간의 욕구를 생존 욕구, 대인관계 욕구, 성장 욕구로 구분한다.

① 호감득실 이론　　② 사회교환 이론

③ ERG 이론　　④ 기대－불일치 이론

07 **다음 중 마이클 포터가 제시한 경쟁우위전략에 대한 설명으로 옳지 않은 것은?**

① 차별화 우위전략은 경쟁사들이 모방하기 힘든 차별화된 제품을 만들어 경쟁사들보다 비싼 가격으로 판매하는 방법이다.

② 비용우위전략은 동일한 품질의 제품을 경쟁사들보다 낮은 비용에 생산하여 저렴하게 판매하는 것을 말한다.

③ 집중화전략은 비용우위에 토대를 두거나 혹은 차별화 우위에 토대를 둘 수 있다.

④ 포터는 기업이 성공하기 위해서는 한 제품을 통하여 차별비용 우위전략과 차별화전략 등 두 가지 이상의 전략을 동시에 추구해야 한다고 보았다.

08 **다음 중 ESG 경영에 대한 설명으로 옳지 않은 것은?**

① ESG는 기업의 비재무적 요소인 '환경(Environment), 사회(Social), 지배구조(Governance)'의 약자이다.

② ESG는 재무제표에는 드러나지 않지만 중장기적으로 기업 가치에 영향을 미치는 지속 가능성 평가 지표이다.

③ ESG 경영의 핵심은 효율을 최우선으로 착한 기업을 키워나가는 것을 목적으로 한다.

④ ESG 평가가 높을수록 단순히 사회적 평판이 좋은 기업이라기보다 리스크에 강한 기업이라 할 수 있다.

09 **다음 중 시장지향적 마케팅에 대한 설명으로 옳지 않은 것은?**

① 고객지향적 사고의 장점을 포함하면서 그 한계점을 극복하기 위한 포괄적 마케팅이다.
② 기업이 최종 고객들과 원활한 교환을 통하여 최상의 가치를 제공하기 위함을 목표한다.
③ 오직 기존 사업시장에 집중하며 경쟁우위를 점하기 위한 마케팅이다.
④ 다양한 시장 구성요소들이 원만하게 상호작용하며 마케팅 전략을 구축한다.

10 **다음 수요예측 기법 중 성격이 다른 하나는?**

① 델파이 기법
② 역사적 유추법
③ 시계열 분석 방법
④ 시장조사법

11 **다음 중 소비자의 구매의사결정 과정을 순서대로 바르게 나열한 것은?**

① 정보탐색 → 문제인식 → 구매 → 대안의 평가 → 구매 후 행동
② 문제인식 → 정보탐색 → 대안의 평가 → 구매 → 구매 후 행동
③ 문제인식 → 대안의 평가 → 구매 → 정보탐색 → 구매 후 행동
④ 정보탐색 → 문제인식 → 대안의 평가 → 구매 → 구매 후 행동

12 다음 중 우수한 품질에 저렴한 가격을 책정하는 전략은?

① 저렴한 가치(Cheap Value) 전략
② 평균가격(Average Pricing) 전략
③ 침투가격(Penetration Pricing) 전략
④ 고가격(Premium Pricing) 전략

13 다음 중 브랜드 전략에 대한 설명으로 옳지 않은 것은?

① 같은 브랜드의 상품이 서로 다른 유통경로로 판매될 경우 경로 간의 갈등은 발생하지 않는다.
② 하향 확장의 경우 기존 브랜드의 고급 이미지를 희석시키는 희석 효과를 초래할 수 있다.
③ 브랜드 확장은 기존 브랜드와 다른 상품 범주에 속하는 신상품에 기존 브랜드를 붙이는 것으로 카테고리 확장이라고도 한다.
④ 신규 브랜드 전략은 새로운 제품 범주에서 출시하고자 하는 신제품을 대상으로 새로운 브랜드를 개발하는 경우이다.

14 다음 포트폴리오 분석 방법 중 BCG 매트릭스에서 물음표(Question mark)에 해당하는 사업부는?

① 높은 성장률 – 높은 시장점유율
② 높은 성장률 – 낮은 시장점유율
③ 낮은 성장률 – 높은 시장점유율
④ 낮은 성장률 – 낮은 시장점유율

15 **다음 중 경영정보 시스템의 물리적 구성 요소가 아닌 것은?**

① 컴퓨터 통신망　　② 소프트웨어
③ 처리 절차　　④ 하드웨어

16 **다음 중 최고경영자, 중간경영자, 하위경영자 모두가 공통적으로 가져야 할 능력은?**

① 타인에 대한 이해력과 동기부여 능력
② 지식과 경험을 해당 분야에 적용시키는 능력
③ 복잡한 상황 등 여러 상황을 분석하여 조직 전체에 적용하는 능력
④ 담당 업무를 수행하기 위한 육체적 · 지능적 능력

17 **다음 중 수익이 없는 고객의 수요를 감소시키고, 핵심고객과의 관계에 집중하는 마케팅 활동을 뜻하는 말은?**

① 임페리얼 마케팅　　② 풀 마케팅
③ 디마케팅　　④ 니치 마케팅

18 **다음 중 지식경영 시스템(KMS)에 대한 설명으로 옳지 않은 것은?**

① KMS는 Knowledge Management System의 약자로, 지식경영 시스템 또는 지식관리 시스템을 나타낸다.
② 지식관리 시스템은 지식베이스, 지식스키마, 지식맵의 3가지 요소로 구성되어 있다.
③ 지식베이스가 데이터베이스에 비유된다면 지식스키마는 원시데이터에 대한 메타데이터를 담고 있는 데이터사전 또는 데이터베이스에 비유될 수 있다.
④ 조직에서 필요한 지식과 정보를 창출하는 연구자, 설계자, 건축가, 과학자, 기술자는 필수적으로 포함되어야 한다.

19 **다음은 기업의 마케팅 전략 중 한 가지에 대한 설명이다. 빈칸 ㉠에 공통으로 들어갈 기업의 마케팅 기법으로 옳은 것은?**

> ____㉠____은 2 ~ 3개 기업이 공동으로 진행하는 차원에서 더 나아가 가장 효과적으로 제품을 알릴 수 있도록 여러 장르를 혼합하여 현실과 가상공간에서 동시에 진행하는 마케팅 기법이다. 오프라인에서 이루어지던 판매와 프로모션, 고객서비스의 통합 마케팅을 온라인으로 격상한 것이다. 오프라인 업체는 지명도가 높은 온라인 업체의 회원을 한꺼번에 끌어들임으로써 온라인에서의 이미지 구축 비용을 줄일 수 있고, 온라인 업체는 이를 통해 수익을 다각화할 수 있다.
> 그러나 온라인에서의 실패가 오프라인으로 직결되는 파급 효과가 있다는 것이 단점이다. 그러므로 오프라인의 마케팅 과정을 온라인에서 재구축함으로써 고객에게 얼마나 편한 서비스를 제공할 수 있느냐에 따라 ____㉠____의 성공 여부가 결정된다.

① 푸시 마케팅　　② 헝거 마케팅
③ MGM 마케팅　　④ 퓨전 마케팅

20 **다음은 H기업의 균형성과 평가 제도를 적용한 평가기준표이다. 빈칸 (A) ~ (D)에 들어갈 용어를 순서대로 바르게 나열한 것은?**

구분	전략목표	주요 성공요인	주요 평가지표	목표	실행계획
(A) 관점	매출 확대	경쟁사 대비 가격 및 납기우위	평균 분기별 총매출, 전년 대비 총매출	평균 분기 10억 원 이상, 전년 대비 20% 이상	영업 인원 증원
(B) 관점	부담 없는 가격, 충실한 A/S	생산성 향상, 높은 서비스 품질	전년 대비 재구매 비율, 고객 만족도	전년 대비 10포인트 향상, 만족도 80% 이상	작업 순서 준수, 서비스 품질 향상
(C) 관점	작업 순서 표준화 개선 제안 및 실행	매뉴얼 작성 및 준수	매뉴얼 체크 회수 개선 제안 수 및 실행 횟수	1일 1회 연 100개 이상	매뉴얼 교육 강좌 개설, 보고회의 실시
(D) 관점	경험이 부족한 사원 교육	실천적 교육 커리큘럼 충실	사내 스터디 실시 횟수, 스터디 참여율	연 30회, 80% 이상	스터디 모임의 중요성 및 참여 촉진

	(A)	(B)	(C)	(D)
①	고객	업무 프로세스	학습 및 성장	재무
②	업무 프로세스	재무	고객	학습 및 성장
③	재무	고객	업무 프로세스	학습 및 성장
④	학습 및 성장	고객	재무	업무 프로세스

PART 2

경제학 적중예상문제

정답 및 해설 p.064

01 다음 중 재무상태표에서 비유동자산에 해당하는 계정과목은?

① 영업권
② 매입채무
③ 매출채권
④ 자기주식

02 어떤 경제를 다음과 같은 필립스(Phillips) 모형으로 표현할 수 있다고 할 때, 이에 대한 설명으로 옳은 것은?

- $\pi_t = \pi_t^6 - \alpha(u_t - \overline{u})$
- $\pi_t^6 = 0.7\pi_{t-1} + 0.2\pi_{t-2} + 0.1\pi_{t-3}$

(단, π_t는 t기의 인플레이션율, π_t^6는 t기의 기대 인플레이션율, α는 양의 상수, u_t는 t기의 실업률, $\overline{u}$는 자연실업률이다)

① 기대 형성에 있어서 체계적 오류 가능성은 없다.
② 가격이 신축적일수록 α값이 커진다.
③ α값이 클수록 희생률(Sacrifice Ratio)이 커진다.
④ t기의 실업률이 높아질수록 t기의 기대 인플레이션율이 낮아진다.

03 다음은 재화 (가), (나), (다)가 있는 시장에서 (가)의 수요량이 증가했을 때 (나), (다)의 결과이다. 이를 이해한 내용으로 옳지 않은 것은?

구분	(나)	(다)
수요	감소	증가
가격	하락	상승

① 지훈 : (가)의 가격은 감소했을 거야.
② 소미 : (나)는 (가)의 대체재, (다)는 (가)의 보완재에 해당돼.
③ 형섭 : (다)의 거래량은 증가했을 거야.
④ 세정 : (가)와 (나)의 관계에서 수요의 교차탄력성은 0보다 작아.

04 **다음은 임금 상승에 따른 노동과 여가의 변화에 대한 설명이다. 빈칸 ㉠~㉣에 들어갈 단어를 바르게 연결한 것은?**

> 임금률이 상승하여 소득이 증가함에 따라 여가가 감소하고 노동공급이 증가한다고 한다. 이 경우 여가는 __㉠__이면서 __㉡__이거나 __㉢__가 __㉣__를 능가할 경우 발생한다. 또한 노동시간이 늘어나면 그 자체로는 효용이 감소하므로 노동은 비재화로 볼 수 있다.

	㉠	㉡	㉢	㉣
①	열등재	정상재	대체 효과	소득 효과
②	열등재	대체재	소득 효과	대체 효과
③	정상재	열등재	소득 효과	대체 효과
④	정상재	열등재	대체 효과	소득 효과

PART 2

05 **다음 중 균형경기변동 이론(Equilibrium Business Cycle Theory)에 대한 설명으로 옳은 것을 〈보기〉에서 모두 고르면?**

> 보기
> ㄱ. 흉작이나 획기적 발명품의 개발은 영구적 기술충격이다.
> ㄴ. 기술충격이 일시적일 때 소비의 기간 간 대체 효과는 크다.
> ㄷ. 기술충격이 일시적일 때 실질이자율은 경기순행적이다.
> ㄹ. 실질임금은 경기역행적이다.
> ㅁ. 노동생산성은 경기와 무관하다.

① ㄱ, ㄴ
② ㄱ, ㅁ
③ ㄴ, ㄷ
④ ㄷ, ㄹ

06 **어떤 국가의 인구가 매년 1%씩 증가하고 있고, 국민들의 연평균 저축률은 20%로 유지되고 있으며, 자본의 감가상각률은 10%로 일정할 때, 다음 중 솔로우(Solow) 모형에 따른 이 경제의 장기균형의 변화에 대한 설명으로 옳은 것은?**

① 기술이 매년 진보하는 상황에서 이 국가의 1인당 자본량은 일정하게 유지된다.
② 이 국가의 기술이 매년 2%씩 진보한다면, 이 국가의 전체 자본량은 매년 2%씩 증가한다.
③ 인구증가율의 상승은 1인당 산출량의 증가율에 영향을 미치지 못한다.
④ 저축률이 높아지면 1인당 자본량의 증가율이 상승한다.

07 **다음 중 시장실패에 대한 설명으로 옳지 않은 것은?**

① 시장실패를 교정하려는 정부의 개입으로 인하여 오히려 사회적 비효율이 초래되는 정부실패가 나타날 수 있다.
② 타 산업에 양(+)의 외부 효과를 초래하는 재화의 경우에 수입관세를 부과하는 것보다 생산보조금을 지불하는 것이 시장실패를 교정하기 위해 더 바람직한 정책이다.
③ 공공재의 경우에 무임승차의 유인이 존재하므로 사회적으로 바람직한 수준보다 적게 생산되는 경향이 있다.
④ 거래비용의 크기에 관계없이 재산권이 확립되어 있으면 당사자 사이의 자발적인 협상을 통하여 외부 효과에 따른 시장실패를 해결할 수 있다.

08 **다음 중 완전경쟁산업 내의 한 개별 기업에 대한 설명으로 옳지 않은 것은?**

① 한계수입은 시장가격과 일치한다.
② 이 개별 기업이 직면하는 수요곡선은 우하향한다.
③ 시장가격보다 높은 가격을 책정하면 시장점유율은 없다.
④ 이윤극대화 생산량에서는 시장가격과 한계비용이 일치한다.

09 **소규모 개방경제에서 국내 생산자들을 보호하기 위해 X재의 수입에 대하여 관세를 부과할 때의 설명으로 옳은 것은?(단, X재에 대한 국내 수요곡선은 우하향하고 국내 공급곡선은 우상향한다)**

① X재의 국내 생산이 감소한다.
② 국내 소비자 잉여가 증가한다.
③ X재에 대한 수요와 공급의 가격탄력성이 낮을수록 관세부과로 인한 자중손실이 작아진다.
④ 관세부과로 인한 경제적 손실 크기는 X재에 대한 수요와 공급의 가격탄력성과 관계없다.

10 다음 중 기업이 가격차별을 할 수 있는 환경이 아닌 것은?

① 제품의 재판매가 용이하다.
② 소비자들의 특성이 다양하다.
③ 기업의 독점적 시장지배력이 높다.
④ 분리된 시장에서 수요의 가격탄력성이 서로 다르다.

PART 2

11 다음 중 소비 이론에 대한 설명으로 옳은 것은?

① 항상소득 가설에 따르면 호황기에 일시적으로 소득이 증가할 때 소비가 늘지 않지만, 불황기에 일시적으로 소득이 감소할 때 종전보다 소비가 줄어든다.
② 생애주기 가설에 따르면 소비는 일생 동안의 소득을 염두에 두고 결정되는 것은 아니다.
③ 한계저축성향과 평균저축성향의 합은 언제나 1이다.
④ 절대소득 가설에 따르면 소비는 현재의 처분가능소득으로 결정된다.

12 다음 〈보기〉 중 화폐발행이득(Seigniorage)에 대한 설명으로 옳은 것을 모두 고르면?

보기

ㄱ. 정부가 화폐공급량 증가를 통해 얻게 되는 추가적 재정수입을 가리킨다.
ㄴ. 화폐라는 세원에 대해 부과하는 조세와 같다는 뜻에서 인플레이션 조세라 부른다.
ㄷ. 화폐공급량 증가로 인해 생긴 인플레이션이 민간이 보유하는 화폐자산의 실질가치를 떨어뜨리는 데서 나온다.

① ㄱ
② ㄴ
③ ㄱ, ㄷ
④ ㄱ, ㄴ, ㄷ

13 다음은 A국 노동자와 B국 노동자가 각각 동일한 기간에 생산할 수 있는 쌀과 옷의 양을 나타낸 표이다. 리카도의 비교우위에 대한 설명으로 옳지 않은 것은?(단, 노동이 유일한 생산요소이다)

구분	A국	B국
쌀(섬)	5	4
옷(벌)	5	2

① 쌀과 옷 생산 모두 A국의 노동생산성이 B국보다 더 크다.

② A국은 쌀을 수출하고 옷을 수입한다.

③ A국의 쌀 1섬 생산의 기회비용은 옷 1벌이다.

④ B국의 옷 1벌 생산의 기회비용은 쌀 2섬이다.

14 다음은 A국의 중앙은행이 준수하는 테일러 법칙이다. 현재 인플레이션율은 4%이고 GDP 격차가 1%일 때, A국의 통화정책에 대한 설명으로 옳지 않은 것은?

$$r = 0.03 + \frac{1}{4}(\pi - 0.02) - \frac{3}{4} \times \frac{Y^* - Y}{Y^*}$$

※ r은 중앙은행의 목표이자율, π는 인플레이션율, Y*는 잠재GDP, Y는 실제GDP임

① 목표이자율은 균형이자율보다 높다.

② 목표 인플레이션율은 2%이다.

③ 균형이자율은 3%이다.

④ 다른 조건이 일정할 때, 인프레이션 갭 1%p 증가에 대해 목표이자율은 0.25%p 증가한다.

15 다음 중 통화승수에 대한 설명으로 옳지 않은 것은?

① 통화승수는 법정지급준비율을 낮추면 커진다.

② 통화승수는 이자율 상승으로 요구불예금이 증가하면 작아진다.

③ 통화승수는 대출을 받은 개인과 기업들이 더 많은 현금을 보유할수록 작아진다.

④ 통화승수는 은행들이 지급준비금을 더 많이 보유할수록 작아진다.

16 다음 중 인플레이션에 대한 설명으로 옳은 것은?

① 피셔 가설은 '(명목이자율)=(실질이자율)+(물가상승률)'이라는 명제로서, 예상된 인플레이션이 금융거래에 미리 반영됨을 의미한다.

② 예상된 인플레이션의 경우에는 어떤 형태의 사회적 비용도 발생하지 않는다.

③ 실제 물가상승률이 예상된 물가상승률보다 더 큰 경우, 채권자는 이득을 보고 채무자는 손해를 본다.

④ 실제 물가상승률이 예상된 물가상승률보다 더 큰 경우, 고정된 명목임금을 받는 노동자와 기업 사이의 관계에서 노동자는 이득을 보고 기업은 손해를 보게 된다.

17 다음 중 물가지수에 대한 설명으로 옳지 않은 것은?

① 소비자물가지수는 소비재를 기준으로 측정하고, 생산자물가지수는 원자재 혹은 자본재 등을 기준으로 측정하기 때문에 두 물가지수는 일치하지 않을 수 있다.

② 소비자물가지수는 상품가격 변화에 대한 소비자의 반응을 고려하지 않는다.

③ GDP 디플레이터는 국내에서 생산된 상품만을 조사 대상으로 하기 때문에 수입상품의 가격동향을 반영하지 못한다.

④ 물가지수를 구할 때 모든 상품의 가중치를 동일하게 반영한다.

18 다음 중 수요의 탄력성에 대한 설명으로 옳은 것은?

① 재화가 기펜재라면 수요의 소득탄력성은 양(+)의 값을 갖는다.

② 두 재화가 서로 대체재의 관계에 있다면 수요의 교차탄력성은 음(−)의 값을 갖는다.

③ 우하향하는 직선의 수요곡선상에 위치한 두 점에서 수요의 가격탄력성은 동일하다.

④ 수요곡선이 수직선일 때 모든 점에서 수요의 가격탄력성은 '0'이다.

19 **H국은 세계 철강시장에서 무역을 시작하였다. 무역 이전과 비교하여 무역 이후에 H국 철강시장에서 발생하는 현상으로 옳은 것을 〈보기〉에서 모두 고르면?(단, 세계 철강시장에서 H국은 가격수용자이고, 세계 철강 가격은 무역 이전 H국의 국내 가격보다 높으며 무역 관련 거래비용은 없다)**

보기
ㄱ. H국의 국내 철강 가격은 세계 가격보다 높아진다. ㄴ. H국의 국내 철강 거래량은 감소한다. ㄷ. 소비자 잉여는 감소한다. ㄹ. 생산자 잉여는 증가한다. ㅁ. 총잉여는 감소한다.

① ㄱ, ㄴ, ㄷ
② ㄱ, ㄴ, ㄹ
③ ㄱ, ㄷ, ㅁ
④ ㄴ, ㄷ, ㄹ

20 **다음 중 정부의 가격통제에 대한 설명으로 옳지 않은 것은?(단, 시장은 완전경쟁이며 암시장은 존재하지 않는다)**

① 가격상한제란 정부가 설정한 최고가격보다 낮은 가격으로 거래하지 못하도록 하는 제도이다.
② 가격하한제는 시장의 균형가격보다 높은 수준에서 설정되어야 효력을 가진다.
③ 최저임금제는 저임금근로자의 소득을 유지하기 위해 도입하지만 실업을 유발할 수 있는 단점이 있다.
④ 전쟁 시에 식료품 가격안정을 위해서 시장균형보다 낮은 수준에서 최고가격을 설정하여야 효력을 가진다.

적중예상문제

정답 및 해설 p.067

01 다음의 20×5년도 자료를 이용해 계산된 20×5년도 당기순이익은?(단, 매출은 전액 신용매출이다)

- 매출채권회전율 : 5
- 매출채권평균 : 20,000원
- 매출액순이익률 : 5%

① 2,000원　② 3,000원
③ 4,000원　④ 5,000원

02 H주식회사는 20×2년 1월 1일 건물을 1,000,000원(내용연수 8년, 잔존가치 200,000원)에 취득하여 정액법으로 감가상각하고 있다. 20×5년 1월 1일 H주식회사는 감가상각 방법을 연수합계법으로 변경하였으며, 잔존가치를 40,000원으로 재추정하였다. 20×5년의 감가상각비는?

① 220,000원　② 100,000원
③ 46,000원　④ 44,000원

03 다음 자료를 이용하여 계산한 유동비율과 부채비율(=부채/자본)은?

• 자본	100,000원	• 유동부채	40,000원
• 비유동자산	120,000원	• 비유동부채	60,000원

	유동비율	부채비율
①	100%	100%
②	100%	200%
③	200%	100%
④	200%	200%

04 다음 중 자본자산가격결정 모형(CAPM)을 구성하는 항목에 해당하지 않는 것은?

① 무위험이자율
② 시장포트폴리오의 기대수익률
③ 주식의 기대수익률
④ 시장변동에 대한 주식의 민감도

05 H주식회사는 2023년 1월 1일 유형자산을 취득하고 그 대금을 다음과 같이 지급하기로 하였다. 동 거래의 액면금액과 현재가치의 차이는 중요하며, 동 거래에 적용할 유효이자율이 연 10%일 때 2024년에 인식할 이자비용은?(단, 단수 차이로 인한 오차가 있을 경우 가장 근사치를 선택한다)

〈현금지급〉

2023년 말	2024년 말	2025년 말
100,000원	100,000원	100,000원

〈정상연금의 현재가치계수〉

	1기간	2기간	3기간
10%	0.9091	1.7355	2.4869

① 24,869원 ② 17,355원
③ 15,778원 ④ 15,355원

06 H주식회사는 2024년 초 토지를 100,000원에 취득하였으며, 재평가 모형을 적용해 매년 말 재평가하고 있다. 동 토지의 공정가치가 다음과 같을 때 2025년에 당기손익으로 인식할 재평가손실은?

	2024년 말	2025년 말
공정가치	120,000원	95,000원

① 5,000원 ② 15,000원
③ 20,000원 ④ 30,000원

07 다음 중 재무보고의 개념 체계에 대한 설명으로 옳은 것은?

① 일부 부채의 경우는 상당한 정도의 추정을 해야만 측정이 가능할 수 있다.
② 자산 측정기준으로서의 역사적 원가는 현행원가와 비교하여 적시성이 더 높다.
③ 보고기업의 경제적 자원과 청구권의 변동은 그 기업의 재무성과에 의해서만 발생한다.
④ 일반목적재무보고서는 보고기업의 가치를 직접 보여주기 위해 고안되었다.

08 다음 중 재무제표 표시에 대한 설명으로 옳지 않은 것은?

① 재고자산의 판매 또는 매출채권의 회수시점이 보고기간 후 12개월을 초과한다면 유동자산으로 분류하지 못한다.
② 재무상태표의 자산과 부채는 유동과 비유동으로 구분하여 표시하거나 유동성 순서에 따라 표시할 수 있다.
③ 수익과 비용의 어느 항목도 당기손익과 기타 포괄손익을 표시하는 보고서에 특별손익 항목으로 표시할 수 없다.
④ 당기손익의 계산에 포함된 비용항목에 대해 성격별 또는 기능별 분류 방법 중에서 신뢰성 있고 더욱 목적 적합한 정보를 제공할 수 있는 방법을 적용하여 표시한다.

09 다음 중 무형자산 회계처리에 대한 설명으로 옳지 않은 것은?

① 내용연수가 비한정인 무형자산은 상각하지 아니한다.
② 제조 과정에서 사용된 무형자산의 상각액은 재고자산의 장부금액에 포함한다.
③ 내용연수가 유한한 경우 상각은 자산을 사용할 수 있는 때부터 시작한다.
④ 내용연수가 비한정인 무형자산의 내용연수를 유한 내용연수로 변경하는 것은 회계정책의 변경에 해당한다.

10 다음 중 활동기준원가계산에 대한 설명으로 옳지 않은 것은?

① 전통적인 원가계산에 비해 배부기준의 수가 많다.
② 활동이 자원을 소비하고 제품이 활동을 소비한다는 개념을 이용한다.
③ 제조원가뿐만 아니라 비제조원가도 원가동인에 의해 배부할 수 있다.
④ 직접재료원가 이외의 원가를 고정원가로 처리한다.

11 **기업의 재무제표는 재무상태표, 포괄손익계산서, 자본변동표, 현금흐름표, 그리고 주석으로 구성된다. 다음 중 현금흐름표에 대한 설명으로 옳지 않은 것은?**

① 현금흐름표는 한 회계기간 동안의 현금흐름을 영업활동과 투자활동으로 나누어 보고한다.
② 재화의 판매와 관련한 현금유입은 영업활동 현금흐름에 해당한다.
③ 유형자산의 취득과 관련한 현금유출은 투자활동 현금흐름에 해당한다.
④ 영업활동 현금흐름을 표시하는 방식에는 직접법과 간접법 모두 인정된다.

12 **다음 중 현금흐름표에 대한 설명으로 옳지 않은 것은?**

① 단기매매 목적으로 보유하는 유가증권의 취득과 판매에 따른 현금흐름은 재무활동 현금흐름으로 분류한다.
② 현금흐름표는 회계기간 동안 발생한 현금흐름을 영업활동, 투자활동 및 재무활동으로 분류하여 보고한다.
③ 유형자산 또는 무형자산 처분에 따른 현금유입은 투자활동 현금흐름으로 분류한다.
④ 차입금의 상환에 따른 현금유출은 재무활동 현금흐름으로 분류한다.

13 **다음 중 K-IFRS 제1115호에 따른 '고객과의 계약에서 생기는 수익'에 대한 설명으로 옳지 않은 것은?**

① 계약 당사자 중 어느 한 편이 계약을 수행했을 때, 기업의 수행 정도와 고객의 지급과의 관계에 따라 그 계약을 계약자산이나 계약부채로 재무상태표에 표시한다.
② 계약은 둘 이상의 당사자 사이에 집행 가능한 권리만이 생기게 하는 합의로, 계약상 권리와 의무의 집행 가능성은 경제적인 문제이다.
③ 계약변경이란 계약 당사자들이 승인한 계약의 범위나 계약가격(또는 둘 다)의 변경을 말한다.
④ 거래가격을 상대적 개별 판매가격에 기초하여 각 수행의무에 배분하기 위하여 계약 개시시점에 계약상 각 수행의무의 대상인 구별되는 재화나 용역의 개별 판매가격을 산정하고, 이 개별 판매가격에 비례하여 거래가격을 배분한다.

14 **다음 중 현금흐름표상 영업활동 현금흐름에 대한 설명으로 옳은 것은?**

① 영업활동 현금흐름은 직접법 또는 간접법 중 하나의 방법으로 보고할 수 있으나, 한국채택국제회계기준에서는 직접법을 사용할 것을 권장하고 있다.
② 단기매매 목적으로 보유하는 유가증권의 판매에 따른 현금은 영업활동으로부터의 현금유입에 포함되지 않는다.
③ 일반적으로 법인세로 납부한 현금은 영업활동으로 인한 현금유출에 포함되지 않는다.
④ 직접법은 당기순이익의 조정을 통해 영업활동 현금흐름을 계산한다.

15 **다음 중 현금흐름표의 재무활동 현금흐름에 포함되는 항목은?**

① 이자수익으로 인한 현금유입
② 건물의 취득 및 처분
③ 현금의 대여 및 회수
④ 차입금의 차입 및 상환

16 **다음 〈보기〉 중 금융자산과 금융부채에 해당하는 계정을 바르게 나열한 것은?**

보기

ㄱ. 매입채무
ㄴ. 차입금
ㄷ. 미지급금
ㄹ. 현금
ㅁ. 사채
ㅂ. 타사에 관한 지분증권

	금융자산	금융부채
①	ㄱ, ㄴ, ㄷ	ㄹ, ㅁ, ㅂ
②	ㄷ, ㅁ	ㄱ, ㄴ, ㄹ, ㅂ
③	ㄹ, ㅂ	ㄱ, ㄴ, ㄷ, ㅁ
④	ㄷ, ㄹ, ㅁ, ㅂ	ㄱ, ㄴ

17 **다음 〈보기〉는 장·단기투자자산에 관련된 계정이다. 단기투자자산과 장기투자자산으로 구분할 때, 해당하는 계정을 바르게 나열한 것은?**

보기

ㄱ. FVOCI 금융자산
ㄴ. AC 금융자산
ㄷ. CMA
ㄹ. 장기성 예금
ㅁ. 유가증권
ㅂ. 단기대여금

	단기투자자산	장기투자자산
①	ㄱ, ㄴ, ㄷ	ㄹ, ㅁ, ㅂ
②	ㄴ, ㄷ, ㄹ	ㄱ, ㅁ, ㅂ
③	ㄱ, ㅁ, ㅂ	ㄴ, ㄷ, ㄹ
④	ㄷ, ㅁ, ㅂ	ㄱ, ㄴ, ㄹ

18 다음 〈보기〉 중 비유동부채에 해당하는 것은 모두 몇 개인가?

보기

ㄱ. 매입채무	ㄴ. 예수금
ㄷ. 미지급금	ㄹ. 장기차입금
ㅁ. 임대보증금	ㅂ. 선수수익
ㅅ. 단기차입금	ㅇ. 선수금
ㅈ. 장기미지급금	ㅊ. 유동성장기부채

① 1개
② 3개
③ 5개
④ 7개

19 다음 중 회계상 거래에 해당하지 않는 것은?

① 20억 원 상당의 비업무용 토지를 매입하다.
② 5,000만 원 상당의 기계장치를 기증받다.
③ 100억 원 상당의 매출계약을 체결하다.
④ 1년분 보험료 60만 원을 미리 지급하다.

20 2024년 초에 설립된 H기업의 2024년도 영업활동에 대한 자료는 다음과 같고, 2024년도에 제품을 8,000단위 생산하여 6,500단위 판매하였을 경우, 전부원가계산에 의한 영업이익과 변동원가계산에 의한 영업이익의 차이는?(단, 기말재공품은 없다)

• 단위당 판매가격	1,500원	• 단위당 변동판매관리비	50원
• 단위당 직접재료원가	700원	• 고정제조간접원가	800,000원
• 단위당 직접노무원가	350원	• 고정판매관리비	400,000원
• 단위당 변동제조간접원가	100원		

① 100,000원
② 120,000원
③ 150,000원
④ 180,000원

법학 적중예상문제

정답 및 해설 p.070

01 **다음 중 민법의 특징으로 옳은 것은?**

① 특정한 장소·사람·사물에만 적용된다.
② 개인 상호 간의 권리·의무관계를 규율하는 법이다.
③ 당사자의 의사와는 관계없이 강제적·일반적으로 적용된다.
④ 사인의 권리나 실질적인 내용을 실현하는 절차에 관한 법이다.

02 **다음 중 적법절차의 원칙에 대한 설명으로 옳지 않은 것은?(단, 다툼이 있는 경우 판례에 의한다)**

① 현행 헌법은 제12조 제1항의 처벌, 보안처분, 강제노역 등과 관련하여 적법절차의 원칙을 규정하고 있지만, 이는 그 대상을 한정적으로 열거하고 있는 것이 아니라 그 적용 대상을 예시한 것에 불과하다고 해석해야 한다.
② 공정거래위원회로 하여금 부당내부거래를 한 사업자에 대하여 그 매출액의 2% 범위 내에서 과징금을 부과할 수 있도록 한 것은 적법절차의 원칙에 위배되지 않는다.
③ 범죄인인도법 제3조가 법원의 범죄인인도심사를 서울고등법원의 전속관할로 하고 그 심사결정에 대한 불복절차를 인정하지 않은 것은 재판절차로서의 형사소송절차에서 상급심에의 불복절차를 자의적으로 배제하는 것으로 적법절차의 원칙에 위배된다.
④ 징계시효 연장을 규정하면서 징계절차를 진행하지 않음을 통보하지 않은 경우에는 징계시효가 연장되지 않는다는 예외규정을 두지 않았다고 하더라도 적법절차의 원칙에 위배되지 않는다.

03 **다음 중 노동법의 성질이 다른 하나는?**

① 고용보험법
② 산업안전보건법
③ 산업재해보상보험법
④ 근로자참여 및 협력증진에 관한 법률

04 **다음 중 밑줄 친 표현의 의미로 옳은 것은?**

> 모든 국민은 <u>법 앞에 평등</u>하다. 누구든지 성별·종교 또는 사회적 신분에 의하여 정치적·경제적·사회적·문화적 생활의 모든 영역에 있어서 차별을 받지 아니한다.

① 특별법
② 실질적인 법
③ 형식적인 법
④ 형식적인 법과 실질적인 일체의 법

05 **다음 중 공법상 의무가 아닌 것은?**

① 납세의무
② 부양의무
③ 교육의무
④ 국방의무

06 **다음 중 청약과 승낙에 대한 설명으로 옳지 않은 것은?**

① 청약과 승낙은 불특정인에 대하여도 할 수 있다.
② 당사자 간에 동일한 내용의 청약이 상호 교차된 경우, 양 청약이 상대방에게 도달한 때에 계약이 립한다.
③ 가격을 올려가는 경매에 있어서 경매자가 최저가격을 정하지 않은 경우, 경매에 부치는 것은 청약의 유인이다.
④ 승낙자가 청약에 대하여 변경을 가하여 승낙한 때에는 그 청약의 거절과 동시에 새로 청약한 것으로 본다.

07 **다음 제시된 행정법의 기본 원칙에 대한 설명으로 옳지 않은 것은?(다툼이 있는 경우 판례에 의한다)**

(가) 어떤 행정목적을 달성하기 위한 수단은 그 목적달성에 유효 · 적절하고 또한 가능한 한 최소침해를 가져오는 것이어야 하며, 아울러 그 수단의 도입으로 인한 침해가 의도하는 공익을 능가하여서는 아니 된다.
(나) 행정기관은 행정결정에 있어서 동종의 사안에 대하여 이전에 제3자에게 행한 결정과 동일한 결정을 상대방에게 하도록 스스로 구속당한다.
(다) 개별 국민이 행정기관의 어떤 언동의 정당성 또는 존속성을 신뢰한 경우 그 신뢰가 보호받을 가치가 있는 한 그러한 귀책사유 없는 신뢰는 보호되어야 한다.
(라) 행정주체가 행정작용을 함에 있어서 상대방에게 이와 실질적인 관련이 없는 의무를 부과하거나 그 이행을 강제하여서는 아니 된다.

① 자동차를 이용하여 범죄행위를 한 경우 범죄의 경중에 상관없이 반드시 운전면허를 취소하도록 한 규정은 (가) 원칙을 위반한 것이다.
② 반복적으로 행하여진 행정처분이 위법한 것일 경우 행정청은 (나) 원칙에 구속되지 않는다.
③ 선행조치의 상대방에 대한 신뢰보호의 이익과 제3자의 이익이 충돌하는 경우에는 (다) 원칙이 우선한다.
④ 고속국도 관리청이 고속도로 부지와 접도구역에 송유관 매설을 허가하면서 상대방과 체결한 협약에 따라 송유관 시설을 이전하게 될 경우 그 비용을 상대방에게 부담하도록 한 부관은 (라) 원칙에 반하지 않는다.

08 **다음 중 행정주체가 국민에 대하여 명령 · 강제하고, 권리나 이익(利益)을 부여하는 등 법을 집행하는 행위는?**

① 행정조직　② 행정처분
③ 행정구제　④ 행정강제

09 **다음 중 국정감사 및 조사에 대한 설명으로 옳은 것은?**

① 국정감사는 공개가 원칙이고, 국정조사는 비공개가 원칙이다.
② 재판절차의 신속성에 하자가 있는 경우 국정조사의 대상이 될 수 없다.
③ 개인의 사생활에 관계되는 것은 예외적으로도 국정조사의 대상이 될 수 없다.
④ 국정감사는 정기적이며, 국정조사는 수시로 할 수 있다.

10 **다음 중 행정행위의 특징으로 볼 수 없는 것은?**

① 행정처분에 대한 내용적인 구속력인 기판력
② 일정 기간이 지나면 그 효력을 다투지 못하는 불가쟁성
③ 당연무효를 제외하고는 일단 유효함을 인정받는 공정력
④ 법에 따라 적합하게 이루어져야 하는 법적합성

11 **다음 중 우리나라에서 실시하고 있는 4대 보험에 대한 설명으로 옳지 않은 것은?**

① 우리나라에서 시행하고 있는 사회보험으로는 고용보험, 건강보험, 산재보험, 국민연금이 있다.
② 1주간의 소정근로시간이 15시간 미만인 자를 포함한 1월간의 소정근로시간이 60시간 미만인 자는 고용보험 적용 제외 근로자이다.
③ 산재보험의 경우 원칙적으로 근로자가 50%, 사업자가 50%의 금액을 부담한다.
④ 건강보험의 보험자는 국민건강보험공단이며, 주요업무는 건강보험 적용대상자의 자격관리, 보험료의 부과 및 징수, 보험급여 등이 있다.

12 **자연인의 권리능력에 대한 설명으로 바르지 않은 것은?**

① 자연인의 권리능력은 사망에 의해서만 소멸된다.
② 피성년후견인의 권리능력은 제한능력자에게도 차등이 없다.
③ 실종선고를 받으면 권리능력을 잃는다.
④ 자연인은 출생과 동시에 권리능력을 가진다.

13 **다음은 육아휴직에 관한 법률과 노동조합규칙, 그리고 사내 취업규칙의 내용이다. 이 내용이 서로 충돌이 있을 때, 적용 원칙을 순서대로 바르게 나열한 것은?**

- 남녀고용평등과 일·가정 양립 지원에 관한 법률 : 육아휴직의 기간은 1년 이내로 한다.
- 노동조합규칙 : 육아휴직의 기간은 2년 이내로 한다.
- 사내 취업규칙 : 육아휴직의 기간은 6개월 이내로 한다.

① 법=노동조합규칙=사내 취업규칙
② 법>노동조합규칙>사내 취업규칙
③ 사내 취업규칙>노동조합규칙>법
④ 노동조합규칙>법>사내 취업규칙

14 **다음 중 근로기준법상 근로시간과 휴식에 대한 설명으로 옳지 않은 것은?**

① 1일의 근로시간은 휴게시간을 제외하고 8시간을 초과할 수 없다.
② 사용자는 근로자에게 1주에 평균 1회 이상의 유급휴일을 보장하여야 한다.
③ 사용자는 야간근로에 대하여는 통상임금의 100분의 80 이상을 가산하여 근로자에게 지급하여야 한다.
④ 사용자는 8시간 이내의 휴일근로에 대하여는 통상임금의 100분의 50 이상을 가산하여 근로자에게 지급하여야 한다.

15 **다음 중 근로기준법상 용어별 정의로 옳지 않은 것은?**

① "근로자"란 직업의 종류에 따라 사무직 수행하며, 영업직 수행하는 근로를 제공하는 사람을 말한다.
② "근로"란 정신노동과 육체노동을 말한다.
③ "사용자"란 사업주 또는 사업 경영 담당자, 그 밖에 근로자에 관한 사항에 대하여 사업주를 위하여 행위하는 자를 말한다.
④ "임금"이란 사용자가 근로의 대가로 근로자에게 임금, 봉급, 그 밖에 어떠한 명칭으로든지 지급하는 모든 금품을 말한다.

16 **다음 중 근로기준법상 일반근로자에게 서면으로 교부하는 근로계약서상 명시되지 않는 것은?**

① 임금의 구성항목　　② 복리후생 제도
③ 소정근로시간　　④ 임금의 계산 방법

17 **다음 〈보기〉는 법의 이념을 구성하는 요소들에 대한 내용이다. ⓐ～ⓒ의 용어와 정의를 순서대로 바르게 나열한 것은?**

보기

ⓐ 사회가 추구하는 가치의 실현
ⓑ 법이 추구하는 궁극적인 이념
ⓒ 구성원들이 법을 믿고 따를 수 있는 상태

	ⓐ	ⓑ	ⓒ
①	정의	합목적성	법적 안정성
②	법적 안정성	합목적성	정의
③	합목적성	정의	법적 안정성
④	정의	법적 안정성	합목적성

18 **다음 중 행정기본법상 기간의 계산에 대한 설명으로 옳지 않은 것은?**

① 행정에 관한 기간의 계산에 관하여는 행정기본법 또는 다른 법령 등에 특별한 규정이 있는 경우를 제외하고는 민법을 준용한다.

② 법령 등을 공포한 날부터 일정 기간이 경과한 날부터 시행하는 경우 그 기간의 말일이 토요일 또는 공휴일인 때에는 그 말일로 기간이 만료한다.

③ 법령 등을 공포한 날부터 일정 기간이 경과한 날부터 시행하는 경우 법령 등을 공포한 날을 첫날에 산입한다.

④ 법령 등 또는 처분에서 국민의 권익을 제한하거나 의무를 부과하는 경우 권익이 제한되거나 의무가 지속되는 기간을 계산할 때에 기간을 일, 주, 월 또 는 연으로 정한 경우에는 기간의 첫날을 산입한다. 다만, 그러한 기준을 따르는 것이 국민에게 불리한 경우에는 그러하지 아니하다.

19 **다음 중 현행 헌법상의 신체의 자유에 대한 설명으로 맞는 것은?**

① 법률과 적법한 절차에 의하지 아니하고는 강제노역을 당하지 아니한다.

② 누구든지 체포·구금을 받을 때에는 그 적부의 심사를 법원에 청구할 수 없다.

③ 체포, 구속, 수색, 압수, 심문에는 검사의 신청에 의하여 법관이 발부한 영장이 제시되어야 한다.

④ 법관에 대한 영장신청은 검사 또는 사법경찰관이 한다.

20 **법무부장관이 외국인 A에게 귀화를 허가한 경우, 선거관리위원장은 귀화 허가가 무효가 아닌 한 귀화 허가에 하자가 있더라도 A가 한국인이 아니라는 이유로 선거권을 거부할 수 없다. 이처럼 법무부장관의 귀화 허가에 구속되는 행정행위의 효력은 무엇인가?**

① 공정력 ② 구속력

③ 형식적 존속력 ④ 구성요건적 효력

PART 3

최종점검 모의고사

최종점검 모의고사

※ 한국마사회 최종점검 모의고사는 2025년 채용공고와 최신 후기를 기준으로 구성한 것으로,
실제 시험과 다를 수 있습니다.

※ 모바일 OMR 답안채점 / 성적분석 서비스

경영지원 판매마케팅 재무회계관리 법무

■ 취약영역 분석

| 01 | 직업기초능력평가

번호	O/×	영역	번호	O/×	영역	번호	O/×	영역
01		의사소통능력	18		조직이해능력	35		정보능력
02			19			36		
03			20			37		
04			21			38		수리능력
05			22			39		
06			23		자원관리능력	40		
07			24			41		
08		문제해결능력	25			42		
09			26			43		
10			27			44		
11			28			45		
12			29			46		기초외국어능력
13			30			47		
14			31		정보능력	48		
15			32			49		
16		조직이해능력	33			50		
17			34					

| 02 | 직무지식평가(경영지원 · 판매마케팅 · 재무회계관리 · 법무)

번호	01	02	03	04	05	06	07	08	09	10	11	12	13	14	15	16	17
O/×																	

번호	18	19	20	21	22	23	24	25	26	27	28	29	30	31	32	33	34
O/×																	

번호	35	36	37	38	39	40	41	42	43	44	45	46	47	48	49	50
O/×																

평가문항	100문항	평가시간	120분
시작시간	:	종료시간	:
취약영역			

최종점검 모의고사

문항 수 : 100문항 응시시간 : 120분

정답 및 해설 p.076

01 직업기초능력평가

01 다음 글의 내용으로 가장 적절한 것은?

> 보름달 중에 가장 크게 보이는 보름달을 슈퍼문이라고 한다. 이때 보름달이 크게 보이는 이유는 달이 평소보다 지구에 가까이 있기 때문이다. 슈퍼문이 되려면 보름달이 되는 시점과 달이 지구에 가장 가까워지는 시점이 일치하여야 한다. 달의 공전 궤도가 완벽한 원이라면 지구에서 달까지의 거리가 항상 똑같을 것이다. 하지만 실제로는 타원 궤도여서 달이 지구에 가까워지거나 멀어지는 현상이 생긴다. 유독 달만 그런 것은 아니고 태양계의 모든 행성이 태양을 중심으로 타원 궤도로 돈다. 이것이 바로 그 유명한 케플러의 행성운동 제1법칙이다.
>
> 지구와 달의 평균 거리는 약 38만km인 반면 슈퍼문일 때는 그 거리가 35만 7,000km 정도로 가까워진다. 달의 반지름은 약 1,737km이므로 지구와 달의 거리가 평균 정도일 때 지구에서 보름달을 바라보는 시각도*는 0.52도 정도인 반면, 슈퍼문일 때는 시각도가 0.56도로 커진다. 반대로 보름달이 가장 작게 보일 때, 다시 말해 보름달이 지구에서 제일 멀 때는 그 거리가 약 40만km여서 보름달을 보는 시각도가 0.49도로 작아진다.
>
> 밀물과 썰물이 생기는 원인은 지구에 작용하는 달과 태양의 중력 때문인데, 달이 태양보다는 지구에 훨씬 더 가깝기 때문에 더 큰 영향을 미친다. 달이 지구에 가까워지면 평소 달이 지구를 당기는 힘보다 더 강하게 지구를 당긴다. 그리고 달의 중력이 더 강하게 작용하면 달을 향한 쪽의 해수면은 평상시보다 더 높아진다. 실제 우리나라에서도 슈퍼문일 때 제주도 등 해안가에 바닷물이 평소보다 더 높게 밀려 들어와서 일부 지역이 침수 피해를 겪기도 했다.
>
> 한편 달의 중력 때문에 높아진 해수면이 지구와 함께 자전을 하다보면 지구의 자전을 방해하게 된다. 일종의 브레이크가 걸리는 셈이다. 이 때문에 지구의 자전 속도가 느려지게 되고, 그 결과 하루의 길이에 미세하게 차이가 생긴다. 실제 연구 결과에 따르면 100만 년에 17초 정도씩 길어지는 효과가 생긴다고 한다.
>
> *시각도 : 물체의 양끝에서 눈의 결합점을 향하여 그은 두 선이 이루는 각

① 지구에서 태양까지의 거리는 1년 동안 항상 일정하다.
② 해수면의 높이는 지구와 달의 거리와 관계가 없다.
③ 달이 지구에서 멀어지면 궤도에서 벗어나지 않기 위해 평소보다 더 강하게 지구를 잡아당긴다.
④ 지구와 달의 거리가 36만km 정도인 경우, 지구에서 보름달을 바라보는 시각도는 0.49도보다 크다.

02 다음 글과 관련이 없는 한자성어는?

지난해 여름, 충청북도 청주시는 기록적인 폭우로 인해 심각한 수해를 겪었다. 특히 오송읍 궁평2지하차도에서는 갑작스러운 침수로 차량이 고립되어 다수의 인명 피해가 발생했다. 이 지하차도는 과거에 침수 이력이 있었음에도 불구하고 근본적인 개선 조치는 이뤄지지 않았다. 지자체는 펌프 설치와 같은 일시적 대응에 그쳤고, 주민들의 반복된 우려에도 불구하고 실질적인 대책은 마련되지 않았다.

사고 발생 당시 지하차도는 여전히 통행이 허용되고 있었으며, 침수 경고나 통제 조치는 늦게 이루어졌다. 결국 차량 여러 대가 물에 잠기고, 안타까운 인명 피해로 이어졌다. 사고 후 지자체는 예기치 못한 집중호우였다고 해명했지만, 주민들과 전문가들은 반복된 경고와 과거 사례들을 무시한 채 책임 있는 조치를 미뤄온 결과라고 지적했다.

이번 사고는 단순한 자연재해가 아니라 반복되는 위험 신호를 외면하고 상황을 넘기는 방식의 행정이 불러온 참사였다. 눈앞의 불편함만을 줄이려는 대응은 결국 더 큰 재앙으로 돌아온다는 교훈을 남겼다. 지자체와 관련 기관들은 이번 일을 계기로 단기적 조치가 아닌 장기적이고 체계적인 해결책 마련에 나서야 할 것이다.

① 하석상대(下石上臺)　② 미봉지책(彌縫之策)
③ 견원지간(犬猿之間)　④ 고식지계(姑息之計)

03 다음 문단을 논리적 순서대로 바르게 나열한 것은?

(가) 상품 생산자, 즉 판매자는 화폐를 얻기 위해 자신의 상품을 시장에 내놓는다. 하지만 생산자가 만들어 낸 상품이 시장에 들어서서 다른 상품이나 화폐와 관계를 맺게 되면, 이제 그 상품은 주인에게 복종하기를 멈추고 자립적인 삶을 살아가게 된다.

(나) 이처럼 상품이나 시장 법칙은 인간에 의해 산출된 것이지만, 이제 거꾸로 상품이나 시장 법칙이 인간을 지배하게 된다. 이때 인간 및 인간들 간의 관계가 소외되는 현상이 나타난다.

(다) 상품은 그것을 만들어 낸 생산자의 분신이지만, 시장 안에서는 상품이 곧 독자적인 인격체가 된다. 즉, 사람이 주체가 아니라 상품이 주체가 된다.

(라) 또한 사람들이 상품들을 생산하여 교환하는 과정에서 시장의 경제 법칙을 만들어 냈지만, 이제 거꾸로 상품들은 인간의 손을 떠나 시장 법칙에 따라 교환된다. 이런 시장 법칙의 지배 아래에서는 사람과 사람 간의 관계가 상품과 상품, 상품과 화폐 등 사물과 사물 간의 관계에 가려 보이지 않게 된다.

① (가) – (다) – (나) – (라)　② (가) – (다) – (라) – (나)
③ (다) – (라) – (가) – (나)　④ (다) – (라) – (나) – (가)

04 다음 글에서 ㉠~㉣의 수정 방안으로 적절하지 않은 것은?

미세조류는 광합성을 하는 수중 단세포 생물로 '식물성 플랑크톤'으로도 불린다. 미세조류를 높은 밀도로 배양하여 처리하면 기름, 즉 바이오디젤을 얻을 수 있다. 최근 국내에서 미세조류에 관한 연구가 ㉠ 급속히 빠르게 늘고 있다. 미세조류는 성장 과정에서 많은 양의 이산화탄소를 소비하는 환경친화적인 특성을 지닌다. ㉡ 그러므로 미세조류로 만든 바이오디젤은 연소 시 석유에 비해 공해 물질을 ㉢ 적게 배출하는 환경친화적인 특성이 있다. 또 미세조류는 옥수수, 콩, 사탕수수 등 다른 바이오디젤의 원료와 달리 식용 작물이 아니어서 식량 자원을 에너지원으로 쓴다는 비판에서 벗어날 수 있다. 다만 아직까지는 미세조류로 만든 바이오디젤이 석유에 비해 ㉣ 두 배 가량 비싸다는 문제가 남아 있다. 향후 이 문제가 극복되면 미세조류를 대체 에너지원으로 쓸 수 있을 것이다.

① ㉠ : 의미가 중복되므로 '빠르게'를 삭제한다.
② ㉡ : 앞 문장과의 관계를 고려하여 '그리고'로 고친다.
③ ㉢ : 문맥의 흐름을 고려하여 '작게'로 고친다.
④ ㉣ : 띄어쓰기가 올바르지 않으므로 '두 배가량'으로 고친다.

05 다음 중 밑줄 친 ㉠~㉢에 대한 설명으로 적절하지 않은 것은?

국내 연구팀이 반도체 집적회로에 일종의 ㉠ 고속도로를 깔아 신호의 전송 속도를 높이는 신개념 반도체 소재 기술을 개발했다. 탄소 원자를 얇은 막 형태로 합성한 2차원 신소재인 그래핀을 반도체 회로에 깔아 기존 금속 선로보다 많은 양의 전자를 빠르게 운송하는 것이다.
최근 반도체 내에 많은 소자가 집적되면서 소자 사이의 신호를 전송하는 ㉡ 도로인 금속 재질의 선로에 저항이 기하급수적으로 증가하는 문제가 발생했다. 이러한 집적화의 한계를 극복하기 위해 연구팀은 금속 재질 대신 그래핀을 신호 전송용 길로 활용했다.
그래핀은 탄소 원자가 육각형으로 결합한, 두께 0.3나노미터의 얇은 2차원 물질로 전선에 널리 쓰이는 구리보다 전기 전달 능력이 뛰어나며 전자 이동 속도도 100배 이상 빨라 이상적인 반도체용 물질로 꼽힌다. 그러나 너무 얇다 보니 전류나 신호를 전달하는 데 방해가 되는 저항이 높고, 전하 농도가 낮아 효율이 떨어진다는 단점이 있었다.
연구팀은 이런 단점을 해결하고자 그래핀에 불순물을 얇게 덮는 방법을 생각했다. 그래핀 표면에 비정질 탄소를 흡착시켜 일종의 ㉢ 코팅처럼 둘러싼 것이다. 연구 결과 이 과정에서 신호 전달을 방해하던 저항은 기존 그래핀 선로보다 60% 감소했고, 신호 손실은 약 절반 정도로 줄어들었으며, 전달할 수 있는 전하의 농도는 20배 이상 증가했다. 이를 통해 연구팀은 금속 선로의 수백분의 1 크기로 작으면서도 효율성은 그대로인 고효율, 고속 신호 전송 선로를 완성하였다.

① 연구팀은 ㉡을 ㉠으로 바꾸었다.
② 반도체 내에 많은 소자가 집적될수록 ㉡에 저항이 증가한다.
③ ㉠은 구리보다 전기 전달 능력과 전자 이동 속도가 뛰어나다.
④ 연구팀은 전자의 이동 속도를 높이기 위해 ㉠에 ㉢을 하였다.

06 다음 글의 중심 내용으로 가장 적절한 것은?

대부분의 동물에게 후각은 생존에 필수적인 본능으로 진화되었다. 수컷 나비는 몇 km 떨어진 곳에 있는 암컷 나비의 냄새를 맡을 수 있고, 돼지는 15cm 깊이의 땅 속에 숨어 있는 송로버섯의 냄새를 맡을 수 있다. 그중에서도 가장 예민한 후각을 가진 동물은 개나 다람쥐처럼 냄새 분자가 가라앉은 땅에 코를 바짝 댄 채 기어다니는 짐승이다. 이 때문에 지구상의 거의 모든 포유류의 공통점은 '후각'의 발달이라고 할 수 있다.

여기서 주목할 만한 점은 만물의 영장이라 하는 인간이 후각 기능만큼은 대부분의 포유류보다 한참 뒤떨어진 수준이라는 사실이다. 개는 2억 2,000만 개의 후각세포를 갖고 있고, 토끼는 1억 개를 갖고 있는 반면, 인간은 500만 개의 후각세포를 갖고 있을 뿐이며, 그마저도 실제로 기능하는 것은 평균 375개 정도라고 알려져 있다.

이처럼 인간의 진화 과정에서 유독 후각이 퇴화한 이유는 무엇일까? 새는 지면에서 멀리 떨어진 곳에 활동 영역이 있기 때문에 맡을 수 있는 냄새가 제한적이다. 자연스레 그들은 후각 기관을 퇴화시키는 대신 시각 기관을 발달시켰다. 인간 역시 직립보행 이후에는 냄새를 맡고 구별하는 능력보다는 시야의 확보가 생존에 더 중요해졌고, 점차 시각 정보에 의존하기 시작하면서 후각은 자연스레 퇴화한 것이다.

따라서 인간의 후각 정보를 관장하는 후각 중추는 이처럼 대폭 축소된 후각 기능을 반영이라도 하듯 아주 작다. 뇌 전체의 0.1% 정도에 지나지 않는 후각 중추는 감정을 관장하는 변연계의 일부이고, 언어 중추가 있는 대뇌 지역과는 직접적인 연결이 없다. 따라서 후각은 시각이나 청각을 통해 감지한 요소에 비해 언어로 분석해서 묘사하기가 어려우며, 감정이 논리적 사고와 같이 정밀하고 체계적이지 못한 것처럼 후각도 체계적이지 않다. 인간이 후각을 언어로 표현하는 것은 시각을 언어로 표현하는 것보다 세밀하지 못하며, 동일한 냄새에 대한 인지도 현저히 떨어진다는 사실은 이미 다양한 연구를 통해 증명되었다.

그러나 후각과 뇌변연계의 연결고리는 여전히 제법 강력하다. 냄새는 감정과 욕망을 넌지시 암시하고 불러일으킨다. 또한 냄새는 일단 우리의 뇌 속에 각인되면 상당히 오랫동안 지속되고, 이와 관련된 기억들을 상기시킨다. 언어로 된 기억은 기록의 힘을 빌리지 않고는 오래 남겨두기 어렵지만, 냄새로 이루어진 기억은 작은 단서만 있으면 언제든 다시 꺼낼 수 있다. 그뿐만 아니라 후각은 청각이나 시각과 달리 차단할 수 없는 유일한 감각이기도 하다. 하루에 2만 번씩 숨을 쉴 때마다 후각은 계속해서 작동하고 있고, 지금도 우리에게 영향을 끼치고 있다.

① 후각은 다른 모든 감각을 지배하는 상위 기능을 담당한다.
② 인간은 선천적인 뇌 구조로 인해 후각이 발달하지 못했다.
③ 모든 동물은 정밀한 감각을 두 가지 이상 갖기 어렵다.
④ 인간은 진화하면서 필요에 따라 후각을 퇴화시켰다.

07 **다음 중 밑줄 친 어휘의 표기가 옳은 것은?**

① 조금 바쁘기야 <u>하지만서도</u> 당신이 부탁하는 일이라면 무조건 돕겠어요.
② 그는 수년간의 경험과 노하우로 해당 분야에서 <u>길앞잡이</u> 역할을 하고 있다.
③ 선수가 그라운드 안으로 <u>쏜살로</u> 뛰어 들어갔다.
④ 원숭이가 무리를 지어 인간처럼 사회를 이루며 살아가는 모습이 <u>신기롭다</u>.

08 **H기업에 근무하는 S사원은 부서 워크숍을 진행하기 위하여 다음과 같이 워크숍 장소를 선정하였다. 주어진 〈조건〉을 참고할 때, 워크숍 장소로 가장 적절한 곳은?**

〈H기업 워크숍 장소 후보〉

구분	거리(H기업 기준)	수용 가능 인원	대관료	이동 시간(편도)
A호텔	40km	100명	40만 원/일	1시간 30분
B연수원	40km	80명	50만 원/일	2시간
C세미나	20km	40명	30만 원/일	1시간
D리조트	60km	80명	80만 원/일	2시간 30분

조건

• 워크숍은 1박 2일로 진행한다.
• S사원이 속한 부서의 직원은 모두 80명이며 전원 참석한다.
• 거리는 H기업 기준 60km 이하인 곳으로 선정한다.
• 대관료는 100만 원 이하인 곳으로 선정한다.
• 이동 시간은 왕복으로 3시간 이하인 곳으로 선정한다.

① A호텔
② B연수원
③ C세미나
④ D리조트

09 다음 자료와 상황을 근거로 판단할 때, 〈보기〉에서 옳은 것을 모두 고르면?

K국에서는 모든 법인에 대하여 다음과 같이 구분하여 주민세를 부과하고 있다.

구분	세액(원)
• 자본금액 100억 원을 초과하는 법인으로서 종업원 수가 100명을 초과하는 법인	500,000
• 자본금액 50억 원 초과 100억 원 이하 법인으로서 종업원 수가 100명을 초과하는 법인	350,000
• 자본금액 50억 원을 초과하는 법인으로서 종업원 수가 100명 이하인 법인 • 자본금액 30억 원 초과 50억 원 이하 법인으로서 종업원 수가 100명을 초과하는 법인	200,000
• 자본금액 30억 원 초과 50억 원 이하 법인으로서 종업원 수가 100명 이하인 법인 • 자본금액 10억 원 초과 30억 원 이하 법인으로서 종업원 수가 100명을 초과하는 법인	100,000
• 그 밖의 법인	50,000

〈상황〉

법인	자본금액(억 원)	종업원 수(명)
갑	200	?
을	20	?
병	?	200

보기

ㄱ. 갑이 납부해야 할 주민세 최소 금액은 20만 원이다.
ㄴ. 을의 종업원이 50명인 경우 10만 원의 주민세를 납부해야 한다.
ㄷ. 병이 납부해야 할 주민세 최소 금액은 10만 원이다.
ㄹ. 갑, 을, 병이 납부해야 할 주민세 금액의 합계는 최대 110만 원이다.

① ㄱ, ㄴ
② ㄱ, ㄹ
③ ㄴ, ㄷ
④ ㄴ, ㄹ

10 김대리는 회사의 새로운 사무실을 임대계약하기 위해 K지역의 지리를 파악하고 있다. 〈조건〉에 따라 건물이 배치되어 있을 때, 다음 중 학교와 병원의 위치가 바르게 연결된 것은?

〈K지역 지도〉

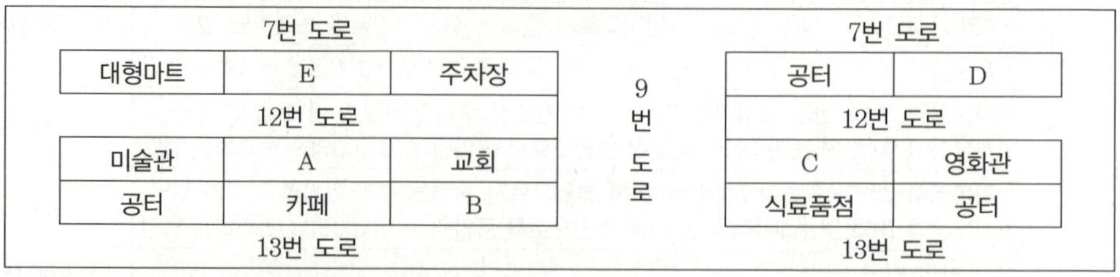

※ 건물들의 면적 및 도로들의 폭은 각각 동일하다고 가정함

조건

- 두 건물의 사이에 도로나 다른 건물이 없을 때, '두 건물이 이웃한다'라고 표현한다. 도로와 건물 간의 이웃 여부도 동일한 기준에 따라 표현한다.
- A, B, C, D, E는 각각 학교, 놀이터, 병원, 학원, 공원 중 서로 다른 하나에 해당한다.
- 학교는 병원보다 주차장으로부터의 직선거리가 더 가까운 곳에 있다.
- 학원은 공터와 이웃하고 있다.
- 13번 도로와 이웃하고 있는 곳은 공원뿐이다.
- 놀이터와 학원은 모두 동일한 두 개의 도로에 이웃하고 있다.

	학교	병원
①	A	B
②	A	C
③	A	E
④	B	C

11 다음 〈조건〉에 따라 A～C 세 사람이 다음 주 중 하루 동안 출장을 가려고 할 때, 함께 출장을 갈 수 있는 요일은?

조건

- 출장 일정은 소속 부서의 정기적인 일정을 피해서 잡는다.
- A와 B는 영업팀, C는 재무팀 소속이다.
- 다음 주 화요일은 회계감사 예정으로 재무팀 소속 전 직원은 당일 본사에 머물러야 한다.
- B는 개인 사정으로 목요일에 연차휴가를 사용하기로 하였다.
- 영업팀은 매주 수요일마다 팀 회의를 한다.
- 금요일 및 주말에는 출장을 갈 수 없다.

① 월요일 ② 화요일
③ 수요일 ④ 목요일

12 A대리는 사내 체육대회의 추첨에서 당첨된 직원들에게 나누어줄 경품을 선정하고 있다. 〈조건〉의 명제가 모두 참일 때, 다음 중 반드시 참인 것은?

> **조건**
> • A대리는 펜, 노트, 가습기, 머그컵, 태블릿PC, 컵받침 중 3종류의 경품을 선정한다.
> • 머그컵을 선정하면 노트는 경품에 포함하지 않는다.
> • 노트는 반드시 경품에 포함된다.
> • 태블릿PC를 선정하면, 머그컵을 선정한다.
> • 태블릿PC를 선정하지 않으면, 가습기는 선정되고 컵받침은 선정되지 않는다.

① 가습기는 경품으로 선정되지 않는다.
② 머그컵과 가습기 모두 경품으로 선정된다.
③ 컵받침은 경품으로 선정된다.
④ 펜은 경품으로 선정된다.

PART 3

13 H기업의 기획팀 B팀장은 C사원에게 H기업에 대한 마케팅 전략 보고서를 요청하였다. C사원이 B팀장에게 제출한 SWOT 분석 결과가 다음과 같을 때, 다음 ㉠~㉣ 중 SWOT 분석에 들어갈 내용으로 적절하지 않은 것은?

〈H기업 SWOT 분석 결과〉

강점(Strength)	• 새롭고 혁신적인 서비스 • ㉠ 직원들에게 가치를 더하는 H기업의 다양한 측면 • 특화된 마케팅 전문 지식
약점(Weakness)	• 낮은 품질의 서비스 • ㉡ 경쟁자의 시장 철수로 인한 시장 진입 가능성
기회(Opportunity)	• ㉢ 합작회사를 통한 전략적 협력 구축 가능성 • 글로벌 시장으로의 접근성 향상
위협(Threat)	• ㉣ 주력 시장에 나타난 신규 경쟁자 • 경쟁 기업의 혁신적 서비스 개발 • 경쟁 기업과의 가격 전쟁

① ㉠　　② ㉡
③ ㉢　　④ ㉣

※ H기업은 자사 홈페이지 리뉴얼 중 실수로 임직원 전체 비밀번호가 초기화되는 사고가 발생하였고, 이에 개인정보 보호를 위해 다음 방식으로 임시 비밀번호를 부여하였다. 다음 자료를 보고 이어지는 질문에 답하시오. [14~15]

〈임시 비밀번호 발급 방식〉

• 본 방식은 임직원 개개인의 알파벳으로 구성된 아이디와 개인정보를 기준으로 다음의 방식을 적용한다.
1. 아이디의 알파벳 자음 대문자는 소문자로, 알파벳 자음 소문자는 대문자로 치환한다.
2. 아이디의 알파벳 중 모음 A, E, I, O, U, a, e, i, o, u를 각각 1, 2, 3, 4, 5, 6, 7, 8, 9, 0으로 치환한다.
3. 1·2번 내용 뒤에 덧붙여 본인 성명 중 앞 두 자리를 입력한다. → 김손예진=김손
4. 3번 내용 뒤에 본인 생일 중 일자를 덧붙여 입력한다. → 8월 1일생=01

14 직원 A의 임시 비밀번호가 'HW688강동20'이라면, A의 아이디로 옳은 것은?

① HWAII
② hwaii
③ HWAoo
④ hwaoo

15 직원 A가 다음의 문장에 임시 비밀번호 발급 방식 1, 2를 적용하려고 한다. 숫자 중 홀수는 모두 몇 개인가?

LIFE is too SHORT to be LITTLE

① 3개
② 5개
③ 6개
④ 7개

16 A팀장은 급하게 지방 출장을 떠나면서 B대리에게 다음과 같은 메모를 남겨두었다. 다음 중 B대리가 가장 먼저 처리해야 할 일은 무엇인가?

B대리, 내가 지금 급하게 지방 출장을 가야 해서 오늘 처리해야 하는 것들 메모 남겨요.
오후 2시에 거래처와 미팅 있는 거 알고 있죠? 오전 내로 거래처에 전화해서 다음 주 중으로 다시 미팅 날짜 잡아 줘요. 그리고 오늘 신입사원들과 점심 식사하기로 한 거 난 참석하지 못하니까 다른 직원들이 참석해서 신입사원들 고충도 좀 들어 주고 해요. 식당은 지난번 갔었던 한정식집이 좋겠네요. 점심 때 많이 붐비니까 오전 10시까지 예약 전화하는 것도 잊지 말아요. 식비는 법인카드로 처리하도록 하고, 오후 5시에 진행할 회의 PPT는 거의 다 준비되었다고 알고 있는데 바로 나한테 메일로 보내 줘요. 확인하고 피드백할게요. 아, 그 전에 내가 중요한 자료를 안 가지고 왔어요. 그것부터 메일로 보내 줘요. 고마워요.

① 점심 예약 전화를 한다.
② 회의 자료를 준비한다.
③ 메일로 회의 PPT를 보낸다.
④ 메일로 A팀장이 요청한 자료를 보낸다.

17 **다음 중 업무상 미국인 C씨와 만나야 하는 B대리가 알아두어야 할 예절로 적절하지 않은 것은?**

> A부장 : B대리, A기업의 C씨를 만날 준비는 다 되었습니까?
> B대리 : 네, 부장님. 필요한 자료는 다 준비했습니다.
> A부장 : 그래요. 우리 회사는 해외 진출이 경쟁사에 비해 많이 늦었는데 A기업과 파트너만 된다면 큰 도움이 될 겁니다. 아, 그런데 업무 관련 자료도 중요하지만 우리랑 문화가 다르니까 실수하지 않도록 잘 준비하세요.
> B대리 : 네, 알겠습니다.

① 무슨 일이 있어도 시간은 꼭 지켜야 한다.
② 악수를 할 때 눈을 똑바로 보는 것은 실례이다.
③ 어떻게 부를 것인지 상대방에게 미리 물어봐야 한다.
④ 인사를 하거나 이야기할 때 어느 정도의 거리(공간)를 두어야 한다.

18 **다음은 H기업의 해외시장 진출 및 지원 확대를 위한 전략과제의 필요성을 제시한 자료이다. 이를 통해 도출된 과제의 추진 방향으로 적절하지 않은 것은?**

> **〈전략과제 필요성〉**
>
> • 해외시장에서 기관이 수주할 수 있는 산업 발굴
> • 국제사업 수행을 통한 경험 축적 및 컨소시엄을 통한 기술·노하우 습득
> • 해당 산업 관련 민간기업의 해외 진출 활성화를 위한 실질적 지원

① 국제기관의 다양한 자금을 활용하여 사업을 발굴하고, 해당 사업의 해외 진출을 위한 기술역량을 강화한다.
② 해외 봉사 활동 등과 연계하여 기관 이미지 제고 및 사업에 대한 사전조사, 시장조사를 통한 선제적 마케팅 활동을 추진한다.
③ 국제 경쟁입찰의 과열 경쟁 심화와 컨소시엄 구성 시 민간기업과 업무 배분, 이윤추구 성향 조율에 어려움이 예상된다.
④ 해당 산업 민간(중소)기업을 대상으로 입찰 정보 제공, 사업전략 상담, 동반 진출 등을 통한 실질적 지원을 확대한다.

19 다음 〈보기〉 중 비영리조직으로 적절한 것을 모두 고르면?

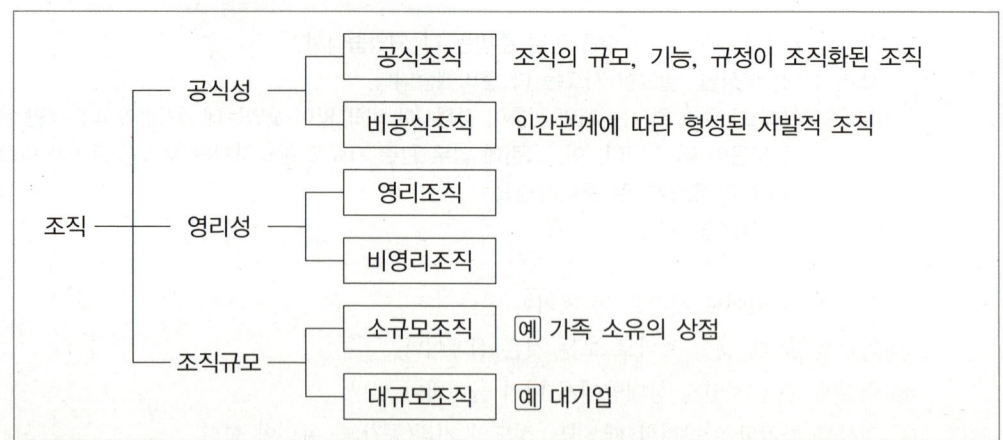

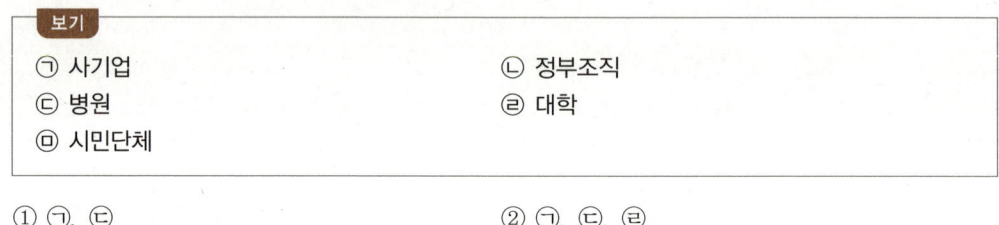

조직	공식성	공식조직	조직의 규모, 기능, 규정이 조직화된 조직
		비공식조직	인간관계에 따라 형성된 자발적 조직
	영리성	영리조직	
		비영리조직	
	조직규모	소규모조직	예 가족 소유의 상점
		대규모조직	예 대기업

보기

㉠ 사기업 ㉡ 정부조직
㉢ 병원 ㉣ 대학
㉤ 시민단체

① ㉠, ㉢ ② ㉠, ㉢, ㉣
③ ㉡, ㉣, ㉤ ④ ㉡, ㉢, ㉣, ㉤

20 다음은 대부분 조직에서 활용하고 있는 부서명과 담당 업무의 예를 나타낸 자료이다. 이를 근거로 할 때, 부서명과 그 담당 업무의 내용이 적절하지 않은 것은?

부서명	담당 업무 내용
총무부	주주총회 및 이사회개최 관련 업무, 의전 및 비서업무, 집기비품 및 소모품의 구매와 관리, 사무실 임차 및 관리, 차량 및 통신시설의 운영, 국내외 출장 업무 협조, 복리후생 업무, 법률자문과 소송관리, 사내외 홍보 광고업무
인사부	조직기구의 개편 및 조정, 업무분담 및 조정, 인력수급계획 및 관리, 직무 및 정원의 조정 종합, 노사관리, 평가관리, 상벌관리, 인사발령, 교육체계 수립 및 관리, 임금제도, 복리후생제도 및 지원업무, 복무관리, 퇴직관리
기획부	경영계획 및 전략 수립, 전사기획업무 종합 및 조정, 중장기 사업계획의 종합 및 조정, 경영정보 조사 및 기획보고, 경영진단업무, 종합예산수립 및 실적관리, 단기사업계획 종합 및 조정, 사업계획, 손익추정, 실적관리 및 분석
회계부	회계제도의 유지 및 관리, 재무상태 및 경영실적 보고, 결산 관련 업무, 재무제표 분석 및 보고, 법인세, 부가가치세, 국세 지방세 업무자문 및 지원, 보험가입 및 보상업무, 고정자산 관련 업무
영업부	판매 계획, 판매예산의 편성, 시장조사, 광고 선전, 견적 및 계약, 제조지시서의 발행, 외상매출금의 청구 및 회수, 제품의 재고 조절, 거래처로부터의 불만처리, 제품의 사후관리, 판매원가 및 판매가격의 조사 검토

① 사옥 이전에 따르는 이전 비용 산출과 신사옥 입주를 대내외에 홍보해야 할 업무는 기획부 소관 업무이다.

② 작년 판매분 중 일부 제품에 하자가 발생하여 고객의 클레임을 접수하고 하자보수 등의 처리를 담당하는 것은 영업부의 주도적인 역할이다.

③ 회사의 지속가능경영보고서에 수록되어 주주들에게 배포될 경영실적 관련 자료를 준비하느라 회계부 직원들은 연일 야근 중이다.

④ 사무실 이전 계획에 따라 새로운 사무실의 층간 배치와 해당 위치별 공용 사무용기 분배 관련 작업은 총무부에서 실시한다.

21 다음 그림은 세계적 기업인 맥킨지(McKinsey)에 의해서 개발된 7－S 모형이다. 빈칸 ㉠, ㉡에 들어갈 요소로 가장 적절한 것은?

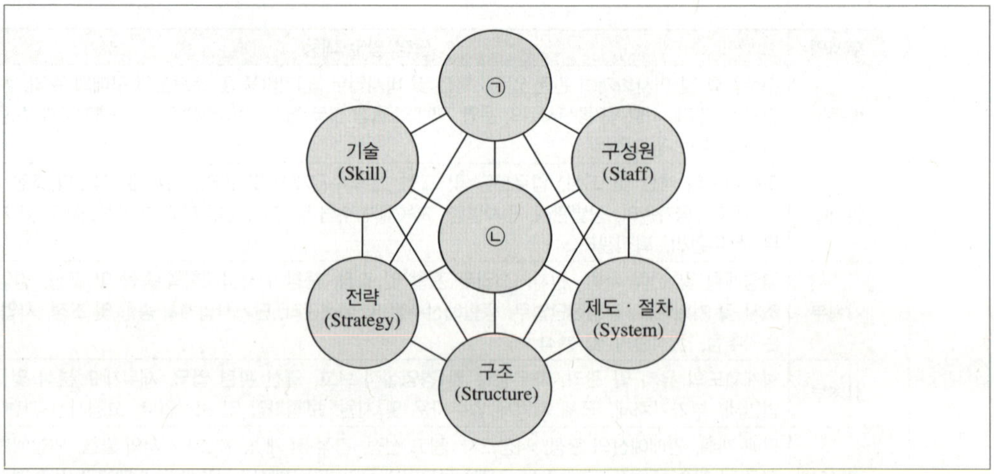

	㉠	㉡
①	스타일	공유가치
②	최고경영자	기술혁신
③	최고경영자	공유가치
④	기술혁신	스타일

22 새로운 조직 개편 기준에 따라 다음에 제시된 조직도 (가)를 조직도 (나)로 변경하려 한다. 조직도 (나)의 빈칸에 들어갈 팀으로 적절하지 않은 것은?

(가)

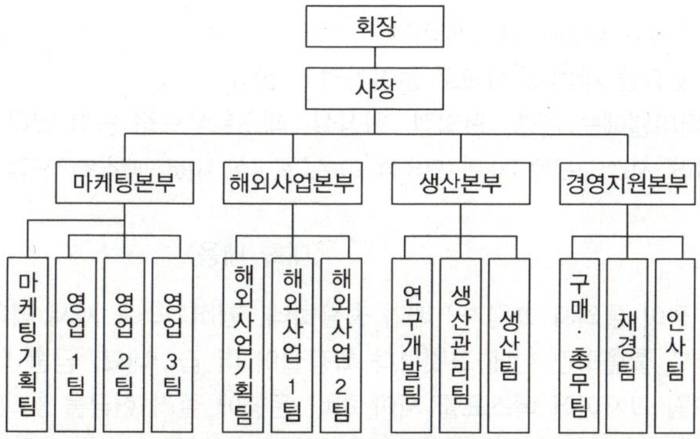

조직 개편 방향 및 기준
□ 명칭 변경 : 해외사업기획팀 → 해외마케팅기획팀 본부 이동 : 해외사업 1·2팀(해외사업본부 → 마케팅본부) □ 기능중심의 조직 개편 ○ 해외사업본부의 해외사업기획팀과 마케팅본부의 마케팅기획팀을 신설한 마케팅기획본부로 이동 ○ 마케팅본부의 영업 1·2·3팀을 두 개의 팀으로 통합 ○ 해외사업 1·2팀 통합 후 해외영업팀 신설 ○ 구매·총무팀에서 구매팀과 총무팀으로 분리 ○ 총무팀과 재경팀 통합 후 재무팀 신설

(나)

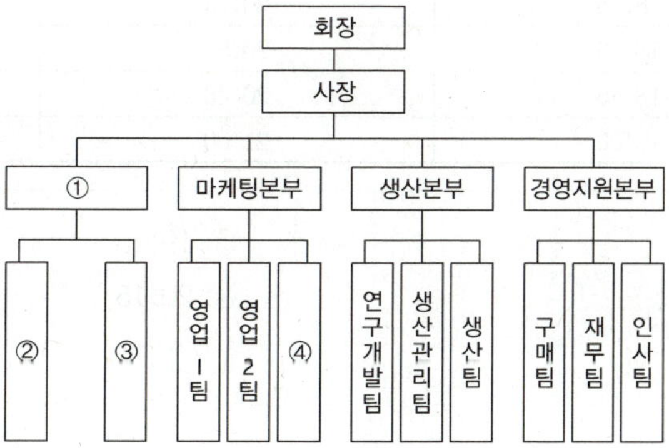

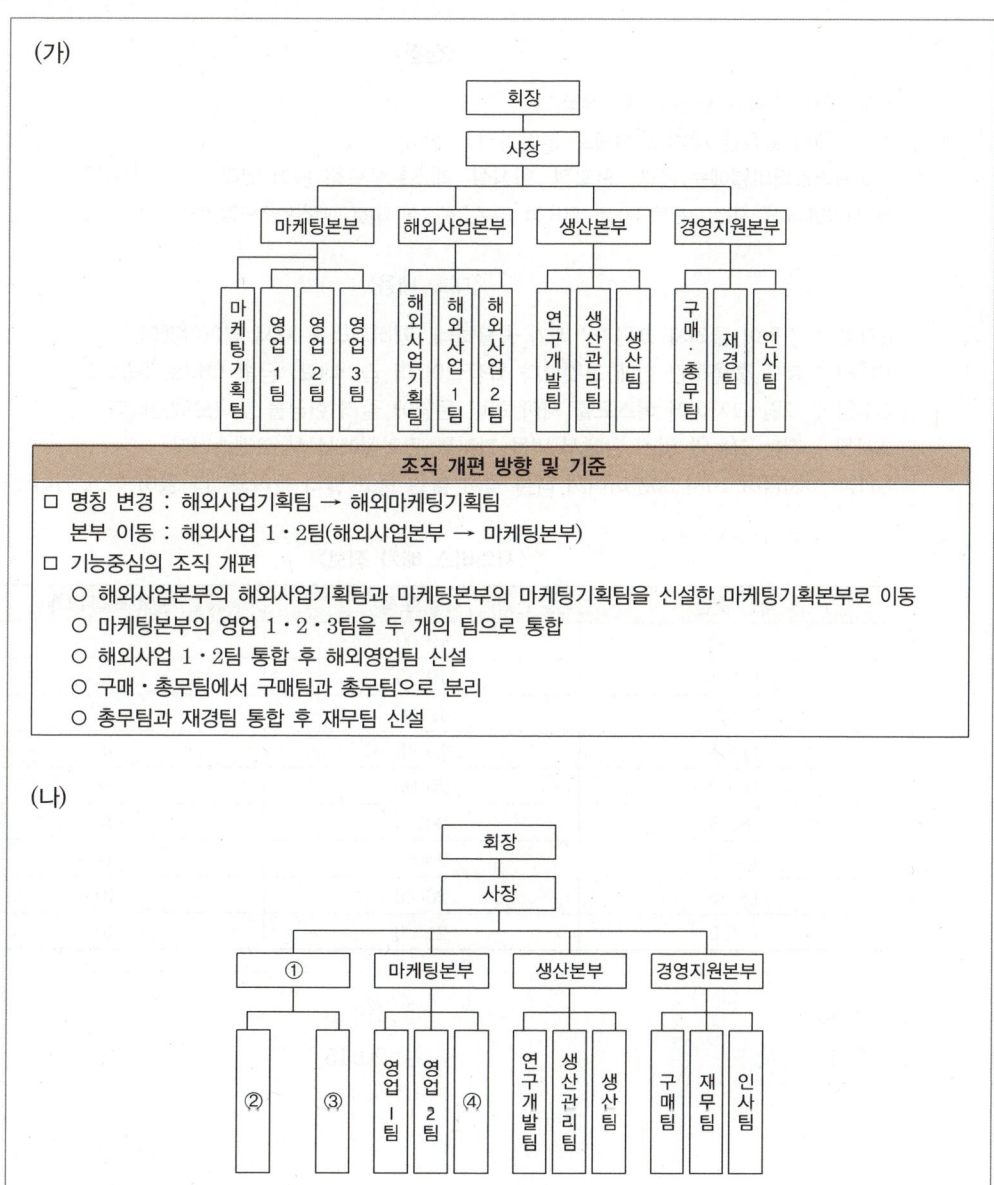

① 마케팅기획본부
② 해외마케팅기획팀
③ 영업 3팀
④ 해외영업팀

23 A사원의 팀은 출장근무를 마치고 서울로 복귀하고자 한다. 다음 자료를 참고할 때, 서울에 가장 일찍 도착할 수 있는 예정 시각은 언제인가?

〈상황〉

- A사원이 소속된 팀원은 총 4명이다.
- 대전에서 출장을 마치고 서울로 돌아가려고 한다.
- 고속버스터미널에는 은행, 편의점, 화장실, 패스트푸드점 등이 있다.

※ 시설별 소요 시간 : 은행 30분, 편의점 10분, 화장실 20분, 패스트푸드점 25분

〈대화 내용〉

S과장 : 긴장이 풀려서 그런가? 배가 출출하네. 햄버거라도 사서 먹어야겠어.
B대리 : 저도 출출하긴 한데 그것보다 화장실이 더 급하네요. 금방 다녀오겠습니다.
C주임 : 그럼 그사이에 버스표를 사야 하니 은행에 들러 현금을 찾아오겠습니다.
A사원 : 저는 그동안 버스 안에서 먹을 과자를 편의점에서 사 오겠습니다.
S과장 : 지금이 16시 50분이니까 다들 각자 볼일 보고 빨리 돌아와. 다 같이 타고 가야 하니까.

〈시외버스 배차 정보〉

대전 출발	서울 도착	잔여 좌석수(개)
17:00	19:00	6
17:15	19:15	8
17:30	19:30	3
17:45	19:45	4
18:00	20:00	8
18:15	20:15	5
18:30	20:30	6
18:45	20:45	10
19:00	21:00	16

① 17:45
② 19:15
③ 19:45
④ 20:15

24 H기업은 체육관 개선 공사를 계획하고 있다. 다음은 체육관 개선 공사 입찰에 참여한 A ~ F기업을 입찰기준에 따라 분야별로 10점 척도로 점수화한 자료이다. H기업은 〈조건〉의 선정 방식에 따라 체육관 개선 공사 업체를 선정하고자 한다. 최종 선정될 업체는 어디인가?

〈입찰업체의 분야별 점수〉

(단위 : 점)

입찰기준 입찰업체	운영건전성 점수	환경친화자재 점수	시공실적 점수	디자인 점수	공간효율성 점수
A	6	7	3	4	7
B	7	3	9	8	5
C	5	9	6	1	3
D	8	2	8	2	9
E	9	6	5	8	5
F	6	4	6	3	4

〈입찰업체별 입찰가격〉

입찰업체	입찰가격(억 원)
A	5
B	11
C	7
D	6
E	9
F	10

조건

- 입찰가격이 9억 원 이하인 업체를 선정대상으로 한다.
- 운영건전성 점수와 시공실적 점수, 공간효율성 점수에 1 : 2 : 2의 가중치를 적용하여 합산한 값이 가장 높은 3개 업체를 중간 선정한다.
- 중간 선정된 업체들 중 디자인 점수가 가장 높은 곳을 최종 선정한다.

① A　② C
③ D　④ E

25 H기업의 인재개발원에서 근무하는 L사원은 IT전략실의 K주임에게 대관 문의를 받았다. 문의 내용과 인재개발원 대관 안내 자료를 참고해 K주임에게 안내할 대관료를 바르게 구한 것은?(단, IT전략실은 IT기획처, IT개발처, IT운영처 3부서로 이루어져 있다)

> 안녕하세요. IT전략실 IT운영처에서 근무하는 K주임입니다.
> 다름이 아니라 다음 달 첫째 주 토요일에 인재개발원에서 IT전략실 세미나 행사를 진행하려고 하는데, 대관료 안내를 받으려고 연락드렸습니다. IT기획처와 IT개발처는 같은 곳에서 세미나를 진행하고, IT운영처는 별도로 진행하려고 하는데, 면적이 가장 큰 교육시설과 면적이 2번째로 작은 교육시설을 각각 3시간씩 대관하고 싶습니다.
> 세미나가 끝난 후에는 친목 도모를 위한 레크리에이션 행사를 3시간 진행하려고 하는데, 다목적홀·이벤트홀·체육관 중 가장 저렴한 가격으로 이용할 수 있는 곳을 대관했으면 좋겠습니다. 이렇게 했을 때 대관료는 모두 얼마일까요?

〈H기업 인재개발원 대관 안내〉

구분		면적	대관료(원)		비고
			기본사용료	1시간당 추가사용료	
교육시설	강의실(대)	177.81m^2	129,000	64,500	• 기본 2시간 사용 원칙 • 토, 일, 공휴일 : 전체 금액의 10% 할증
	강의실(중)	89.27m^2	65,000	32,500	
	강의실(소)	59.48m^2	44,000	22,000	
	세미나실	132.51m^2	110,000	55,000	
다목적홀		492.25m^2	585,000	195,000	• 기본 3시간 사용 원칙 • 토, 일, 공휴일 10% 할증 • 토, 일, 공휴일 이벤트홀 휴관
이벤트홀		273.42m^2	330,000	110,000	
체육관(5층)		479.95m^2	122,000	61,000	• 기본 2시간 사용 원칙

① 463,810원　　② 473,630원
③ 483,450원　　④ 503,100원

26 다음은 어느 기업의 팀별 성과급 지급 기준 및 영업팀의 분기별 평가표이다. 영업팀에게 지급되는 성과급의 1년 총액은?(단, 성과평가등급이 A등급이면 직전 분기 차감액의 50%를 가산하여 지급한다)

〈성과급 지급 기준〉

성과평가 점수	성과평가 등급	분기별 성과급 지급액
9.0 이상	A	100만 원
8.0~8.9	B	90만 원(10만 원 차감)
7.0~7.9	C	80만 원(20만 원 차감)
6.9 이하	D	40만 원(60만 원 차감)

〈영업팀 평가표〉

구분	1/4분기	2/4분기	3/4분기	4/4분기
유용성	8	8	10	8
안정성	8	6	8	8
서비스 만족도	6	8	10	8

※ (성과평가 점수)=[(유용성)×0.4]+[(안정성)×0.4]+[(서비스 만족도)×0.2]

① 350만 원
② 360만 원
③ 370만 원
④ 380만 원

27 H기업의 청원경찰 A는 6층 회사 건물을 층마다 모두 순찰한 후에 퇴근한다. 다음 〈조건〉에 따라 1층에서 출발하여 순찰을 완료하고 1층으로 돌아오기까지 소요되는 최소 시간은?(단, 이외의 다른 요인은 고려하지 않는다)

조건

- 층간 이동은 엘리베이터로만 해야 하며, 엘리베이터가 한 개 층을 이동하는 데는 1분이 소요된다.
- 엘리베이터는 한 번에 최대 세 개 층(예 1층 → 4층)을 이동할 수 있다.
- 엘리베이터는 한 번 위로 올라갔으면, 그 다음에는 아래 방향으로 내려오고, 그 다음에는 다시 위 방향으로 올라가야 한다.
- 하나의 층을 순찰하는 데는 10분이 소요된다.

① 1시간
② 1시간 10분
③ 1시간 16분
④ 1시간 22분

28 다음은 H기업의 성과급 지급 기준에 대한 자료이다. 甲대리가 받은 성과평가 등급이 아래와 같다면, H기업 성과급 지급 기준에 따라 甲대리가 받게 될 성과급은 얼마인가?

〈甲대리 성과평가 등급〉

실적	난이도평가	중요도평가	신속성
A등급	B등급	D등급	B등급

〈H기업 성과급 지급 기준〉

■ 개인 성과평가 점수

실적	난이도평가	중요도평가	신속성	총점
30	20	30	20	100

■ 각 성과평가 항목에 대한 등급별 가중치

구분	실적	난이도평가	중요도평가	신속성	총점
A등급(매우 우수)	1	1	1	1	1
B등급(우수)	0.8	0.8	0.8	0.8	0.8
C등급(보통)	0.6	0.6	0.6	0.6	0.6
D등급(미흡)	0.4	0.4	0.4	0.4	0.4

■ 성과평가 결과에 따른 성과급 지급액

구분	성과급 지급액
85점 이상	120만 원
75점 이상 85점 미만	100만 원
65점 이상 75점 미만	80만 원
55점 이상 65점 미만	60만 원
55점 미만	40만 원

① 40만 원
② 60만 원
③ 80만 원
④ 100만 원

29 H기업은 동절기에 인력을 감축하여 운영한다. 다음 〈조건〉을 참고할 때, 동절기 업무시간 단축 대상자는?

〈동절기 업무시간 단축 대상자 현황〉

성명	업무성과 평가	통근거리	자녀 유무
최나래	C	3km	×
박희영	B	5km	○
이지규	B	52km	×
박슬기	A	55km	○
황보연	D	30km	○
김성배	B	75km	×
이상윤	C	60km	○
이준서	B	70km	○
김태란	A	68km	○
한지혜	C	50km	×

조건

- H기업의 동절기 업무시간 단축 대상자는 총 2명이다.
- 업무성과 평가에서 상위 40% 이내에 드는 경우 동절기 업무시간 단축 대상 후보자가 된다.
  ※ A>B>C>D 순서로 매기고, 동순위자 발생 시 동순위자를 모두 고려함
- 통근거리가 50km 이상인 경우에만 동절기 업무시간 단축 대상자가 될 수 있다.
- 동순위자 발생 시 자녀가 있는 경우에는 동절기 업무시간 단축 대상 우선순위를 준다.
- 위의 조건에서 대상자가 정해지지 않은 경우, 통근거리가 가장 먼 직원부터 대상자로 선정한다.

① 황보연, 이상윤
② 박슬기, 김태란
③ 이준서, 김태란
④ 이준서, 김성배

PART 3

30 H의류회사는 제품의 판매 촉진을 위해 TV광고를 기획하고 있는데, 다음은 광고모델 후보 A～D에 대한 자료이다. 이를 토대로 1년 동안 광고 효과가 가장 높은 사람을 모델로 선발한다고 할 때, 가장 적합한 모델은?

〈광고모델별 1년 계약금 및 광고 1회당 광고 효과〉

(단위 : 천 원)

모델	1년 계약금	1회당 광고비	1회당 광고 효과(예상)	
			수익 증대 효과	브랜드 가치 증대 효과
A	120,000	2,500	140,000	130,000
B	80,000		80,000	110,000
C	100,000		100,000	120,000
D	90,000		80,000	90,000
비고	• (총광고 효과)=(1회당 광고 효과)×(1년 광고 횟수) • (1회당 광고 효과)=(1회당 수익 증대 효과)+(1회당 브랜드 가치 증대 효과) • (1년 광고 횟수)=(1년 광고비)÷(1회당 광고비) • (1년 광고비)=1억 8천만 원−(1년 계약금)			

① A　　② B
③ C　　④ D

31 다음 설명에 해당하는 컴퓨터 시스템의 구성 요소는?

• Main Memory이다.
• CPU 가까이에 위치하며 반도체 기억장치 칩들로 고속 액세스 가능을 담당한다.
• 가격이 높고 면적을 많이 차지한다.
• 저장 능력이 없으므로 프로그램 실행 중 일시적으로 사용된다.

① 주기억장치　　② 중앙처리장치
③ 보조저장장치　　④ 입출력장치

32 우리의 주위에는 수많은 정보가 있지만, 그 자체로는 의미가 없으며 정보를 분석하고 가공하여야만 정보로서의 가치를 가질 수 있다. 정보분석에 대한 설명으로 옳지 않은 것은?

① 정보분석이란 여러 정보를 상호 관련지어 새로운 정보를 생성해내는 활동이다.
② 서로 상반되거나 큰 차이가 있는 정보의 내용을 판단해서 새로운 해석을 할 수 있다.
③ 좋은 자료는 항상 훌륭한 분석이 될 수 있다.
④ 한 개의 정보로써 불분명한 사항을 다른 정보로써 명백히 할 수 있다.

33 D씨는 이번에 새로 산 노트북의 사양을 알아보기 위해 다음과 같이 [제어판]의 [시스템]을 열어보았다. 다음 중 D씨의 노트북 사양에 대한 내용으로 옳지 않은 것은?

① 그래픽카드는 i7 – 7700HQ 모델이 설치되어 있다.

② OS는 Windows 10 Home이 설치되어 있다.

③ 설치된 RAM의 용량은 16GB이다.

④ Window 운영체제는 64비트 시스템이 설치되어 있다.

34 사원코드 두 번째 자리의 숫자에 따라 팀이 구분된다. 1은 홍보팀, 2는 기획팀, 3은 교육팀이라고 할 때, 팀명을 구하기 위한 함수로 옳은 것은?

	A	B	C	D	E
1			직원명단		
2	이름	사원코드	직급	팀명	입사연도
3	강민희	J1023	부장		1980
4	김범민	J1526	과장		1982
5	조현진	J3566	과장		1983
6	최진석	J3523	부장		1978
7	한기욱	J3214	대리		1998
8	정소희	J1632	부장		1979
9	김은별	J2152	대리		1999
10	박미옥	J1125	대리		1997

① CHOOSE, MID

② CHOOSE, RIGHT

③ COUNTIF, MID

④ IF, MATCH

35 다음 시트에서 [B1] 셀에 〈보기〉의 (가) ~ (라) 함수를 입력하였을 때, 표시되는 결괏값이 다른 것은?

	A	B
1	333	
2	합격	
3	불합격	
4	12	
5	7	

보기

(가) 「=ISNUMBER(A1)」
(나) 「=ISNONTEXT(A2)」
(다) 「=ISTEXT(A3)」
(라) 「=ISEVEN(A4)」

① (가)
② (나)
③ (다)
④ (라)

36 짝수 행에만 배경색과 글꼴 스타일 '굵게'를 설정하는 조건부 서식을 지정하고자 한다. 다음 중 이를 위해 [새 서식 규칙] 대화상자에 입력할 수식으로 옳은 것은?

	A	B	C
1	사원번호	성명	직함
2	101	**구민정**	**과장**
3	102	강수영	부사장
4	103	**김진수**	**사원**
5	104	박영수	사원
6	105	**이민호**	**과장**
7			

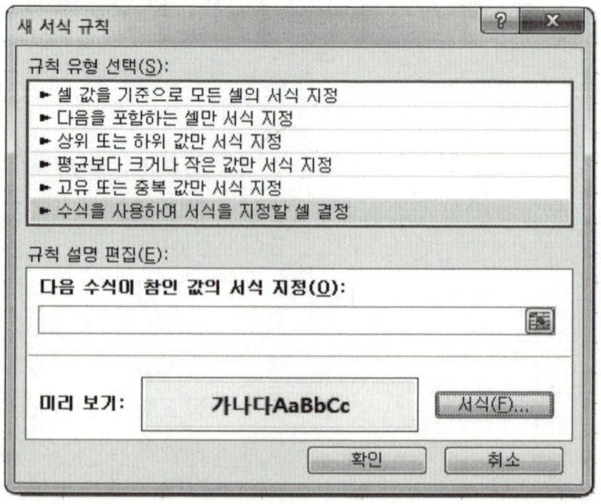

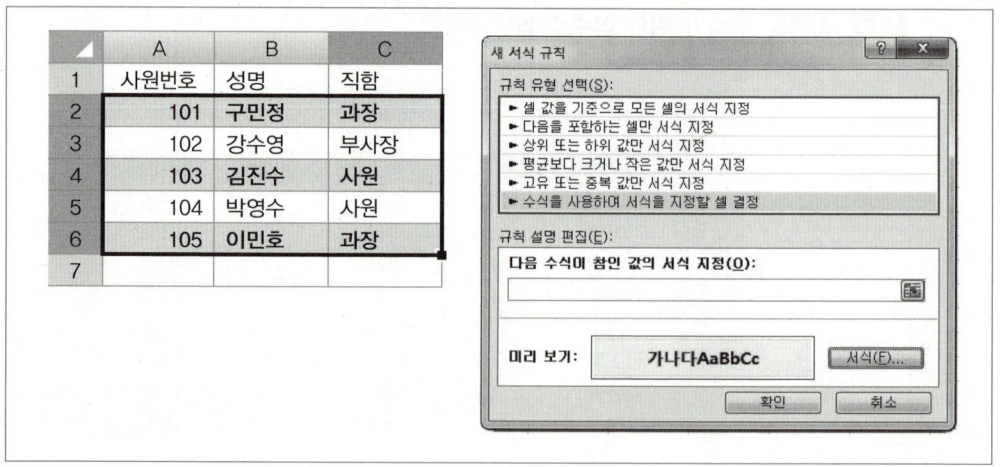

① =MOD(ROW(),2)=1
② =MOD(ROW(),2)=0
③ =MOD(COLUMN(),2)=1
④ =MOD(COLUMN(),2)=0

37 다음은 C언어의 반복문과 제어식에 대한 설명이다. 〈보기〉의 프로그램의 실행 결과로 옳은 것은?

for (초기식;조건식;증감식) { 명령 }; – 조건식이 참인 동안 {} 안의 명령을 계속 반복한다.
while (조건식) { 명령 }; – 조건식이 참인 동안 {} 안의 명령을 계속 반복한다.
switch (조건 값) { case 값1: 명령1; break; .... case 값n: 명령n; break; default: 명령; break; – switch는 설정한 조건값에 따라 각기 다른 명령을 수행한다.
goto Lable; Lable: – Lable이 지정된 곳으로 무조건 점프하는 제어문이다.
break; – 루프를 강제로 벗어날 때 사용한다.
continue; – 루프의 나머지 부분을 무시하고 조건 점검부로 점프하여 루프의 다음 값을 실행하도록 하는 명령이다.

보기

```
#include <stdio.h>
int main( ) {
    int i, sum;
    sum=0;
    for(i=0; i<=10; i=i+2) {
        sum=sum+i;
    }
    printf("num=%d",sum);
}
```

① 15 ② 20
③ 25 ④ 30

38 H수건공장은 판매하고 남은 재고로 선물세트를 만들기 위해 포장을 하기로 하였다. 4개씩 포장하면 1개가, 5개씩 포장하면 4개가, 7개씩 포장하면 1개가, 8개씩 포장하면 1개가 남는다고 한다. 이때 가능한 재고량의 최솟값은?

① 166개 ② 167개
③ 168개 ④ 169개

39 둘레가 600m인 연못을 A와 B가 서로 반대 방향으로 걷는다. A는 15m/min의 속력으로 걷고, B는 A보다 더 빠른 속력으로 걷는다. 두 사람이 같은 위치에서 동시에 출발하여, 1시간 후 5번째로 만났다면 B의 속력은?

① 35m/min ② 30m/min
③ 25m/min ④ 20m/min

40 H기업은 예산 400만 원으로 공기청정기 40대를 구매하기로 하였다. 다음 두 업체 중 어느 곳에서 공기청정기를 구매하는 것이 유리하며 얼마나 더 저렴한가?

〈업체별 공기청정기 할인 정보〉

업체	할인 정보	가격
A전자	• 8대 구매 시 2대 무료 증정 • 구매 금액 100만 원당 2만 원 할인	8만 원/대
B마트	• 20대 이상 구매 : 2% 할인 • 30대 이상 구매 : 5% 할인 • 40대 이상 구매 : 7% 할인 • 50대 이상 구매 : 10% 할인	9만 원/대

※ 1,000원 단위는 절사함

	업체	저렴한 가격
①	B마트	12만 원
②	B마트	20만 원
③	A전자	82만 원
④	A전자	120만 원

41 다음 중 2025년 궁능원 관람객 수 예측 자료를 참고하여 2025년 예상 전체 관람객 수와 예상 외국인 관람객 수를 바르게 구한 것은?(단, 소수점 이하는 버림한다)

〈2017 ~ 2024년 궁능원 관람객 수〉

(단위 : 천 명)

구분	2017년	2018년	2019년	2020년	2021년	2022년	2023년	2024년
유료 관람객 수	6,688	6,805	6,738	6,580	7,566	6,118	7,456	5,187
무료 관람객 수	3,355	3,619	4,146	4,379	5,539	6,199	6,259	7,511
외국인 관람객 수	1,877	2,198	2,526	2,222	2,690	2,411	3,849	2,089

〈2020 ~ 2024년 궁능원 관람객 수〉

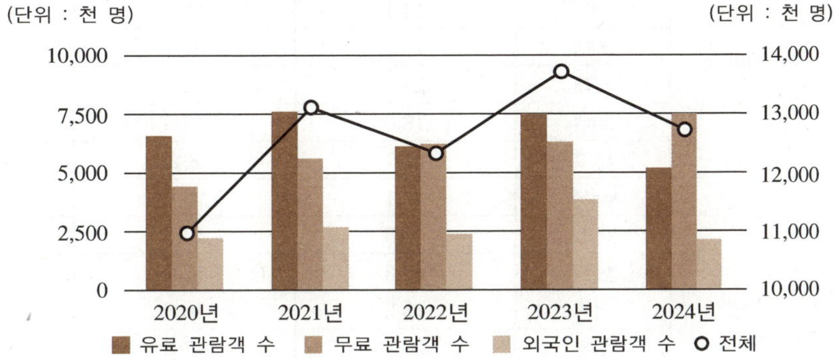

※ (전체 관람객 수)=(유료 관람객 수)+(무료 관람객 수)

〈2025년 궁능원 관람객 수 예측 자료〉

- 고궁 야간관람 및 '문화가 있는 날' 행사 확대 운영으로 유료 관람객 수는 2024년 대비 24% 정도 증가할 전망이다.
- 적극적인 무료 관람 콘텐츠 개발로 무료 관람객 수는 2017년 무료 관람객 수의 2.4배 수준일 것으로 예측된다.
- 외국인을 위한 문화재 안내판, 해설 등 서비스의 품질 향상 노력과 각종 편의시설 개선 노력으로 외국인 관람객 수는 2024년보다 약 35,000명 정도 증가할 전망이다.

	예상 전체 관람객 수	예상 외국인 관람객 수
①	13,765천 명	1,973천 명
②	14,483천 명	2,124천 명
③	14,768천 명	2,365천 명
④	15,822천 명	3,128천 명

42 귀하는 미디어 매체별 이용자 분포 자료를 토대로 보고서에 추가할 그래프를 제작하였다. 완성된 보고서를 상사에게 제출하였는데, 그래프 중에서 잘못된 것이 있다고 피드백을 받았다. 다음 자료를 토대로 그래프를 검토할 때 수정이 필요한 것은?

〈미디어 매체별 이용자 분포〉

(단위 : %, 명)

구분		TV	스마트폰	PC / 노트북
사례 수		7,000	6,000	4,000
성별	남	49.4	51.7	51.9
	여	50.6	48.3	48.1
연령	10대	9.4	11.2	13.0
	20대	14.1	18.7	20.6
	30대	17.1	21.1	23.0
	40대	19.1	22.2	22.6
	50대	18.6	18.6	15.0
	60세 이상	21.7	8.2	5.8
직업	사무직	20.1	25.6	28.2
	서비스직	14.8	16.6	14.9
	생산직	20.3	17.0	13.4
	학생	13.2	16.8	19.4
	주부	20.4	17.8	18.4
	기타	0.6	0.6	0.6
	무직	10.6	5.6	5.1
소득	상	31.4	35.5	38.2
	중	45.1	49.7	48.8
	하	23.5	14.8	13.0
도시 규모	대도시	45.3	47.5	49.5
	중소도시	37.5	39.6	39.3
	군지역	17.2	12.9	11.2

① 연령대별 스마트폰 이용자 수(단위 : 명)

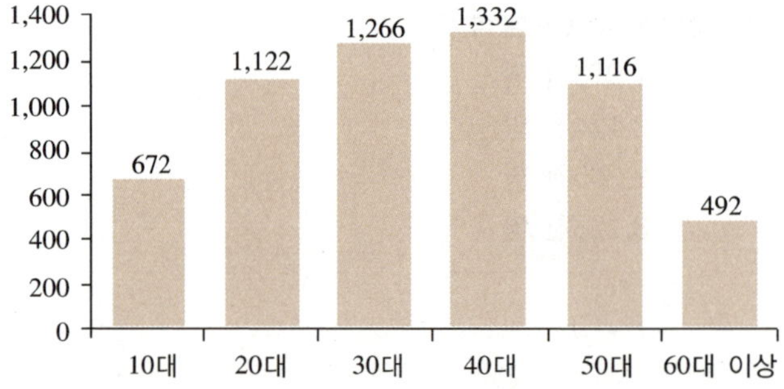

② 성별 매체 이용자 수(단위 : 명)

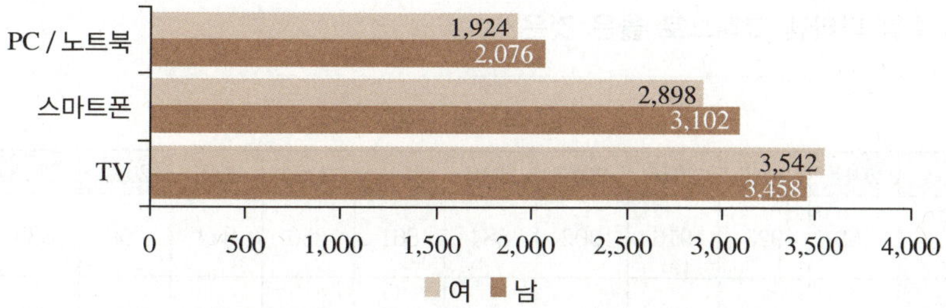

③ 매체별 소득수준 구성비

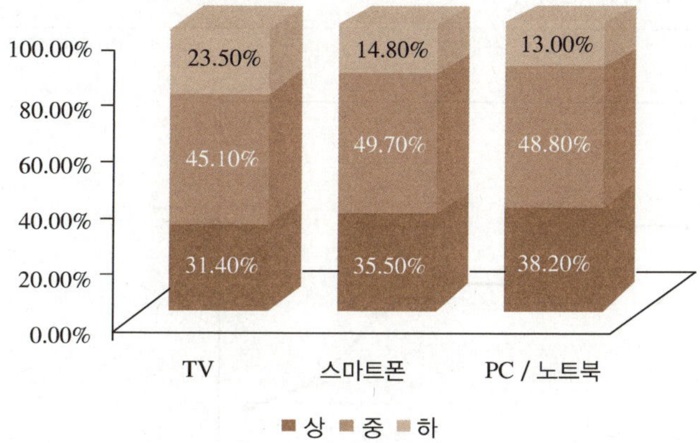

④ TV + 스마트폰 이용자의 도시 규모별 구성비

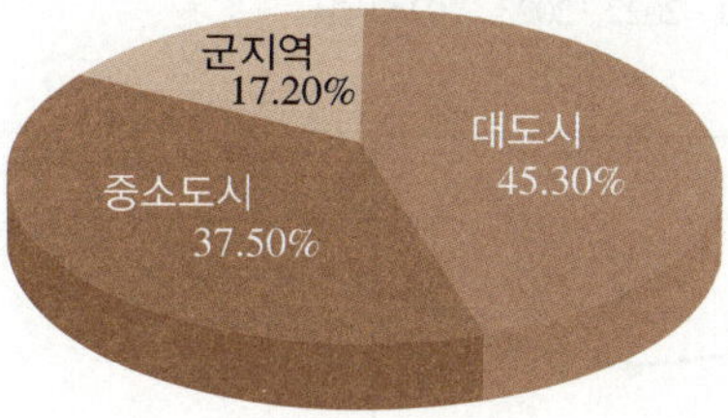

43 다음은 E국의 2014년부터 2024년까지 주식시장의 현황에 대한 자료이다. 이를 바탕으로 종목당 평균 주식 수를 나타낸 그래프로 옳은 것은?

〈주식시장 현황〉

구분	2014	2015	2016	2017	2018	2019	2020	2021	2022	2023	2024
종목 수 (종목)	958	925	916	902	884	861	856	844	858	885	906
주식 수 (억 주)	90	114	193	196	196	265	237	234	232	250	282

※ (종목당 평균 주식 수)=(주식수)÷(종목 수)

①
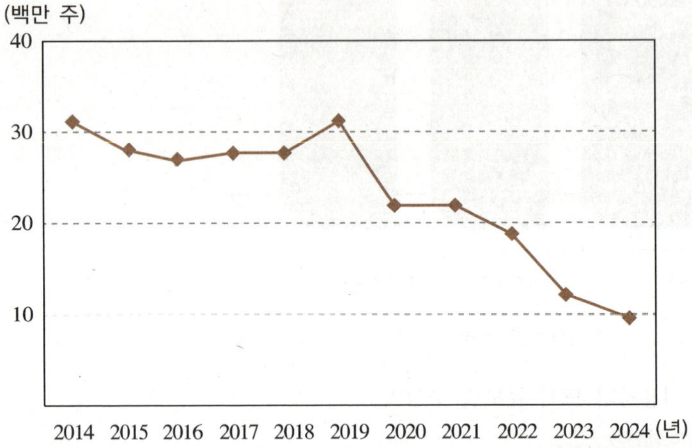

②
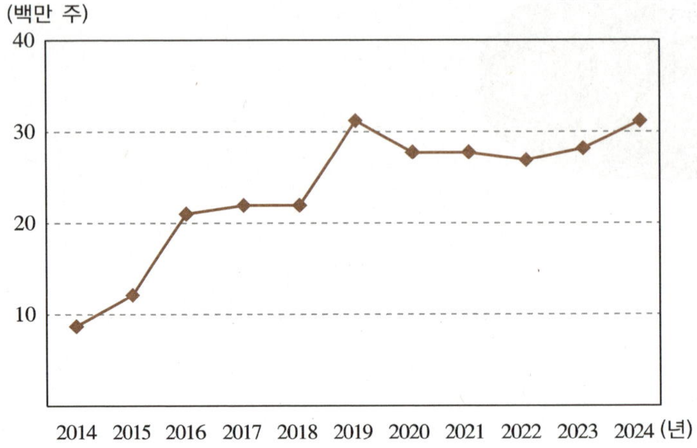

③ (백만 주)

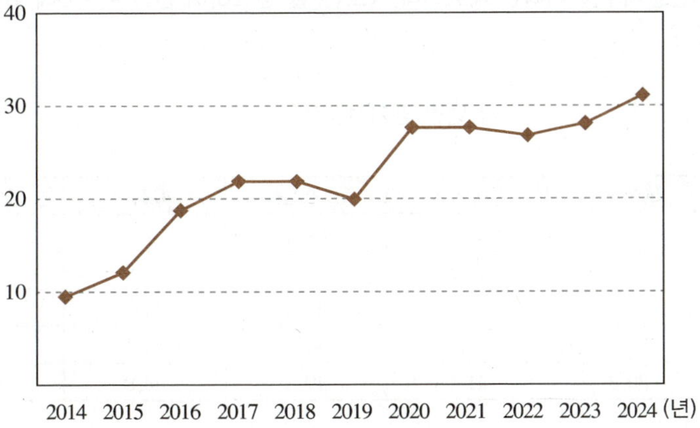

④ (백만 주)

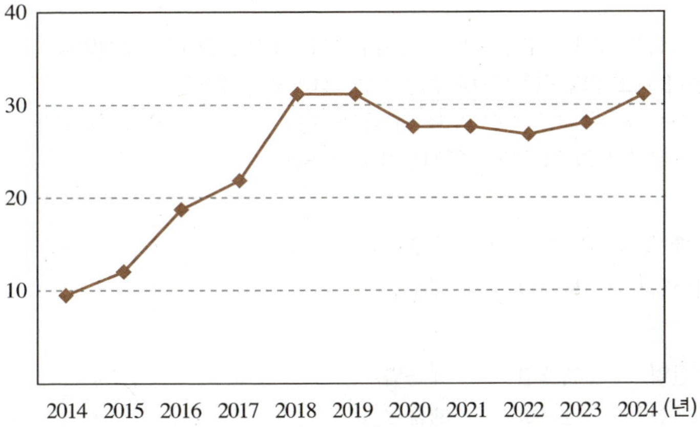

44 **총무인사과에 근무하는 H사원은 사내의 복지 증진과 관련하여 임직원을 대상으로 휴게실 확충에 대한 의견을 수렴하였다. 의견 수렴 결과가 다음 자료와 같을 때, 이에 대한 설명으로 옳지 않은 것은?**

〈휴게실 확충에 대한 본부별 · 성별 찬반 의견〉

(단위 : 명)

구분	A본부		B본부	
	여성	남성	여성	남성
찬성	180	156	120	96
반대	20	44	80	104
합계	200	200	200	200

① 남성의 60% 이상이 휴게실 확충에 찬성하고 있다.

② A본부 여성의 찬성 비율이 B본부 여성보다 1.5배 높았다.

③ B본부 전체 인원 중 여성의 찬성률이 B본부 남성의 찬성률보다 1.2배 이상 높다.

④ A, B본부 전체 인원에서 찬성하는 비율은 전체 성별 차이가 A, B본부별 차이보다 크다.

45 다음은 산업별 경기전망지수를 나타낸 자료이다. 〈조건〉을 참고하여 빈칸 A ~ D에 들어갈 산업을 바르게 짝지은 것은?

〈산업별 경기전망지수〉

(단위 : 점)

구분	2020년	2021년	2022년	2023년	2024년
A	45.8	48.9	52.2	52.5	54.4
B	37.2	39.8	38.7	41.9	46.3
도소매업	38.7	41.4	38.3	41.7	46.2
C	36.1	40.6	44.0	37.1	39.7
D	39.3	41.1	40.2	44.9	48.7

조건

㉠ 2020년부터 2024년까지 보건업의 경기전망지수가 40점 이상인 해는 2개이다.
㉡ 2022년 조선업과 제조업의 경기전망지수는 전년 대비 증가하였다.
㉢ 전년 대비 2021년 해운업의 경기전망지수의 증가율은 5개의 산업 중 가장 낮다.
㉣ 제조업은 매년 5개의 산업 중 경기전망지수가 가장 높다.

	A	B	C	D
①	조선업	제조업	보건업	해운업
②	제조업	보건업	조선업	해운업
③	조선업	보건업	제조업	해운업
④	제조업	조선업	보건업	해운업

46 다음 〈보기〉에서 문장이 들어갈 위치로 가장 적절한 곳은?

It was then he remembered his experience with the glass flask, and just as quickly, he imagined that a special coating might be applied to a glass windshield to keep it from shattering.

보기

In 1903 the French chemist, Edouard Benedictus, dropped a glass flask one day on a hard floor and broke it. (ⓐ) However, to the astonishment of the chemist, the flask did not shatter, but still retained most of its original shape. (ⓑ) When he examined the flask he found that it contained a film coating inside, a residue remaining from a solution of collodion that the flask had contained. (ⓒ) He made a note of this unusual phenomenon, but thought no more of it until several weeks later when he read stories in the newspapers about people in automobile accidents who were badly hurt by flying windshield glass. (ⓓ) Not long thereafter, he succeeded in producing the world's first sheet of safety glass.

① ⓐ
② ⓑ
③ ⓒ
④ ⓓ

47 다음 글의 요지로 가장 적절한 것은?

In South Korea, an estimated 6.5 million residents serve as volunteers. They provide relief after typhoon flooding, take care of senior citizens in need of care, work at orphanages spending time with the kids, and even teach refugees from North Korea how to adapt to life in the South. In Italy, volunteers help care for cancer patients and work in hospices. And when unprecedented floods struck Germany in 2002, tens of thousands of volunteers traveled cross–country to battle the rising waters. Volunteers are a vital part of each nation's economy, social atmosphere, and overall well–being. Not only do they provide vital services and relieve a huge burden from the public sector, but also create an environment of community and cooperation.

① the down side of volunteer work
② the difficulty in organizing volunteer work
③ the importance of volunteer work
④ how to become a competent volunteer

※ 다음 글의 주제로 가장 적절한 것을 고르시오. [48~49]

48

The eruption of volcanoes has caused death and misery throughout the centuries. Yet in parts of Italy, Iceland, Chile, and Bolivia, volcanic steam is used to run power plants. Pumice, which is made from volcanic lava, is used as a grinder and polisher. Sulfur produced by volcanoes is useful to the chemical industry. Hawaiian farmers grow crops on land made rich by decayed volcanic material.

① Volcanic sulfur is useful to the chemical industry.
② Volcanoes benefit us in various ways.
③ Precious materials are made from volcanic lava.
④ Decayed volcanic materials make plowland rich.

49

Patients and their doctors tend to overlook the impact of joy on health. Why is this so? Perhaps because there is no number to measure such a factor. Instead, we focus on "hard" values for cholesterol, blood pressure, weight, etc. Those are all important but so are relationships, personal fulfillment, and optimism. There are plenty of medical studies that link optimism, happiness, and joy with good health. Research also shows that good marriages predict good health, whereas marital stress predicts the reverse. So I guess I do have a secret shortcut to health. Her name is Rita, and we have been married for 43 years.

① the difficulty of measuring invisible joy
② the importance of sharing ideas at work
③ the need for controlling your blood pressure
④ the effects of a happy life on physical health

50 다음 중 ⓐ~ⓓ 문단을 논리적 순서대로 바르게 나열한 것은?

ⓐ Mark Twain began his career writing light, humorous verse, but evolved into a chronicler of the vanities and hypocrisies of mankind.

ⓑ Though Twain earned a great deal of money from his writings and lectures, he lost a great deal through investments in ventures in his later life.

ⓒ Samuel Langhorne Clemens, better known by his pen name Mark Twain had worked as a typesetter and a riverboat pilot on the Mississippi River before he became a writer.

ⓓ At mid-career, with The Adventures of Huckleberry Finn, he combined rich humor, sturdy narrative and social criticism, popularizing a distinctive American literature built on American themes and language.

① ⓐ－ⓑ－ⓒ－ⓓ
② ⓐ－ⓓ－ⓑ－ⓒ
③ ⓒ－ⓓ－ⓑ－ⓐ
④ ⓒ－ⓐ－ⓓ－ⓑ

PART 3

| 01 | 경영지원

01 **다음 중 신고전 조직 이론에 대한 설명으로 옳지 않은 것은?**

① 메이요(Mayo) 등에 의한 호손(Hawthorne) 공장 실험에서 시작되었다.
② 공식조직에 있는 자생적·비공식적 집단을 인정하고 수용한다.
③ 인간의 사회적 욕구와 사회적 동기유발 요인에 초점을 맞춘다.
④ 조직이란 거래비용을 감소하기 위한 장치로 기능한다고 본다.

02 **다음 중 특수경력직 공무원에 대한 설명으로 옳지 않은 것은?**

① 특수경력직 공무원은 경력직 공무원과는 달리 실적주의와 직업공무원제의 획일적 적용을 받지 않는다.
② 교육·소방·경찰공무원 및 법관, 검사, 군인 등 특수 분야의 업무를 담당하는 공무원은 특수경력직 중 특정직 공무원에 해당한다.
③ 국회수석 전문위원은 특수경력직 중 별정직 공무원에 해당한다.
④ 선거에 의해 취임하는 공무원은 특수경력직 중 정무직 공무원에 해당한다.

03 **다음 중 시장실패와 정부실패에 대한 설명으로 옳지 않은 것은?**

① 정부실패의 원인은 권력편재보다 정보편재에 있다.
② 공공재는 시장실패에 대응하여 정부가 공급해야 한다.
③ 정부보조금의 삭감이나 폐지는 정부실채에 대한 대응책이다.
④ 경직화된 권력네트워크의 동태화는 정부실패에 대한 대응책이다.

04 **다음 중 분배정책과 재분배정책에 대한 설명으로 옳은 것을 〈보기〉에서 모두 고르면?**

> **보기**
>
> ㉠ 분배정책에서는 로그롤링(Log Rolling)이나 포크배럴(Pork Barrel)과 같은 정치적 현상이 나타나기도 한다.
>
> ㉡ 분배정책은 사회계급적인 접근을 기반으로 이루어므로 규제정책보다 갈등이 더 가시적이다.
>
> ㉢ 재분배정책에는 누진소득세, 임대주택 건설사업 등이 포함된다.
>
> ㉣ 재분배정책에서는 자원의 배분에 있어서 이해당사자들 간의 연합이 분배정책에 비하여 안정적으로 이루어진다.

① ㉠, ㉡
② ㉠, ㉢
③ ㉡, ㉣
④ ㉢, ㉣

05 **다음 중 정부 각 기관에 배정될 예산의 지출한도액은 중앙예산기관과 행정수반이 결정하고 각 기관의 장에게는 그러한 지출한도액의 범위 내에서 자율적으로 목표달성 방법을 결정하는 자율권을 부여하는 예산관리 모형은 무엇인가?**

① 총액배분 자율편성예산 제도
② 목표관리 예산 제도
③ 성과주의 예산 제도
④ 결과기준 예산 제도

06 **다음 중 행정에 대한 개념으로 옳지 않은 것은?**

① 행정의 개념에는 공공문제의 해결을 위해 정부 외의 공·사조직 간의 연결 네트워크, 즉 거버넌스를 강조하는 경향이 있다.
② 넓은 의미의 행정은 고도의 합리성을 지닌 협동적 인간 노력의 한 형태로서 정부조직을 포함하는 대규모 조직에서 보편적으로 나타난다.
③ 행정과 경영은 비교적 유사한 활동이라고 할 수 있으나 그 목적하는 바가 다르다.
④ 행정은 정치 과정과는 분리된 정부의 활동으로 공공서비스의 생산 및 공급, 분배에 관련된 모든 활동을 의미한다.

07 **다음 중 정치·행정 이원론에 대한 설명으로 옳은 것은?**

① 엽관주의를 지향한다.
② 기능적 행정학이라고도 한다.
③ 행정을 중립적이고 전문적인 업무로 본다.
④ 정치가 정책 결정과 집행을 모두 담당해야 한다고 본다.

08 **다음 중 정책평가 방법에 대한 설명으로 옳지 않은 것은?**

① 진실험설계는 정책을 집행하는 실험 집단과 집행하지 않는 통제 집단을 구성하되, 두 집단이 동질적인 집단이 되도록 한다.
② 정책의 실험 과정에서 실험 대상자와 통제 대상자들이 서로 접촉하는 경우에는 모방 효과가 나타날 수 있다.
③ 준실험설계는 자연과학 실험처럼 대상자들을 격리해 실험하기 때문에 호손 효과를 강화시킨다.
④ 준실험설계는 짝짓기(Matching) 방법으로 실험 집단과 통제 집단을 구성하여 정책의 영향을 평가하거나, 시계열적인 방법으로 정책의 영향을 평가한다.

09 **다음 중 행정개혁의 접근 방법에 대한 설명으로 옳지 않은 것은?**

① 사업 중심적 접근 방법은 행정 활동의 목표를 개선하고 서비스의 양과 질을 개선하려는 접근 방법으로 분권화의 확대, 권한 재조정, 명령계통 수정 등에 관심을 갖는다.
② 과정적 접근 방법은 행정체제의 과정 또는 일의 흐름을 개선하려는 접근 방법이다.
③ 행태적 접근 방법은 조직의 목표에 개인의 성장 의욕을 결부시킴으로써 조직을 개혁하려는 접근 방법이다.
④ 구조적 접근 방법에는 기능 중복의 제거, 기구·직제·계층의 간소화 등의 원리 전략이 있다.

10 **다음 중 인사행정 제도에 대한 설명으로 옳지 않은 것은?**

① 엽관주의는 정당에의 충성도와 공헌도를 관직 임용의 기준으로 삼는 제도이다.
② 엽관주의는 국민의 요구에 대한 관료적 대응성을 확보하기 어렵다는 단점을 갖는다.
③ 행정국가 현상의 등장은 실적주의 수립의 환경적 기반을 제공하였다.
④ 직업공무원제는 계급제와 폐쇄형 공무원제, 그리고 일반행정가주의를 지향한다.

PART 3

11 **외부환경의 불확실성에 대응하는 조직 구조상의 특징에 따라 기계적 조직과 유기적 조직으로 구분할 때, 〈보기〉 중 유기적 조직의 특성에 해당하는 것을 모두 고르면?**

보기	
ㄱ. 넓은 직무범위	ㄴ. 분명한 책임관계
ㄷ. 몰인간적 대면관계	ㄹ. 다원화된 의사소통 채널
ㅁ. 높은 공식화 수준	ㅂ. 모호한 책임관계

① ㄱ, ㄹ, ㅂ　　② ㄴ, ㄷ, ㅁ
③ ㄴ, ㄹ, ㅁ　　④ ㄷ, ㄹ, ㅂ

12 **다음 중 고위공무원단에 대한 설명으로 옳지 않은 것은?**

① 우리나라에서 고위공무원이 되기 위해서는 고위공무원단 후보자 과정을 이수해야 하고, 역량평가를 통과해야 한다.
② 미국의 고위공무원단 제도에는 엽관주의적 요소가 혼재되어 있다.
③ 우리나라의 경우 이명박 정부 시기인 2008년 7월 1일에 고위공무원단 제도를 도입하였다.
④ 미국에서는 고위공무원단 제도를 카터 행정부 시기인 1978년에 공무원제도개혁법 개정으로 도입하였다.

13 **다음 중 정책의제의 설정에 영향을 미치는 요인에 대한 설명으로 옳지 않은 것은?**

① 일상화된 정책문제보다는 새로운 문제가 쉽게 정책의제화된다.
② 정책 이해관계자가 넓게 분포하고 조직화 정도가 낮은 경우에는 정책의제화가 상당히 어렵다.
③ 사회 이슈와 관련된 행위자가 많고, 이 문제를 해결하기 위한 정책의 영향이 많은 집단에 영향을 미치거나 정책으로 인한 영향이 중요한 것일 경우 상대적으로 쉽게 정책의제화된다.
④ 국민의 관심 집결도가 높거나 특정 사회 이슈에 대해 정치인의 관심이 큰 경우에는 정책의제화가 쉽게 진행된다.

14 **A사업을 집행하기 위하여 소요된 총비용은 80억 원이고, 1년 후의 예상총편익은 120억 원일 경우에, 내부수익률은 얼마인가?**

① 67%
② 50%
③ 40%
④ 25%

15 **다음 중 주인과 대리인(Agency) 관계에서 나타나는 여러 문제를 다루기 위하여 제기된 대리인 이론에 대한 설명으로 옳지 않은 것은?**

① 주인과 대리인 모두 자신의 이익을 극대화하려는 합리적 행위자이다.
② 대리인의 선호가 주인의 선호와 일치하지 않을 수 있다.
③ 대리인에게 불리한 선택으로 인한 문제 해결에 초점을 둔다.
④ 주인과 대리인 간에는 정보의 비대칭성이 존재한다.

16 **다음 글에서 설명하고 있는 부패의 유형으로 옳은 것은?**

행정체제 내에서 조직의 임무수행에 필요한 행동 규범이 예외적인 것으로 전락되고, 부패가 일상적으로 만연화되어 있는 상황을 지칭한다.

① 일탈형 부패
② 제도화된 부패
③ 백색 부패
④ 생계형 부패

17 **다음 중 점증주의(Incrementalism)에 대한 설명으로 옳지 않은 것은?**

① 합리적인 요소뿐만 아니라 직관과 통찰력 같은 초합리적 요소의 중요성을 강조한다.
② 기존의 정책에서 소폭의 변화를 조정하여 정책대안으로 결정한다.
③ 정책결정은 다양한 정치적 이해관계자들의 타협과 조정의 산물이다.
④ 정책의 목표와 수단은 뚜렷이 구분되지 않으므로 목표와 수단 사이의 관계 분석은 한계가 있다.

18 **다음 중 정부 내의 인적자원을 효율적으로 활용하기 위한 배치전환의 본질적인 용도로 옳지 않은 것은?**

① 선발에서의 불완전성을 보완하여 개인의 능력을 촉진한다.
② 조직 구조 변화에 따른 저항을 줄이고 비용을 절감한다.
③ 부서 간 업무 협조를 유도하고 구성원 간 갈등을 해소한다.
④ 징계의 대용이나 사임을 유도하는 수단으로 사용한다.

19 **다음 중 통계적 결론의 타당성 확보에 있어서 발생할 수 있는 오류와 그에 대한 설명을 바르게 연결한 것은?**

ㄱ. 정책이나 프로그램의 효과가 실제로 발생하였음에도 불구하고 통계적으로 효과가 나타나지 않은 것으로 결론을 내리는 경우
ㄴ. 정책의 대상이 되는 문제 자체에 대한 정의를 잘못 내리는 경우
ㄷ. 정책이나 프로그램의 효과가 실제로 발생하지 않았음에도 불구하고 통계적으로 효과가 나타난 것으로 결론을 내리는 경우

	제1종 오류	제2종 오류	제3종 오류
①	ㄱ	ㄴ	ㄷ
②	ㄱ	ㄷ	ㄴ
③	ㄴ	ㄱ	ㄷ
④	ㄷ	ㄱ	ㄴ

20 **다음 중 정책결정의 혼합 모형(Mixed Scanning Model)에 대한 설명으로 옳은 것은?**

① 비정형적인 결정의 경우 직관의 활용, 가치 판단, 창의적 사고, 브레인스토밍(Brainstorming)을 통한 초합리적 아이디어까지 고려할 것을 주장한다.
② 거시적이고 장기적인 안목에서 대안의 방향성을 탐색하는 한편 그 방향성 안에서 심층적이고 대안적인 변화를 시도하는 것이 바람직하다.
③ 불확실성과 혼란이 심한 상태로 정상적인 권위구조와 결정 규칙이 작동하지 않는 상황에 주로 적용된다.
④ 목표와 수단이 분리될 수 없으며 전체를 하나의 패키지로 하여 정치적 지지와 합의를 이끌어 내는 것이 중요하다.

21 **다음 중 직위분류제에서 직무의 난이도와 책임의 경중에 따라 직위의 상대적 수준과 등급을 구분하는 것은?**

① 직무평가(Job Evaluation)
② 직무분석(Job Analysis)
③ 정급(Allocation)
④ 직급명세(Class Specification)

22 다음 중 근무성적평정에 대한 설명으로 옳지 않은 것은?

① 원칙적으로 5급 이상 공무원을 대상으로 하며 평가대상 공무원과 평가자가 체결한 성과계약에 따른 성과목표 달성도 등을 평가한다.

② 정부의 근무성적평정 방법은 다원화되어 있으며, 상황에 따라 신축적인 운영이 가능하다.

③ 행태기준척도법은 평정의 임의성과 주관성을 배제하기 위하여 도표식 평정척도법에 중요사건기록법을 가미한 방식이다.

④ 다면평가는 보다 공정하고 객관적인 평정이 가능하게 하며, 평정 결과에 대한 당사자들의 승복을 받아내기 쉽다.

23 예비타당성 조사의 분석 내용을 경제성 분석과 정책적 분석으로 구분할 때, 다음 중 경제성 분석에 해당하는 것은?

① 상위계획과의 연관성

② 지역경제에 대한 파급 효과

③ 사업추진 의지

④ 민감도 분석

24 다음 중 전통적인 기계적 조직과 구별되는 학습조직의 특징에 대한 설명으로 옳지 않은 것은?

① 기능보다 업무 프로세스 중심으로 조직을 구조화한다.

② 위계적 통제보다 구성원 간의 수평적 협력을 중시한다.

③ 학습조직 활성화에 리더의 역할이 상대적으로 중요하지 않다.

④ 조직의 목표 달성을 위하여 구성원의 권한 강화(Empowerment)를 강조한다.

25 다음 중 대표관료제와 관련이 적은 것은?

① 양성평등 채용목표제
② 지방인재 채용목표제
③ 총액인건비제
④ 장애인 고용촉진제

26 다음의 정책 과정을 바라보는 이론적 관점들 중 이에 대한 내용으로 옳은 것은?

> 사회의 현존 이익과 특권적 분배 상태를 변화시키려는 요구가 표현되기도 전에 질식·은폐되거나, 그러한 요구가 국가의 공식 의사결정 단계에 이르기 전에 소멸되기도 한다.

① 정책은 많은 이익집단의 경쟁과 타협의 산물이다.
② 정책 연구는 모든 행위자들이 이기적인 존재라는 기본 전제하에서 경제학적인 모형을 적용한다.
③ 실제 정책 과정은 기득권의 이익을 수호하려는 보수적인 성격을 나타낼 가능성이 높다.
④ 정부가 단독으로 정책을 결정·집행하는 것이 아니라 시장(Market) 및 시민사회 등과 함께한다.

27 다음 중 경제적 비용·편익 분석(Benefit Cost Analysis)에 대한 설명으로 옳지 않은 것은?

① 비용과 편익을 가치의 공통단위인 화폐로 측정한다.
② 장기적인 안목에서 사업의 바람직한 정도를 평가할 수 있는 방법이다.
③ 편익비용비(B/C Ratio)로 여러 분야의 프로그램들을 비교할 수 있다.
④ 형평성과 대응성을 정확하게 대변할 수 있는 수치를 제공한다.

28 **다음 중 공무원 단체활동 제한론의 근거로 옳지 않은 것은?**

① 실적주의 원칙을 침해할 우려가 있다.
② 공무원의 정치적 중립성이 훼손될 수 있다.
③ 공직 내 의사소통을 약화시킨다.
④ 보수 인상 등 복지 요구 확대는 국민 부담으로 이어진다.

29 **다음 중 서울특별시에서 확보할 수 있는 자주재원으로 볼 수 없는 것은?**

① 주민세
② 담배소비세
③ 상속세
④ 취득세

30 **다음 중 예산원칙의 예외에 대한 설명으로 옳지 않은 것은?**

① 특별회계는 단일성의 원칙에 대한 예외이다.
② 준예산 제도는 사전의결의 원칙에 대한 예외이다.
③ 예산의 이용(移用)은 한계성의 원칙에 대한 예외이다.
④ 목적세는 공개성의 원칙에 대한 예외이다.

31 **다음 〈보기〉 중 조직 이론에 대한 설명으로 옳은 것을 모두 고르면?**

보기

ㄱ. 베버(M. Weber)의 관료제론에 따르면, 규칙에 의한 규제는 조직에 계속성과 안정성을 제공한다.
ㄴ. 행정관리론에서는 효율적 조직관리를 위한 원리들을 강조한다.
ㄷ. 호손(Hawthorne) 실험을 통하여 조직 내 비공식집단의 중요성이 부각되었다.
ㄹ. 조직군 생태 이론(Population Ecology Theory)에서는 조직과 환경의 관계를 분석함에 있어 조직의 주도적·능동적 선택과 행동을 강조한다.

① ㄱ, ㄴ
② ㄱ, ㄴ, ㄷ
③ ㄱ, ㄷ, ㄹ
④ ㄴ, ㄷ, ㄹ

32 **다음 중 정책 메커니즘에 대한 설명으로 옳지 않은 것은?**

① 정책은 편파적으로 이익과 손해를 나누어주는 성격도 갖고 있다.
② 모든 사회문제는 정책의제화된다.
③ 정책목표와 정책수단 사이에는 인과관계가 있어야 한다.
④ 정책대안 선택의 기준들 사이에는 갈등이 있을 수 있다.

33 **다음 중 조직 내부에서 발생하는 갈등에 대한 설명으로 옳지 않은 것은?**

① 갈등은 양립할 수 없는 둘 이상의 목표를 추구하는 상황에서도 발생한다.
② 고전적 조직 이론에서는 갈등을 중요하게 고려하지 않는다.
③ 행태론적 입장에서는 모든 갈등이 조직 성과에 부정적 영향을 미치므로 제거되어야 한다고 본다.
④ 현대적 접근 방식은 갈등을 정상적인 현상으로 보고, 경우에 따라서는 조직 발전의 원동력으로 본다.

34 **다음 중 직위분류제를 형성하는 개념과 이에 대한 설명으로 옳지 않은 것은?**

① 직급 : 직무의 종류는 다르지만 그 곤란성·책임도 및 자격 수준이 상당히 유사하여 동일한 보수를 지급할 수 있는 모든 직위를 포함하는 것이다.

② 직류 : 동일한 직렬 내에서 담당 직책이 유사한 직무의 군이다.

③ 직렬 : 난이도와 책임도는 서로 다르지만 직무의 종류가 유사한 직급의 군이다.

④ 직군 : 직무의 종류가 광범위하게 유사한 직렬의 범주이다.

35 **다음 중 공직의 분류에 대한 설명으로 옳지 않은 것은?**

① 계급제는 사람을 중심으로, 직위분류제는 직무를 중심으로 공직을 분류하는 인사 제도이다.

② 직위분류제에 비해 계급제는 인적 자원의 탄력적 활용이라는 측면에서 유리한 제도이다.

③ 직위분류제에 비해 계급제는 폭넓은 안목을 지닌 일반행정가를 양성하는 데 유리한 제도이다.

④ 계급제에 비해 직위분류제는 공무원의 신분을 강하게 보장하는 경향이 있는 제도이다.

36 **다음 중 정부 성과평가에 대한 설명으로 옳지 않은 것은?**

① 성과평가는 개인의 성과를 향상시키기 위한 방법을 모색하기 위해서 사용될 수 있다.

② 총체적 품질관리(Total Quality Management)는 개인의 성과평가를 위한 도구로 도입되었다.

③ 관리자와 구성원의 적극적인 참여는 성과평가 성공에 있어서 중요한 역할을 한다.

④ 조직목표의 본질은 성과평가 제도의 운영과 직접 관련성을 갖는다.

37 **다음 정책결정 모형 중 점증 모형을 주장하는 논리적 근거로 옳지 않은 것은?**

① 정치적 실현 가능성　　② 정책 쇄신성

③ 매몰비용　　④ 제한적 합리성

38 **다음 예산 관련 제도들 중 나머지 셋과 성격이 다른 것은?**

① 예비비와 총액계상예산
② 이월과 계속비
③ 이용과 전용
④ 배정과 재배정

39 **다음 중 국가공무원법에서 규정하고 있는 공무원의 의무로 옳지 않은 것은?**

① 공무원은 재직 중은 물론 퇴직 후에도 직무상 알게 된 비밀을 엄수하여야 한다.
② 공무원은 건강하고 쾌적한 환경을 보전하기 위하여 노력하여야 한다.
③ 공무원은 공무 외에 영리를 목적으로 하는 업무에 종사하지 못하며 소속 기관장의 허가 없이 다른 직무를 겸할 수 없다.
④ 공무원은 국민 전체의 봉사자로서 친절하고 공정하게 직무를 수행하여야 한다.

40 **다음 중 시민들의 가치관 변화가 행정조직 문화에 미친 영향으로 옳지 않은 것은?**

① 시민들의 프로슈머(Prosumer) 경향화는 관료주의적 문화와 적절한 조화를 형성할 것이다.
② 개인의 욕구를 중시하는 개인주의적 태도는 공동체적 가치관과 갈등을 빚기 시작했다.
③ 1990년대 이전까지는 경제성장과 국가안보라는 뚜렷한 국가 목표가 있었다고 볼 수 있다.
④ 시민들의 가치관과 태도의 다양화에도 불구하고 행정기관들은 아직도 행정조직 고유의 가치관과 행동양식을 강조하고 있다고 볼 수 있다.

41 **다음 중 리더십의 종류와 이에 대한 설명으로 옳은 것은?**

① 변혁적(Transformational) 리더십 : 무엇인가 가치 있는 것을 교환함으로써 추종자에게 영향력을 행사하는 리더십이다.
② 거래적(Transactional) 리더십 : 리더가 부하로 하여금 형식적 관례와 사고를 다시 생각하게 함으로써 새로운 관념을 촉발시키는 리더십이다.
③ 카리스마적(Charismatic) 리더십 : 리더가 특출한 성격과 능력으로 추종자들의 강한 헌신과 리더와의 일체화를 이끌어내는 리더십이다.
④ 서번트(Servant) 리더십 : 과업을 구조화하고 과업요건을 명확히 하는 리더십이다.

42 윌슨(J. Q. Wilson)은 정부 규제로부터 감지되는 비용과 편익의 분포에 따라 규제정치를 아래 표와 같이 네 가지 유형으로 구분했다. 빈칸 ㉠ ~ ㉣에 들어갈 유형의 명칭과 사례를 순서대로 바르게 나열한 것은?

구분		감지된 편익	
		넓게 분산	좁게 집중
감지된 비용	넓게 분산	㉠	㉡
	좁게 집중	㉢	㉣

① ㉠ 대중적 정치 – 각종 위생 및 안전 규제
② ㉡ 고객의 정치 – 수입 규제
③ ㉢ 기업가적 정치 – 낙태 규제
④ ㉣ 이익집단 정치 – 농산물에 대한 최저가격 규제

43 다음은 전통적 예산원칙의 종류에 대한 내용이다. A, B에 들어가는 용어를 바르게 나열한 것은?

A : 한 회계연도의 세입과 세출은 모두 예산에 계상하여야 한다.
B : 모든 수입은 국고에 편입되고 여기에서부터 지출이 이루어져야 한다.

	A	B
①	예산 단일의 원칙	예산 총계주의 원칙
②	예산 총계주의 원칙	예산 단일의 원칙
③	예산 통일의 원칙	예산 총계주의 원칙
④	예산 총계주의 원칙	예산 통일의 원칙

44 다음 빈칸에 들어갈 내용으로 바르게 짝지어진 것은?

정부회계의 '발생주의'는 정부의 수입을 (㉠) 시점으로, 정부의 지출을 (㉡) 시점으로 계산하는 방식을 의미한다.

	㉠	㉡
①	현금수취	현금지불
②	현금수취	지출원인행위
③	납세고지	현금지불
④	납세고지	지출원인행위

45 **다음 중 정책결정과 관련된 이론에 대한 설명으로 옳지 않은 것은?**

① 쿠바 미사일 사태에 대한 사례 분석인 앨리슨(Allison) 모형은 정부의 정책결정 과정은 합리 모형보다는 조직과정 모형과 정치 모형으로 설명하는 것이 더 바람직하다고 주장한다.

② 드로(Dror)가 주장한 최적 모형은 기존의 합리적 결정 방식이 지나치게 수리적 완벽성을 추구해 현실성을 잃었다는 점을 지적하고, 합리적 분석뿐만 아니라 결정자의 직관적 판단도 중요한 요소로 간주한다.

③ 쓰레기통 모형은 문제, 해결책, 선택 기회, 참여자의 네 요소가 독자적으로 흘러다니다가 어떤 계기로 만나게 될 때 결정이 이루어진다고 설명한다.

④ 에치오니(Etzioni)의 혼합탐사 모형에 의하면 결정은 근본적 결정과 세부적 결정으로 나누어질 수 있으며, 합리적 의사결정 모형과 점진적 의사결정 모형을 보완적으로 사용할 수 있다.

46 **다음은 동기부여 이론가들과 그 주장에 바탕을 둔 관리 방식을 연결한 것이다. 이 중 동기부여 효과가 가장 낮다고 판단되는 것은?**

① 매슬로(Maslow) : 근로자의 자아실현 욕구를 일깨워 준다.

② 허즈버그(Herzberg) : 근로 환경 가운데 위생요인을 제거해 준다.

③ 맥그리거(McGregor)의 Y 이론 : 근로자들은 작업을 놀이처럼 즐기고 스스로 통제할 줄 아는 존재이므로 자율성을 부여한다.

④ 앨더퍼(Alderfer) : 개인의 능력개발과 창의적 성취감을 북돋운다.

47 **다음 중 공무원임용시험령상의 면접시험 평정요소로 옳지 않은 것은?**

① 공무원으로서의 윤리의식

② 직장인으로서의 대인관계 능력

③ 창의성과 혁신을 이끄는 능력

④ 국가에 대한 헌신

48 **다음 중 우리나라의 재정정책 관련 예산 제도에 대한 설명으로 옳은 것은?**

① 지출통제예산은 구체적 항목별 지출에 대한 집행부의 재량 행위를 통제하기 위한 예산이다.
② 우리나라의 통합재정수지에 지방정부예산은 포함되지 않는다.
③ 우리나라의 통합재정수지에서는 융자지출을 재정수지의 흑자 요인으로 간주한다.
④ 조세지출예산제도는 국회 차원에서 조세감면의 내역을 통제하고 정책효과를 판단하기 위한 제도이다.

49 **다음 중 정책집행에 대한 설명으로 옳지 않은 것은?**

① 프레스만과 윌다브스키(Pressman & Wildavsky)는 집행 과정상의 공동행위의 복잡성을 강조하였다.
② 버만(Berman)은 집행현장에서 집행조직과 정책사업 사이의 상호 적응의 중요성을 강조하였다.
③ 나카무라와 스몰우드(Nakamura & Smallwood)의 정책집행자 유형 중 관료적 기업가형은 정책의 대략적인 방향을 정책결정자가 정하고 정책집행자들은 이 목표의 구체적 집행에 필요한 폭넓은 재량권을 위임받아 정책을 집행하는 유형이다.
④ 사바티어(Sabatier)는 정책집행의 하향식 접근법과 상향식 접근법의 통합 모형을 제시했다.

50 **추가경정예산을 통한 재정의 방만한 운영 가능성을 줄이기 위해 국가재정법 제89조에서는 추가경정예산안을 편성할 수 있는 경우를 제한하고 있다. 다음 중 위 법 조항에 명시된 추가경정예산안을 편성할 수 있는 경우가 아닌 것은?**

① 부동산 경기 등 경기부양을 위하여 기획재정부장관이 필요하다고 판단하는 경우
② 전쟁이나 대규모 자연재해가 발생한 경우
③ 경기침체, 대량실업, 남북관계의 변화, 경제협력 같은 대내·외 여건에 중대한 변화가 발생하였거나 발생할 우려가 있는 경우
④ 법령에 따라 국가가 지급하여야 하는 지출이 발생하거나 증가하는 경우

| 02 | 판매마케팅

01 **다음 내용을 참고할 때, 콜옵션과 풋옵션의 가격 구성이 바르게 연결된 것은?**

> • 현재(6월 10일) 코스피200 선물 가격 : 310.70
> • ㉠ 코스피200을 기초자산으로 하는 행사가 312.50 콜옵션 가격(잔존기간 10일) : 1.23
> • ㉡ 코스피200을 기초자산으로 하는 행사가 312.00 풋옵션 가격(잔존기간 10일) : 2.53

	㉠	㉡
①	내재가치 0+시간가치 1.23	내재가치 0+시간가치 2.53
②	내재가치 0+시간가치 1.23	내재가치 1.30+시간가치 1.23
③	내재가치 1.80+시간가치 −0.63	내재가치 1.80+시간가치 0.73
④	내재가치 1.80+시간가치 −0.63	내재가치 1.30+시간가치 1.23

02 **다음 중 한정된 서비스를 제공하는 도매상에 해당하지 않는 것은?**

① 현금거래 도매상
② 트럭 도매상
③ 직송 도매상
④ 제조업자 도매상

03 **다음 중 옳은 계산식을 〈보기〉에서 모두 고르면?**

> 보기
> ㉠ (부채비율)=(부채)÷(자기자본)
> ㉡ (이자보상비율)=(이자), (법인세 비용 차감 후 당기순이익)÷(이자비용)
> ㉢ (총자산회전율)=(매출액)÷(평균총자산)
> ㉣ (총자산순이익률)=(영업이익)÷(평균총자산)

① ㉠, ㉡
② ㉠, ㉢
③ ㉡, ㉢
④ ㉡, ㉣

04 다음 글에서 설명하는 가격정책은 무엇인가?

> 유표품(Branded Goods)의 제조업자가 도매상 및 소매상과의 계약에 의하여 자제품의 도소매 가격을 사전에 설정해 놓고 이 가격으로 자사 제품을 판매하는 전략으로, 유표품이 도·소매상의 손실유인상품(Loss Leader)으로 이용되는 것을 방지하여 가격 안정과 명성 유지를 도모하고자 하는 정책이다.

① 상대적 저가격전략
② 상대적 고가격전략
③ 침투가격정책
④ 재판매가격 유지정책

05 다음 중 스키밍(Skimming) 가격전략의 시기와 책정 가격을 바르게 연결한 것은?

① 도입기 – 고가격
② 도입기 – 저가격
③ 성장기 – 고가격
④ 성숙기 – 저가격

06 다음 중 마케팅 전략 수립 단계를 순서대로 바르게 나열한 것은?

① 포지셔닝 → 시장세분화 → 표적시장 선정
② 표적시장 선정 → 포지셔닝 → 시장세분화
③ 시장세분화 → 표적시장 선정 → 포지셔닝
④ 시장세분화 → 포지셔닝 → 표적시장 선정

07 **동기부여와 관련된 이론을 내용 이론과 과정 이론으로 나눠볼 때, 다음 중 과정 이론에 해당하는 것은?**

① 욕구계층 이론 ② 기대 이론
③ 욕구충족요인 이원론 ④ 성취동기 이론

08 **다음 중 고객 수요의 작은 변동이 제조업체에 전달되면서 정보가 왜곡되고 확대되는 현상을 나타내는 용어는?**

① 승수 효과 ② 채찍 효과
③ 구축 효과 ④ 분수 효과

09 **다음 중 밑줄 친 '기관투자자'에 대한 설명으로 옳은 것은?**

> 스튜어드십 코드(Stewardship Code)란 연기금과 자산운용사 등 주요 기관투자자들의 의결권 행사를 적극적으로 유도하기 위한 자율지침을 말한다. 이를 통해 주요 기관투자자가 주식을 보유하는 데 그치지 않고 투자 기업의 의사결정에 적극적으로 참여함으로써 주주와 기업의 이익을 추구하고 지속 가능한 성장과 투명한 경영을 이끌어 내도록 한다.
> 2010년 영국이 가장 먼저 스튜어드십 코드를 도입한 이후 캐나다, 남아프리카공화국, 네덜란드, 스위스, 이탈리아, 말레이시아, 홍콩, 일본 등이 도입하여 현재 운용 중이다. 우리나라도 2016년 2월부터 시행에 들어갔으나, 강제성이 없고 기업경영권과 자율권 침해, 공시 의무 과정에서의 전략 노출, 의결자문 등에 따른 비용 증가, 향후 이해 상충 등의 문제 발생 우려로 국내 기관투자자의 도입은 사실상 저조했다. 그러나 2018년 7월 국내 최대 기관투자자인 국민연금이 스튜어드십 코드를 도입하면서 다른 연기금과 자산운용사들의 참여가 증가하고 있는 추세이다.

① 기관투자자는 투자 대상 회사의 가치를 보존하고 높일 수 있도록 주기적으로 점검하여야 한다.
② 기관투자자는 수탁자로서의 책임을 이행하는 과정에서 이해 상충 문제에 직면할 경우 비공개적으로 해결해야 한다.
③ 기관투자자는 의결권 행사를 위한 지침・절차・세부 기준을 포함한 의결권 정책을 비공개적으로 마련해야 한다.
④ 기관투자자는 의결권 행사와 수탁자 책임 이행 활동에 관해 고객과 수익자에게 보고할 필요가 없다.

10 **다음은 국내와 해외의 기업들이 추진하고 투자 전략 중 하나에 대한 자료이다. 다음 빈칸에 공통적으로 들어갈 개념으로 옳은 것은?**

> 기업의 경영 가능성을 평가하기 위한 기준인 (   )에 대한 관심이 뜨겁다. 국내외 기업들은 이 기준에 따른 평가에서 어떤 등급을 받았는지 적극적으로 알리고 있으며, 글로벌 기업이 이사회 내 별도 위원회를 구성하는 사례도 늘고 있다.
> 영국의 F신문사는 '(   )이/가 스테로이드를 맞은 듯 폭증하고 있다.'고 보도하기도 했다. 이러한 기업의 투자 전략이 전 세계적인 추세로 자리를 잡고 있는 가운데 국내 A제철은 체계적인 노력을 통해 철강업계 리더로 앞장서고 있다.
> A제철은 재작년 중장기 관리 체계를 도입해 (   ) 요구에 대한 대응에 나섰다. 초기에는 다우존스 지속가능 경영지수 등 대외 평가에 중점을 두고 전략적인 대응 방안을 수립했으나, 작년부터는 본격적인 (   ) 전략을 수립하고 운영체계를 고도화하고 있다.
> 이뿐만 아니라 A제철은 12년 연속 DJSI 아시아퍼시픽 지수와 3년 연속 DJSI 코리아지수에도 모두 편입되는 성과를 올렸다. DJSI 평가는 실제로 기업의 지속 가능성 수준 비교와 책임투자의 기준으로 활용되고 있으며, 예년과 달리 올해부터는 DJSI 평가 결과가 모든 투자자들에게 공개되고 있다. 이런 성과는 A제철의 공급망 관리, 정보 보안, 생물 다양성, 인권 부문의 개선 노력을 인정받은 것이다. 또한 최근 CDP(Carbon Disclosure Project, 탄소 정보 공개 프로젝트) 한국위원회 주최 '기후변화 대응 및 물경영 우수기업 시상식'에서 '탄소경영 원자재 섹터 아너스'상을 수상해 탄소경영 우수 기업으로 인정받았다.

① ROA ② NIM
③ ESG ④ ROE

11 **다음 중 기업에 자본을 출자하고 동시에 경영 활동을 하여 위험 부담에 대한 대가로 이익을 얻을 수 있지만, 손해를 볼 수도 있어서 책임 경영이 이루어질 수 있는 경영자의 유형은?**

① 소유 경영자 ② 고용 경영자
③ 전문 경영자 ④ 중간 경영자

12 **다음 중 STP전략의 목표시장 선정(Targeting) 단계에서 집중화 전략에 대한 설명으로 옳지 않은 것은?**

① 단일 제품으로 단일화된 세분 시장을 공략하여 니치마켓에서 경쟁력을 가질 수 있는 창업 기업에 적합한 전략이다.
② 자원이 한정되어 있을 때 자원을 집중화하고 시장 안에서의 강력한 위치를 점유를 할 수 있다.
③ 대기업 경쟁사의 진입이 쉬우며 위험이 분산되지 않을 경우 시장의 불확실성으로 높은 위험을 감수해야 한다.
④ 규모의 경제로 대량생산 및 대량 유통 광고를 통해 비용을 최소화할 수 있다.

13 **다음 중 롱테일 법칙에 대한 설명으로 옳은 것은?**

① 파레토 법칙이라고도 한다.

② 목표고객의 니즈에 따른 서비스를 공급해야 수익을 올릴 수 있다는 법칙이다.

③ 20%의 핵심 고객으로부터 80%의 매출이 나온다는 법칙이다.

④ 80%의 사소한 다수가 20%의 핵심 소수보다 뛰어난 가치를 창출한다는 법칙이다.

14 **지식경영 사회에서 지식근로자(Knowledge Worker)의 역할은 점점 중요해져 간다. 기업이 지식근로자를 얼마나 잘 활용하는가에 따라 경쟁우위가 결정되기 때문이다. 다음 중 이러한 지식근로자에 대한 특징으로 옳지 않은 것은?**

① 일상 업무수행에서 IT를 사용하며 직접적으로 직무작업 프로세스의 효율성과 효과성에 영향을 미치는 사람으로, 지식을 창출하고 가공・분배하며 지식을 적용하여 기업의 제품과 서비스를 추가한다.

② 지식근로자는 독특한 가치를 가지고 있으며 조직의 문화를 이해하고 받아들이며, 개인 및 전문적 성장을 기업의 비전 및 전략 목표의 달성과 일치시킨다. 협업하고 공유하는 태도를 기본으로 혁신적인 능력을 소유하고 있으며 지식마인드를 창출할 줄 안다.

③ 지식근로자는 업무수행에 있어 객관적 사실과 자신이 경험한 것을 바탕으로 논리적으로 판단하여 사고할 줄 아는 능력을 지녔으며, 새로운 지식에 대해 스스로 능동적으로 학습을 한다.

④ 지식근로자는 주로 반복적인 작업으로 인해 쉽게 피로감을 느낄 수 있으며, 이러한 업무 특성을 고려하여 순환근무와 같은 제도의 도입을 통해 생산성을 향상시킬 수 있다.

15 **다음 중 소비자가 A상품에 대해 고관여 상태에서 발생하는 구매행동으로 옳지 않은 것은?**

① 복잡한 구매행동을 보인다.

② 제품에 대한 지식을 습득하기 위해 자발적으로 노력한다.

③ 가장 합리적인 방안을 스스로 찾아 구매한다.

④ 다양성 추구 구매를 하기 위해서 소비자들은 잦은 상표전환을 하게 된다.

16 **다음 중 후방통합(Backward Integration)에 대한 설명으로 옳은 것은?**

① 제조 기업이 원재료의 공급업자를 인수・합병하는 것을 말한다.

② 제조 기업이 제품의 유통을 담당하는 기업을 인수・합병하는 것을 말한다.

③ 기업이 같거나 비슷한 업종의 경쟁사를 인수하는 것을 말한다.

④ 기업이 기존 사업과 관련이 없는 신사업으로 진출하는 것을 말한다.

17 **다음 중 촉진믹스의 개발 및 관리에 대한 설명으로 옳지 않은 것은?**

① 푸시(Push)전략이란 유통경로 구성원들을 대상으로 인적판매 등을 하는 활동이다.
② 산업재를 판매하는 기업은 촉진활동을 인적판매에 의존하는 경향이 강하다.
③ 촉진 메시지의 구조를 결정할 경우 일면적 주장보다 양면적 주장이 더 효과적이다.
④ 풀(Pull)전략은 제품에 대한 강한 수요를 유발할 목적으로 광고나 판매 촉진 등을 활용하는 정책이다.

18 **다음 중 회사의 주식 수를 줄이는 감자에 대한 설명으로 옳지 않은 것은?**

① 회사가 감자를 발표할 경우 이는 주가를 급등하게 하는 호재로 작용한다.
② 감자는 주주총회의 특별결의 및 채권자 보호절차를 필요로 한다.
③ 주식 5주를 1주로 만드는 것을 5대 1 감자라고 한다.
④ 5대 1 감자의 경우 자본금은 5분의 1이 된다.

19 **다음 중 마이클 포터(Michael Eugene Porter)의 가치사슬 모형(Value Chain Model)에 대한 설명으로 옳지 않은 것은?**

① 기업이 가치를 창출하는 활동을 본원적 활동과 지원 활동으로 구분하였다.
② 물류 투입 및 산출 활동은 본원적 활동에 해당한다.
③ 마케팅 활동은 지원 활동에 해당한다.
④ 기술 개발은 지원 활동에 해당한다.

20 **다음 중 세토가 분류한 방법 중 고전적 접근 방법에 대한 내용으로 옳지 않은 것은?**

① 이론에 근거한 것으로 기업경영능률을 강조한다.
② 칸트, 테일러, 페이욜 등이 대표적 학자이다.
③ 인간관계 분야를 소홀히 하고 있다.
④ 관리자들이 생산증대 및 조직효율성의 제고를 위해 노력해야 한다고 주장하는 방식이다.

21 **다음 중 제품수명주기에서 일반적으로 제품주기상 도입기에서 성숙기로 갈수록 나타나는 상황으로 거리가 먼 것은?**

① 기업들은 직접개발에 치중하는 경향을 보인다.

② 기업들은 광고보다는 판매 촉진을 더 선호하는 경향이 있다.

③ 혁신의 주된 관점이 제품혁신에서 제품공정 혁신으로 변화한다.

④ 시장경쟁의 개념이 제품성능이나 품질에서 비용 절감으로 변화한다.

22 **다음 중 가격관리에 대한 설명으로 옳지 않은 것은?**

① 명성가격 결정법은 가격이 높으면 품질이 좋을 것이라고 느끼는 효과를 이용하여 수요가 많은 수준에서 고급 상품의 가격 결정에 이용된다.

② 침투가격 정책은 신제품을 도입하는 초기에 저가격을 설정하여 신속하게 시장에 침투하는 전략으로, 수요가 가격에 민감하지 않은 제품에 많이 사용된다.

③ 상층흡수가격 정책은 신제품을 시장에 도입하는 초기에는 고소득층을 대상으로 높은 가격을 받고 그 뒤 차차 가격을 인하하여 저소득층에 침투하는 것이다.

④ 탄력가격 정책은 한 기업의 제품이 여러 제품 계열을 포함하는 경우 품질, 성능, 스타일에 따라 서로 다른 가격을 결정하는 것이다.

23 **다음 중 인간관계론의 내용에 대한 설명으로 옳은 것은?**

① 과학적 관리법과 유사한 이론이다.

② 메이요(E. Mayo)와 뢰슬리스버거(F. Roethlisberger)를 중심으로 호손 실험을 거쳐 정리되었다.

③ 심리요인과 사회요인은 생산성에 영향을 주지 않는다.

④ 비공식집단을 인식했으나 그 중요성을 낮게 평가했다.

24 **다음 중 통합적 마케팅 커뮤니케이션에 대한 설명으로 옳지 않은 것은?**

① 강화광고는 기존 사용자에게 브랜드에 대한 확신과 만족도를 높여 준다.
② 가족 브랜딩(Family Branding)은 개별 브랜딩과는 달리 한 제품을 촉진하면 나머지 제품도 촉진된다는 이점이 있다.
③ 촉진에서 풀(Pull) 정책은 제품에 대한 강한 수요를 유발할 목적으로 광고나 판매 촉진 등을 활용하는 정책이다.
④ 버즈(Buzz) 마케팅은 소비자에게 메시지를 빨리 전파할 수 있게 이메일이나 모바일을 통하여 메시지를 공유한다.

25 **다음 중 표적시장에 대한 설명으로 옳지 않은 것은?**

① 단일 표적시장에는 집중적 마케팅 전략을 구사한다.
② 다수 표적시장에는 순환적 마케팅 전략을 구사한다.
③ 통합 표적시장에는 역세분화 마케팅 전략을 구사한다.
④ 인적 · 물적 · 기술적 자원이 부족한 기업은 보통 집중적 마케팅 전략을 구사한다.

26 **다음 중 시장세분화에 대한 설명으로 옳지 않은 것은?**

① 세분화된 시장 내에서는 이질성이 극대화되도록 해야 한다.
② 효과적인 시장세분화를 위해서는 시장의 규모가 측정 가능해야 한다.
③ 나이, 성별, 소득은 인구통계학적 세분화 기준에 속한다.
④ 제품 사용 상황, 추구편익은 행동적 세분화 기준에 속한다.

27 **다음 중 마이클 포터(Michael Porter)의 산업구조 분석 기법(5 Forces Model)에 대한 설명으로 옳은 것은?**

① 기존 기업 간의 경쟁이 치열하다면 매력적인 산업이다.
② 기업이 속한 산업의 진입장벽이 높다면 매력적인 산업이다.
③ 대체재의 위협이 작다면 매력적이지 않은 산업이다.
④ 공급자의 교섭력이 높다면 매력적인 산업이다.

28 **다음 중 포드 시스템에 대한 설명으로 옳지 않은 것은?**

① 동일한 제품을 대량 생산함으로써 고객들의 요구에 부응하고 생산원가는 낮추고 임금은 올려 줄 수 있는 생산 방법이다.
② 대량생산 방식으로 자동차의 이동조립법을 확립한 시스템이다.
③ 포드 시스템의 주요한 수단은 이동식 조립법과 생산 표준화 3S(단순화 Simplification, 표준화 Standardization, 전문화 Specialization)라 할 수 있다.
④ 설비투자비가 낮아져 제품생산 단가를 낮출 수 있었으며, 조업도는 숙련된 노동자 중심으로 생산 표준화 3S를 실현하였다.

29 **다음 중 기업들이 환율변동 위험을 피하기 위해 하는 거래 중 하나인 선물환거래에 대한 설명으로 옳지 않은 것은?**

① 기업들은 달러화 가치가 하락할 것으로 예상하는 경우 선물환을 매수하게 된다.
② 선물환 거래란 미래에 특정 외화의 가격을 현재 시점에서 미리 계약하고, 이 계획을 약속한 미래 시점에 이행하는 금융거래이다.
③ 선물환거래에는 외국환은행을 통해 고객 간에 이루어지는 대고객선물환거래와 외환시장에서 외국은행 사이에 이뤄지는 시장선물환거래가 있다.
④ 선물환거래는 약정가격의 차액만을 주고받는 방식이어서 NDF(역외선물환)거래라고도 한다.

30 **다음 중 자본예산의 투자안 경제성 평가방법에 대한 설명으로 옳지 않은 것은?**

① 할인회수기간은 회수기간보다 길다.
② 상호 배타적인 복수의 투자안의 경우 수익성지수가 가장 큰 투자안이 채택된다.
③ 단일투자안을 평가할 때도 NPV법, IRR법, PI법에 의한 평가결과가 상이할 수 있다.
④ NPV법은 재투자수익률로 자본비용을 가정하고, 가치의 가산원리가 성립하며, 투자액의 효율성을 고려한 방법이다.

31 **다음 중 주식의 발행시장과 유통시장에 대한 설명으로 옳지 않은 것은?**

① 발행시장은 발행주체가 유가증권을 발행하고, 중간 중개업자가 인수하여 최종 자금 출자자에게 배분하는 시장이다.
② 유통시장은 투자자 간의 수평적인 이전 기능을 담당하는 시장으로, 채권의 매매가 이루어지는 시장이다.
③ 자사주 매입은 발행시장에서 이루어진다.
④ 50명 이하의 소수투자자와 사적으로 교섭하여 채권을 매각하는 방법을 사모라고 한다.

32 **다음 중 테일러 시스템과 포드 시스템의 비교로 옳지 않은 것은?**

① 테일러 시스템은 일급제로, 포드 시스템은 성과제로 임금을 지급했다.
② 테일러 시스템은 과업관리를, 포드 시스템은 동시관리를 했다.
③ 테일러 시스템은 고임금 저노무비를, 포드 시스템은 저가격 고임금을 추구한다.
④ 테일러 시스템은 개별 생산공장의 생산성을 향상시키고, 포드 시스템은 생산의 표준화를 가져왔다.

33 **다음 중 경영 이론에 대한 설명으로 옳지 않은 것은?**

① 페이욜(H. Fayol)은 경영의 본질적 기능으로 기술적 기능, 영업적 기능, 재무적 기능, 보전적 기능, 회계적 기능, 관리적 기능의 6가지를 제시하였다.
② 바너드(C. Barnard)는 조직 의사결정은 제약된 합리성에 기초하게 된다고 주장하였다.
③ 상황 이론은 여러 가지 환경 변화에 효율적으로 대응하기 위하여 조직이 어떠한 특성을 갖추어야 하는지를 규명하고자 하는 이론이다.
④ 시스템 이론 관점에서 경영의 투입 요소에는 노동 · 자본 · 전략 · 정보 등이 있으며, 산출 요소에는 제품과 서비스 등이 있다.

34 **다음 중 스타이너와 마이너가 분류한 경영전략에 대한 내용으로 옳지 않은 것은?**

① 조직계층별 분류는 분권화된 기업 조직에서 본사 수준의 전략 및 사업부 수준의 전략으로 구분한다.
② 경영자의 개인적 선택에 의한 분류는 성장 및 생존 목적을 위한 전략과 제품 – 시장전략의 구분이다.
③ 영역에 기초를 둔 분류는 기본전략 및 프로그램 전략으로 구분한다.
④ 물질적 · 비물질적 자원별 분류는 통상적으로 전략은 물리적인 자원을 대상으로 하지만, 경영자의 스타일이나 사고패턴 · 철학과도 관련된다.

35 **다음 중 광고에 대한 설명으로 옳지 않은 것은?**

① 광고의 판매 효과를 측정하기 힘든 이유로 광고의 이월 효과(Carryover Effect)를 들 수 있다.
② 광고는 지역적으로 넓게 분산되어 있는 소비자들에 대한 촉진이 가능하다는 특성이 있다.
③ 광고 모델이 매력적일 경우 모델 자체는 주의를 끌 수 있으나 메시지에 대한 주의가 흐트러질 가능성이 있다.
④ 소비자의 광고 제품에 대한 관여도가 낮을수록 해당 광고에 대한 인지적 반응(Cognitive Response)의 양이 많아진다.

36 다음 중 비확률 표본추출 방법에 해당하는 것은?

① 단순무작위 표본추출법 ② 편의 표본추출법
③ 층화 표본추출법 ④ 군집 표본추출법

37 기업의 광고 매체 전략은 여러 가지 요소에 의존하여 행해져야 한다. 다음 중 고려대상에서 제외하여도 상관없는 것은?

① 광고 매체별 비용의 상대적 평가
② 광고 매체의 효과성 평가
③ 제품 자체의 특성
④ 광고 매체의 수

38 다음에서 설명하는 판매 기법은?

- 푸시 마케팅(Push Marketing)의 상반된 개념이다.
- 광고·홍보 활동에 고객들을 직접 주인공으로 참여시켜 벌이는 판매 기법을 의미한다.

① 플래그십 마케팅 ② 니치 마케팅
③ 풀 마케팅 ④ 임페리얼 마케팅

39 다음 중 현금의 유입과 유출에 관계없이 거래 시 그 기간에 인식·기록하는 방식은?

① 현금기준 ② 발생기준
③ 총액기준 ④ 실현기준

40 **다음 중 제조업자가 중간상들로 하여금 제품을 최종사용자에게 전달, 촉진 및 판매하도록 권유하기 위해 자사의 판매원을 이용하는 유통경로 전략은?**

① 풀(Pull) 전략
② 푸시(Push) 전략
③ 전속적 경로 전략
④ 선택적 경로 전략

41 **다음에서 설명하는 우리나라 상법상의 회사는?**

- 유한책임사원으로만 구성
- 청년 벤처 창업에 유리
- 사적 영역을 폭넓게 인정

① 합명회사
② 합자회사
③ 유한책임회사
④ 유한회사

42 **다음 중 실적이나 자산에 비해 기업이 상대적으로 저평가됨으로써 현재 발생하는 주당 순이익에 비해 상대적으로 낮은 가격에 거래되는 주식은?**

① 성장주
② 황금주
③ 황제주
④ 가치주

43 **다음의 빈칸에 들어갈 벤치마킹 유형으로 옳은 것은?**

- ________은 경쟁사의 강점과 약점을 파악하여 성공적인 대응 전략을 수립하는 방법이다. 이 방법은 특정 고객의 요구를 확인하고 상대적인 업무 수준이 평가되기 때문에 업무 개선의 우선순위를 정하는 데 도움을 준다.
- ________은 생산 방식과 배달 방식 등에 초점을 맞춘다. 그리고 이를 통하여 경쟁사에 대한 경쟁력을 확보할 수 있다.

① 내부 벤치마킹
② 경쟁기업 벤치마킹
③ 산업 벤치마킹
④ 선두그룹 벤치마킹

44 다음 중 소비자가 특정 상품을 소비하면 자신이 그것을 소비하는 계층과 같은 부류라는 생각을 가지게 되는 효과를 일컫는 용어는?

① 전시 효과
② 플라세보 효과
③ 파노플리 효과
④ 베블런 효과

45 다음 중 페이욜(Fayol)이 주장한 경영활동의 내용이 바르게 연결된 것은?

① 기술활동 – 생산, 제조, 가공
② 상업활동 – 계획, 조직, 지휘, 조정, 통제
③ 회계활동 – 구매, 판매, 교환
④ 관리활동 – 재화 및 종업원 보호

46 다음 중 자회사 주식의 일부 또는 전부를 소유해서 자회사 경영권을 지배하는 지주회사와 관련이 있는 기업결합은?

① 콘체른(Konzern)
② 카르텔(Cartel)
③ 트러스트(Trust)
④ 콤비나트(Kombinat)

47 다음 중 테일러(F. Taylor)의 과학적 관리의 특징으로 옳지 않은 것은?

① 컨베이어 시스템
② 작업지도표 제도
③ 차별적 성과급제
④ 기능식 직장 제도

48 다음 〈보기〉 중 마이클 포터의 가치사슬 모형에서 지원적 활동(Support Activities)에 해당하는 것을 모두 고르면?

> **보기**
>
> ㉠ 기업 하부구조 ㉡ 내부 물류
> ㉢ 제조 및 생산 ㉣ 인적자원관리
> ㉤ 기술개발 ㉥ 외부 물류
> ㉦ 마케팅 및 영업 ㉧ 서비스
> ㉨ 조달 활동

① ㉠, ㉡, ㉢, ㉣
② ㉠, ㉢, ㉤, ㉨
③ ㉡, ㉢, ㉣, ㉨
④ ㉢, ㉣, ㉦, ㉧

49 다음 〈보기〉에서 푸시 앤 풀(Push and Pull) 기법 중 푸시(Push) 전략에 대한 설명으로 옳은 것을 모두 고르면?

> **보기**
>
> ㉠ 제조업자가 중간상을 대상으로 적극적인 촉진전략을 사용하여 도매상, 소매상들이 자사의 제품을 소비자에게 적극적으로 판매하도록 유도하는 방법이다.
> ㉡ 인적판매와 중간상 판촉의 중요성이 증가하게 되고, 최종소비자를 대상으로 하는 광고의 중요성은 상대적으로 감소하게 된다.
> ㉢ 제조업자가 최종소비자를 대상으로 적극적인 촉진을 사용하여 소비자가 자사의 제품을 적극적으로 찾게 함으로써 중간상들이 자발적으로 자사 제품을 취급하게 만드는 전략이다.
> ㉣ 최종소비자를 대상으로 하는 광고와 소비자 판촉의 중요성이 증가하게 된다.

① ㉠, ㉡
② ㉠, ㉣
③ ㉡, ㉢
④ ㉡, ㉣

50 다음 중 표적시장 선정 및 포지셔닝에 대한 설명으로 옳지 않은 것은?

① 표적 마케팅 과정의 주요 첫 단계는 시장세분화이다.
② 오늘날 시장환경의 변화에 발맞추어 대다수의 기업은 매스 마케팅 전략으로 이행하고 있다.
③ 틈새시장 공략 마케팅 기업들은 자사가 틈새시장 소비자들의 요구를 매우 잘 이해하고 있기 때문에 고객들이 자사 제품에 대하여 고가격을 기꺼이 지불할 것이라고 가정한다.
④ 현지화 마케팅의 단점은 규모의 경제 효과를 감소시켜 제조 및 마케팅 비용을 증가시킨다는 점이다.

| 03 | 재무회계관리

01 **다음 중 제조업을 영위하는 H기업의 현금흐름표에 대한 설명으로 옳지 않은 것은?**

① 단기매매 목적으로 보유하는 유가증권의 취득과 판매에 따른 현금흐름은 재무활동현금흐름으로 분류한다.

② 현금흐름표는 회계기간 동안 발생한 현금흐름을 영업활동, 투자활동 및 재무활동으로 분류하여 보고한다.

③ 유형자산 또는 무형자산 처분에 따른 현금유입은 투자활동현금흐름으로 분류한다.

④ 차입금의 상환에 따른 현금유출은 재무활동현금흐름으로 분류한다.

02 **다음 글에서 설명하는 감가상각법은?**

> • 내용연수 동안 매년 동일한 금액을 감가상각 한다.
> • 매년 감가상각비는 취득원가에서 잔존가치를 차감한 값을 내용연수로 나눈 값이다.
> • 균등상각법, 직선법이라고도 한다.

① 정액법　　② 정률법
③ 생산량비례법　　④ 연수합계법

03 **다음 사례에 대한 설명으로 옳지 않은 것은?**

> 제1차 세계대전 직후 독일의 물가는 전쟁 전의 1.3조 배에 이르렀다. 음료수 하나를 사더라도 돈을 가득히 담아가야 하는 정도였다. 이에 화폐에서 '0'을 12개(1조) 떼어 내고 기존에 쓰던 화폐 명칭도 변경하였다.
> 특히 2005년 이후 화폐 개혁 사례들이 늘어났는데, 이에 대한 국가들의 성패 여부는 극명히 엇갈렸다. 예를 들어 터키는 화폐 단위를 100만분의 1로 낮추면서 화폐 명칭도 변경해 대표적 성공 사례로 손꼽히는 반면, 짐바브웨는 치솟는 물가 때문에 액면 단위를 내렸다가 환율과 물가가 급등하는 등 심각한 혼란을 야기하기도 했었다. 또한 북한은 2009년 구권 100원을 신권 1원으로 바꾸었는데, 이러한 갑작스러운 화폐 개혁은 북한 화폐에 대한 신뢰도를 떨어뜨렸고, 시장에서는 중국 위안화로만 거래하는 상황이 발생하였다.

① 화폐 개혁으로 인해 국민들에게 사회적 혼란을 야기할 수 있다.

② 현실적으로 체감지수의 변화를 느끼지 못해 물가변동에 영향은 없다.

③ 이론적으로는 소득이나 물가 등 국민경제의 실질변수에 영향을 끼치지 않는다.

④ 경제규모의 확대 등으로 거래가격이 높아지고, 이에 따른 숫자의 자릿수가 늘어나면서 생겨나는 계산상의 불편을 해결하기 위함이다.

04 다음 중 손금 불산입항목에 해당하지 않는 것은?

① 취득세
② 손해배상금
③ 교통위반 과태료
④ 가산세 및 가산금

05 다음 중 변동원가 계산에 대한 설명으로 옳지 않은 것은?

① 영업이익은 생산량과 관계없이 판매량에 의하여 영향을 받는다.
② 종합원가 계산에 비해 계획의 수립 및 의사결정에 유리하다.
③ 생산량이 증가하면 단위당 제조원가는 하락한다.
④ 고정 제조 간접비를 기간비용으로 처리한다.

06 다음 내용을 참고하여 당기 말 대손상각비를 구하면?

- 당기 초 매출채권 2,000,000원, 대손충당금 300,000원
- 기초 매출채권 중 300,000원은 당기 중 회수
- 당기 매출 중 미회수된 금액은 500,000원
- 매출채권 잔액에 대해 20%를 대손충당금으로 설정

① 80,000원
② 110,000원
③ 140,000원
④ 220,000원

07 다음 중 사채할인발행에 대한 설명으로 옳지 않은 것은?

① 시장이자율이 사채의 표시 이자율보다 높은 경우 발행한다.
② 사채의 액면금액과 발행금액의 차이는 사채할인발행차금으로 표시한다.
③ 사채를 할인발행 시 사채할인발행차금 상각액은 매년 감소한다.
④ 사채를 할인발행하면 사채의 장부금액은 매년 감소하게 된다.

08 다음 자료와 같이 자산을 보유 중일 때, 유동성이 높은 순서로 옳은 것은?

• 우편환	• 현금
• 9개월 만기적금	• 배당금지급통지서

① 현금 → 9개월 만기적금 → 배당금지급통지서 → 우편환
② 현금 → 9개월 만기적금 → 우편환 → 배당금지급통지서
③ 현금 → 배당금지급통지서 → 9개월 만기적금 → 우편환
④ 현금 → 배당금지급통지서 → 우편환 → 9개월 만기적금

09 다음 중 대리비용 이론에 대한 설명으로 옳지 않은 것은?

① 대리비용의 발생 원천에 따라 자기자본 대리비용과 부채 대리비용으로 구분된다.
② 자기자본 대리비용은 외부 주주의 지분율이 높을수록 커진다.
③ 부채 대리비용은 부채비율이 낮을수록 커진다.
④ 위임자와 대리인 간의 정보 비대칭 상황을 전제한다.

10 다음 중 자산, 부채 및 자본에 대한 설명으로 옳지 않은 것은?

① 자산은 과거 사건의 결과로 기업이 통제하고 있고 미래 경제적 효익이 기업에 유입될 것으로 기대되는 자원이다.
② 부채는 과거 사건에 의하여 발생하였으며, 경제적 효익을 갖는 자원이 기업으로부터 유출됨으로써 이행될 것으로 기대되는 과거 의무이다.
③ 자본은 주식회사의 경우 소유주가 출연한 자본, 이익잉여금, 이익잉여금 처분에 의한 적립금, 자본유지조정을 나타내는 적립금 등으로 구분하여 표시할 수 있다.
④ 자산이 갖는 미래 경제적 효익이란 직접으로 또는 간접으로 미래 현금 및 현금성 자산의 기업에의 유입에 기여하게 될 잠재력을 말한다.

11 다음 중 3C 분석에 대한 설명으로 옳지 않은 것은?

① 3C는 Company, Cooperation, Competitor로 구성되어 있다.
② 3C는 자사, 고객, 경쟁사로 기준을 나누어 현 상황을 파악하는 분석 방법이다.
③ 3C는 기업들이 마케팅이나 서비스를 진행할 때 가장 먼저 실행하는 분석 중 하나이다.
④ 3C의 Company 영역은 외부 요인이 아닌 내부 자원에 관한 역량 파악이다.

12 **다음 중 독점에 대한 설명으로 옳지 않은 것은?**

① 독점기업의 총수입을 극대화하기 위해서는 수요의 가격탄력성이 1인 점에서 생산해야 한다.
② 원자재 가격의 상승은 평균비용과 한계비용을 상승시키므로 독점기업의 생산량이 감소하고 가격은 상승한다.
③ 독점의 경우 자중손실(Deadweight Loss)과 같은 사회적 순후생손실이 발생하기 때문에 경쟁의 경우에 비해 효율성이 떨어진다고 볼 수 있다.
④ 독점기업은 시장지배력을 갖고 있기 때문에 제품 가격과 공급량을 각각 원하는 수준으로 결정할 수 있다.

13 **다음 중 인플레이션에 의해 나타날 수 있는 현상으로 보기 어려운 것은?**

① 구두창 비용의 발생
② 메뉴 비용의 발생
③ 통화가치 하락
④ 총요소생산성의 상승

14 **어느 나라 국민의 50%는 소득이 전혀 없고 나머지 50%는 모두 소득 100을 균등하게 가지고 있을 때, 지니계수의 값은 얼마인가?**

① 0
② 1
③ $\frac{1}{2}$
④ $\frac{1}{4}$

15 **다음 표는 기업 甲과 乙의 초기 보수행렬이다. 오염물질을 배출하는 乙은 제도 변화 후, 배출량을 1톤에서 2톤으로 증가하는데 甲에게 보상금 5를 지불하게 되어 보수행렬이 변화했다. 보수행렬 변화 전, 후에 대한 설명으로 가장 적절한 것은?[단, 1회성 게임이며, 보수행렬 ( ) 안 왼쪽은 甲, 오른쪽은 乙의 것이다]**

구분		乙	
		1톤 배출	2톤 배출
甲	조업 중단	(0, 4)	(0, 8)
	조업 가동	(10, 4)	(3, 8)

① 초기 상태의 내시균형은 (조업 중단, 2톤 배출)이다.
② 초기 상태의 甲과 乙의 우월전략은 없다.
③ 제도 변화 후 甲의 우월전략은 있으나 乙의 우월전략은 없다.
④ 제도 변화 후 오염물질의 총배출량은 감소했다.

16 중국과 인도 근로자 한 사람의 시간당 의복과 자동차 생산량은 다음과 같다. 리카도(D. Ricardo)의 비교우위론에 따르면, 양국은 어떤 제품을 수출하는가?

구분	중국	인도
의복(벌)	40	30
자동차(대)	20	10

	중국	인도
①	의복	자동차
②	자동차	의복
③	자동차와 의복	수출하지 않음
④	수출하지 않음	자동차와 의복

PART 3

17 다음 〈보기〉 중 항상소득 이론에 근거한 설명으로 옳은 것을 모두 고르면?

보기

가. 직장에서 승진하여 소득이 증가하였으나 이로 인한 소비는 증가하지 않는다.
나. 경기호황기에는 임시소득이 증가하여 저축률이 상승한다.
다. 항상소득에 대한 한계소비성향이 임시소득에 대한 한계소비성향보다 더 작다.
라. 소비는 현재소득뿐 아니라 미래소득에도 영향을 받는다.

① 가, 나
② 가, 라
③ 나, 다
④ 나, 라

18 다음 〈보기〉 중 국내총생산(GDP) 통계에 대한 설명으로 옳은 것을 모두 고르면?

보기

가. 여가가 주는 만족은 삶의 질에 매우 중요한 영향을 미치므로 GDP에 반영된다.
나. 환경오염으로 파괴된 자연을 치유하기 위해 소요된 지출은 GDP에 포함된다.
다. 우리나라의 지하경제 규모는 엄청나므로 한국은행은 이것을 포함하여 GDP를 측정한다.
라. 가정주부의 가사노동은 GDP에 불포함되지만 가사도우미의 가사노동은 GDP에 포함된다.

① 가, 다
② 가, 라
③ 나, 다
④ 나, 라

19 다음 〈보기〉 중 내생적 경제성장 이론에 대한 설명으로 옳은 것을 모두 고르면?

> **보기**
> 가. 인적자본의 축적이나 연구개발은 경제성장을 결정하는 중요한 요인이다.
> 나. 정부의 개입이 경제성장에 중요한 역할을 한다.
> 다. 자본의 한계생산은 체감한다고 가정한다.
> 라. 선진국과 후진국 사이의 소득격차가 줄어든다.

① 가, 나
② 가, 다
③ 나, 다
④ 나, 라

20 다음 중 파레토 효율성에 대한 설명으로 옳지 않은 것은?

① 어느 한 사람의 효용을 감소시키지 않고서는 다른 사람의 효용을 증가시킬 수 없는 상태를 파레토 효율적이라고 한다.
② 일정한 조건이 충족될 때 완전경쟁시장에서의 일반균형은 파레토 효율적이다.
③ 파레토 효율적인 자원배분이 평등한 소득분배를 보장해주는 것은 아니다.
④ 파레토 효율적인 자원배분하에서는 항상 사회후생이 극대화된다.

21 다음 중 대규모 데이터베이스에서 숨겨진 패턴이나 관계를 발견하여 의사결정 및 미래예측에 활용할 수 있도록 데이터를 모아서 분석하는 것은?

① 데이터 웨어하우스(Data Warehouse)
② 데이터 마이닝(Data Mining)
③ 데이터 마트(Data Mart)
④ 데이터 정제(Data Cleansing)

22 다음 중 기업신용평가등급표의 양적 평가요소에 해당하는 것은?

① 진입장벽
② 시장점유율
③ 재무비율 평가항목
④ 은행거래 신뢰도

23 **다음 중 재무제표에 대한 설명으로 옳지 않은 것은?**

① 재무제표는 재무상태표, 포괄손익계산서, 자본변동표, 현금흐름표, 그리고 주석으로 구성된다.

② 재무제표는 적어도 1년에 한 번은 작성하며, 현금흐름에 대한 정보를 제외하고는 발생기준의 가정하에 작성한다.

③ 재무제표 요소의 측정기준은 역사적원가와 현행가치 등으로 구분된다.

④ 기업이 경영활동을 청산 또는 중단할 의도가 있더라도, 재무제표는 계속기업의 가정하에 작성한다.

24 **A회사는 B회사와 다음과 같은 기계장치를 상호 교환하였다. 교환 과정에서 A회사는 B회사에게 현금을 지급하고, 기계장치 취득원가 ₩470,000, 처분손실 ₩10,000을 인식하였다. 교환 과정에서 A회사가 지급한 현금은?(단, 교환거래에 상업적 실질이 있고 각 기계장치의 공정가치는 신뢰성 있게 측정된다)**

구분	A회사	B회사
취득원가	₩800,000	₩600,000
감가상각누계액	₩340,000	₩100,000
공정가치	₩450,000	₩480,000

① ₩10,000
② ₩20,000
③ ₩30,000
④ ₩40,000

25 **H주식회사는 20×1년 초에 3년 후 만기가 도래하는 사채(액면금액 1,000,000원, 표시이자율 연 10%, 유효이자율 연 12%, 이자는 매년 말 후급)를 951,963원에 취득하고 만기보유금융자산으로 분류하였다. H주식회사가 20×1년도에 인식할 이자수익은?(단, 금액은 소수점 첫째자리에서 반올림하며 단수 차이가 있으면 가장 근사치를 선택한다)**

① 100,000원
② 114,236원
③ 115,944원
④ 117,857원

26 **다음 자료를 이용하여 계산한 회사의 주식가치는 얼마인가?**

> • (사내유보율)=30%
> • [자기자본이익률(ROE)]=10%
> • (자기자본비용)=20%
> • (당기의 주당순이익)=3,000원

① 12,723원 ② 13,250원
③ 14,500원 ④ 15,675원

27 **다음 중 재무레버리지에 대한 설명으로 옳은 것은?**

① 재무레버리지란 자산을 획득하기 위해 조달한 자금 중 재무고정비를 수반하는 자기자본이 차지하는 비율이다.

② 재무고정비로 인하여 영업이익의 변동률에 따른 주당순자산(BPS)의 변동폭은 확대되어 나타난다.

③ 재무고정비에는 부채뿐만 아니라 보통주배당도 포함된다.

④ 재무레버리지도(DFL; Degree of Financial Leverage)는 영업이익의 변동에 따른 주당이익(EPS)에 미치는 영향을 분석한 것이다.

28 **다음 중 재고자산에 대한 설명으로 옳은 것은?(단, 재고자산감모손실 및 재고자산평가손실은 없다)**

① 선입선출법 적용 시 물가가 지속적으로 상승한다면, 계속기록법에 의한 기말재고자산금액이 실지재고조사법에 의한 기말재고자산 금액보다 작다.

② 재고자산을 순실현가능가치로 감액한 평가손실과 모든 감모손실은 감액이나 감모가 발생한 다음 기간에 매출원가로 인식한다.

③ 재고자산 매입 시 부담한 매입운임은 운반비로 구분하여 비용처리한다.

④ 부동산 매매기업이 정상적인 영업 과정에서 판매를 목적으로 보유하는 건물은 재고자산으로 구분한다.

29 다음은 H기업의 2024년 세무조정사항 등 법인세 계산 자료이다. H기업의 2024년도 법인세비용은?

> • 접대비 한도초과액은 ₩24,000이다.
> • 감가상각비 한도초과액은 ₩10,000이다.
> • 2024년 초 전기이월 이연법인세자산은 ₩7,500이고, 이연법인세부채는 없다.
> • 2024년도 법인세비용차감전순이익은 ₩150,000이고, 이후에도 매년 이 수준으로 실현될 가능성이 높다.
> • 과세소득에 적용될 세율은 25%이고, 향후에도 변동이 없다.

① ₩37,500 ② ₩40,500
③ ₩43,500 ④ ₩45,500

PART 3

30 H기업은 고객에게 상품을 판매하고 약속어음(액면금액 ₩5,000,000, 만기 6개월, 표시이자율 연 6%)을 받았다. H기업은 동 어음을 3개월간 보유한 후 은행에 할인하면서 은행으로부터 ₩4,995,500을 받았다. 다음 중 동 어음에 대한 은행의 연간 할인율은?(단, 이자는 월할계산한다)

① 8% ② 10%
③ 12% ④ 14%

31 부채비율$\left(\dfrac{B}{S}\right)$이 100%인 H기업의 세전타인자본비용은 8%이고, 가중평균자본비용은 10%일 때, H기업의 자기자본비용은?(단, 법인세율은 25%이다)

① 8% ② 10%
③ 12% ④ 14%

32 H유통업체는 A상품을 연간 19,200개 정도 판매할 수 있을 것으로 예상하고 있다. A상품의 1회 주문비가 150원, 연간 재고유지비는 상품당 16원이라고 할 때 경제적 주문량(EOQ)은?

① 550개 ② 600개
③ 700개 ④ 750개

33 **다음 중 수요의 가격탄력성이 0이면서 공급곡선은 우상향하고 있는 재화에 대해 조세가 부과될 경우, 조세부담의 귀착에 대한 설명으로 옳은 것은?**

① 조세부담은 모두 소비자에게 귀착된다.
② 조세부담은 모두 판매자에게 귀착된다.
③ 조세부담은 양측에 귀착되지만 소비자에게 더 귀착된다.
④ 조세부담은 양측에 귀착되지만 판매자에게 더 귀착된다.

34 **다음 중 자본이동이 완전히 자유로운 소규모 개방경제의 IS－LM－BP 모형에서 화폐수요가 감소할 때, 〈보기〉 중 고정환율 제도와 변동환율 제도하에서 발생하는 변화에 대한 설명으로 옳지 않은 것을 모두 고르면?**

보기

ㄱ. 변동환율 제도하에서 화폐수요가 감소하면 LM 곡선이 오른쪽으로 이동한다.
ㄴ. 변동환율 제도하에서 이자율 하락으로 인한 자본유출로 외환수요가 증가하면 환율이 상승한다.
ㄷ. 변동환율 제도하에서 평가절하가 이루어지면 순수출이 증가하고 LM 곡선이 우측으로 이동하여 국민소득은 감소하게 된다.
ㄹ. 고정환율 제도하에서 외환에 대한 수요증가로 환율상승 압력이 발생하면 중앙은행은 외환을 매각한다.
ㅁ. 고정환율 제도하에서 화폐수요가 감소하여 LM 곡선이 오른쪽으로 이동하더라도 최초의 위치로는 복귀하지 않는다.

① ㄱ, ㄴ
② ㄴ, ㄷ
③ ㄷ, ㄹ
④ ㄷ, ㅁ

35 **다음 〈보기〉 중 IS－LM 모형에 대한 설명으로 옳은 것을 모두 고르면?**

보기

ㄱ. 투자의 이자율 탄력성이 클수록 IS 곡선과 총수요곡선은 완만한 기울기를 갖는다.
ㄴ. 소비자들의 저축성향 감소는 IS 곡선을 왼쪽으로 이동시키며 총수요곡선도 좌측으로 이동시킨다.
ㄷ. 화폐수요의 이자율 탄력성이 클수록 LM 곡선과 총수요곡선은 완만한 기울기를 갖는다.
ㄹ. 물가수준의 상승은 LM 곡선을 좌측으로 이동시키지만 총수요곡선을 이동시키지는 못한다.
ㅁ. 통화량의 증가는 LM 곡선을 우측으로 이동시키며 총수요곡선도 우측으로 이동시킨다.

① ㄱ, ㄷ, ㄹ
② ㄱ, ㄹ, ㅁ
③ ㄴ, ㄷ, ㅁ
④ ㄴ, ㄹ, ㅁ

36 다음 〈보기〉 중 수요와 공급의 가격탄력성에 대한 설명으로 옳은 것을 모두 고르면?

보기

ㄱ. 어떤 재화에 대한 소비자의 수요가 비탄력적이라면 가격이 상승할 경우 그 재화에 대한 지출액은 증가한다.
ㄴ. 수요와 공급의 가격탄력성이 클수록 단위당 일정한 생산보조금 지급에 따른 자중손실(Dead-weight Loss)은 커진다.
ㄷ. 독점력이 강한 기업일수록 공급의 가격탄력성이 작아진다.
ㄹ. 최저임금이 인상되었을 때, 최저임금이 적용되는 노동자들의 총임금은 노동의 수요보다는 공급의 가격탄력성에 따라 결정된다.

① ㄱ, ㄴ　　② ㄱ, ㄷ
③ ㄴ, ㄹ　　④ ㄱ, ㄴ, ㄷ

37 다음 〈보기〉 중 현시선호 이론에 대한 설명으로 옳은 것을 모두 고르면?

보기

ㄱ. 소비자의 선호 체계에 이행성이 있다는 것을 전제로 한다.
ㄴ. 어떤 소비자의 선택 행위가 현시선호 이론의 공리를 만족시킨다면 이 소비자의 무차별곡선은 우하향하게 된다.
ㄷ. $P_0Q_0 \geq P_0Q_1$일 때, 상품 묶음 Q_0가 선택되었다면 Q_0가 Q_1보다 현시선호되었다고 말한다(단, P_0는 가격벡터를 나타낸다).
ㄹ. 강공리가 만족된다면 언제나 약공리는 만족된다.

① ㄱ, ㄴ　　② ㄴ, ㄷ
③ ㄴ, ㄹ　　④ ㄴ, ㄷ, ㄹ

38 다음 중 국제경제에 대한 설명으로 옳은 것은?

① 재정흑자와 경상수지적자의 합은 0이다.
② 경상수지적자의 경우 자본수지적자가 발생한다.
③ 중간재가 존재할 경우 요소집약도가 변하지 않으면 요소가격 균등화가 이루어진다.
④ 만일 한 나라의 국민소득이 목표치를 넘을 경우 지출 축소 정책은 타국과 정책 마찰을 유발한다.

39 **어떤 기업에 대하여 다음 상황을 가정할 때, 이 기업의 가치에 대한 설명으로 옳지 않은 것은?**

> • 이 기업의 초기 이윤은 $\pi_0=100$이다.
> • 이 기업의 이윤은 매년 $g=5\%$씩 성장할 것으로 기대된다.
> • 이 기업이 자금을 차입할 경우, 금융시장에서는 $i=10\%$의 이자율을 적용한다.

① 이 기업의 가치는 $PV=\pi_0\dfrac{1+g}{i-g}$로 계산된다.
② 이 기업의 가치는 2,200이다.
③ 이 기업의 가치는 i가 상승하면 감소한다.
④ 이 기업의 가치는 g가 커지면 증가한다.

40 **어떤 경제의 총수요곡선은 $P_t=-Y_t+2$, 총공급곡선은 $P_t=P_t^e+(Y_t-1)$이다. 이 경제가 현재 $P=\dfrac{3}{2}$, $Y=\dfrac{1}{2}$에서 균형을 이루고 있다고 할 때, 다음 중 옳은 것은?(단, P_t^e는 예상물가이다)**

① 이 경제는 장기균형 상태에 있다.
② 현재 상태에서 P_t^e는 $\dfrac{1}{2}$이다.
③ 현재 상태에서 P_t^e는 $\dfrac{3}{2}$이다.
④ 개인들이 합리적 기대를 한다면 P_t^e는 1이다.

41 **다음 〈보기〉 중 재무제표의 표시와 작성에 대한 설명으로 옳은 것을 모두 고르면?**

> 보기
> 가. 재무상태표에 표시되는 자산과 부채는 반드시 유동자산과 비유동자산, 유동부채와 비유동부채로 구분하여 표시한다.
> 나. 영업활동을 위한 자산의 취득시점부터 그 자산이 현금이나 현금성자산으로 실현되는 시점까지 소요되는 기간이 영업주기이다.
> 다. 비용의 기능에 대한 정보가 미래현금흐름을 예측하는 데 유용하기 때문에 비용을 성격별로 분류하는 경우에는 비용의 기능에 대한 추가 정보를 공시하는 것이 필요하다.
> 라. 자본의 구성요소인 기타포괄손익누계액과 자본잉여금은 포괄손익계산서와 재무상태표를 연결시키는 역할을 한다.
> 마. 현금흐름표는 기업의 활동을 영업활동, 투자활동, 재무활동으로 구분한다.

① 가, 나 ② 가, 라
③ 나, 다 ④ 나, 마

42 어느 제품의 변동비용은 2,000원이고, 가격은 5,000원이다. 또한 이 제품을 만드는 기업의 총 고정비용이 500만 원일 때, 이 제품의 공헌이익률은 얼마인가?

① 0.2
② 0.6
③ 0.8
④ 1.2

43 다음은 H기업의 재무제표 중 일부이다. 해당 재무제표를 보고 자기자본이익률(ROE)을 바르게 구한 것은?

(단위 : 억 원)

매출액	4,000
자기자본	300
당기순이익	150
영업이익	820

① 50%
② 48%
③ 35%
④ 20%

44 A씨와 B씨는 부동산투자를 통해 임대수익을 얻고자 상가를 3,000만 원에 매입했다. 임대금이 다음과 같을 때, 상가의 임대수익률은?

임차인	임대금
A	500만 원
B	700만 원

① 25%
② 30%
③ 35%
④ 40%

45 다음 중 재무정보의 질적 특성에 대한 설명으로 옳지 않은 것은?

① 적시성은 의사결정에 영향을 미칠 수 있도록 의사결정자가 정보를 제때에 이용 가능하게 하는 것을 의미한다.

② 중요성은 정보가 누락된 경우 정보 이용자의 의사결정에 영향을 줄 수 있다면 그 정보는 중요하다는 것을 의미한다.

③ 비교 가능성은 정보이용자가 항목 간의 유사점과 차이점을 식별하고 이해할 수 있게 하는 질적 특성이다.

④ 충실한 표현은 모든 면에서 정확한 요건을 갖춘 것을 의미한다.

46 다음 〈보기〉 중 재무분석 자료에서 기업의 활동성을 분석할 수 있는 것을 모두 고르면?

보기

ㄱ. 매출채권회전율
ㄴ. 재고자산회전율
ㄷ. 총자산회전율
ㄹ. 부채비율
ㅁ. 재고자산평균회전기간
ㅂ. 자기자본이익률

① ㄱ, ㄷ, ㅁ
② ㄱ, ㄴ, ㄷ, ㅁ
③ ㄱ, ㄴ, ㄹ, ㅂ
④ ㄱ, ㄷ, ㅁ, ㅂ

47 다음은 H기업의 당기 재고자산 관련 자료이다. 가중평균 소매재고법에 따른 당기 매출원가는?

구분	원가	매가
기초재고	₩1,800	₩2,000
매입	₩6,400	₩8,000
매출	?	₩6,000
기말재고	?	₩4,000

① ₩4,800
② ₩4,920
③ ₩5,100
④ ₩5,400

48 **다음 중 충당부채 및 우발부채에 대한 설명으로 옳은 것은?**

① 충당부채와 우발부채는 재무제표 본문에 표시되지 않고 주석으로 표시된다.
② 금액의 신뢰성 있는 추정이 가능하지 않더라도, 자원의 유출 가능성이 높은 경우 충당부채로 인식한다.
③ 자원의 유출 가능성이 높지 않더라도 금액의 신뢰성 있는 추정이 가능하면 충당부채로 인식한다.
④ 자원의 유출 가능성이 높고, 금액의 신뢰성 있는 추정이 가능한 경우 충당부채로 인식한다.

49 **다음 중 유형자산의 취득원가에 포함되는 것은?**

① 유형자산이 경영진이 의도하는 방식으로 가동될 수 있으나, 아직 실제로 사용되지 않고 있는 경우에 발생하는 원가
② 유형자산 취득 시 정상적으로 작동되는지 여부를 시험하는 과정에서 발생하는 원가(단, 시험 과정에서 생산된 재화의 순매각금액은 차감한다)
③ 유형자산과 관련된 산출물에 대한 수요가 형성되는 과정에서 발생하는 가동손실과 같은 초기 가동손실
④ 기업의 영업 전부 또는 일부를 재배치하거나 재편성하는 과정에서 발생하는 원가

50 **H기업은 2024년 1월 1일 다음과 같은 사채를 발행하였으며, 유효이자율법에 따라 회계처리한다. 동 사채와 관련하여 옳지 않은 것은?**

- 액먼금액 . 1,000,000원
- 만기 : 3년
- 액면이자율 : 연 5%
- 이자지급시기 : 매년 말
- 사채발행비 : 20,000원
- 유효이자율 : 연 8%(단, 유효이자율은 사채발행비가 고려됨)

① 동 사채는 할인발행 사채이다.
② 매년 말 지급할 현금이자는 50,000원이다.
③ 이자비용은 만기일에 가까워질수록 증가한다.
④ 사채발행비가 30,000원이라면 동 사채에 적용되는 유효이자율은 연 8%보다 낮다.

| 04 | 법무

01 **다음 중 행정기관에 의하여 기본권이 침해된 경우의 구제수단으로서 부적당한 것은?**

① 행정소송
② 형사재판청구권
③ 국가배상청구권
④ 이의신청과 행정심판청구

02 **H는 2024년 1월 15일 A의 식당에서 친구들에게 음식을 사주고 그 대금은 다음 날 지급하기로 A와 약정하였다. 다음 설명 중 옳지 않은 것은?**

① H와 A가 음식료에 대하여 2024년 10월 10일 재판상 화해를 한 경우에 시효기간은 10년이다.
② H가 2025년 1월 9일 A에게 음식료를 갚겠다고 한 경우에 시효는 중단된다.
③ A가 음식료채권을 위하여 2024년 9월 9일 H의 재산에 유효한 가압류를 한 경우에도 시효는 중단되지 않는다.
④ A가 H에게 2024년 10월 25일 음식료의 지급을 최고하고 다시 2025년 2월 25일 재판상 청구를 한 경우에 시효는 중단된다.

03 **우리 헌법에 있어서 제도적 보장의 성질을 띠고 있다고 볼 수 없는 것은?**

① 재판청구권
② 복수정당 제도
③ 재산권의 보장
④ 교육의 자주성과 전문성

04 **다음 설명 중 옳지 않은 것은?**

① 국가의사의 최종 결정권력이 국민에게 있다는 원리를 국민주권의 원리라 한다.
② 우리 헌법상 국민주권의 원리를 구현하기 위한 제도로는 대표민주제, 복수정당제, 국민투표제 등이 있다.
③ 모든 폭력적인 지배와 자의적인 지배를 배제하고, 그때그때의 다수의 의사와 자유 및 평등에 의거한 국민의 자기결정을 토대로 하는 법치국가적 통치질서를 자유민주적 기본질서라 한다.
④ 자유민주적 기본질서의 내용으로는 기본적 인권의 존중, 권력분립주의, 법치주의, 사법권의 독립, 계엄선포 및 긴급명령권, 양대정당제 등이 있다.

05 **다음 중 재산상 법률행위의 취소에 대한 설명으로 옳지 않은 것은?**

① 취소한 법률행위는 처음부터 무효인 것으로 본다.

② 취소권은 추인할 수 있는 날로부터 3년 내에, 법률행위를 한 날로부터 10년 내에 행사하여야 한다.

③ 취소할 수 있는 법률행위를 법정대리인이 추인하는 경우에는 취소의 원인이 소멸한 후에만 할 수 있다.

④ 미성년을 이유로 법률행위가 취소된 경우에 미성년자는 그 행위로 인하여 받은 이익이 현존하는 한도에서 상환할 책임이 있다.

06 **다음 중 취소소송에 있어서 판결의 기속력에 대한 설명으로 옳은 것은?**

① 기속력은 인용판결과 기각판결에서 모두 인정된다.

② 기속력은 원고와 피고, 나아가 관계 행정청에 미친다.

③ 기속력은 판결주문에 나타난 판단에만 미친다.

④ 위법성판단 기준시점인 처분시 이후에 생긴 새로운 사실관계나 개정된 법령과 같이 새로운 처분사유를 들어 동일한 내용의 처분을 하는 것은 가능하다.

07 **오염물질을 배출하는 기업이 타인의 토지에 오염물질을 매장하였으나 토지 소유자는 이를 알고서도 사실상 묵인하였다. 그런데 매장된 오염물질로 인하여 인근지역에 심각한 환경위험이 발생한 경우 그 제거를 위한 경찰작용과 가장 관계가 깊은 원칙은?**

① 사주소불가침의 원칙
② 경찰책임의 원칙
③ 사생활불가침의 원칙
④ 민사관계불간섭의 원칙

08 **다음 중 행정법상 의무의 위반이나 불이행에 대한 금전적 제재수단에 대한 설명으로 옳지 않은 것은?**

① 전형적 과징금은 원칙적으로 행정법상의 의무를 위반한 자에 대하여 당해 위반행위로 얻게 된 경제적 이익을 박탈하기 위한 목적으로 부과하는 금전적인 제재이다.

② 전형적 과징금의 경우 실정법에서 통상 '위반행위의 내용 · 정도, 위반행위의 기간 · 횟수 이외에 위반행위로 인해 취득한 이익의 규모 등'을 고려요소로 규정하기 때문에 법령위반으로 취득한 이익이 없는 경우에는 부과할 수 없다.

③ 변형된 과징금은 인 · 허가사업에 관한 법률상의 의무위반이 있음에도 불구하고 공익상 필요하여 그 인 · 허가사업을 취소 · 정지시키지 않고 사업을 계속하되, 이에 갈음하여 사업을 계속함으로써 얻은 이익을 박탈하는 행정제재금이다.

④ 가산세는 납세자가 법에 규정된 신고, 납세 등의 의무를 위반한 경우에 부과되는 행정상의 제재로서 납세자의 고의 · 과실은 고려되지 않는 것이고, 그 의무해태를 탓할 수 없는 정당한 사유가 있는 경우 이를 부과할 수 없다.

09 **다음 중 시효 제도의 존재 이유에 대하여 옳지 않은 것은?**

① 진정한 권리자의 보호
② 연속한 사실상태의 존중
③ 권리 위에 잠자는 자는 보호하지 않음
④ 증거보전 곤란 구제

10 **다음 중 조건과 기한을 비교한 내용으로 옳지 않은 것은?**

① 어음(수표)행위는 조건에는 친하나 기한에는 친하지 않다.
② 조건이 되는 사실이나 기한이 되는 사실이나 모두 장래의 사실이다.
③ 기한은 도래함이 확실하고, 조건은 그 성부가 불확실하다.
④ 조건과 기한은 모두 법률행위의 부관이다.

11 **다음 중 권리의 작용(효력)에 따른 분류에 속하지 않는 것은?**

① 항변권　② 인격권
③ 형성권　④ 청구권

12 **다음 중 타인이 일정한 행위를 하는 것을 참고 받아들여야 할 의무는?**

① 작위의무　② 수인의무
③ 간접의무　④ 권리반사

13 **다음 중 권리에 대한 설명으로 옳지 않은 것은?**

① 사권(私權)은 권리의 작용에 의해 지배권, 청구권, 형성권, 항변권으로 구분된다.
② 사권(私權)은 권리의 이전성에 따라 절대권과 상대권으로 구분된다.
③ 권능은 권리의 내용을 이루는 개개의 법률상의 힘을 말한다.
④ 권한은 본인 또는 권리자를 위하여 일정한 법률효과를 발생케 하는 행위를 할 수 있는 법률상의 자격을 말한다.

14 다음 〈보기〉 중 사회권적 기본권에 대한 설명으로 옳은 것을 모두 고르면?

> 보기
>
> ㄱ. 사회권은 국민의 권리에 해당한다.
> ㄴ. 바이마르헌법에서 사회권을 최초로 규정하였다.
> ㄷ. 사회권은 천부인권으로서의 인간의 권리이다.
> ㄹ. 사회권은 강한 대국가적 효력을 가진다.

① ㄱ, ㄴ ② ㄱ, ㄹ
③ ㄴ, ㄷ ④ ㄷ, ㄹ

15 다음 중 근대 사법이 공법화 경향을 나타내고 있는 이유로 옳지 않은 것은?

① 계약자유의 범위 확대 ② 공공복리의 실현
③ 사회보장제도의 확충 ④ 사권(私權)의 의무화

16 다음 중 민사소송법상 항소에 대한 설명으로 옳지 않은 것은?

① 항소장의 부본은 피항소인에게 송달하여야 한다.
② 항소는 판결서 송달 전에는 할 수 없고, 판결서가 송달된 날부터 2주 후에 할 수 있다.
③ 항소는 항소심의 종국판결이 있기 전에 취하할 수 있다.
④ 소송비용 및 가집행에 대한 재판에 대하여는 독립하여 항소를 하지 못한다.

17 다음 〈보기〉 중 행정작용에 대한 설명으로 옳지 않은 것을 모두 고르면?

> 보기
>
> ㄱ. 하명은 명령적 행정행위이다.
> ㄴ. 인가는 형성적 행정행위이다.
> ㄷ. 공증은 법률행위적 행정행위이다.
> ㄹ. 공법상 계약은 권력적 사실행위이다.

① ㄱ, ㄴ ② ㄱ, ㄷ
③ ㄱ, ㄹ ④ ㄷ, ㄹ

18 **다음 중 법의 분류에 대한 설명으로 옳지 않은 것은?**

① 자연법은 시·공간을 초월하여 보편적으로 타당한 법을 의미한다.
② 임의법은 당사자의 의사에 의하여 그 적용이 배제될 수 있는 법을 말한다.
③ 부동산등기법은 사법이며, 실체법이다.
④ 오늘날 국가의 개입이 증대되면서 '사법의 공법화' 경향이 생겼다.

19 **다음 중 헌법상 통치구조에 대한 설명으로 옳지 않은 것은?**

① 법원의 재판에 이의가 있는 자는 헌법재판소에 헌법소원심판을 청구할 수 있다.
② 헌법재판소는 지방자치단체 상호 간의 권한의 범위에 관한 분쟁에 대하여 심판한다.
③ 행정법원은 행정소송사건을 담당하기 위하여 설치된 것으로서 3심제로 운영된다.
④ 법원의 재판에서 판결선고는 항상 공개하여야 하지만 심리는 공개하지 않을 수 있다.

20 **다음 중 법과 관습에 대한 설명으로 옳지 않은 것은?**

① 법은 인위적으로 만들어지는 반면, 관습은 자연발생적 현상으로 생성된다.
② 법은 국가 차원의 규범인 반면, 관습은 부분 사회의 관행이다.
③ 법위반의 경우에는 법적 제재가 가능한 반면, 관습 위반의 경우에는 사회적 비난을 받는 데 그친다.
④ 법은 합목적성에 기초하는 반면, 관습은 당위성에 기초한다.

21 **다음 중 사회규범의 기능으로 옳지 않은 것은?**

① 개인과 개인의 협조를 도모한다.
② 각 개인 생의 목표를 설정한다.
③ 개인의 자의적인 행동을 규제한다.
④ 공동체와 공동체 구성원과의 관계를 규율한다.

22 **다음 중 ㉠, ㉡이 의미하는 행정구제 제도의 명칭을 순서대로 바르게 나열한 것은?**

> ㉠ 지방자치단체가 건설한 교량이 시공자의 흠으로 붕괴되어 지역주민들에게 상해를 입혔을 때, 지방자치단체가 상해를 입은 주민들의 피해를 구제해 주었다.
> ㉡ 도로확장사업으로 인하여 토지를 수용당한 주민들의 피해를 국가가 변상하여 주었다.

	㉠	㉡
①	손실보상	행정소송
②	손해배상	행정심판
③	행정소송	손실보상
④	손해배상	손실보상

23 **다음 중 아리스토텔레스의 정의론에 대한 설명으로 옳지 않은 것은?**

① 정의를 인간의 선한 성품인 덕성이라는 관점에서 보았다.
② 정의에는 준법성을 지향하는 것과 균등을 원리로 하는 것의 두 가지가 있다고 보았다.
③ 광의의 정의는 법과 도덕이 미분화된 상태의 관념에 따른 것이다.
④ 광의의 정의는 평균적 정의와 배분적 정의로 나누어진다.

24 **다음 중 관습법에 대한 설명으로 옳지 않은 것은?**

① 관습법은 당사자의 주장·입증이 있어야만 법원이 이를 판단할 수 있다.
② 민법 제1조에서는 관습법의 보충적 효력을 인정하고 있다.
③ 형법은 관습형법금지의 원칙이 적용된다.
④ 헌법재판소 다수 의견에 의하면 관습헌법도 성문헌법과 동등한 효력이 있다.

25 **다음 중 법의 분류에 대한 설명으로 옳지 않은 것은?**

① 대한민국 국민에게 적용되는 헌법은 특별법이다.
② 당사자의 의사와 관계없이 강제적으로 적용되는 법은 강행법이다.
③ 국가의 조직과 기능 및 공익작용을 규율하는 행정법은 공법이다.
④ 당사자가 법의 규정과 다른 의사표시를 한 경우 그 법의 규정을 배제할 수 있는 법은 임의법이다.

26 **다음 중 법의 효력에 대한 설명으로 옳지 않은 것은?**

① 법률의 시행기간은 시행일부터 폐지일까지이다.
② 법률은 특별한 규정이 없는 한 공포일로부터 30일을 경과하면 효력이 발생한다.
③ 범죄 후 법률의 변경이 피고인에게 유리한 경우에는 소급적용이 허용된다.
④ 외국에서 범죄를 저지른 한국인에게 우리나라 형법이 적용되는 것은 속인주의에 따른 것이다.

27 **다음 중 국가배상에 대한 설명으로 옳은 것은?**

① 도로건설을 위해 자신의 토지를 수용당한 개인은 국가배상청구권을 가진다.
② 공무원이 직무수행 중에 적법하게 타인에게 손해를 입힌 경우 국가가 배상책임을 진다.
③ 도로·하천 등의 설치 또는 관리에 하자가 있어 손해를 받은 개인은 국가가 배상책임을 진다.
④ 공무원은 어떤 경우에도 국가배상청구권을 행사할 수 없다.

28 **다음 중 사권(私權)에 대한 설명으로 옳지 않은 것은?**

① 사원권이란 단체구성원이 그 구성원의 자격으로 단체에 대하여 가지는 권리를 말한다.
② 타인의 작위·부작위 또는 인용을 적극적으로 요구할 수 있는 권리를 청구권이라 한다.
③ 취소권·해제권·추인권은 항변권이다.
④ 형성권은 권리자의 일방적 의사표시로 권리변동의 효과를 발생시키는 권리이다.

29 **우리나라 헌법은 1948년 이후 몇 차례의 개정이 있었는가?**

① 5차 ② 7차
③ 8차 ④ 9차

30 **다음 중 헌법제정권력에 대한 설명으로 옳지 않은 것은?**

① 민주국가에서는 국민이 그 주체가 된다.
② 이는 제도적 권리이므로 자연법상의 원리에 의한 제약은 받지 않는다.
③ 헌법제정권력은 시원적이며, 자율성을 갖는다.
④ 헌법개정권력에 우선한다.

31 **다음 중 헌법상 헌법개정에 대한 설명으로 옳은 것은?**

① 헌법개정은 국회 재적의원 과반수 또는 정부의 발의로 제안된다.
② 대통령의 임기 연장 또는 중임 변경에 관해서는 이를 개정할 수 없다.
③ 헌법개정이 확정되면 대통령은 즉시 이를 공포하여야 한다.
④ 헌법개정안에 대한 국회의결은 출석의원 3분의 2 이상의 찬성을 얻어야 한다.

32 **다음 중 헌법전문에 대한 설명으로 옳지 않은 것은?**

① 전문에 선언된 헌법의 기본원리는 헌법해석의 기준이 된다.
② 우리 헌법전문은 헌법제정권력의 소재를 밝힌 전체적 결단으로서 헌법의 본질적 부분을 내포하고 있다.
③ 헌법전의 일부를 구성하며 당연히 본문과 같은 법적 성질을 내포한다.
④ 헌법전문은 전면 개정을 할 수 없으며 일정한 한계를 갖는다.

33 **다음 중 행정기관에 대한 설명으로 옳은 것은?**

① 다수 구성원으로 이루어진 합의제 행정청이 대표적인 행정청의 형태이며, 지방자치단체의 경우 지방의회가 행정청이다.
② 감사기관은 다른 행정기관의 사무나 회계처리를 검사하고 그 적부에 관해 감사하는 기관이다.
③ 자문기관은 행정청의 내부 실·국의 기관으로 행정청의 권한 행사를 보좌한다.
④ 의결기관은 행정청의 의사결정에 참여하는 권한을 가진 기관이지만 행정청의 의사를 법적으로 구속하지는 못한다.

34 **다음 중 현행 헌법상 정당설립과 활동의 자유에 대한 설명으로 옳지 않은 것은?**

① 우리 헌법은 복수정당제를 보장한다.
② 정당은 그 목적, 조직과 활동이 민주적이어야 한다.
③ 정당의 목적과 활동이 민주적 기본질서에 위배될 때에는 국회는 헌법재판소에 그 해산을 제소할 수 있다.
④ 국가는 법률이 정하는 바에 의하여 정당의 운영에 필요한 자금을 보조할 수 있다.

35 **다음 중 기본권의 효력에 대한 설명으로 옳지 않은 것은?**

① 기본권의 효력은 대국가적 효력을 갖는 것이 원칙이다.
② 기본권의 제3자적 효력에서 평등권은 간접적용된다고 볼 수 있다.
③ 기본권의 사인(私人) 간의 직접적 효력을 헌법이 명문으로 규정한 예로, 근로3권과 언론・출판에 의한 명예 또는 권리침해 금지가 있다.
④ 기본권의 사인 간의 효력은 헌법이 직접적 효력을 규정함이 원칙이나 예외적으로 간접적 효력을 갖는 경우도 있다.

36 **다음 중 헌법 제37조 제2항에서 기본권의 제한에 대한 설명으로 옳지 않은 것은?**

① 국회의 형식적 법률에 의해서만 제한할 수 있다.
② 처분적 법률에 의한 제한은 원칙적으로 금지된다.
③ 국가의 안전보장과 질서유지를 위해서만 제한할 수 있다.
④ 기본권의 본질적 내용은 침해할 수 없다.

37 **다음 중 법 앞의 평등에 대한 설명으로 옳지 않은 것은?**

① 법 앞의 평등은 절대적인 것이 아니고 상대적인 것이다.
② 법의 적용뿐만 아니라 법 내용의 평등까지 요구한다.
③ 독일에서는 자의의 금지를, 미국에서는 합리성을 그 기준으로 들고 있다.
④ 차별금지 사유인 성별, 종교, 사회적 신분 등은 열거적 규정이다.

38 **다음 중 재산권에 대한 설명으로 옳지 않은 것은?**

① 재산권 수용은 공공복리에 적합하여야 한다.
② 재산권의 핵심적인 내용은 침해할 수 없다.
③ 공공복리를 위하여 재산권 수용 시 보상을 지급하지 않을 수 있다.
④ 재산권의 수용과 사용은 법률의 규정에 의한다.

39 다음 중 제한능력자에 대한 설명으로 옳지 않은 것은?

① 미성년자가 법정대리인으로부터 허락을 얻은 특정한 영업에 관하여는 성년자와 동일한 행위능력이 있다.

② 가정법원은 성년후견개시의 심판을 할 때 본인의 의사를 고려하여야 한다.

③ 특정후견은 본인의 의사에 반하여 할 수 없다.

④ 가정법원은 질병, 장애, 노령, 그 밖의 사유로 인한 정신적 제약으로 사무를 처리할 능력이 부족한 사람에 대하여 일정한 자의 청구로 성년후견개시의 심판을 한다.

40 다음 중 행정절차에 대한 설명으로 옳지 않은 것은?

① 청문은 당사자가 공개를 신청하거나 청문 주재자가 필요하다고 인정하는 경우 공개할 수 있다. 다만, 공익 또는 제3자의 정당한 이익을 현저히 해칠 우려가 있는 경우에는 공개하여서는 아니 된다.

② 일반적으로 당사자가 근거규정 등을 명시하여 신청하는 인·허가 등을 거부하는 처분을 함에 있어 당사자가 그 근거를 알 수 있을 정도로 상당한 이유를 제시한 경우에는 당해 처분의 근거 및 이유를 구체적 조항 및 내용까지 명시하지 않았더라도 그로 말미암아 그 처분이 위법한 것이 된다고 할 수 없다.

③ 공무원 인사관계 법령에 따른 처분에 관하여는 행정절차법 적용을 배제하고 있으므로, 군인사법령에 의하여 진급예정자명단에 포함된 자에 대하여 의견제출의 기회를 부여하지 아니하고 진급선발취 소처분을 한 것이 절차상 하자가 있어 위법하다고 할 수 없다.

④ 과세의 절차 내지 형식에 위법이 있어 과세처분을 취소하는 판결이 확정되었을 때는 그 확정판결의 기판력은 거기에 적시된 절차 내지 형식의 위법사유에 한하여 미치는 것이므로 과세관청은 그 위법사유를 보완하여 다시 새로운 과세처분을 할 수 있다.

41 다음 중 권리의 객체에 대한 설명으로 옳지 않은 것은?(단, 다툼이 있는 경우 판례에 의한다)

① 주물 자체의 효용과 직접 관계없는 물건은 종물이 아니다.

② 주물에 설정된 저당권의 효력은 특별한 사정이 없으면 종물에 미친다.

③ 입목에 관한 법률에 의하여 입목등기를 한 수목의 집단은 토지와 별개의 부동산이다.

④ 종물은 주물의 처분에 따르므로, 당사자의 특약에 의하여 종물만을 별도로 처분할 수 없다.

42 다음 중 지방자치단체의 조직에 대한 설명으로 옳지 않은 것은?

① 지방자치단체에 주민의 대의기관인 의회를 둔다.
② 지방의회의원은 주민이 보통·평등·직접·비밀선거로 선출한다.
③ 지방자치단체의 장은 법령의 범위 안에서 자치에 관한 조례를 제정할 수 없다.
④ 지방자치단체의 종류는 법률로 정한다.

43 다음 중 민법 제104조의 불공정한 법률행위에 대한 설명으로 옳은 것은?(단, 다툼이 있는 경우 판례에 의한다)

① '무경험'이란 일반적인 생활체험의 부족이 아니라 어느 특정 영역에서의 경험부족을 의미한다.
② 급부와 반대급부 사이의 '현저한 불균형'은 당사자의 주관적 가치가 아닌 거래상의 객관적 가치에 의하여 판단한다.
③ '궁박'에는 정신적 또는 심리적 원인에 기인한 것은 포함되지 않는다.
④ 불공정한 법률행위가 성립하기 위해서는 피해자에게 궁박, 경솔, 무경험 요건이 모두 구비되어야 한다.

44 다음 중 법률행위의 조건에 대한 설명으로 옳지 않은 것은?(단, 다툼이 있는 경우 판례에 의한다)

① 정지조건이 법률행위 당시 이미 성취된 경우에는 그 법률행위는 무효이다.
② 해제조건 있는 법률행위는 조건이 성취한 때로부터 그 효력을 잃는다.
③ 조건의 성취가 미정한 권리의무는 일반규정에 의하여 처분, 상속, 보존 또는 담보로 할 수 있다.
④ 당사자가 합의한 경우에는 조건성취의 효력을 소급시킬 수 있다.

45 다음 중 착오에 대한 설명으로 옳지 않은 것은?(단, 다툼이 있는 경우 판례에 의한다)

① 대리인에 의한 의사표시의 경우, 착오의 유무는 대리인을 표준으로 결정한다.
② 소송대리인의 사무원의 착오로 소를 취하한 경우, 착오를 이유로 취소하지 못한다.
③ 매도인이 매매계약을 적법하게 해제한 후 매수인은 착오를 이유로 매매계약을 취소할 수 없다.
④ 상대방이 착오자의 진의에 동의한 것으로 인정될 때에는 계약의 취소가 허용되지 않는다.

46 **다음 중 행정행위에 대한 설명으로 옳지 않은 것은?**

① 여객자동차운송사업의 한정면허는 특정인에게 권리나 이익을 부여하는 수익적 행정행위로서 재량행위에 해당한다.

② 난민 인정에 관한 신청을 받은 행정청은 원칙적으로 법령이 정한 난민 요건에 해당하는지를 심사하여 난민 인정 여부를 결정할 수 있을 뿐이고, 법령이 정한 난민 요건과 무관한 다른 사유만을 들어 난민 인정을 거부할 수는 없다.

③ 자동차관리사업자로 구성하는 사업자단체 설립인가는 인가권자가 가지는 지도·감독 권한의 범위 등과 아울러 설립인가에 관하여 구체적인 기준이 정하여져 있지 않은 점 등에 비추어 재량행위로 보아야 한다.

④ 공익법인의 기본재산 처분허가에 부관을 붙인 경우, 그 처분허가의 법적 성질은 명령적 행정행위인 허가에 해당하며 조건으로서 부관의 부과가 허용되지 아니한다.

47 **다음 중 소멸시효에 대한 설명으로 옳지 않은 것은?(단, 다툼이 있는 경우 판례에 의한다)**

① 주채무자가 소멸시효 이익을 포기하면, 보증인에게도 그 효력이 미친다.

② 소멸시효의 기간만료 전 6개월 내에 제한능력자에게 법정대리인이 없는 경우에는 그가 능력자가 되거나 법정대리인이 취임한 때부터 6개월 내에는 시효가 완성되지 않는다.

③ 시효중단의 효력 있는 승인에는 상대방의 권리에 관한 처분의 능력이나 권한 있음을 요하지 않는다.

④ 채무자가 제기한 소에 채권자인 피고가 응소하여 권리를 주장하였으나, 그 소가 각하된 경우에 6개월 이내에 재판상 청구를 하면 응소시에 소급하여 시효중단의 효력이 있다.

48 **권력관계에 있어서 국가와 기타 행정주체의 의사는 비록 설립에 흠이 있을지라도 당연무효의 경우를 제외하고는 일단 적법·유효하다는 추정을 받으며, 권한 있는 기관이 직권 또는 쟁송절차를 거쳐 취소하기 전에는 누구라도 이에 구속되고 그 효력을 부정하지 못하는 우월한 힘이 있다. 이를 행정행위의 무엇이라고 하는가?**

① 확정력　　② 불가쟁력

③ 공정력　　④ 강제력

49 **甲은 乙에게 변제기가 도래한 1억 원의 금전채권을 가지고 있다. 乙은 현재 무자력 상태에 있고 丙에 대하여 변제기가 도래한 5,000만 원의 금전채권을 가지고 있다. 이에 대한 설명으로 옳지 않은 것은?(단, 다툼이 있는 경우 판례에 의한다)**

① 乙이 반대하는 경우에도 甲은 丙에 대하여 채권자대위권을 행사할 수 있다.
② 甲이 채권자대위권을 행사하는 경우에 丙은 乙에 대해 가지는 모든 항변사유로써 甲에게 대항할 수 있다.
③ 甲은 丙에게 5,000만 원을 乙에게 이행할 것을 청구할 수 있을 뿐만 아니라, 직접 자기에게 이행할 것을 청구할 수 있다.
④ 甲이 丙에게 채권자대위소송을 제기한 경우, 乙은 소송당사자가 아니므로 乙의 丙에 대한 채권은 소멸시효가 중단되지 않는다.

50 **다음 중 상계에 대한 설명으로 옳지 않은 것은?(단, 다툼이 있는 경우 판례에 의한다)**

① 채무의 이행지가 서로 다른 채권은 상계할 수 없다.
② 지급을 금지하는 명령을 받은 제3채무자는 그 후에 취득한 채권에 의한 상계로 그 명령을 신청한 채권자에게 대항하지 못한다.
③ 채권이 압류하지 못할 것인 때에는 그 채무자는 상계로 채권자에게 대항하지 못한다.
④ 소멸시효가 완성된 채권이 그 완성 전에 상계할 수 있었던 것이면 채권자는 상계할 수 있다.

PART 4
채용가이드

CHAPTER

01 블라인드 채용 소개

1. 블라인드 채용이란?

채용 과정에서 편견이 개입되어 불합리한 차별을 야기할 수 있는 출신지, 가족관계, 학력, 외모 등의 편견요인은 제외하고, 직무능력만을 평가하여 인재를 채용하는 방식입니다.

2. 블라인드 채용의 필요성

- 채용의 공정성에 대한 사회적 요구
  - 누구에게나 직무능력만으로 경쟁할 수 있는 균등한 고용기회를 제공해야 하나, 아직도 채용의 공정성에 대한 불신이 존재
  - 채용상 차별금지에 대한 법적 요건이 권고적 성격에서 처벌을 동반한 의무적 성격으로 강화되는 추세
  - 시민의식과 지원자의 권리의식 성숙으로 차별에 대한 법적 대응 가능성 증가
- 우수인재 채용을 통한 기업의 경쟁력 강화 필요
  - 직무능력과 무관한 학벌, 외모 위주의 선발로 우수인재 선발기회 상실 및 기업경쟁력 약화
  - 채용 과정에서 차별 없이 직무능력중심으로 선발한 우수인재 확보 필요
- 공정한 채용을 통한 사회적 비용 감소 필요
  - 편견에 의한 차별적 채용은 우수인재 선발을 저해하고 외모·학벌 지상주의 등의 심화로 불필요한 사회적 비용 증가
  - 채용에서의 공정성을 높여 사회의 신뢰수준 제고

3. 블라인드 채용의 특징

편견요인을 요구하지 않는 대신 직무능력을 평가합니다.

블라인드 채용 = 편견유발 요인제외 + 직무능력 중심평가

※ 직무능력중심 채용이란?
기업의 역량기반 채용, NCS기반 능력중심 채용과 같이 직무수행에 필요한 능력과 역량을 평가하여 선발하는 채용방식을 통칭합니다.

4. 블라인드 채용의 평가요소

직무수행에 필요한 지식, 기술, 태도 등을 과학적인 선발기법을 통해 평가합니다.

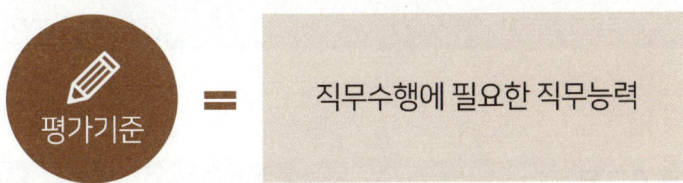

평가기준 = 직무수행에 필요한 직무능력

※ 과학적 선발기법이란?
직무분석을 통해 도출된 평가요소를 서류, 필기, 면접 등을 통해 체계적으로 평가하는 방법으로 입사지원서, 자기소개서, 직무수행능력평가, 구조화 면접 등이 해당됩니다.

5. 블라인드 채용 주요 도입 내용

• 입사지원서에 인적사항 요구 금지
 – 인적사항에는 출신지역, 가족관계, 결혼여부, 재산, 취미 및 특기, 종교, 생년월일(연령), 성별, 신장 및 체중, 사진, 전공, 학교명, 학점, 외국어 점수, 추천인 등이 해당
 – 채용 직무를 수행하는 데 있어 반드시 필요하다고 인정될 경우는 제외
  예 특수경비직 채용 시 : 시력, 건강한 신체 요구
   연구직 채용 시 : 논문, 학위 요구 등
• 블라인드 면접 실시
 – 면접관에게 응시자의 출신지역, 가족관계, 학교명 등 인적사항 정보 제공 금지
 – 면접관은 응시자의 인적사항에 대한 질문 금지

6. 블라인드 채용 도입의 효과성

• 구성원의 다양성과 창의성이 높아져 기업 경쟁력 강화
 – 편견을 없애고 직무능력 중심으로 선발하므로 다양한 직원 구성 가능
 – 다양한 생각과 의견을 통하여 기업의 창의성이 높아져 기업경쟁력 강화
• 직무에 적합한 인재선발을 통한 이직률 감소 및 만족도 제고
 – 사전에 지원자들에게 구체적이고 상세한 직무요건을 제시함으로써 허수 지원이 낮아지고, 직무에 적합한 지원자 모집 가능
 – 직무에 적합한 인재가 선발되어 직무이해도가 높아져 업무효율 증대 및 만족도 제고
• 채용의 공정성과 기업이미지 제고
 – 블라인드 채용은 사회적 편견을 줄인 선발 방법으로 기업에 대한 사회적 인식 제고
 – 채용과정에서 불합리한 차별을 받지 않고 실력에 의해 공정하게 평가를 받을 것이라는 믿음을 제공하고, 지원자들은 평등한 기회와 공정한 선발과정 경험

CHAPTER

02 서류전형 가이드

01 채용공고문

1. 채용공고문의 변화

기존 채용공고문	변화된 채용공고문
• 취업준비생에게 불충분하고 불친절한 측면 존재 • 모집분야에 대한 명확한 직무관련 정보 및 평가기준 부재 • 해당분야에 지원하기 위한 취업준비생의 무분별한 스펙 쌓기 현상 발생	• NCS 직무분석에 기반한 채용공고를 토대로 채용전형 진행 • 지원자가 입사 후 수행하게 될 업무에 대한 자세한 정보 공지 • 직무수행내용, 직무수행 시 필요한 능력, 관련된 자격, 직업기초능력 제시 • 지원자가 해당 직무에 필요한 스펙만을 준비할 수 있도록 안내
• 모집부문 및 응시자격 • 지원서 접수 • 전형절차 • 채용조건 및 처우 • 기타사항	• 채용절차 • 채용유형별 선발분야 및 예정인원 • 전형방법 • 선발분야별 직무기술서 • 우대사항

2. 지원 유의사항 및 지원요건 확인

채용 직무에 따른 세부사항을 공고문에 명시하여 지원자에게 적격한 지원 기회를 부여함과 동시에 채용과정에서의 공정성과 신뢰성을 확보합니다.

구성	내용	확인사항
모집분야 및 규모	고용형태(인턴 계약직 등), 모집분야, 인원, 근무지역 등	채용직무가 여러 개일 경우 본인이 해당되는 직무의 채용규모 확인
응시자격	기본 자격사항, 지원조건	지원을 위한 최소자격요건을 확인하여 불필요한 지원을 예방
우대조건	법정·특별·자격증 가점	본인의 가점 여부를 검토하여 가점 획득을 위한 사항을 사실대로 기재
근무조건 및 보수	고용형태 및 고용기간, 보수, 근무지	본인이 생각하는 기대수준에 부합하는지 확인하여 불필요한 지원을 예방
시험방법	서류·필기·면접전형 등의 활용방안	전형방법 및 세부 평가기법 등을 확인하여 지원전략 준비
전형일정	접수기간, 각 전형 단계별 심사 및 합격자 발표일 등	본인의 지원 스케줄을 검토하여 차질이 없도록 준비
제출서류	입사지원서(경력·경험기술서 등), 각종 증명서 및 자격증 사본 등	지원요건 부합 여부 및 자격 증빙서류 사전에 준비
유의사항	임용취소 등의 규정	임용취소 관련 법적 또는 기관 내부 규정을 검토하여 해당여부 확인

02 직무기술서

직무기술서란 직무수행의 내용과 필요한 능력, 관련 자격, 직업기초능력 등을 상세히 기재한 것으로 입사 후 수행하게 될 업무에 대한 정보가 수록되어 있는 자료입니다.

1. 채용분야

설명

NCS 직무분류 체계에 따라 직무에 대한 「대분류 – 중분류 – 소분류 – 세분류」 체계를 확인할 수 있습니다. 채용 직무에 대한 모든 직무기술서를 첨부하게 되며 실제 수행 업무를 기준으로 세부적인 분류정보를 제공합니다.

채용분야	분류체계			
사무행정	대분류	중분류	소분류	세분류
분류코드	02. 경영·회계·사무	03. 재무·회계	01. 재무	01. 예산
				02. 자금
			02. 회계	01. 회계감사
				02. 세무

2. 능력단위

설명

직무분류 체계의 세분류 하위능력단위 중 실질적으로 수행할 업무의 능력만 구체적으로 파악할 수 있습니다.

능력단위	(예산)	03. 연간종합예산수립 05. 확정예산 운영	04. 추정재무제표 작성 06. 예산실적 관리
	(자금)	04. 자금운용	
	(회계감사)	02. 자금관리 05. 회계정보시스템 운용 07. 회계감사	04. 결산관리 06. 재무분석
	(세무)	02. 결산관리 07. 법인세 신고	05. 부가가치세 신고

3. 직무수행내용

설명

세분류 영역의 기본정의를 통해 직무수행내용을 확인할 수 있습니다. 입사 후 수행할 직무내용을 구체적으로 확인할 수 있으며, 이를 통해 입사서류 작성부터 면접까지 직무에 대한 명확한 이해를 바탕으로 자신의 희망직무인지 아닌지, 해당 직무가 자신이 알고 있던 직무가 맞는지 확인할 수 있습니다.

직무수행내용	(예산) 일정기간 예상되는 수익과 비용을 편성, 집행하며 통제하는 일
	(자금) 자금의 계획 수립, 조달, 운용을 하고 발생 가능한 위험 관리 및 성과평가
	(회계감사) 기업 및 조직 내·외부에 있는 의사결정자들이 효율적인 의사결정을 할 수 있도록 유용한 정보를 제공, 제공된 회계정보의 적정성을 파악하는 일
	(세무) 세무는 기업의 활동을 위하여 주어진 세법범위 내에서 조세부담을 최소화시키는 조세전략을 포함하고 정확한 과세소득과 과세표준 및 세액을 산출하여 과세당국에 신고·납부하는 일

4. 직무기술서 예시

태도	(예산) 정확성, 분석적 태도, 논리적 태도, 타 부서와의 협조적 태도, 설득력
	(자금) 분석적 사고력
	(회계 감사) 합리적 태도, 전략적 사고, 정확성, 적극적 협업 태도, 법률준수 태도, 분석적 태도, 신속성, 책임감, 정확한 판단력
	(세무) 규정 준수 의지, 수리적 정확성, 주의 깊은 태도
우대 자격증	공인회계사, 세무사, 컴퓨터활용능력, 변호사, 워드프로세서, 전산회계운용사, 사회조사분석사, 재경관리사, 회계관리 등
직업기초능력	의사소통능력, 문제해결능력, 자원관리능력, 대인관계능력, 정보능력, 조직이해능력

5. 직무기술서 내용별 확인사항

항목	확인사항
모집부문	해당 채용에서 선발하는 부문(분야)명 확인 예 사무행정, 전산, 전기
분류체계	지원하려는 분야의 세부직무군 확인
주요기능 및 역할	지원하려는 기업의 전사적인 기능과 역할, 산업군 확인
능력단위	지원분야의 직무수행에 관련되는 세부업무사항 확인
직무수행내용	지원분야의 직무군에 대한 상세사항 확인
전형방법	지원하려는 기업의 신입사원 선발전형 절차 확인
일반요건	교육사항을 제외한 지원 요건 확인(자격요건, 특수한 경우 연령)
교육요건	교육사항에 대한 지원요건 확인(대졸 / 초대졸 / 고졸 / 전공 요건)
필요지식	지원분야의 업무수행을 위해 요구되는 지식 관련 세부항목 확인
필요기술	지원분야의 업무수행을 위해 요구되는 기술 관련 세부항목 확인
직무수행태도	지원분야의 업무수행을 위해 요구되는 태도 관련 세부항목 확인
직업기초능력	지원분야 또는 지원기업의 조직원으로서 근무하기 위해 필요한 일반적인 능력사항 확인

03 입사지원서

1. 입사지원서의 변화

기존지원서		능력중심 채용 입사지원서	
직무와 관련 없는 학점, 개인신상, 어학점수, 자격, 수상경력 등을 나열하도록 구성	VS	해당 직무수행에 꼭 필요한 정보들을 제시할 수 있도록 구성	
직무기술서		인적사항	성명, 연락처, 지원분야 등 작성 (평가 미반영)
직무수행내용		교육사항	직무지식과 관련된 학교교육 및 직업교육 작성
요구지식 / 기술	→	자격사항	직무관련 국가공인 또는 민간자격 작성
관련 자격증		경력 및 경험사항	조직에 소속되어 일정한 임금을 받거나(경력) 임금 없이(경험) 직무와 관련된 활동 내용 작성
사전직무경험			

2. 교육사항

- 지원분야 직무와 관련된 학교 교육이나 직업교육 혹은 기타교육 등 직무에 대한 지원자의 학습 여부를 평가하기 위한 항목입니다.
- 지원하고자 하는 직무의 학교 전공교육 이외에 직업교육, 기타교육 등을 기입할 수 있기 때문에 전공 제한 없이 직업교육과 기타교육을 이수하여 지원이 가능하도록 기회를 제공합니다.
(기타교육 : 학교 이외의 기관에서 개인이 이수한 교육과정 중 지원직무와 관련이 있다고 생각되는 교육내용)

구분	교육과정(과목)명	교육내용	과업(능력단위)

3. 자격사항

• 채용공고 및 직무기술서에 제시되어 있는 자격 현황을 토대로 지원자가 해당 직무를 수행하는 데 필요한 능력을 가지고 있는지를 평가하기 위한 항목입니다.

• 채용공고 및 직무기술서에 기재된 직무관련 필수 또는 우대자격 항목을 확인하여 본인이 보유하고 있는 자격사항을 기재합니다.

자격유형	자격증명	발급기관	취득일자	자격증번호

4. 경력 및 경험사항

• 직무와 관련된 경력이나 경험 여부를 표현하도록 하여 직무와 관련한 능력을 갖추었는지를 평가하기 위한 항목입니다.

• 해당 기업에서 직무를 수행함에 있어 필요한 사항만을 기록하게 되어 있기 때문에 직무와 무관한 스펙을 갖추지 않아도 됩니다.

• 경력 : 금전적 보수를 받고 일정기간 동안 일했던 경우

• 경험 : 금전적 보수를 받지 않고 수행한 활동

※ 기업에 따라 경력 / 경험 관련 증빙자료 요구 가능

구분	조직명	직위 / 역할	활동기간(년 / 월)	주요과업 / 활동내용

Tip

입사지원서 작성 방법

○ 경력 및 경험사항 작성

• 직무기술서에 제시된 지식, 기술, 태도와 지원자의 교육사항, 경력(경험)사항, 자격사항과 연계하여 개인의 직무역량에 대해 스스로 판단 가능

○ 인적사항 최소화

• 개인의 인적사항, 학교명, 가족관계 등을 노출하지 않도록 유의

부적절한 입사지원서 작성 사례

• 학교 이메일을 기입하여 학교명 노출

• 거주지 주소에 학교 기숙사 주소를 기입하여 학교명 노출

• 자기소개서에 부모님이 재직 중인 기업명, 직위, 직업을 기입하여 가족관계 노출

• 자기소개서에 석·박사 과정에 대한 이야기를 언급하여 학력 노출

• 동아리 활동에 대한 내용을 학교명과 더불어 언급하여 학교명 노출

04 자기소개서

1. 자기소개서의 변화

- 기존의 자기소개서는 지원자의 일대기나 관심 분야, 성격의 장・단점 등 개괄적인 사항을 묻는 질문으로 구성되어 지원자가 자신의 직무능력을 제대로 표출하지 못합니다.
- 능력중심 채용의 자기소개서는 직무기술서에 제시된 직업기초능력(또는 직무수행능력)에 대한 지원자의 과거 경험을 기술하게 함으로써 평가 타당도의 확보가 가능합니다.

1. 우리 회사와 해당 지원 직무분야에 지원한 동기에 대해 기술해 주세요.
2. 자신이 경험한 다양한 사회활동에 대해 기술해 주세요.
3. 지원 직무에 대한 전문성을 키우기 위해 받은 교육과 경험 및 경력사항에 대해 기술해 주세요.
4. 인사업무 또는 팀 과제 수행 중 발생한 갈등을 원만하게 해결해 본 경험이 있습니까? 당시 상황에 대한 설명과 갈등의 대상이 되었던 상대방을 설득한 과정 및 방법을 기술해 주세요.
5. 과거에 있었던 일 중 가장 어려웠었던(힘들었었던) 상황을 고르고, 어떤 방법으로 그 상황을 해결했는지를 기술해 주세요.

Tip

자기소개서 작성 방법

① 자기소개서 문항이 묻고 있는 평가 역량 추측하기

> 예시
>
> • 팀 활동을 하면서 갈등 상황 시 상대방의 니즈나 의도를 명확히 파악하고 해결하여 목표 달성에 기여했던 경험에 대해서 작성해 주시기 바랍니다.
>
> • 다른 사람이 생각해내지 못했던 문제점을 찾고 이를 해결한 경험에 대해 작성해 주시기 바랍니다.

② 해당 역량을 보여줄 수 있는 소재 찾기(시간×역량 매트릭스)

예시

시간 →

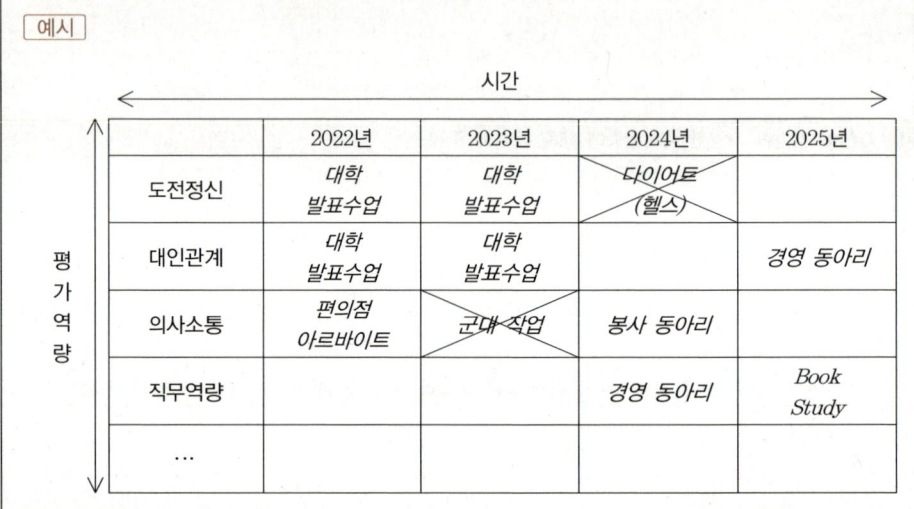

평가역량 ↓	2022년	2023년	2024년	2025년
도전정신	*대학 발표수업*	*대학 발표수업*	~~*다이어트 (헬스)*~~	
대인관계	*대학 발표수업*	*대학 발표수업*		*경영 동아리*
의사소통	*편의점 아르바이트*	~~*군대 작업*~~	*봉사 동아리*	
직무역량			*경영 동아리*	*Book Study*
…				

③ 자기소개서 작성 Skill 익히기

- 두괄식으로 작성하기
- 구체적 사례를 사용하기
- ‘나’를 중심으로 작성하기
- 직무역량 강조하기
- 경험 사례의 차별성 강조하기

CHAPTER 03

인성검사 소개 및 모의테스트

01 인성검사 유형

인성검사는 지원자의 성격특성을 객관적으로 파악하고 그것이 각 기업에서 필요로 하는 인재상과 가치에 부합하는가를 평가하기 위한 검사입니다. 인성검사는 KPDI(한국인재개발진흥원), K-SAD(한국사회적성개발원), KIRBS(한국행동과학연구소), SHR(에스에이치알) 등의 전문기관을 통해 각 기업의 특성에 맞는 검사를 선택하여 실시합니다. 대표적인 인성검사의 유형에는 크게 다음과 같은 세 가지가 있으며, 채용 대행업체에 따라 달라집니다.

PART 4

1. KPDI 검사

조직적응성과 직무적합성을 알아보기 위한 검사로 인성검사, 인성역량검사, 인적성검사, 직종별 인적성검사 등의 다양한 검사 도구를 구현합니다. KPDI는 성격을 파악하고 정신건강 상태 등을 측정하고, 직무검사는 해당 직무를 수행하기 위해 기본적으로 갖추어야 할 인지적 능력을 측정합니다. 역량검사는 특정 직무 역할을 효과적으로 수행하는 데 직접적으로 관련 있는 개인의 행동, 지식, 스킬, 가치관 등을 측정합니다.

2. KAD(Korea Aptitude Development) 검사

K-SAD(한국사회적성개발원)에서 실시하는 적성검사 프로그램입니다. 개인의 성향, 지적 능력, 기호, 관심, 흥미도를 종합적으로 분석하여 적성에 맞는 업무가 무엇인가 파악하고, 직무수행에 있어서 요구되는 기초능력과 실무능력을 분석합니다.

3. SHR 직무적성검사

직무수행에 필요한 종합적인 사고 능력을 다양한 적성검사(Paper and Pencil Test)로 평가합니다. SHR의 모든 직무능력검사는 표준화 검사입니다. 표준화 검사는 표본집단의 점수를 기초로 규준이 만들어진 검사이므로 개인의 점수를 규준에 맞추어 해석・비교하는 것이 가능합니다. S(Standardized Tests), H(Hundreds of Version), R(Reliable Norm Data)을 특징으로 하며, 직군・직급별 특성과 선발 수준에 맞추어 검사를 적용할 수 있습니다.

02 인성검사와 면접

인성검사는 특히 면접질문과 관련성이 높습니다. 면접관은 지원자의 인성검사 결과를 토대로 질문을 하기 때문입니다. 일관적이고 이상적인 답변을 하는 것이 가장 좋지만, 실제 시험은 매우 복잡하여 전문가라 해도 일정 성격을 유지하면서 답변을 하는 것이 힘듭니다. 또한, 인성검사에는 라이 스케일(Lie Scale) 설문이 전체 설문 속에 교묘하게 섞여 들어가 있으므로 겉치레적인 답을 하게 되면 회답태도의 허위성이 그대로 드러나게 됩니다. 예를 들어 '거짓말을 한 적이 한 번도 없다.'에 '예'로 답하고, '때로는 거짓말을 하기도 한다.'에 '예'라고 답하여 라이 스케일의 득점이 올라가게 되면 모든 회답의 신빙성이 사라지고 '자신을 돋보이게 하려는 사람'이라는 평가를 받을 수 있으므로 주의해야 합니다. 따라서 모의테스트를 통해 인성검사의 유형과 실제 시험 시 어떻게 문제를 풀어야 하는지 연습해 보고 체크한 부분 중 자신의 단점과 연결되는 부분은 면접에서 질문이 들어왔을 때 어떻게 대처해야 하는지 생각해 보는 것이 좋습니다.

03 유의사항

1. 기업의 인재상을 파악하라!

인성검사를 통해 개인의 성격 특성을 파악하고 그것이 기업의 인재상과 가치에 부합하는지를 평가하는 시험이기 때문에 해당 기업의 인재상을 먼저 파악하고 시험에 임하는 것이 좋습니다. 모의테스트에서 인재상에 맞는 가상의 인물을 설정하고 문제에 답해 보는 것도 많은 도움이 됩니다.

2. 일관성 있는 대답을 하라!

짧은 시간 안에 다양한 질문에 답을 해야 하는데, 그 안에는 중복되는 질문이 여러 번 나옵니다. 이때 앞서 자신이 체크했던 대답을 잘 기억해뒀다가 일관성 있는 답을 하는 것이 중요합니다.

3. 모든 문항에 대답하라!

많은 문제를 짧은 시간 안에 풀려다 보니 다 못 푸는 경우도 종종 생깁니다. 하지만 대답을 누락하거나 끝까지 다 못했을 경우 좋지 않은 결과를 가져올 수도 있으니 최대한 주어진 시간 안에 모든 문항에 답할 수 있도록 해야 합니다.

04 KPDI 모의테스트

※ 모의테스트는 질문 및 답변 유형 연습을 위한 것으로 실제 시험과 다를 수 있습니다.
※ 인성검사는 정답이 따로 없는 유형의 검사이므로 결과지를 제공하지 않습니다.

번호	내용	예	아니요
001	나는 솔직한 편이다.	☐	☐
002	나는 리드하는 것을 좋아한다.	☐	☐
003	법을 어겨서 말썽이 된 적이 한 번도 없다.	☐	☐
004	거짓말을 한 번도 한 적이 없다.	☐	☐
005	나는 눈치가 빠르다.	☐	☐
006	나는 일을 주도하기보다는 뒤에서 지원하는 것을 선호한다.	☐	☐
007	앞일은 알 수 없기 때문에 계획은 필요하지 않다.	☐	☐
008	거짓말도 때로는 방편이라고 생각한다.	☐	☐
009	사람이 많은 술자리를 좋아한다.	☐	☐
010	걱정이 지나치게 많다.	☐	☐
011	일을 시작하기 전 재고하는 경향이 있다.	☐	☐
012	불의를 참지 못한다.	☐	☐
013	처음 만나는 사람과도 이야기를 잘 한다.	☐	☐
014	때로는 변화가 두렵다.	☐	☐
015	나는 모든 사람에게 친절하다.	☐	☐
016	힘든 일이 있을 때 술은 위로가 되지 않는다.	☐	☐
017	결정을 빨리 내리지 못해 손해를 본 경험이 있다.	☐	☐
018	기회를 잡을 준비가 되어 있다.	☐	☐
019	때로는 내가 정말 쓸모없는 사람이라고 느낀다.	☐	☐
020	누군가 나를 챙겨주는 것이 좋다.	☐	☐
021	자주 가슴이 답답하다.	☐	☐
022	나는 내가 자랑스럽다.	☐	☐
023	경험이 중요하다고 생각한다.	☐	☐
024	전자기기를 분해하고 다시 조립하는 것을 좋아한다.	☐	☐

025	감시받고 있다는 느낌이 든다.	☐	☐
026	난처한 상황에 놓이면 그 순간을 피하고 싶다.	☐	☐
027	세상엔 믿을 사람이 없다.	☐	☐
028	잘못을 빨리 인정하는 편이다.	☐	☐
029	지도를 보고 길을 잘 찾아간다.	☐	☐
030	귓속말을 하는 사람을 보면 날 비난하고 있는 것 같다.	☐	☐
031	막무가내라는 말을 들을 때가 있다.	☐	☐
032	장래의 일을 생각하면 불안하다.	☐	☐
033	결과보다 과정이 중요하다고 생각한다.	☐	☐
034	운동은 그다지 할 필요가 없다고 생각한다.	☐	☐
035	새로운 일을 시작할 때 좀처럼 한 발을 떼지 못한다.	☐	☐
036	기분 상하는 일이 있더라도 참는 편이다.	☐	☐
037	업무능력은 성과로 평가받아야 한다고 생각한다.	☐	☐
038	머리가 맑지 못하고 무거운 느낌이 든다.	☐	☐
039	가끔 이상한 소리가 들린다.	☐	☐
040	타인이 내게 자주 고민상담을 하는 편이다.	☐	☐

05 SHR 모의테스트

※ 모의테스트는 질문 및 답변 유형 연습을 위한 것으로 실제 시험과 다를 수 있습니다.
※ 인성검사는 정답이 따로 없는 유형의 검사이므로 결과지를 제공하지 않습니다.

※ 이 성격검사의 각 문항에는 서로 다른 행동을 나타내는 네 개의 문장이 제시되어 있습니다. 이 문장들을 비교하여, 자신의 평소 행동과 가장 가까운 문장을 'ㄱ' 열에 표기하고, 가장 먼 문장을 'ㅁ' 열에 표기하십시오.

01 나는 ______________________

	ㄱ	ㅁ
A. 실용적인 해결책을 찾는다.	☐	☐
B. 다른 사람을 돕는 것을 좋아한다.	☐	☐
C. 세부 사항을 잘 챙긴다.	☐	☐
D. 상대의 주장에서 허점을 잘 찾는다.	☐	☐

02 나는 ______________________

	ㄱ	ㅁ
A. 매사에 적극적으로 임한다.	☐	☐
B. 즉흥적인 편이다.	☐	☐
C. 관찰력이 있다.	☐	☐
D. 임기응변에 강하다.	☐	☐

03 나는 ______________________

	ㄱ	ㅁ
A. 무서운 영화를 잘 본다.	☐	☐
B. 조용한 곳이 좋다.	☐	☐
C. 가끔 울고 싶다.	☐	☐
D. 집중력이 좋다.	☐	☐

04 나는 ______________________

	ㄱ	ㅁ
A. 기계를 조립하는 것을 좋아한다.	☐	☐
B. 집단에서 리드하는 역할을 맡는다.	☐	☐
C. 호기심이 많다.	☐	☐
D. 음악을 듣는 것을 좋아한다.	☐	☐

05 나는 ______________________________

A. 타인을 늘 배려한다.
B. 감수성이 예민하다.
C. 즐겨하는 운동이 있다.
D. 일을 시작하기 전에 계획을 세운다.

ㄱ	ㅁ
☐	☐
☐	☐
☐	☐
☐	☐

06 나는 ______________________________

A. 타인에게 설명하는 것을 좋아한다.
B. 여행을 좋아한다.
C. 정적인 것이 좋다.
D. 남을 돕는 것에 보람을 느낀다.

ㄱ	ㅁ
☐	☐
☐	☐
☐	☐
☐	☐

07 나는 ______________________________

A. 기계를 능숙하게 다룬다.
B. 밤에 잠이 잘 오지 않는다.
C. 한 번 간 길을 잘 기억한다.
D. 불의를 보면 참을 수 없다.

ㄱ	ㅁ
☐	☐
☐	☐
☐	☐
☐	☐

08 나는 ______________________________

A. 종일 말을 하지 않을 때가 있다.
B. 사람이 많은 곳을 좋아한다.
C. 술을 좋아한다.
D. 휴양지에서 편하게 쉬고 싶다.

ㄱ	ㅁ
☐	☐
☐	☐
☐	☐
☐	☐

09 나는 ______________________

	ㄱ	ㅁ
A. 뉴스보다는 드라마를 좋아한다.	☐	☐
B. 길을 잘 찾는다.	☐	☐
C. 주말엔 집에서 쉬는 것이 좋다.	☐	☐
D. 아침에 일어나는 것이 힘들다.	☐	☐

10 나는 ______________________

	ㄱ	ㅁ
A. 이성적이다.	☐	☐
B. 할 일을 종종 미룬다.	☐	☐
C. 어른을 대하는 게 힘들다.	☐	☐
D. 불을 보면 매혹을 느낀다.	☐	☐

11 나는 ______________________

	ㄱ	ㅁ
A. 상상력이 풍부하다.	☐	☐
B. 예의 바르다는 소리를 자주 듣는다.	☐	☐
C. 사람들 앞에 서면 긴장한다.	☐	☐
D. 친구를 자주 만난다.	☐	☐

12 나는 ______________________

	ㄱ	ㅁ
A. 나만의 스트레스 해소 방법이 있다.	☐	☐
B. 친구가 많다.	☐	☐
C. 책을 자주 읽는다.	☐	☐
D. 활동적이다.	☐	☐

CHAPTER

04 면접전형 가이드

01 면접유형 파악

1. 면접전형의 변화

기존 면접전형에서는 일상적이고 단편적인 대화나 지원자의 첫인상 및 면접관의 주관적인 판단 등에 의해서 입사 결정 여부를 판단하는 경우가 많았습니다. 이러한 면접전형은 면접 내용의 일관성이 결여되거나 직무 관련 타당성이 부족하였고, 면접에 대한 신뢰도에 영향을 주었습니다.

기존 면접(전통적 면접)		능력중심 채용 면접(구조화 면접)
• 일상적이고 단편적인 대화 • 인상, 외모 등 외부 요소의 영향 • 주관적인 판단에 의존한 총점 부여 ⇩ • 면접 내용의 일관성 결여 • 직무관련 타당성 부족 • 주관적인 채점으로 신뢰도 저하	VS	• 일관성 – 직무관련 역량에 초점을 둔 구체적 질문 목록 – 지원자별 동일 질문 적용 • 구조화 – 면접 진행 및 평가 절차를 일정한 체계에 의해 구성 • 표준화 – 평가 타당도 제고를 위한 평가 Matrix 구성 – 척도에 따라 항목별 채점, 개인 간 비교 • 신뢰성 – 면접진행 매뉴얼에 따라 면접위원 교육 및 실습

2. 능력중심 채용의 면접 유형

① 경험 면접
- 목적 : 선발하고자 하는 직무 능력이 필요한 과거 경험을 질문합니다.
- 평가요소 : 직업기초능력과 인성 및 태도적 요소를 평가합니다.

② 상황 면접
- 목적 : 특정 상황을 제시하고 지원자의 행동을 관찰함으로써 실제 상황의 행동을 예상합니다.
- 평가요소 : 직업기초능력과 인성 및 태도적 요소를 평가합니다.

③ 발표 면접
- 목적 : 특정 주제와 관련된 지원자의 발표와 질의응답을 통해 지원자 역량을 평가합니다.
- 평가요소 : 직무수행능력과 인지적 역량(문제해결능력)을 평가합니다.

④ 토론 면접
- 목적 : 토의과제에 대한 의견수렴 과정에서 지원자의 역량과 상호작용능력을 평가합니다.
- 평가요소 : 직무수행능력과 팀워크를 평가합니다.

02 면접유형별 준비 방법

1. 경험 면접

① 경험 면접의 특징

- 주로 직업기초능력에 관련된 지원자의 과거 경험을 심층 질문하여 검증하는 면접입니다.
- 직무능력과 관련된 과거 경험을 평가하기 위해 심층 질문을 하며, 이 질문은 지원자의 답변에 대하여 '꼬리에 꼬리를 무는 형식'으로 진행됩니다.

> • 능력요소, 정의, 심사 기준
> – 평가하고자 하는 능력요소, 정의, 심사기준을 확인하여 면접위원이 해당 능력요소 관련 질문을 제시합니다.
> • Opening Question
> – 능력요소에 관련된 과거 경험을 유도하기 위한 시작 질문을 합니다.
> • Follow-up Question
> – 지원자의 경험 수준을 구체적으로 검증하기 위한 질문입니다.
> – 경험 수준 검증을 위한 상황(Situation), 임무(Task), 역할 및 노력(Action), 결과(Result) 등으로 질문을 구분합니다.

경험 면접의 형태

② 경험 면접의 구조

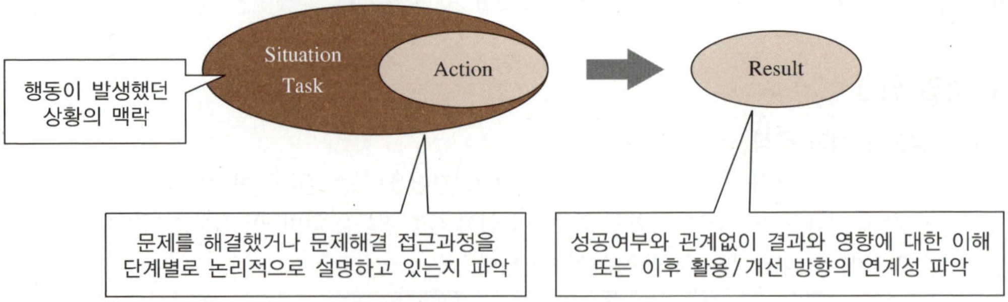

S(Situation)	귀하가 처해 있던 상황에 대해 말해 보시오.
T(Task)	귀하가 수행한 과제/과업은 무엇인가?
A(Action)	어떻게 행동(대응)했는가?
R(Result)	그 행동의 결과는 어땠는가?

(　　　　　)에 관한 과거 경험에 대하여 말해 보시오.

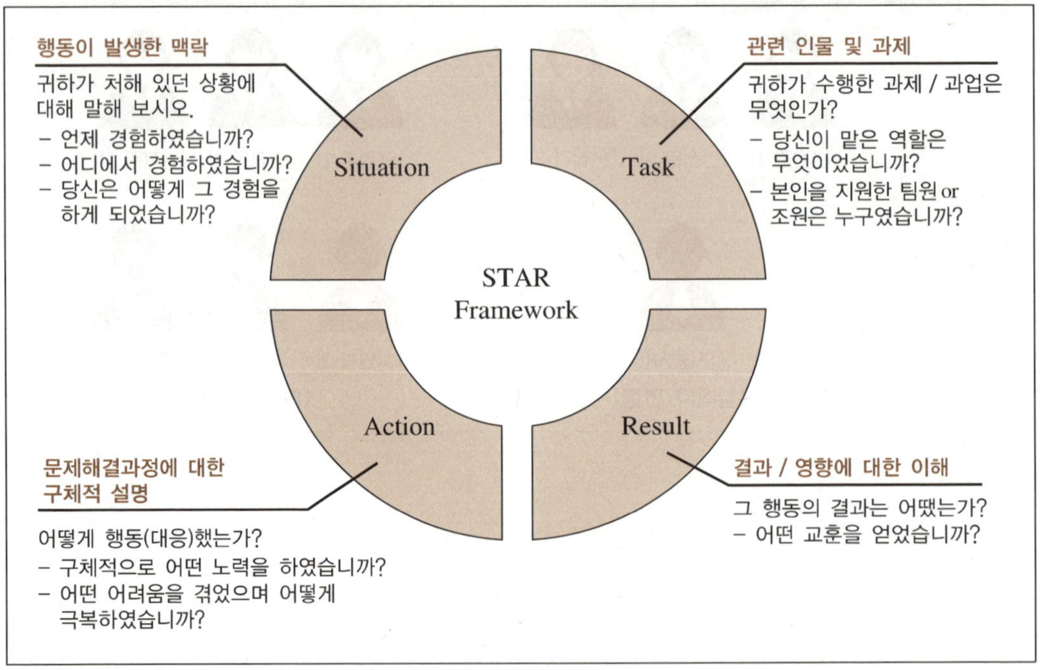

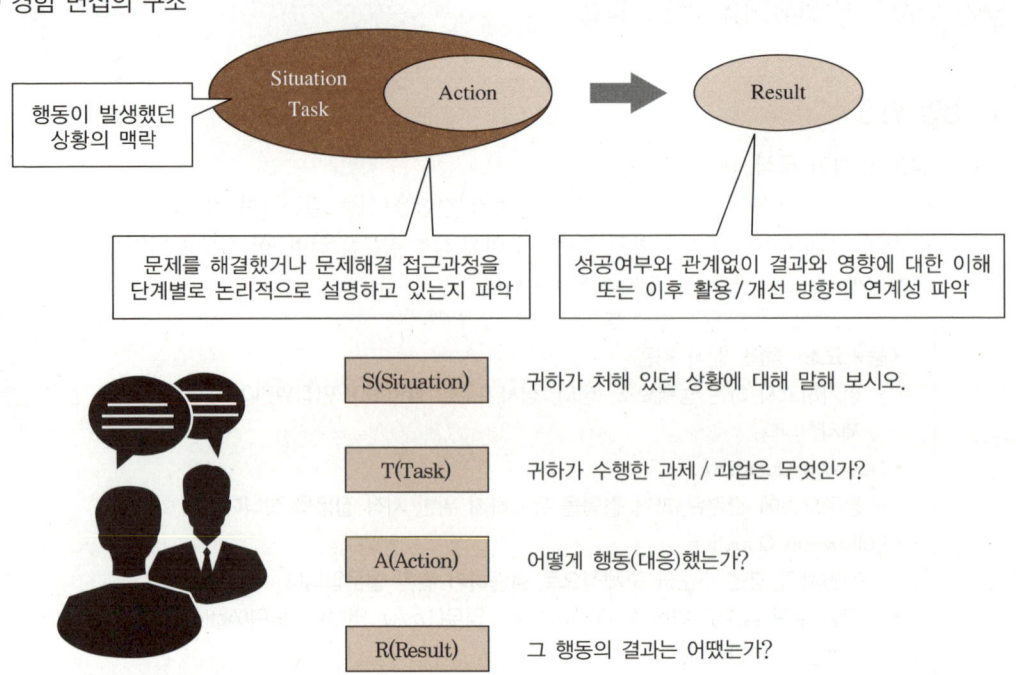

③ 경험 면접 질문 예시(직업윤리)

시작 질문	
1	남들이 신경 쓰지 않는 부분까지 고려하여 절차대로 업무(연구)를 수행하여 성과를 낸 경험을 구체적으로 말해 보시오.
2	조직의 원칙과 절차를 철저히 준수하며 업무(연구)를 수행한 것 중 성과를 향상시킨 경험에 대해 구체적으로 말해 보시오.
3	세부적인 절차와 규칙에 주의를 기울여 실수 없이 업무(연구)를 마무리한 경험을 구체적으로 말해 보시오.
4	조직의 규칙이나 원칙을 고려하여 성실하게 일했던 경험을 구체적으로 말해 보시오.
5	타인의 실수를 바로잡고 원칙과 절차대로 수행하여 성공적으로 업무를 마무리하였던 경험에 대해 말해 보시오.

후속 질문		
상황 (Situation)	상황	구체적으로 언제, 어디에서 경험한 일인가?
		어떤 상황이었는가?
	조직	어떤 조직에 속해 있었는가?
		그 조직의 특성은 무엇이었는가?
		몇 명으로 구성된 조직이었는가?
	기간	해당 조직에서 얼마나 일했는가?
		해당 업무는 몇 개월 동안 지속되었는가?
	조직규칙	조직의 원칙이나 규칙은 무엇이었는가?
임무 (Task)	과제	과제의 목표는 무엇이었는가?
		과제에 적용되는 조직의 원칙은 무엇이었는가?
		그 규칙을 지켜야 하는 이유는 무엇이었는가?
	역할	당신이 조직에서 맡은 역할은 무엇이었는가?
		과제에서 맡은 역할은 무엇이었는가?
	문제의식	규칙을 지키지 않을 경우 생기는 문제점 / 불편함은 무엇인가?
		해당 규칙이 왜 중요하다고 생각하였는가?
역할 및 노력 (Action)	행동	업무 과정의 어떤 장면에서 규칙을 철저히 준수하였는가?
		어떻게 규정을 적용시켜 업무를 수행하였는가?
		규정은 준수하는 데 어려움은 없었는가?
	노력	그 규칙을 지키기 위해 스스로 어떤 노력을 기울였는가?
		본인의 생각이나 태도에 어떤 변화가 있었는가?
		다른 사람들은 어떤 노력을 기울였는가?
	동료관계	동료들은 규칙을 철저히 준수하고 있었는가?
		팀원들은 해당 규칙에 대해 어떻게 반응하였는가?
		규칙에 대한 태도를 개선하기 위해 어떤 노력을 하였는가?
		팀원들의 태도는 당신에게 어떤 자극을 주었는가?
	업무추진	주어진 업무를 추진하는 데 규칙이 방해되진 않았는가?
		업무수행 과정에서 규정을 어떻게 적용하였는가?
		업무 시 규정을 준수해야 한다고 생각한 이유는 무엇인가?

결과 (Result)	평가	규칙을 어느 정도나 준수하였는가?
		그렇게 준수할 수 있었던 이유는 무엇이었는가?
		업무의 성과는 어느 정도였는가?
		성과에 만족하였는가?
		비슷한 상황이 온다면 어떻게 할 것인가?
	피드백	주변 사람들로부터 어떤 평가를 받았는가?
		그러한 평가에 만족하는가?
		다른 사람에게 본인의 행동이 영향을 주었다고 생각하는가?
	교훈	업무수행 과정에서 중요한 점은 무엇이라고 생각하는가?
		이 경험을 통해 느낀 바는 무엇인가?

2. 상황 면접

① 상황 면접의 특징

직무 관련 상황을 가정하여 제시하고 이에 대한 대응능력을 직무관련성 측면에서 평가하는 면접입니다.

- 상황 면접 과제의 구성은 크게 2가지로 구분
  - 상황 제시(Description) / 문제 제시(Question or Problem)
- 현장의 실제 업무 상황을 반영하여 과제를 제시하므로 직무분석이나 직무전문가 워크숍 등을 거쳐 현장성을 높임
- 문제는 상황에 대한 기본적인 이해능력(이론적 지식)과 함께 실질적 대응이나 변수 고려능력(실천적 능력) 등을 고르게 질문해야 함

상황 면접의 형태

② 상황 면접 예시

상황 제시	인천공항 여객터미널 내에는 다양한 용도의 시설(사무실, 통신실, 식당, 전산실, 창고 면세점 등)이 설치되어 있습니다.	실제 업무 상황에 기반함
	금년에 소방배관의 누수가 잦아 메인 배관을 교체하는 공사를 추진하고 있으며, 당신은 이번 공사의 담당자입니다.	배경 정보
	주간에는 공항 운영이 이루어져 주로 야간에만 배관 교체 공사를 수행하던 중, 시공하는 기능공의 실수로 배관 연결 부위를 잘못 건드려 고압배관의 소화수가 누출되는 사고가 발생하였으며, 이로 인해 인근 시설물에 누수에 의한 피해가 발생하였습니다.	구체적인 문제 상황
문제 제시	일반적인 소방배관의 배관연결(이음)방식과 배관의 이탈(누수)이 발생하는 원인에 대해 설명해 보시오.	문제 상황 해결을 위한 기본 지식 문항
	담당자로서 본 사고를 현장에서 긴급히 처리하는 프로세스를 제시하고, 보수완료 후 사후적 조치가 필요한 부분 및 재발방지 방안에 대해 설명해 보시오.	문제 상황 해결을 위한 추가 대응 문항

3. 발표 면접

① 발표 면접의 특징

- 직무관련 주제에 대한 지원자의 생각을 정리하여 의견을 제시하고, 발표 및 질의응답을 통해 지원자의 직무능력을 평가하는 면접입니다.
- 발표 주제는 직무와 관련된 자료로 제공되며, 일정 시간 후 지원자가 보유한 지식 및 방안에 대한 발표 및 후속 질문을 통해 직무적합성을 평가합니다.

> • 주요 평가요소
>   – 설득적 말하기 / 발표능력 / 문제해결능력 / 직무관련 전문성
> • 이미 언론을 통해 공론화된 시사 이슈보다는 해당 직무분야에 관련된 주제가 발표면접의 과제로 선정되는 경우가 최근 들어 늘어나고 있음
> • 짧은 시간 동안 주어진 과제를 빠른 속도로 분석하여 발표문을 작성하고 제한된 시간 안에 면접관에게 효과적인 발표를 진행하는 것이 핵심

발표 면접의 형태

〈개별 과제 발표〉 〈팀 과제 발표〉

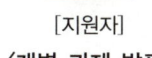

※ 면접관에게 시각적 효과를 사용하여 메시지를 전달하는 쌍방향 커뮤니케이션 방식
※ 심층면접을 보완하기 위한 방안으로 최근 많은 기업에서 적극 도입하는 추세

② 발표 면접 예시

1. 지시문

당신은 현재 A사에서 직원들의 성과평가를 담당하고 있는 팀원이다. 인사팀은 지난주부터 사내 조직문화관련 인터뷰를 하던 도중 성과평가제도에 관련된 개선 니즈가 제일 많다는 것을 알게 되었다. 이에 팀장님은 인터뷰 결과를 종합하려 성과평가제도 개선 아이디어를 A4용지에 정리하여 신속 보고할 것을 지시하셨다. 당신에게 남은 시간은 1시간이다. 자료를 준비하는 대로 당신은 팀원들이 모인 회의실에서 5분 간 발표할 것이며, 이후 질의응답을 진행할 것이다.

2. 배경자료

〈성과평가제도 개선에 대한 인터뷰〉

최근 A사는 회사 사세의 급성장으로 인해 작년보다 매출이 두 배 성장하였고, 직원 수 또한 두 배로 증가하였다. 회사의 성장은 임금, 복지에 대한 상승 등 긍정적인 영향을 주었으나 업무의 불균형 및 성과보상의 불평등 문제가 발생하였다. 또한 수시로 입사하는 신입직원과 경력직원, 퇴사하는 직원들까지 인원들의 잦은 변동으로 인해 평가해야 할 대상이 변경되어 현재의 성과평가제도로는 공정한 평가가 어려운 상황이다.

[생산부서 김상호]
우리 팀은 지난 1년 동안 생산량이 급증했기 때문에 수십 명의 신규인력이 급하게 채용되었습니다. 이 때문에 저희 팀장님은 신규 입사자들의 이름조차 기억 못할 때가 많이 있습니다. 성과평가를 제대로 하고 있는지 의문이 듭니다.

[마케팅 부서 김흥민]
개인의 성과평가의 취지는 충분히 이해합니다. 그러나 현재 평가는 실적기반이나 정성적인 평가가 많이 포함되어 있어 객관성과 공정성에는 의문이 드는 것이 사실입니다. 이러한 상황에서 평가제도를 재수립하지 않고, 인센티브에 계속 반영한다면, 평가제도에 대한 반감이 커질 것이 분명합니다.

[교육부서 홍경민]
현재 교육부서는 인사팀과 밀접하게 일하고 있습니다. 그럼에도 인사팀에서 실시하는 성과평가제도에 대한 이해가 부족한 것 같습니다.

[기획부서 김경호 차장]
저는 저의 평가자 중 하나가 연구부서의 팀장님인데, 일 년에 몇 번 같이 일하지 않는데 어떻게 저를 평가할 수 있을까요? 특히 연구팀은 저희가 예산을 배정하는데, 저에게는 좋지만….

4. 토론 면접

① 토론 면접의 특징

- 다수의 지원자가 조를 편성해 과제에 대한 토론(토의)을 통해 결론을 도출해가는 면접입니다.
- 의사소통능력, 팀워크, 종합인성 등의 평가에 용이합니다.

> - 주요 평가요소
>   - 설득적 말하기, 경청능력, 팀워크, 종합인성
> - 의견 대립이 명확한 주제 또는 채용분야의 직무 관련 주요 현안을 주제로 과제 구성
> - 제한된 시간 내 토론을 진행해야 하므로 적극적으로 자신 있게 토론에 임하고 본인의 의견을 개진할 수 있어야 함

토론 면접의 형태

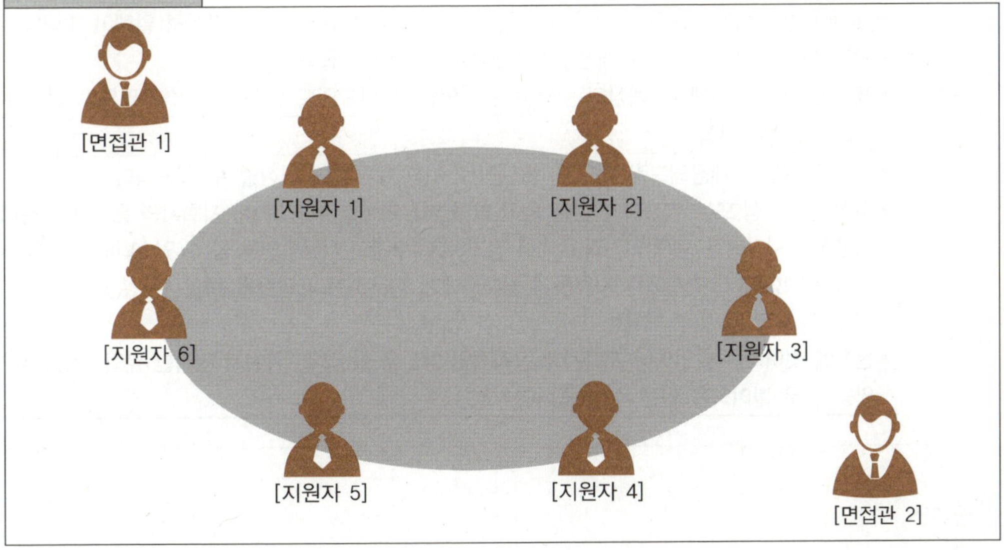

② 토론 면접 예시

고객 불만 고충처리
1. 들어가며
최근 우리 상품에 대한 고객 불만의 증가로 고객고충처리 TF가 만들어졌고 당신은 여기에 지원해 배치받았다. 당신의 업무는 불만을 가진 고객을 만나서 애로사항을 듣고 처리해 주는 일이다. 주된 업무로는 고객의 니즈를 파악해 방향성을 제시해 주고 그 해결책을 마련하는 일이다. 하지만 경우에 따라서 고객의 주관적인 의견으로 인해 제대로 된 방향으로 의사결정을 하지 못할 때가 있다. 이럴 경우 설득이나 논쟁을 해서라도 의견을 관철시키는 것이 좋을지 아니면 고객의 의견대로 진행하는 것이 좋을지 결정해야 할 때가 있다. 만약 당신이라면 이러한 상황에서 어떤 결정을 내릴 것인지 여부를 자유롭게 토론해 보시오.
2. 1분 자유 발언 시 준비사항
• 당신은 의견을 자유롭게 개진할 수 있으며 이에 따른 불이익은 없습니다. • 토론의 방향성을 이해하고, 내용의 장점과 단점이 무엇인지 문제를 명확히 말해야 합니다. • 합리적인 근거에 기초하여 개선방안을 명확히 제시해야 합니다. • 제시한 방안을 실행 시 예상되는 긍정적·부정적 영향요인도 동시에 고려할 필요가 있습니다.
3. 토론 시 유의사항
• 토론 주제문과 제공해드린 메모지, 볼펜만 가지고 토론장에 입장할 수 있습니다. • 사회자의 지정 또는 발표자가 손을 들어 발언권을 획득할 수 있으며, 사회자의 통제에 따릅니다. • 토론회가 시작되면, 팀의 의견과 논거를 정리하여 1분간의 자유발언을 할 수 있습니다. 순서는 사회자가 지정합니다. 이후에는 자유롭게 상대방에게 질문하거나 답변을 하실 수 있습니다. • 핸드폰, 서적 등 외부 매체는 사용하실 수 없습니다. • 논제에 벗어나는 발언이나 지나치게 공격적인 발언을 할 경우, 위에서 제시한 유의사항을 지키지 않을 경우 불이익을 받을 수 있습니다.

03 면접 Role Play

1. 면접 Role Play 편성

- 교육생끼리 조를 편성하여 면접관과 지원자 역할을 교대로 진행합니다.
- 지원자 입장과 면접관 입장을 모두 경험해 보면서 면접에 대한 적응력을 높일 수 있습니다.

경험면접

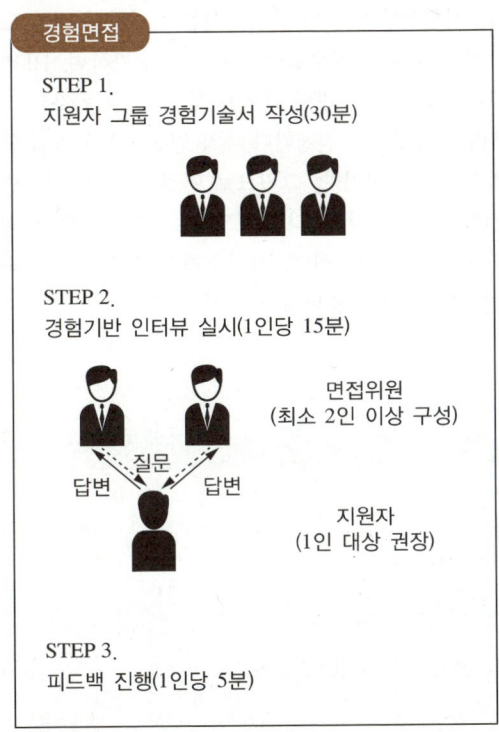

STEP 1.
지원자 그룹 경험기술서 작성(30분)

STEP 2.
경험기반 인터뷰 실시(1인당 15분)

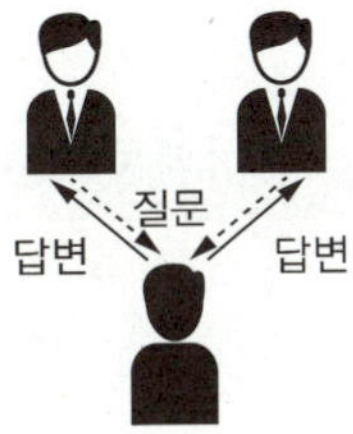

면접위원
(최소 2인 이상 구성)

지원자
(1인 대상 권장)

STEP 3.
피드백 진행(1인당 5분)

발표면접

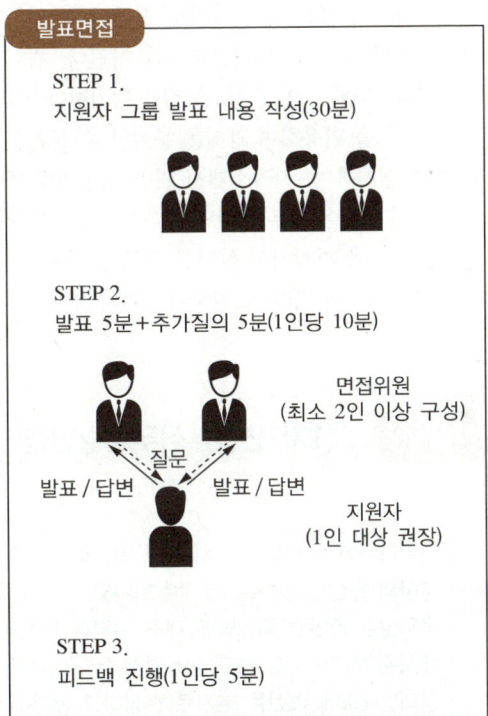

STEP 1.
지원자 그룹 발표 내용 작성(30분)

STEP 2.
발표 5분+추가질의 5분(1인당 10분)

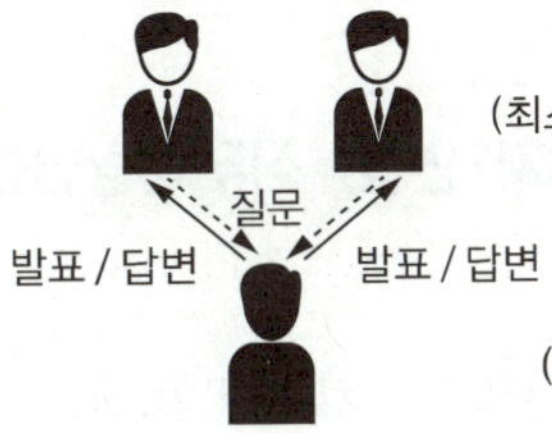

면접위원
(최소 2인 이상 구성)

지원자
(1인 대상 권장)

STEP 3.
피드백 진행(1인당 5분)

Tip

면접 준비하기

1. 면접 유형 확인 필수
   - 기업마다 면접 유형이 상이하기 때문에 해당 기업의 면접 유형을 확인하는 것이 좋음
   - 일반적으로 실무진 면접, 임원면접 2차례에 거쳐 면접을 실시하는 기업이 많고 실무진 면접과 임원 면접에서 평가요소가 다르기 때문에 유형에 맞는 준비방법이 필요
2. 후속 질문에 대한 사전 점검
   - 블라인드 채용 면접에서는 주요 질문과 함께 후속 질문을 통해 지원자의 직무능력을 판단
     → STAR 기법을 통한 후속 질문에 미리 대비하는 것이 필요

CHAPTER

05 한국마사회 면접 기출질문

한국마사회의 면접전형은 2차로 진행된다. 1차 면접은 직무역량면접으로, 필기시험 합격자를 대상으로 경험·상황면접과 토론면접으로 이루어진다. 경험·상황면접에서는 직무수행태도 등을 평가하며, PT면접에서는 직무 관련 지식 및 실무능력을 평가한다. 이때, 토론면접은 직무 관련 과제를 제시하고 지원자는 경험·경력·지식을 활용하여 과제를 분석한 후 토론을 시행하는 방식으로 진행한다. 2차 면접은 1차 면접 합격자에 한해 실시하며, 자기소개서 기반 기본역량 및 조직적합성 면접이다. 그러므로 면접이 직무 관련 면접과 인성 관련 면접이 모두 진행됨에 따라 고득점을 위한 전략이 요구된다. 따라서 보도자료, 최신 이슈 등 직무와 관련된 내용을 파악하여 하나를 주제를 정하고 답변하는 연습이 중요하며, 자기소개서 내용에 대한 숙지와 함께 평가요소에 대하여 한국마사회의 핵심가치를 반영한 답변을 준비할 필요가 있다.

01 (1차 면접) 직무역량면접

- 한국마사회의 사회적 가치 경영 활성화 방안을 제시해 보시오.
- 경마의 활성안 방안을 제시해 보시오.
- 용역발주 제안서 작성법에 대해 설명해 보시오.
- 제시된 비교수치를 보고 청소업체 두 곳 중 한 곳을 평가하고 선정해 보시오.
- 장외발매소에 예산을 추가로 편성하고 배분해 보시오.
- 민원 해결 방안에 대하여 작성해 보시오.
- 외국에 건설할 경마장의 형태와 장소 등 구체적 내용을 작성해 보시오.
- 유연근무제를 어떻게 활성화시킬 것인가?
- 워크숍을 기획해 보시오.
- 부서별 손익계산서 분석 후 가장 우수한 부서를 선정해 보시오.
- 다음 법률 자료를 읽고 법관 입장과 변호사 입장, 기자 입장에서 분석해 보시오.
- 불법사설경마 대응 방안을 말해 보시오.
- 제시된 재무제표를 보고 재무담당자로서 상대 회사와 계약을 진행해도 될 것인지 판단해 보시오.
- 신규 프로그램 기획서를 작성하고 설명해 보시오.
- 법률적 리스크를 예방할 수 있는 방안을 마련해 보시오.
- 아무리 법무팀이 일을 잘하고 로펌이 있어도 법률적 리스크는 늘 발생하게 되는데 어떻게 대처할 것인가?
- 법적인 방안만으로는 리스크 예방이 불충분한데 법 이외의 방안은 없는가?
- 계약서 서면과 직원이 구두로 언급한 내용이 다를 때 어느 쪽이 효력을 가지는가?
- 한국마사회의 홍보 전략에 관한 자료를 읽고 자료를 토대로 자신만의 홍보 전략을 도출해 보시오.

02 (2차 면접) 최종면접

- 조직을 위해 자신을 희생했던 경험이 있다면 설명해 보시오. [2025년]
- 조직체에서 일할 때 가장 중요하다고 여기는 덕목은 무엇인가? [2025년]
- 귀하가 살면서 가장 뿌듯했던 경험이 있다면 간략하게 설명해 보시오. [2025년]
- 지금까지 쌓은 경력과 경험을 토대로 간략하게 자기소개를 해 보시오. [2025년]
- 한국마사회가 추진하고 있는 사업 중 가장 관심이 있는 사업은 무엇인가? [2025년]
- 한국마사회에 관심을 가지게 된 계기를 말해 보시오.
- 한국마사회의 존재 이유는 무엇인가?
- 한국마사회에서 시행하는 사업의 긍정적인 면과 부정적인 면을 평가해 보시오.
- 20 ~ 30대에게 한국마사회 사업을 홍보한다면 어떻게 할 것인지 제시해 보시오.
- 경마에 대한 귀하의 생각을 말해 보시오.
- 지원한 분야와 다른 업무에 배정된다면 어떻게 하겠는가?
- 공기업은 창의력이 부족하다는 인식이 있는데, 우리 회사에서 개선할 방법을 설명해볼 수 있는가?
- 상사의 부당한 업무 지시로 동료 간 문제가 발생하면 어떻게 해결하겠는가?
- 말을 접해본 경험이 있는가?
- 한국마사회를 지인에게 소개한다면 어떻게 소개하겠는가?
- 한국마사회에 기여할 수 있는 본인의 직무역량은 무엇이라고 생각하는가?
- 한국마사회에 지원한 동기가 무엇인가?
- 본인의 역량을 바탕으로 지금 당장 한국마사회에서 할 수 있는 일은 무엇인가?
- 어떻게 면접 준비를 하였는가?
- 한국마사회는 어떤 이미지인가?
- 성공 또는 실패한 경험을 말해 보시오.
- 공기업과 사기업의 차이는 무엇인가?
- 공기업이 갖추어야 할 요소 3가지가 있다면 무엇이라고 생각하는가?
- 공기업은 사익추구와 공공복리를 잘 조화시켜야 하는데, 그 기준점은 무엇이라고 생각하는가?
- 한국마사회의 인재상을 말해 보시오.
- 한국마사회에 필요한 리더십은 무엇인가?
- 한국마사회의 어떤 부서에서 일하고 싶은가?
- 본인이 경마 상품을 만든다면 어떤 상품을 만들 것인가?
- 지신의 강점을 중계 형식으로 말해 보시오.
- 오는 길에 벚꽃을 보고 든 생각을 중계해 보시오.

PART 4

MEMO

시대에듀

M E M O

답안채점 • 성적분석 서비스

모바일 OMR

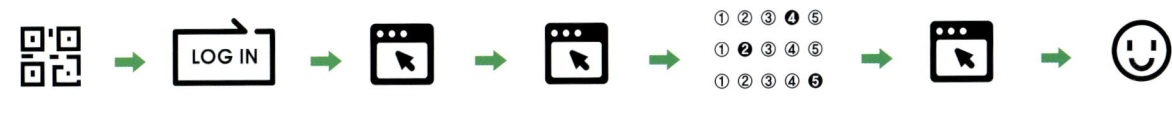

1. 도서 내 모의고사 우측 상단에 위치한 QR코드 찍기
2. 로그인 하기
3. '시작하기' 클릭
4. '응시하기' 클릭
5. 나의 답안을 모바일 OMR 카드에 입력
6. '성적분석 & 채점결과' 클릭
7. 현재 내 실력 확인하기

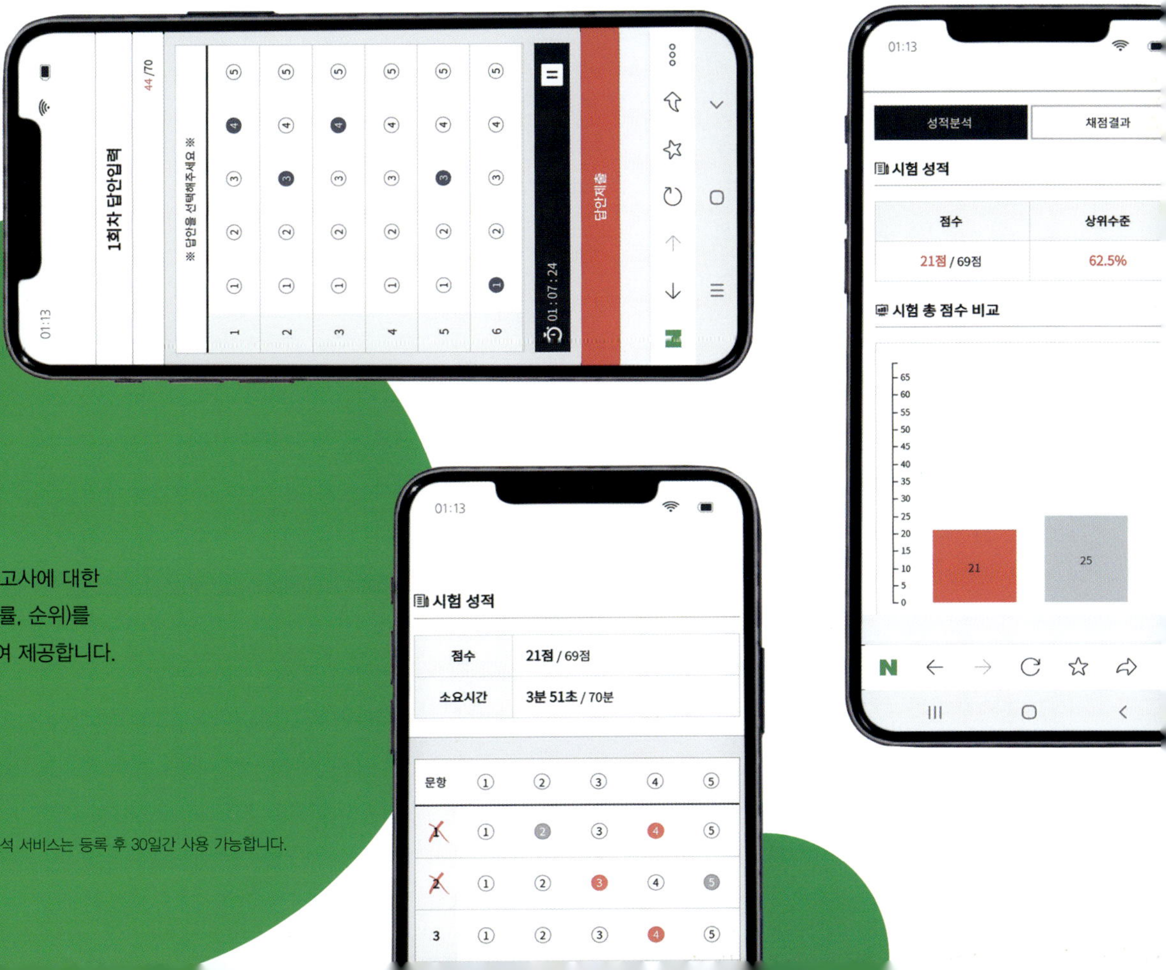

도서에 수록된 모의고사에 대한
객관적인 결과(정답률, 순위)를
종합적으로 분석하여 제공합니다.

※OMR 답안채점 / 성적분석 서비스는 등록 후 30일간 사용 가능합니다.

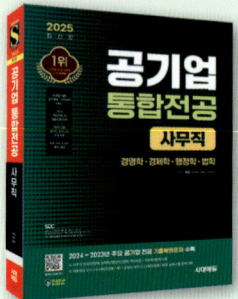

2026
최신판

한국 마사회

통합기본서

편저 | SDC(Sidae Data Center)

정답 및 해설

판매량 1위
한국마사회
YES24

기출복원문제부터
대표기출유형 및
모의고사까지

한 권으로 마무리!

SDC
SDC는 시대에듀 데이터 센터의 약자로
약 30만 개의 NCS · 적성 문제 데이터를
바탕으로 최신 출제경향을 반영하여
문제를 출제합니다.

시대에듀

Add+

주요 공기업 기출복원문제

2025년 상반기 NCS 기출복원문제

01	02	03	04	05	06	07	08	09	10	11	12	13	14	15	16	17	18	19	20
②	③	⑤	③	③	①	④	⑤	①	⑤	②	④	②	③	④	①	①	⑤	⑤	③
21	22	23	24	25	26	27	28	29	30	31	32	33	34	35	36	37	38	39	40
③	③	①	①	③	③	①	④	③	④	③	②	②	①	①	②	②	④	①	③
41	42	43	44	45	46	47	48	49	50										
②	③	①	②	③	②	③	③	④	③										

01

정답 ②

마지막 문단에서 현재 AI 음성 합성 기술이 사람의 감정까지 담아 표현할 수 없다는 한계점이 존재한다고 했다. 따라서 현재는 AI 음성 합성 기술이 오디오북 제작에서 전문 성우의 역할을 대체할 수 있다고 보기는 어렵다.

오답분석

① 세 번째 문단을 통해 AI 음성 합성 기술이 비용과 시간 측면에서 전문 성우 녹음보다 효율적임을 알 수 있다.
③ 마지막 문단에서 문학 도서의 경우 AI 음성 합성 기술이 사람의 감정까지 담아 표현할 수 없는 반면, 비문학 도서들은 전문 성우가 반드시 필요하지는 않으므로 AI 음성 합성 기술로 제작이 가능하다고 하였다.
④·⑤ 두 번째 문단에서 전문 성우의 오디오북 녹음에는 많은 시간이 필요하며, 비용 또한 많이 들어 현실적인 한계에 부딪히고 있다고 하였다.

02

정답 ③

2024년 설날 노쇼 비율은 46%이지만, 이 중 19만 매가량이 재판매가 되지 않아 공석으로 운행되었다.

오답분석

① 첫 번째 문단에서 명절에 예매 경쟁률이 수십 배에 달하는 경우도 흔하다고 하였다.
② 세 번째 문단에서 노쇼 문제는 사회적 비용 증가로 연결되며, 이에 따른 비용이나 정책 변경은 국민의 부담으로 돌아올 것이라고 하였다.
④ 네 번째 문단에서 노쇼 문제를 해결하기 위해 코레일은 2025년부터 명절 특별수송기간에 출발 후 20분까지의 위약금을 기존 15%에서 30%로 상향 조정한다고 하였다.
⑤ 마지막 문단에서 노쇼 문제는 단순히 코레일의 노력만으로 해결될 수 없고, 근본적인 제도 개선과 국민 인식 변화가 함께 이루어져야 함을 이야기하고 있다.

03

정답 ⑤

선주는 문제점을 자신의 탓으로 돌리며 상대방에게 부탁을 하고 있다. 따라서 관용의 격률에 해당하는 사례이다.

오답분석

① 민재는 상대방을 칭찬하는 표현을 최대화해서 말하고 있다. 따라서 타인에 대한 비난은 최소화하고 칭찬은 최대화하여 말하는 표현법인 찬동의 격률에 해당하는 사례로 볼 수 있다.
② 지우는 문제점을 상대방의 탓으로 돌리며 상대방에게 부탁을 하고 있다. 따라서 관용의 격률에 해당하지 않는다.
③ 다예는 자신의 이익을 위해 상대방에게 부담을 주며 말하고 있다. 따라서 관용의 격률에 해당하지 않는다.
④ 동현은 상대에게 부담이 되는 표현은 최소화하면서 도움을 요청하고 있다. 따라서 상대방의 부담은 최소화하고 이익은 최대화하여 말하는 표현법인 요령의 격률에 해당하는 사례로 볼 수 있다.

04

정답 ③

먼저 분자와 분모를 따로 계산하면 다음과 같다.

• 분자 : $18\times(15^2+12+3)$
$\rightarrow 18\times(225+12+3)$
$\therefore 18\times240=4,320$

• 분모 : $90^2-2\times45\times4$
$\rightarrow 8,100-(2\times45\times4)$
$\therefore 8,100-360=7,740$

주어진 식을 정리하면 다음과 같다.

$\frac{4,320}{7,740}+1=\frac{4,320+7,740}{7,740}=\frac{12,060}{7,740}$

$\frac{12,060}{7,740}$을 기약분수로 만들기 위해 최대공약수 180으로 약분하면 $\frac{67}{43}$이므로 $p=43$, $q=67$이다.

따라서 $p+q=110$이다.

05

정답 ③

K시 전철의 기본요금은 1회 1,500원이고, 아침에 20% 할인을 받으면 $1,500\times0.8=1,200$원이다. A씨의 전철 이용 횟수는 총 $22\times2=44$회이며, 할인은 출근 시간에만 적용된다. 그러므로 퇴근 시 이용하는 전철 요금은 $1,500\times22=33,000$원이다.
한 달 전철 요금을 62,000원 이하로 유지하고자 하므로 출근 시 지불 가능한 전철 요금은 $62,000-33,000=29,000$원이다.
할인을 받은 일수를 x일이라 하면, 할인을 받지 않은 일수는 $(22-x)$일이므로 다음과 같은 식이 성립한다.

$1,200x+1,500(22-x)\le29,000$
$\rightarrow 1,200x+33,000-1,500x\le29,000$
$\rightarrow -300x\le-4,000$
$\therefore x\ge13.33$

따라서 최소 14일은 할인을 받아야 한 달 전철 요금을 62,000원 이하로 유지할 수 있다.

06

정답 ①

먼저 1부터 6까지 숫자를 사용하여 만들 수 있는 4자리 수의 조합을 계산하면 $6^4=1,296$이다.
조건에 따라 중복된 숫자는 최대 2번 사용할 수 있으므로 같은 숫자가 3번 이상 사용된 경우의 수를 구하여 제외해야 한다.

• 같은 숫자가 4번 사용된 경우는 6가지이다(1111, 2222, …, 6666).
• 같은 숫자가 3번 사용된 경우는 aaab, aaba, abaa, baaa 4가지 경우가 있고, a로 가능한 수는 6가지, b로 가능한 수는 a를 제외한 5가지이므로 $4\times6\times5=120$가지이다.

따라서 조건을 만족하는 4자리 비밀번호는 총 $1,296-(6+120)=1,170$가지이다.

07

정답 ④

조사기간인 1 ~ 4월의 리뷰 수가 판매 건수이므로 월별 판매 건수와 반품 및 환불 건수를 계산하면 다음과 같다.

(단위 : 건)

구분	판매 건수	반품 건수	환불 건수
1월	1,000	1,000×0.03=30	1,000×0.02=20
2월	1,200	1,200×0.02=24	1,200×0.03=36
3월	1,500	1,500×0.04=60	1,500×0.01=15
4월	1,300	1,300×0.03=39	1,300×0.02=26
합계	5,000	153	97

따라서 반품 건수와 환불 건수를 모두 합하면 153+97=250건이다.

08

정답 ⑤

구로디지털단지역 하차 인원은 출근시간대 400명, 퇴근시간대 2,150명이므로 2,150÷400=5.375이다.
따라서 퇴근시간대 하차 인원은 출근시간대 하차 인원의 5배 이상이다.

오답분석

① 역삼역의 점심시간대와 퇴근시간대는 탑승 인원보다 하차 인원이 더 많다.
② 시청역의 탑승 인원은 점심시간대에 530명, 퇴근시간대에 420명으로 점심시간대에 탑승 인원이 더 많다.
③ 역삼역의 출근시간대는 탑승 1,150명, 하차 350명으로 탑승 인원이 더 많다.
④ 시청역의 출근시간대 대비 퇴근시간대 하차 인원의 증가 폭은 1,480−870=610명, 역삼역의 출근시간대 대비 퇴근시간대 하차 인원의 증가 폭은 1,250−350=900명이므로 시청역의 증가 폭이 더 작다.

09

정답 ①

A주임은 복잡한 역사 구조로 승객들이 길을 헤매는 문제를 해결하기 위한 아이디어를 지하철역과 비슷한 대상인 쇼핑센터의 증강현실 지도 기술에서 얻었고, 지하철역에서 이용 가능한 증강현실 길안내 서비스를 기획하였다. 따라서 주어진 사례에서 나타나는 창의적 사고 개발 방법으로 가장 적절한 것은 대상과 비슷한 것을 찾아내 그것을 힌트로 새로운 아이디어를 생각해 내는 비교발상법인 NM법이다.

오답분석

② Synectics : 서로 관련이 없어 보이는 것들을 조합하여 새로운 것을 도출해 내는 비교발상법이다.
③ 체크리스트 : 미리 준비된 힌트들을 시각화하고, 주제를 힌트에 연결 지어 발상하는 강제연상법이다.
④ SCAMPER : 체크리스트의 발전된 기법으로, 대체, 결합, 응용, 수정, 전용, 제거, 반전과 같이 7가지 키워드를 주제와 연결 지어 발상하는 강제연상법이다.
⑤ 브레인스토밍 : 어떤 주제에서 자유롭게 생각나는 것을 계속해서 열거하여 창의적인 아이디어를 이끌어 내는 자유연상법이다.

10

정답 ⑤

A씨는 사고로 학생과 부딪힌 사건 하나만을 부풀려 젊은이들이 모두 조심성이 없으며 남을 배려하지 않는다고 주장하고 있다. 이는 특정한 사례 하나를 토대로 집단을 일반화하는 주장이므로 성급한 일반화의 오류에 해당한다.

오답분석

① 무지의 오류 : '외계인이 있다는 증거가 없으므로 외계인은 존재하지 않는다.'처럼 어떠한 주장이 증명되지 않았다고 해서 그 반대의 주장이 참이라고 주장하는 오류이다.
② 결합의 오류 : '머리카락 1개가 빠지면 대머리가 되지 않는다. 2개가 빠져도, 100개가 빠져도 그렇다. 따라서 1만 개가 빠져도 대머리가 되지 않는다.'처럼 하나의 사례에는 오류가 없지만, 여러 사례를 잘못 결합하여 발생하는 오류이다.
③ 애매성의 오류 : '여자는 남자보다 약하다. 따라서 여자는 오래 살지 못한다.'처럼 애매한 어휘의 사용으로 발생하는 오류이다.
④ 과대 해석의 오류 : '퇴근길에 조심하세요.'라는 말을 퇴근길에만 조심하라는 의미로 받아들이는 것처럼 문맥을 무시하고 과도하게 문구에만 집착하여 발생하는 오류이다.

11

정답 ②

ㄱ. 철도 이용객 수 증가는 외부환경 요인인 법안에 의한 긍정적 효과이므로 기회(Opportunity)에 해당한다.
ㄷ. 민간투자의 확대는 외부환경 요인의 긍정적인 효과이므로 기회에 해당한다.
ㅂ. 기업 외부에서 발생한 공동 프로젝트에 참여하는 것은 기술혁신 등 긍정적인 측면이므로 기회에 해당한다.

오답분석

ㄴ. 내부환경 요인인 운영 노하우는 기업 내부의 긍정적인 요소로 강점(Strength)에 해당한다.
ㄹ. 외부환경 요인인 정부의 교통요금 동결 정책은 위협(Threat)에 해당한다.
ㅁ. 내부환경 요인인 직원 수 부족으로 인한 저조한 고객 만족도는 약점(Weakness)에 해당한다.

12

정답 ④

ㄱ. A차장은 노인 이용자 대표와 논리적 토론을 통해 합리적 타협점을 찾고 있다. 이는 상이한 문화적 토양을 가지고 있는 구성원을 가정하여 서로의 생각을 직설적으로 주장하고 논쟁이나 협상을 통해 의견을 조정하는 하드 어프로치에 해당한다.
ㄴ. A센터장은 역할극과 브레인스토밍 기법을 통하여 직원들이 자발적으로 의견을 제시하고, 창의적인 해결 방법을 도모할 수 있도록 촉진하고 있다. 이는 어떤 그룹이나 집단이 자발적으로 창의적인 문제해결을 할 수 있도록 촉진하는 퍼실리테이션에 해당한다.
ㄷ. A팀장은 B사원에게 실수에 대한 결과를 시사하여 실수를 줄일 수 있도록 넌지시 제안하였으며, 다른 팀원들에게도 B사원을 잘 도와줄 수 있도록 요청하였다. A팀장은 중재자로서 같은 문화적 토양을 가지고 있는 팀원들이 서로를 이해할 수 있도록 돕고, 권위와 공감에 의지하여 의견을 중재하고 있으므로 소프트 어프로치에 해당한다.

13

정답 ②

'된서리'는 늦가을에 아주 되게 내리는 서리를 의미하며, 이런 특성으로 인해 모진 재앙이나 타격을 비유적으로 이르는 말이다. 따라서 비슷한 어휘는 '어떤 일에서 크게 기를 꺾음. 또는 그로 인한 손해·손실'을 의미하는 '타격(打擊)'이다.

오답분석

① 타계(他界) : 인간계를 떠나서 다른 세계로 간다는 뜻으로, 사람의 죽음 특히 귀인(貴人)의 죽음을 이르는 말
③ 타점(打點) : 붓이나 펜 따위로 점을 찍음. 또는 야구에서 안타 따위로 득점한 점수
④ 타락(墮落) : 올바른 길에서 벗어나 잘못된 길로 빠지는 일
⑤ 타산(打算) : 자신에게 도움이 되는지를 따져 헤아림

14

정답 ③

빈칸에 들어갈 단어의 대상은 앞의 '애민주의'이므로 '어떤 명목을 붙여 주의나 주장 또는 처지를 앞에 내세움'을 의미하는 '표방(標榜)'이 적절한 단어이다.

오답분석

① 표징(表徵) : 겉으로 드러나는 특징이나 상징
② 표집(標集) : 사회 조사에서 모집단의 특성을 잘 반영할 수 있는 표본을 추출하는 방법
④ 표류(漂流) : 물 위에 떠서 정처 없이 흘러감
⑤ 표리(表裏) : 물체의 겉과 속 또는 안과 밖을 통틀어 이르는 말

15

정답 ④

제시문은 원자력 발전소에서 방사성 물질의 차단과 외부 오염 물질 유입 방지를 위해 강력한 공기조화 시스템이 필요함을 주장하며, 이 시스템의 핵심 장치인 헤파필터에 대해 상세히 설명하고, 원자력 발전소에서 헤파필터의 역할과 중요성에 대해 서술하고 있다. 따라서 글의 주제로 가장 적절한 것은 '원자력 발전소에서의 헤파필터의 역할'이다.

16

정답 ①

제시문은 잠복결핵감염에 대해 설명하는 글로, 잠복결핵감염의 특성과 치료 방법 등을 서술하면서 잠복결핵감염이 어떻게 개인의 건강뿐 아니라 사회 전체의 공중보건에 영향을 주는지 서술하고 있다.
따라서 글의 주제로 '잠복결핵감염의 위험성'이 가장 적절하다.

17

정답 ①

메뉴별 손익분기점을 구하면 다음과 같으며, 손익분기점을 넘기기 위해서 필요한 판매량은 이보다 1단위 더 많아야 한다.

- 제육볶음 : 2,800,000÷(10,000−2,000)=350 → 351인분
- 오징어볶음 : 3,300,000÷(12,000−2,000)=330 → 331인분
- 돈가스 : 2,600,000÷(9,000−1,500)≒346.7 → 347인분
- 라면 : 1,800,000÷(6,000−800)≒346.2 → 347인분
- 고등어구이 : 3,100,000÷(11,000−2,000)≒344.4 → 345인분

따라서 손익분기점을 넘기기 위해 필요한 판매량이 가장 많은 메뉴는 제육볶음이다.

18

정답 ⑤

B지점에서 C지점까지의 거리를 $x$km라고 하고 식을 세우면 다음과 같다.

$(x+110)+x=190$

$\rightarrow 2x=80$

$\therefore x=40$

즉, A지점에서 B지점까지의 거리는 150km, B지점에서 C지점까지의 거리는 40km이다.
K주임은 A지점에서 B지점까지 150km를 100km/h의 속력으로 이동하였으므로 소요된 시간은 1.5시간이고, B지점에서 C지점까지 40km를 80km/h의 속력으로 이동하였으므로 소요된 시간은 0.5시간이다.
따라서 A지점에서 C지점까지 이동하는 데 걸린 시간은 2시간이다. 단, B지점에서 1시간 동안 업무를 수행하였으므로 C지점에 도착한 시간은 오후 3시이다.
또한 이동할 때의 평균 속력의 경우 총 190km를 2시간 동안 이동하였으므로 평균 속력은 $\frac{190}{2}$=95km/h이다.

19

정답 ⑤

본회의 시간이 1시간이고, 전후 30분간 회의 준비 및 회의록 작성을 진행해야 하므로 모두 2시간이 필요하다.
제시된 조건에 따라 회의가 불가능한 시간을 표시하면 다음과 같다.

<table>
<tr><th colspan="2">9시</th><th colspan="2">10시</th><th colspan="2">11시</th><th colspan="2">12시</th><th colspan="2">13시</th><th colspan="2">14시</th><th colspan="2">15시</th><th colspan="2">16시</th><th colspan="2">17시</th></tr>
<tr><td></td><td></td><td>예약</td><td></td><td></td><td></td><td colspan="2">점심시간</td><td></td><td></td><td>예약</td><td></td><td colspan="2">외부일정</td><td></td><td></td><td></td><td></td></tr>
</table>

30분 간격으로 칸을 나누었으므로 회의를 진행하기 위해서는 총 4칸이 필요하다.
따라서 16시부터 회의 준비를 할 수 있으므로 본회의를 시작할 수 있는 가장 빠른 시각은 오후 4시 30분(=16시 30분)이다.

20

정답 ③

약술형에서 48점을 득점하여 과락이 된 D를 제외하고 나머지 4명의 필기시험 점수의 평균과 가점을 더한 값은 다음과 같다.

- A : {(85+52+61+57)÷4}+6=69.75점 → 불합격
- B : (75+71+67+81)÷4=73.5점 → 합격
- C : {(67+81+72+54)÷4}+2=70.5점 → 합격
- E : (66+82+58+78)÷4=71점 → 합격

따라서 제20회 J국가자격 필기시험에 합격한 사람은 B, C, E 3명이다.

21

정답 ③

HDD(Hard Disk Drive)는 회전하는 자기 디스크와 기계적인 헤드를 사용해 데이터를 저장하고 읽는 저장장치로 플래시 메모리를 사용해 전자적으로 데이터를 저장하는 SSD(Solid State Drive)에 비해 가격이 저렴하다.

오답분석

① HDD는 움직이는 자기 디스크나 헤드가 필요하므로 SSD에 비해 무겁고, 소형화가 어렵다.
② HDD는 자기 디스크와 헤드를 움직이는 모터 및 회전 부품으로 인해 전력 소모가 SSD에 비해 더 크다.
④ SSD는 읽고 쓰는 데 물리적인 움직임이 필요 없으나, HDD는 회전하는 자기 디스크와 헤드가 데이터 위치를 찾기 위해 움직여야 하므로 데이터 접근이 SSD에 비해 느리다.
⑤ 플래시 드라이브로 구성되어 있는 SSD는 움직이는 부품이 없으나, HDD는 움직이는 기계적 부품이 많으며, 충격으로 인해 헤드가 자기 디스크에 닿아 스크래치가 생기는 등의 심각한 손상이 발생할 수 있다. 따라서 HDD는 SSD보다 외부 충격에 대한 내구력이 낮다.

22

정답 ③

제시된 상황은 조건이 참인지 거짓인지에 따라 서로 다른 값을 반환해야 하므로 IF 함수를 활용해야 한다. IF 함수의 함수식은 「=IF(조건,"참일 때의 값","거짓일 때의 값"」이며, 조건은 참조 대상의 값이 90 이상이어야 하므로 "참조대상>=90"이어야 한다. 따라서 올바른 함수식은 「=IF(참조 대상>=90,"합격","불합격")」이다.

오답분석

① 90점을 초과해야 합격으로 값이 나온다.
② 90점 이상이면 불합격, 90점 이하면 합격으로 값이 나온다.
④・⑤ CHOOSE 함수는 지정된 인덱스 번호를 기준으로 목록에서 특정 값을 선택하여 반환하는 함수로 제시된 상황에는 옳지 않은 함수이다.

23

정답 ①

제시문은 허리 통증을 유발하는 직업적 요인에 대해 서술하고 있다. 따라서 글의 주제로 가장 적절한 것은 '허리 통증의 직업적 요인'이다.

오답분석

② 제시문은 허리 통증이나 질환이 어떻게 발생하는지만 서술하고, 관리 방법에 대해서는 서술하고 있지 않다.
③ 허리 질환의 원인을 여러 직업적 요인을 나누어 설명하지만, 직업에 따라 질환이 달라진다고는 서술하고 있지 않다. 오히려 허리 질환의 직업적 요인들이 대부분 추간판탈출증, 척추협착증 같이 비슷한 질환을 유발하는 것을 알 수 있다.
④ 세 번째 문단에서 허리 구부림 자세가 많은 업종이 허리 통증 관련 산재 신청이 많음에 대해 서술하고는 있지만, 글 전체를 포괄하는 주제로 적절하지 않다.

24

정답 ①

A교수의 발표 주제는 사람이 제공하던 서비스를 인공지능 기술로 대체하자는 것이 아닌, 인공지능 기술이 건강보험 가입자의 데이터를 기반으로 가입자에게 필요한 맞춤형 서비스를 제공해 주는지에 대한 것이다. 따라서 제시된 자료의 내용과 일치하지 않는다.

오답분석

② B교수의 발표 주제는 sLLM(소형 언어 모델)을 사용한 고객 서비스의 향상과 공단 근로자의 업무 효율성을 증대 사례이므로 이에 대한 고객과 공단 근로자의 의견이 필요하다.
③ D교수의 발표 주제는 야간 인공조명이 인간의 건강에 미치는 영향에 대한 것이므로, 야간 인공조명을 받은 사람과 이를 받지 않은 사람과의 건강상의 차이에 대한 구분되는 수치가 필요하다.
④ F팀장의 발표 주제는 병원 내에서 발생하는 폐렴의 데이터 분석을 통해 감염관리 체계 마련이 필요함을 제시하는 것이므로, 병원 내 감염병에 대한 데이터 정보가 필요하다. 따라서 병원 내 어느 병동에서 어떠한 상황에서 발생하였는지, 또 어느 연령대에서 주로 발생하는지 등에 대한 데이터가 필요하다.

25

정답 ③

네 번째 문단에 따르면 천식 환자는 심장 박동 및 호흡수를 증가시키는 운동은 발작을 일으킬 수 있으므로 피해야 하고, 건조하지 않고 심장 박동이나 호흡수가 급격히 증가하지 않는 수영과 같은 운동이 좋다고 하였다. 따라서 등산의 경우 가파른 오르막이나, 건조한 환경 등 천식 환자에게 좋지 않은 운동 환경일 가능성이 높다.

오답분석

① 세 번째 문단에 따르면 당뇨는 인슐린이 제 기능을 하지 못해 혈당을 낮추지 못하는 질환으로, 유산소 운동을 통해 혈당을 낮출 수 있다.

② 세 번째 문단에 따르면 당뇨 환자와 심장병 환자는 유산소 운동이 좋다고 하였으며, 특히 심장병 환자의 경우 규칙적인 유산소 운동은 심혈관계를 향상시킨다고 하였다.

④ 마지막 문단에 따르면 허리 통증 환자는 유산소 운동보다는 척추를 지지하는 근육을 발달시킬 수 있는 코어 운동이 도움이 된다고 하였다.

26

정답 ③

제시된 문단은 국민건강보험공단이 담배 소송 변론에서 적극적으로 입장을 표명했다고 서술하고 있다. 그러므로 이어질 문단으로 공단의 주장이 포함된 (나) 문단 또는 (다) 문단이 와야 한다. 이 중 (다) 문단은 '마지막으로'로 시작하므로 글의 가장 마지막에 오는 것이 적절하다. 그러므로 첫 문단 뒤에 이어질 문단으로 가장 적절한 것은 (나) 문단이다. 다음 (가) 문단과 (라) 문단을 살펴보면, (가) 문단은 담배와 암 사이에는 인과관계가 있다는 주장, (라) 문단은 담배와 암 사이에 인과관계에 대한 뒷받침 자료로 제출한 증거의 목록에 대한 것이므로 (가) – (라) 순으로 이어져야 한다. 따라서 (나) – (가) – (라) – (다) 순으로 나열하는 것이 적절하다.

27

정답 ①

조사 지역별 법인 기업에서 사단법인이 차지하는 비율은 다음과 같다.

- 수도권 : $\frac{50,000}{60,000}\times 100 \fallingdotseq 83.33\%$
- 강원권 : $\frac{500}{1,000}\times 100 = 50\%$
- 충청권 : $\frac{2,500-800}{2,500}\times 100 = 68\%$
- 호남권 : $\frac{3,000-1,000}{3,000}\times 100 \fallingdotseq 66.67\%$
- 영남권 : $\frac{1,500}{2,500}\times 100 = 60\%$

수도권, 충청권, 호남권, 영남권, 강원권 순으로 높으므로 세 번째로 높은 지역은 호남권이다.

오답분석

② 5대 업종의 대기업 중 IT업이 아닌 기업의 수는 $11,000-6,000=5,000$개소이며, 수도권의 기타 기업도 5,000개소로 같다.

③ 조사 지역에서 대기업이 20% 증가하면 $13,500\times 0.2=2,700$개소 증가하고, 중소기업이 10% 감소하면 $25,000\times 0.1=2,500$개소 감소하므로 전체 기업 수는 증가한다.

④ 조사 지역의 재단법인 중 강원권 재단법인이 차지하는 비율은 $\frac{1,000-500}{13,300}\times 100 \fallingdotseq 3.76\%$이고, 조사 지역의 대기업 중 강원권 대기업이 차지하는 비율은 $\frac{500}{13,500}\times 100 \fallingdotseq 3.7\%$이므로 옳은 설명이다.

28

정답 ④

조사 지역의 전체 기업 중 운송업에 해당하는 중소기업 및 5인 미만 기업의 비율은 다음과 같다.

- 중소기업 : $\frac{9,000}{25,000} \times 100 = 36\%$
- 5인 미만 : $\frac{100,000}{290,000} \times 100 \fallingdotseq 34.48\%$

따라서 5인 미만 기업의 운송업 비율은 중소기업보다 낮다.

오답분석

① 조사 지역의 전체 기업 중 5인 미만인 기업의 비율은 $\frac{290,000}{405,000} \times 100 \fallingdotseq 71.6\%$로 70% 이상이다.

② 조사 지역의 5인 미만 기업 중 수도권이 차지하는 비율은 $\frac{200,000}{290,000} \times 100 \fallingdotseq 68.97\%$로 60% 이상이다.

③ 조사 지역 전체 기업 중 5대 업종에 해당하지 않는 기업의 수는 다음과 같다.
- 대기업 : 13,500−11,000=2,500개소
- 중소기업 : 25,000−22,000=3,000개소
- 5인 미만 : 290,000−235,000=55,000개소
- 사단법인 : 55,700−20,000=35,700개소
- 재단법인 : 13,300−9,000=4,300개소

이에 따라 대기업보단 중소기업이, 중소기업보단 5인 미만이 많고, 사단법인이 재단법인보다 많다.

29

정답 ③

제시된 자료는 7대 주요 범죄 현황이므로 한 해 전체 범죄 현황은 알 수 없다. 따라서 옳지 않은 설명이다.

오답분석

① 살인이 가장 많이 발생한 해는 1995년이며, 절도 역시 1995년에 가장 많이 발생하였다.
② K국 교도소의 잔여 형량별 복역자 수 자료를 통해 잔여 형량이 많을수록 복역자 수가 적음을 알 수 있다.
④ 잔여 형량이 1년 미만인 복역자의 수가 가장 많은 교도소는 F교도소이며, 전체 복역자 수 역시 F교도소가 가장 많다.

30

정답 ④

교도소별 잔여 형량이 1년 미만인 복역자 수 대비 3년 이상 5년 미만인 복역자 수의 비율은 다음과 같다.

- A : $\frac{400}{3,000} \times 100 \fallingdotseq 13.3\%$
- B : $\frac{400}{4,000} \times 100 = 10\%$
- C : $\frac{500}{5,000} \times 100 = 10\%$
- D : $\frac{600}{6,000} \times 100 = 10\%$
- E : $\frac{800}{7,000} \times 100 \fallingdotseq 11.43\%$
- F : $\frac{1,000}{8,000} \times 100 = 12.5\%$

A교도소가 가장 높으므로 ④는 옳지 않은 해석이다.

오답분석

① 1990년부터 1995년까지 전년 대비 살인 사건 발생 건수는 100건씩 일정하게 증가하고 있다. 그러나 기준이 되는 전년의 수치가 점점 커지기 때문에 전년 대비 변화율은 점점 감소한다(1990년 20% 증가, 1991년 약 16.6% 증가, …).

② K국 전체 교도소 복역자 수는 5,300+5,700+7,800+10,000+10,300+11,600=50,700명이므로 D교도소에 복역하는 비율은 $\frac{10,000}{50,700}\times 100 \fallingdotseq 19.72\%$이다. 따라서 20% 이하이다.

③ 1993년부터 1995년까지 7대 주요 범죄 중 절도가 차지하는 비율을 구하기 위해 연도별 7대 주요 범죄 발생 건수를 계산하면 다음과 같다.

- 1993년 : 900+3,000+10,000+10,000+20,000+3,000+1,000=47,900건
- 1994년 : 1,000+2,000+20,000+10,000+27,000+5,000+900=65,900건
- 1995년 : 1,100+3,500+17,000+9,000+34,000+2,000+1,100=67,700건

절도가 차지하는 비율을 계산하면 다음과 같다.

$$\frac{20,000+27,000+34,000}{47,900+65,900+67,700}\times 100$$

$$=\frac{81,000}{181,500}\times 100 \fallingdotseq 44.63\%$$

따라서 절도가 차지하는 비율은 45% 이하이다.

31

정답 ③

계란 가격은 2024년 7월부터 9월까지 증가하다가, 10월부터 감소한 후 12월에 다시 증가 추세를 보이고 있으므로 옳지 않다.

오답분석

① • 2024년 8월 대비 9월 쌀 가격 증가율 : $\frac{1,970-1,083}{1,083}\times 100 \fallingdotseq 81.90\%$

• 2024년 11월 대비 12월 무 가격 증가율 : $\frac{2,474-2,245}{2,245}\times 100 \fallingdotseq 10.20\%$

따라서 2024년 8월 대비 9월 쌀 가격의 증가율이 2024년 11월 대비 12월 무 가격의 증가율보다 크다.

② 국산, 미국산, 호주산 소 가격 모두 2024년 7월부터 9월까지 증가하다가 10월에 감소하였다.

④ 쌀 가격은 2024년 7월 1,992원에서 8월 1,083원으로 감소했다가, 9월 1,970원으로 증가한 후 10월부터는 감소하고 있다.

32

정답 ②

선택지에 제시된 식재료 가격의 2024년 12월 대비 2025년 1월 증감률을 계산하면 다음과 같다.

- 쌀 : $\frac{1,805-1,809}{1,809}\times 100 \fallingdotseq -0.22\%$
- 양파 : $\frac{1,759-1,548}{1,548}\times 100 \fallingdotseq 13.63\%$
- 무 : $\frac{2,543-2,474}{2,474}\times 100 \fallingdotseq 2.78\%$
- 건멸치 : $\frac{25,200-25,320}{25,320}\times 100 \fallingdotseq -0.47\%$

따라서 증감률이 가장 큰 재료는 양파이다.

33

정답 ②

신입사원 선발 조건에 따라 지원자에게 점수를 부여한 뒤 총점을 산정하면 다음과 같다.

(단위 : 점)

구분	학위점수	어학능력점수	면접점수	실무경험점수	총점
A	18	20	30	18	86
B	25	17	24	18	84
C	18	17	24	18	77
D	30	14	18	12	74

따라서 최고득점자는 A이고, 최저득점자는 D이다.

34

정답 ①

A씨의 소규모 카페는 잘못된 위치 선정, 치열한 경쟁, 운영 경험 부족 등 여러 위기를 겪게 되었지만, A씨는 위기를 기회로 삼아 성공한 컨설팅 업체라는 좋은 결과를 얻었다. 따라서 '화를 바꾸어 복이 되게 하다.'의 의미를 지닌 '전화위복(轉禍爲福)'이 가장 관련 있는 한자성어이다.

오답분석

② 사필귀정(事必歸正) : 모든 일은 반드시 바른길로 돌아감
③ 일취월장(日就月將) : 나날이 다달이 자라거나 발전함
④ 우공이산(愚公移山) : 어떤 일이든 끊임없이 노력하면 반드시 이루어짐

35

정답 ①

①의 '차원'은 '물리학적 구성 요소인 시간'을 의미한다. 반면 나머지는 '사물을 보거나 생각하는 처지. 또는 어떤 생각이나 의견 따위를 이루는 사상이나 학식의 수준'을 의미한다.

36

정답 ②

큐비트는 양자 중첩 특성을 가지고 있기 때문에 0과 1의 상태를 동시에 가진다. 반면 기존의 고전적 컴퓨터는 비트(Bit)를 통해 정보를 0과 1의 형태로 나타낸다.

오답분석

①·③ 큐비트는 측정하기 전에는 0과 1의 값을 동시에 지니지만, 측정과 동시에 하나의 값으로 확정된다.
④ 4개의 큐비트를 활용하면 $2^4=16$번의 상태를 동시에 표현할 수 있다.

37

정답 ②

SMR은 다양한 입지 조건에서 설치가 가능하여 전력망이 없는 지역이나 해상에서도 활용할 수 있다. 또한 크기가 작고 유연한 설계 덕분에 다양한 환경에서 활용이 가능하다.

오답분석

① SMR은 방사성 물질의 저장 및 관리 측면에서 유리하지만, 폐기물이 발생하지 않는다고는 서술되어 있지 않다.
③ SMR은 공장에서 모듈화된 기기를 제작하고, 현장으로 운송해 조립하는 방식이다.
④ 한국을 포함한 여러 국가가 SMR 개발에 적극적으로 나서고 있지만, 현재 기존 원전이 SMR로 전환되었는지는 확인할 수 없다.

38

정답 ④

J공사의 비밀번호 규칙을 정리하면 다음과 같다.

• 첫 번째와 아홉 번째 숫자 : 직원 종류별 코드(1 ~ 3)
• 두 번째 ~ 일곱 번째 숫자 : 입사 연, 월, 일(YYMMDD)
• 여덟 번째 문자 : 앞의 숫자를 모두 더하고 2를 뺀 값에 해당하는 알파벳 대문자

위의 규칙에 맞지 않는 비밀번호를 고르면 다음과 같다.

• 1942131S1 : 월 부분의 숫자가 21로 존재할 수 없다.
• 1241215N2 : 첫 번째와 아홉 번째 숫자가 동일하게 부여되지 않았다.
• 2210830P2 : 여덟 번째 문자가 2+2+1+0+8+3+0−2=14번째 알파벳인 N이 부여되어야 한다.
• 4200817T4 : 4는 없는 직원 종류별 코드이다.
• 2191229Z2 : 여덟 번째 문자가 2+1+9+1+2+2+9−2=24번째 알파벳인 X가 부여되어야 한다.

따라서 J공사 비밀번호 규칙에 맞지 않는 비밀번호는 모두 5개이다.

39

정답 ①

A씨는 고향 친구의 말끔한 정장을 보고, 부자일 확률보다 부자이면서 좋은 차도 끌고 다닐 확률이 높다고 생각하고 있다. 이는 두 사건(부자, 좋은 차 소유)이 동시에 일어날 확률이 실제로는 각 사건 중 하나가 단독으로 일어날 확률보다 항상 작거나 같음에도 불구하고, 두 사건이 동시에 일어날 확률이 더 높다고 잘못 판단하는 인지적 편향이다. 따라서 A씨의 사례는 결합의 오류에 해당한다.

오답분석

② 무지의 오류 : "담배가 암을 일으킨다는 확실한 증거가 없으므로 정부의 금연 정책은 잘못된 것이다."처럼 어떤 논리가 증명되지 않았다고 해서 그 반대의 주장이 참이라고 단정하는 오류이다.
③ 연역법의 오류 : "TV를 많이 보면 눈이 나빠진다.", "철수는 TV를 많이 보지 않는다.", "따라서 철수는 눈이 나빠지지 않는다."처럼 대전제와 주장이 잘못 연결되었지만, 삼단논법에 의하기 때문에 참이라고 단정하는 오류이다.
④ 과대 해석의 오류 : 문맥을 무시하고 문구에만 너무 집착하거나 애매한 의미를 확대 해석할 경우에 빠질 수 있는 오류이다. 예컨대, 'A라는 질병에 걸리지 않길 바란다.'는 말을 듣고 '그럼, B라는 질병에 걸려도 된다는 말인가?'라고 생각하는 경우가 과대 해석의 오류에 해당한다.

40

정답 ③

고속국도를 제외하면 본사와 이어지는 길은 A공장과 B공장밖에 없으므로 S대리는 A공장을 처음 방문하고 마지막으로 B공장을 방문하거나, B공장을 처음 방문하고 A공장을 마지막으로 방문해야 한다. 그러므로 S대리는 'A → D → C → E → B' 순서로 방문하거나, 그 반대인 'B → E → C → D → A' 순서로 방문해야 한다.

두 경로의 길이는 같으므로 '본사 → A → D → C → E → B → 본사'의 이동 거리를 구하면 8+14+12+20+10+16=80km이다.

따라서 S대리가 일반국도만을 이용하여 본사에서 출발해서 모든 부속 공장을 방문하고 본사로 돌아오는 최단거리는 80km이다.

41

정답 ②

고속국도를 이용한다면 본사에서 출발하거나 본사에 도착할 때, 반드시 E공장을 거쳐야 한다. 그러므로 S대리는 'E → B → C → D → A' 또는 'A → D → C → B → E' 순서로 방문해야 한다.

두 경로의 길이는 같으므로 '본사 → E → B → C → D → A → 본사'의 이동거리를 구하면 20+10+8+12+14+8=72km이다.

따라서 S대리가 고속국도를 이용할 때의 최단거리는 고속국도를 이용하지 않을 때와 80−72=8km 차이가 난다.

42

정답 ③

문단별 K기업의 기술 시스템 발전 단계를 살펴보면 다음과 같다.

- (가) : K기업의 종합관리 시스템이 경쟁에서 승리하여 기술표준이 되었으므로 기술 공고화 단계에 해당한다.
- (나) : K기업의 종합관리 시스템이 실무적 안정성을 인정받아 다른 분야에서도 차용하였으므로 기술 이전의 단계에 해당한다.
- (다) : K기업의 종합관리 시스템이 다른 기술 시스템과 경쟁하고 있으므로 기술 경쟁의 단계에 해당한다.
- (라) : K기업의 종합관리 시스템이 개발되고 발전한 것이므로 발명, 개발, 혁신의 단계에 해당한다.

따라서 기술 시스템 발전 단계의 순서는 발명, 개발, 혁신의 단계 → 기술 이전의 단계 → 기술 경쟁의 단계 → 기술 공고화 단계로 진행되므로 K기업 종합관리 시스템을 기술 시스템의 발전 단계에 따라 순서대로 나열하면 (라) – (나) – (다) – (가)이다.

43

정답 ①

상사가 A주임에게 요청한 작업과 이에 대한 엑셀 단축키는 다음과 같다.

- [F12] 셀에서 왼쪽에 있는 값을 모두 선택하기 : 〈Shift〉+〈Home〉
- 차트 만들기 : 〈Alt〉+〈F1〉
- 오늘 날짜 입력하기 : 〈Ctrl〉+〈;〉

따라서 A주임이 사용하지 않은 단축키는 셀 서식의 단축키인 〈Ctrl〉+〈1〉이다.

44

정답 ②

맹아(萌芽)는 '풀이나 나무에 새로 돋아 나오는 싹, 사물의 시초가 되는 것'을 뜻하는 말이다.

오답분석

① 호도(糊塗) : 풀을 바른다는 뜻으로, 명확하게 결말을 내지 않고 일시적으로 감추거나 흐지부지 덮어 버림을 비유적으로 이르는 말

③ 무마(撫摩) : 분쟁이나 사건 따위를 어물어물 덮어 버림

④ 은폐(隱蔽) : 덮어 감추거나 가리어 숨김

45

정답 ③

③에 쓰인 '불이 붙었다'는 비유적으로 어떤 일이나 감정 따위가 치솟기 시작함을 의미한다.

오답분석

①·②·④ '물체에 불이 붙어 타기 시작하다'의 의미로 사용되었다.

46

정답 ②

등변 사다리꼴의 가장자리(변)를 따라 2m 간격으로 의자를 배치하므로 둘레를 구해야 한다. K고등학교의 운동장은 20m의 정사각형 공간에 양쪽에 밑변이 15m, 높이가 20m인 직각삼각형이 붙어 있는 형태이므로 피타고라스 정리에 따라 빗변의 길이 xm는 다음과 같다.

$x^2=15^2+20^2=625$

$\therefore x=\sqrt{625}=25$

그러므로 K고등학교 운동장의 둘레는 20+25+50+25=120m이며, 2m 간격으로 의자를 배치하므로 120÷2=60개의 의자를 배치할 수 있다(시작점과 끝점이 같은 폐곡선의 형태이므로 1을 더하지 않음).

따라서 의자에 앉을 수 있는 학생의 수는 60명이다.

47

정답 ③

오답분석

① 2021년의 값이 서로 바뀌었다.
② 2024년 충주댐의 발전량 값이 잘못되었다.
④ 2023년 소양강댐의 발전량 값이 잘못되었다.

48

정답 ③

현대사회에서 기업은 일을 수행하는 데 소요되는 시간을 줄이기 위해 많은 노력을 기울이고 있다. 기업의 입장에서 작업 소요 시간의 단축으로 인해 볼 수 있는 효과는 다음과 같다.

- 생산성 향상 : 시간당 산출량이 증가하여 같은 시간 안에 더 많은 제품이나 서비스를 제공할 수 있으므로 노동 생산성이 향상된다.
- 가격 인상 : 일을 수행할 때 소요되는 시간을 단축함으로써 비용이 절감되고, 상대적으로 이익이 늘어남으로써 사실상 가격 인상 효과가 있다.
- 위험 감소 : 위험에 노출되는 시간을 줄이고, 계획적 작업 운영을 통해 불확실성이 감소하므로 위험이 감소하는 효과가 있다.
- 시장 점유율 증가 : 빠르고 효율적인 생산은 납기 준수 능력 향상, 원가 절감, 품질 유지로 이어지므로 고객 만족도를 높이고, 결과적으로 경쟁사보다 유리한 조건을 만들며 시장 점유율 확대에 기여한다.

정확한 예산 분배는 효율적인 예산관리를 통하여 기업이 얻을 수 있는 효과이다.

49

정답 ④

효율적이고 합리적인 인사관리 원칙

- 적재적소 배치의 원칙 : 해당 직무 수행에 가장 적합한 인재를 배치해야 한다.
- 공정 보상의 원칙 : 근로자의 인권을 존중하고 공헌도에 따라 노동의 대가를 공정하게 지급해야 한다.
- 공정 인사의 원칙 : 직무 배당, 승진, 상벌, 근무 성적의 평가, 임금 등을 공정하게 처리해야 한다.
- 종업원 안정의 원칙 : 직장에서 신분이 보장되고 계속해서 근무할 수 있다는 믿음을 갖게 하여 근로자가 안정된 회사 생활을 할 수 있도록 해야 한다.
- 창의력 계발의 원칙 : 근로자가 창의력을 발휘할 수 있도록 새로운 제안·건의 등의 기회를 마련하고, 적절한 보상을 하여 인센티브를 제공해야 한다.
- 단결의 원칙 : 직장 내에서 구성원들이 소외감을 갖지 않도록 배려하고, 서로 유대감을 가지고 협동·단결하는 체제를 이루도록 한다.

50

정답 ③

회전대응의 원칙은 입·출하의 빈도가 높은 품목은 출입구 가까운 곳에 보관하는 것으로, 활용빈도가 상대적으로 높은 물품을 가져다 쓰기 쉬운 위치에 먼저 보관하는 방식을 말한다.

오답분석

① 동일성의 원칙 : 같은 품종은 같은 장소에 보관하는 원칙이다.
② 유사성의 원칙 : 유사품은 인접한 장소에 보관하는 원칙이다.
④ 기호화의 원칙 : 바코드, QR코드 등 물품을 기호화하여 관리하는 것을 의미한다.

CHAPTER

02 2025 ~ 2024년 전공 기출복원문제

01 행정학

01	02	03	04	05															
④	①	①	②	③															

01

정답 ④

점증적 정책결정은 지식과 정보의 불완전성, 미래예측의 불확실성을 전제하는 의사결정 모형으로, 그 자체가 정부실패 요인으로 거론되는 것은 아니다.

오답분석

①·②·③·⑤ 정부실패 요인에 대한 설명이다.

02

정답 ①

엽관주의는 연공서열 등에 따른 관직의 경직성을 배격하고자 하므로, 관료제를 개방하여 관료제조직의 민주화에 기여한다.

오답분석

② 성과보다는 지도자의 성향과의 부합 여부, 친밀도, 기여도 등이 중요시되므로 부정부패가 발생하기 쉽다.
③ 엽관주의는 국민 전체보다는 공직의 유지를 위해 관련된 이해관계집단의 이익을 위해 활동할 유인이 크므로 대의민주주의의 가치 실현에 적절하지 않다.
④ 관료조직이 폐쇄적이라면 장기간 근무하며 습득한 전문성을 토대로 정치세력화가 이루어질 수 있으나, 엽관주의에서는 전문성보다 정치적 성향 및 집권 기여도에 따라 공직의 교체가 이루어지므로 전문성에 따른 정치세력화를 방지할 수 있다.

03

정답 ①

기획재정부장관의 판단하에 부동산 경기 등 경기부양을 위하여 필요한 경우는 추가경정예산의 편성 사유에 포함되지 않는다.

추가경정예산 편성 사유
- 전쟁·대규모 자연재해가 발생한 경우
- 경기가 침체되고 대량실업이 발생한 경우나 남북관계 등 대내외적으로 중대한 변화가 발생하였거나 발생할 우려가 있는 경우
- 법령에 따라 지출이 발생하거나 증가한 경우

04

정답 ②

허즈버그(Herzberg)는 불만을 제거해 주는 위생요인과 만족을 주는 동기부여요인을 독립된 별개로 보고 연구했다. 즉, 위생요인이 갖추어지지 않을 경우 조직 구성원에게 극도의 불만족을 초래하지만, 그것이 잘 갖추어져 있더라도 조직 구성원의 직무수행 동기를 유발하는 요인은 아니며, 동기를 부여하고 생산성을 높여주는 요인은 만족요인(동기부여요인)이다.

오답분석

① 매슬로(Maslow)의 욕구계층 이론에서는 자아실현 욕구를 가장 고차원적인 욕구로 본다.

③ 맥그리거(McGregor)는 X·Y 이론은 성장 이론의 하나로서 근로자들의 사회적 욕구, 존경의 욕구, 자아실현 욕구를 충족시켜주기 위한 방향으로 동기를 부여한다.

④ 앨더퍼(Alderfer)의 ERG 이론 역시 성장 이론의 하나이다.

05

정답 ③

품목별 예산은 상향적 예산 과정을 수반하나, PPBS는 하향식 예산결정 과정이다.

오답분석

①·②·④ 계획예산 제도(PPBS)는 조직 단위가 아니라 프로그램 단위로 예산을 편성하여 계획과 예산의 일치를 도모하는 제도이다. 목표 설정 및 사업 구조 작성이 어렵기 때문에 집권화된 최고위층이 하향적으로 예산을 편성한다. 예산을 편성할 때는 계량적인 기법인 체제 분석, 비용편익 분석 등을 사용한다.

02 경영학

01	02	03	04	05	06	07	08	09	10	11	12	13	14	15	16	17	18	19	20
⑤	④	②	⑤	⑤	③	⑤	④	③	⑤	①	③	④	④	②	④	④	②	①	②
21	22	23	24	25															
④	③	④	①	③															

01

정답 ⑤

오답분석

ㄱ. 주식회사는 주식의 소유 비율에 따라 주주들이 의사결정권한을 나누어 가지며, 주주총회가 최고 의사결정기구의 역할을 한다.

ㄷ. 주주는 주식회사에 대하여 본인이 투자한 금액만큼의 출자의무를 가지며, 그 이상의 금액에 대해서는 어떠한 책임이나 의무도 갖지 않는다.

02

정답 ④

조정은 목표를 달성하기 위해 자원의 중복, 부족 등을 보완하는 과정을 말한다.

03

정답 ②

유사한 특징을 가진 고객을 그룹으로 분류하는 것은 고객 세그먼트에 대한 설명이다. 고객 페르소나는 특정 고객 그룹을 대표하는 가상의 프로필을 생성하여 행동 패턴, 라이프스타일 등 다양한 데이터로 전략을 수립하는 고객 맞춤형 마케팅 전략이다.

04

정답 ⑤

매슬로의 욕구 5단계는 아래부터 생리적 욕구 → 안전 욕구 → 사랑과 소속 욕구(관계 욕구) → 존경 욕구 → 자아실현 욕구이다. 따라서 관계 욕구 이하의 욕구는 생리적 욕구와 안전 욕구이다.

매슬로의 욕구 5단계

- 1단계(생리적 욕구) : 음식, 물, 수면 등 생존에 필요한 최소한의 욕구
- 2단계(안전 욕구) : 신체적·경제적 안전에 대한 욕구
- 3단계(사랑과 소속 욕구) : 가족, 친구, 동료 등으로부터 갖는 소속감, 애정 욕구
- 4단계(존경 욕구) : 자신을 존중하고 타인에게 존중받고 싶어 하는 욕구
- 5단계(자아실현 욕구) : 자신의 잠재력을 끌어내어 의미 있는 삶을 살고 싶어 하는 욕구

05

정답 ⑤

자유분방하게 다양한 아이디어를 비판 없이 제시하는 자유연상법은 브레인스토밍에 해당한다. 명목집단법(NGT; Nominal Group Technique)은 참여자들이 서로 문제나 이슈 등을 분석하고 순위를 정하는 가중서열화 방법으로, 의사결정 과정 동안 토론이나 대인 커뮤니케이션을 제한하고, 서면을 통해 아이디어를 작성해서 투표를 통해 결정한다. 명목집단법은 참여자가 생각하고 있는 아이디어를 제약조건 없이 빠르게 이끌어 낼 수 있다.

06

정답 ③

테일러의 과학적 관리법은 하루 작업량을 과학적으로 설정하고 과업 수행에 따른 임금을 차별적으로 설정하는 차별적 성과급제를 시행한다.

오답분석

①·② 시간연구와 동작연구를 통해 표준 노동량을 정하고 해당 노동량에 따라 임금을 지급하여 생산성을 향상시킨다.
④ 각 과업을 전문화하여 관리한다.
⑤ 근로자가 노동을 하는 데 필요한 최적의 작업조건을 유지한다.

07

정답 ⑤

기능목록 제도는 종업원별로 기능 보유 색인을 작성하여 데이터베이스에 저장하여 인적자원의 관리 및 경력개발에 활용하는 제도이며, 근로자의 직무능력 평가에 있어 필요한 정보를 파악하기 위해 개인능력평가표를 활용한다.

오답분석

① 자기신고 제도 : 근로자에게 본인의 직무 내용, 능력 수준, 취득 자격 등에 대한 정보를 직접 자기신고서에 작성하여 신고하게 하는 제도이다.
② 직능자격 제도 : 직무 능력을 자격에 따라 등급화하고 해당 자격을 취득하는 경우 직위를 부여하는 제도이다.
③ 평가센터 제도 : 근로자의 직무 능력을 객관적으로 발굴 및 육성하기 위한 제도이다.
④ 직무순환 제도 : 담당 직무를 주기적으로 교체함으로써 직무 전반에 대한 이해도를 높이는 제도이다.

08

정답 ④

데이터베이스(DB) 마케팅은 고객별로 맞춤화된 서비스를 제공하기 위해 정보 기술을 이용하여 고객의 정보를 데이터베이스로 구축하여 관리하는 마케팅 전략이다. 이를 위해 고객의 성향, 이력 등 관련 정보가 필요하므로 기업과 고객 간 양방향 의사소통을 통해 1 : 1 관계를 구축하게 된다.

09

정답 ③

공정성 이론에 따르면 공정성 유형은 크게 절차적 공정성, 상호작용적 공정성, 분배적 공정성으로 나누어진다.

- 절차적 공정성 : 과정 통제, 접근성, 반응 속도, 유연성, 적정성
- 상호작용적 공정성 : 정직성, 노력, 감정 이입
- 분배적 공정성 : 형평성, 공평성

10

정답 ⑤

e-비즈니스 기업은 비용 절감 등을 통해 더 낮은 가격으로 우수한 품질의 상품 및 서비스를 제공할 수 있다는 장점이 있다.

11

정답 ①

고든법은 브레인스토밍의 단점을 개선하기 위해 고안된 것으로, 브레인스토밍이 테마를 구체적으로 제시하는 반면 고든법은 해당 테마의 키워드만을 제공하며, 참가자들이 자유롭게 발언하여 다양한 아이디어를 제시하도록 하고, 나중에 주제를 공개하여 아이디어를 구체화하여 문제 해결에 활용하는 방법이다.

오답분석

② 롤스토밍법 : 참가자가 아이디어를 떠올리기 위해 다른 사람의 역할을 맡아 아이디어를 연기하는 방법
③ 직관상기법 : 참가자들이 토론 주제에 대한 의도를 각자 조용히 생각하고, 이후 논의를 진행하는 방법
④ 집단토론법 : 토론 주제를 여러 개의 세부 주제로 나누고 각각의 주제를 해결하기 위해 여러 팀으로 나누는 방법

12

정답 ③

전방통합과 후방통합은 기업의 수직적 통합전략으로, 기업 공급망의 상하단으로 사업을 확장하는 방식이다. 전방통합은 기업이 자사 제품을 고객에게 판매하는 유통이나 판매 단계를 직접 수행하기 위해 공급망의 하류(고객 쪽)로 확장하는 전략이다. 반면 후방통합은 기업이 자사 제품에 필요한 원자재, 부품, 또는 원재료 공급을 직접 수행하기 위해 공급망의 상류(공급자 쪽)로 확장하는 전략이다. 따라서 자동차 생산업체가 원자재인 철강공장을 구입하는 사례는 후방통합에 해당한다.

13

정답 ④

민츠버그의 조직유형 중 기계적 관료제 구조에 대한 설명이다.

오답분석

① 단순 구조 : 소규모 조직에서 일반적으로 나타나는 조직 유형으로 대부분의 의사결정이 관리자의 지시와 감독으로 이루어진다.
② 사업부제 구조 : 제품, 서비스, 지역 등에 따라 부서가 독립적으로 운영되는 형태의 조직 유형으로, 각 부서가 자율적으로 운영되는 것이 특징이다.
③ 임시조직 구조 : 각 분야의 전문가들이 모여 프로젝트 팀을 구성하고, 혁신을 강조하는 창의적인 형태의 조직 유형이다.

민츠버그의 5가지 조직 유형

- 단순 구조 : 최고관리층에 의한 직접 감독이 특징으로 권한이 최고경영자에 집중된 구조이다.
- 기계적 관료제 구조 : 기술구조층에 의한 작업 과정의 표준화가 특징으로 절차와 규칙에 따라 움직이는 안정된 조직이다.
- 전문적 관료제 구조 : 운영핵심층에 의한 기술의 표준화가 특징으로 전문가의 자율성이 강조되는 조직이다.
- 사업부제 구조 : 중간관리층에 의한 산출물의 표준화가 특징으로 각 부서가 독립적으로 성과책임을 가지는 조직이다.
- 임시조직 구조 : 특별위원회에 의한 상호 조정이 특징으로 창의적이고 유연한 프로젝트 중심 조직이다. 애드호크라시라고도 부른다.

14

정답 ④

패널 면접은 한 명 또는 소수의 지원자에게 번갈아가며 질문을 던지고, 지원자의 태도・역량・사고력・문제해결능력 등을 종합적으로 평가하는 면접 형태이다.

오답분석

① 집단 면접 : 다수의 면접관이 다수의 지원자를 한 번에 평가하는 방식으로, 짧은 시간에 능률적으로 면접을 진행할 때 사용하는 방식이다.
② 스트레스 면접 : 면접관이 특정 정답이 없는 질문을 하여 지원자를 압박하는 면접 방식으로, 지원자는 본인이 가진 생각을 논리적으로 말하는 것이 중요하다.
③ 상황 면접 : 면접관이 특정한 상황을 주고 그에 대한 의견을 지원자가 답하는 면접 방식으로, 면접관의 의도를 잘 파악하여 합리적인 답변을 하는 것이 중요하다.

15

정답 ②

외부요인 귀인은 행동의 원인을 환경, 상황 등 외부적 요인으로 판단하는 객관적 귀인 방식이므로 귀인오류(Attribution Error)가 아니다. 귀인오류란 사람들이 타인의 행동 원인을 판단할 때 일관되지 않거나 왜곡된 방식으로 귀인(원인 해석)하는 오류로, 실제 원인과 다르게 해석하는 심리적 경향이다.

오답분석

① 근본적 귀인오류 : 다른 사람의 행동 원인을 찾을 때 외부요인은 배제하고 내부요인으로만 귀인하려는 오류이다.
③ 자존적 편견 : 자신의 행동 원인을 찾을 때 좋은 쪽으로 귀인하려는 오류이다.
④ 행위자 – 관찰자 편견 : 자신의 행동과 타인의 행동 원인을 다르게 보는 오류이다.

16

정답 ④

클로즈드 숍은 노동조합에 가입해야만 고용될 수 있으며, 모든 직원이 조합원이므로 조합의 단결력이 가장 강하다. 우리나라의 경우 노동조합 및 노동관계조정법에서 특정 노동조합 가입을 고용 조건으로 삼는 행위를 원칙적으로 금지하고 있다.

오답분석

① 에이전시 숍 : 근로자에게 노동조합 가입이 강제되지 않으나 조합 가입 대신 조합비는 납부하도록 하는 제도이다.
② 유니언 숍 : 고용된 근로자는 일정 기간 내에 노동조합에 가입하여 조합원 자격을 가져야 하고, 노동조합에 가입하지 않는 경우 해고하도록 정하는 제도이다.
③ 오픈 숍 : 사용자가 조합원 또는 비조합원 여부와 상관없이 아무나 채용할 수 있으며, 근로자도 노동조합 가입이나 탈퇴가 자유로운 제도이다.

17

정답 ④

ISO 26000은 기업의 사회적 책임을 위한 기존 방법이나 계획을 대체하는 역할을 하는 것이 아니라 보완하는 역할을 하며, 이를 통해 사회적 책임에 대한 공동의 이해를 증진시키는 것을 목표로 한다.

ISO 26000

국제표준화기구(ISO)에서 2010년 발표한 기업의 사회적 책임(CSR; Corporate Social Responsibility)에 대한 국제표준이다. 책임성, 투명성, 윤리적 행동, 이해관계자의 이익 존중, 법규 준수, 국제 행동규범 존중, 인권 존중 7개의 기본 원칙을 바탕으로 기업이 사회적 책임을 이행하고 커뮤니케이션을 제고하는 방법과 관련하여 지침을 제공한다.

18

정답 ②

제품 차별화가 낮은 경우 비슷한 기능과 형태의 제품이 다양하게 시장에 진입할 수 있어 진입장벽이 낮은 경우에 해당한다.

오답분석

① 초기 투자가 많이 필요한 경우 그만큼 자금력이 뒷받침되어야 하므로 진입장벽이 높다.
③ 법적 규제가 있는 경우 해당 규제에 맞는 제품만 시장에 들어올 수 있어 진입장벽이 높다.
④ 기존 경쟁업체가 많은 경우 시장에 참여해도 성과를 내기 쉽지 않기 때문에 진입장벽이 높다.

19

정답 ①

포터의 가치사슬에서 인적자원관리, 연구개발, 구입·조달은 지원적 활동에 해당한다. 또는 생산운영, 내부물류, 외부물류, 마케팅 등은 본원적 활동에 해당한다.

20

정답 ②

카르텔에 참여하는 구성원은 법적·경제적 위험을 공유함으로써 개별 위험을 분산시킬 수 있고, 이를 통해 이윤 극대화를 추구한다.

21

정답 ④

매트릭스 조직은 기존의 기능별 조직 구조 상태를 유지하면서 특정한 프로젝트를 수행할 때는 다른 부서의 인력과도 함께 일하는 조직설계 방식으로, 서로 다른 부서 구성원이 함께 일하면서 효율적인 자원 사용과 브레인스토밍을 통한 창의적인 대안 도출도 가능하다.

오답분석

① 매트릭스 조직은 조직 목표와 외부 환경 간 발생하는 갈등이 내재하여 갈등과 혼란을 초래할 수 있다.
② 복수의 상급자를 상대해야 하므로 역할에 대한 갈등 등으로 구성원이 심한 스트레스에 노출될 수 있다.
③ 힘의 균형이 치우치게 되면 조직의 구성이 깨지기 때문에 경영자의 개입 등으로 힘의 균형을 유지하기 위한 노력이 필요하다.

22

정답 ③

수익이 많고 안정적이어서 현상을 유지하는 것이 필요한 사업은 현금젖소(Cash Cow)이다. 스타(Star)는 성장률과 시장 점유율이 모두 높아 추가적인 자금흐름을 통해 성장시킬 필요가 있는 사업을 의미한다.

BCG 매트릭스의 영역
- 물음표(Question) : 성장률은 높으나 점유율이 낮아 수익이 적고 현금흐름이 마이너스인 사업이다.
- 스타(Star) : 성장률과 시장 점유율이 모두 높아 수익이 많고, 더 많은 투자를 통해 수익을 증대하는 사업이다.
- 현금젖소(Cash Cow) : 성장률은 낮으나 점유율이 높아 안정적인 수익이 확보되는 사업으로, 투자 금액이 유지·보수 차원에서 머물게 되어 자금 투입보다 자금 산출이 많다.
- 개(Dog) : 성장률과 시장 점유율이 모두 낮아 수익이 적거나 마이너스인 사업이다.

23

정답 ④

변혁적 리더십에서 구성원의 성과 측정뿐만 아니라 구성원들을 리더로 얼마나 육성했는지도 중요한 평가 요소라 할 수 있다.

24

정답 ①

감정적 치유는 서번트 리더십의 구성 요소에 해당한다.

변혁적 리더십의 구성 요소
- 카리스마 : 변혁적 리더십의 가장 핵심적인 구성 요소로, 명확한 비전을 제시하고 집합적인 행동을 위해 동기를 부여하며, 환경 변화에 민감하게 반응하는 일련의 과정을 의미한다.
- 영감적 동기화 : 구성원에게 영감을 주고 격려를 통해 동기를 부여하는 것을 의미한다.
- 지적 자극 : 구성원들이 기존 조직의 가치관, 신념, 기대 등에 대해 끊임없이 의문을 가지도록 지원하는 것을 의미한다.
- 개별 배려 : 구성원을 개별적으로 관리하며, 개인적인 욕구·관심 등을 파악하여 만족시키고자 하는 것을 의미한다.

25

정답 ③

가치사슬(Value Chain)은 기업의 경쟁적 지위를 파악하고 이를 향상할 수 있는 지점을 찾기 위해 사용하는 모형으로, 고객에게 가치를 제공함에 있어서 부가가치 창출에 직·간접적으로 관련된 일련의 활동·기능·프로세스의 연계를 뜻한다. 가치사슬의 각 단계에서 가치를 높이는 활동을 어떻게 수행할 것인지, 비즈니스 과정이 어떻게 개선될 수 있는지를 조사·분석하여야 한다.

가치사슬 분석의 효과
- 프로세스 혁신 : 생산, 물류, 서비스 등 기업의 전반적 경영활동을 혁신할 수 있다.
- 원가 절감 : 낭비요소를 사전에 파악하여 제거함으로써 원가를 절감할 수 있다.
- 품질 향상 : 기술개발 등을 통해 더욱 양질의 제품을 생산할 수 있다.
- 기간 단축 : 조달, 물류, CS 등을 분석하여 고객에게 제품을 더욱 빠르게 납품할 수 있다.

03 경제학

01	02	03	04	05	06	07	08	09	10	11	12	13	14	15					
②	④	②	④	⑤	①	⑤	⑤	③	⑤	③	④	④	②	④					

01

정답 ②

명목 GDP를 실질 GDP로 나눈 값에 100을 곱하여 계산하는 것은 GDP 디플레이터이다. 소비자 물가지수(CPI; Consumer Price Index)는 통계청에서 일정 기간 동안 일반 소비자들이 구매하는 재화와 서비스의 가격 변동을 측정한 지표로, 가계의 소비생활 수준을 파악하고 인플레이션율 계산의 기준으로 사용된다.

02

정답 ④

인플레이션율이 1% 상승한 경우 중앙은행은 명목이자율을 1% 이상 상승시켜야 한다. 실질이자율은 명목이자율에서 기대 인플레이션율을 뺀 값이므로, 명목이자율을 인플레이션율보다 더 많이 상승시켜야 정책 효과가 나타날 수 있다.

오답분석

① 1992년 미국 스탠퍼드대의 존 테일러 교수가 처음 제안한 원칙으로, 중앙은행이 물가 안정과 경기 안정을 위해 금리를 조정하는 기준을 수식으로 나타낸 것이다.

② 실제 인플레이션율이 목표치보다 높을 경우 중앙은행은 금리를 인상하여 물가 상승 압력을 완화하려 한다.

③ 실제 성장률이 잠재성장률보다 낮을 경우 중앙은행은 경기 부양을 위해 기준금리를 인하하는 방향으로 통화정책을 운용한다.

03

정답 ②

IS-LM 모형은 거시경제에서 이자율과 국민소득 간의 관계를 나타내며, 재화시장(IS 곡선)과 화폐시장(LM 곡선)이 동시에 균형을 이루는 점에서 단기 균형이 결정됨을 의미한다. IS 곡선은 '투자(Investment)와 저축(Saving)'의 균형 관계를 나타내며, 화폐 공급은 LM 곡선에서 고려되는 요소이다.

오답분석

① IS-LM 모형은 이자율과 국민소득의 상호작용을 통해 거시경제를 설명하는 모델이다.

③ 두 곡선의 교차점은 재화시장과 화폐시장이 모두 균형을 이루는 상태를 의미한다.

④ LM 곡선은 화폐 수요와 공급의 균형을 나타내며, 케인스의 유동성 선호 이론을 기반으로 한다.

04

정답 ④

GDP는 소비(국민들이 사용하는 돈), 투자(기업 또는 정부가 투자하는 돈), 수출(해외로 제품을 판매하여 벌어들인 돈)의 합에서 수입(해외에서 제품을 사들여 지출한 돈)을 차감한 값이다.

05

정답 ⑤

독점적 경쟁시장에서 판매되는 제품은 서로 일정한 대체성을 가지므로 소비자는 여러 기업의 제품을 비교·선택할 수 있다. 이로 인해 다양한 제품이 존재하고, 진입과 퇴출이 자유롭기 때문에 개별 기업이 완전한 시장 지배력을 가지기 어렵다.

오답분석

① 독점적 경쟁시장은 다수의 기업이 존재하며 자유로운 시장 진입이 가능하다는 점에서 완전경쟁시장과 비슷하고, 각 기업이 차별화된 제품을 판매하며 일정한 가격 결정권을 가진다는 점에서는 독점시장과 유사한 구조를 가진다.

② 제품 차별화로 인해 기업은 일정한 가격 결정력을 가지며, 이로 인해 개별 기업의 수요곡선은 완전경쟁시장과 달리 수평이 아니라 우하향 형태를 띤다. 이는 소비자의 가격 민감도와 대체 효과를 반영한 결과이다.

③ 독점적 경쟁시장에서는 브랜드 · 품질 · 디자인 · 서비스 등 다양한 방식으로 제품을 차별화하며, 이를 통해 자기 제품에 대한 충성 수요를 창출하고 경쟁력을 확보하려 한다.
④ 독점적 경쟁시장은 진입장벽이 낮아 신규 기업의 시장 진입이 자유로운 편이다. 이로 인해 장기적으로는 이윤이 0에 수렴하며, 기업 간 경쟁이 유지된다.

06

정답 ①

종량세는 과세단위 기준을 수량에 두며, 종가세가 과세단위 기준을 금액에 둔다.

오답분석

② 종량세를 생산자에게 부과하면 생산자 부담이 증가하여 공급곡선이 왼쪽으로 이동하게 된다.
③ 종량세는 비율로 세금을 부과하는 것이 아니라 단위당 일정액의 세금을 부과하는 것이기 때문에 기울기가 변하지 않고, 부과된 세금만큼 평행이동하게 된다.
④ 수량을 기준으로 세금을 부과하기 때문에 정확하고 간편하게 세액을 계산할 수 있다.
⑤ 우리나라에서 주류의 경우 금액을 과세단위 기준으로 하여 값비싼 주류 제품일수록 더 높은 세금을 부과하고 있다.

07

정답 ⑤

유위험 이자율 평가설(Risky Interest Rate Parity)은 서로 다른 통화 자산 간 투자 시, 기대 수익률을 조정하여 비교할 수 있다는 이론이다. 유위험 이자율 평가설에서는 투자자가 위험중립 성향을 갖는다고 가정한다.

08

정답 ⑤

먼델 – 플레밍 모형은 IS – LM 모형을 확장한 모형으로 국제수지를 고려하며 소국의 개방경제를 설명하는 모델이다. 먼델 – 플레밍 모형에서 화폐에 대한 수요는 소득과 이자율에만 의존하며, 투자는 이자율에 의존한다고 가정한다.

오답분석

① 현물 환율과 선물 환율은 동일하기 때문에 기존 환율이 변동 없이 지속된다고 가정한다.
② 임금률, 실업 자원, 규모에 대한 수확 등이 변하지 않아 물가수준이 일정하게 유지되고, 국내 생산량 공급이 탄력적이라고 가정한다.
③ 먼델 – 플레밍 모형은 소득에 따라 세금과 저축이 변화한다고 가정한다.
④ 먼델 – 플레밍 모형을 통해 소국의 개방경제를 설명할 수 있다.

09

정답 ③

보완재는 함께 사용될 때 효용이 높아지는 재화로, 한쪽의 가격이 오르면 다른 쪽의 수요도 감소하는 재화이다. 대체재는 서로 비슷한 용도로 사용되며, 한쪽 가격이 오르면 다른 쪽의 수요가 증가하는 재화이다. 빵의 수요가 증가하면 빵과 같이 소비하는 잼의 수요도 증가한다고 볼 수 있으므로 ③은 보완재 관계이고, 나머지는 대체재 관계로 볼 수 있다.

10

정답 ⑤

실업의 종류

- 경기적 실업 : 불황으로 인해 기업이 고용을 하지 않음으로써 발생하는 실업
- 마찰적 실업 : 새로운 직업을 탐색하거나 이직하는 과정에서 발생하는 일시적 실업
- 구조적 실업 : 한 나라의 경제구조 변화로 인해 특정 산업 또는 지역에서 발생하는 실업
- 계절적 실업 : 기후 또는 계절적 요인으로 인해 발생하는 실업

11

정답 ③

과점시장은 소수의 기업이 시장을 지배하는 구조로 각 기업은 상대 기업의 가격과 행동에 민감하게 반응하는 특징을 가진다. 이 때문에 상호의존성이 높고, 가격을 쉽게 내리지 않는 경직성이 나타나며, 주로 비가격경쟁(광고 · 서비스 등)이 이루어진다. 또한 담합이나 공동행위와 같은 비경쟁적 행위가 발생할 가능성도 있고, 기존 기업의 전략적 진입 저지가 강하므로 높은 진입장벽을 갖는다.

반면, 제품의 차별화는 독점적 경쟁시장의 특징이다. 과점시장에서는 제품이 동질적인 경우가 많으며, 일부 산업에서는 약간의 차별화가 있을 수 있지만, 그것이 본질적인 특징은 아니다. 제품의 차별화가 나타나는 시장은 과점시장보다는 독점적 경쟁시장에 더 적합하다.

12

정답 ④

공급은 수요에 비해 가격 변화에 대응하는 데 더 많은 시간이 소요되며 장기일수록 시설 구축, 신규 기업 진입 등 변수가 많아지기 때문에 가격탄력성이 단기보다 더 크게 나타난다.

오답분석

① 가격탄력성은 1을 기준으로 1보다 크면 탄력적, 1보다 작으면 비탄력적이라고 한다.

② 수요곡선이 비탄력적이라는 것은 가격(Y축)이 크게 변동해도 수요(X축)의 변동폭이 작다는 의미이므로 기울기는 더 가파르게 나타난다.

③ 대체재가 존재하는 경우 가격 변화에 대해 수요는 더 민감하게 반응하게 되므로 수요의 가격탄력성이 더 커지게 된다.

13

정답 ④

국내 총수요는 가계, 기업, 정부의 지출인 소비, 투자, 정부지출, 수출을 모두 더한 값에서 해외로부터의 수입분을 차감하여 계산한다.

14

정답 ②

최적생산량은 한계비용과 한계수입이 일치하는 지점에서 구할 수 있다. 한계비용과 한계수입은 각각 총비용과 총수입을 미분하여 구할 수 있으며, $50+Q^2$를 Q에 대하여 미분하면 $2Q$이고, $60Q-Q^2$를 Q에 대하여 미분하면 $60-2Q$이다. 따라서 $2Q=60-2Q$이므로 $Q=15$이다.

15

정답 ④

경제의 외부충격에 대비하기 위해 내수시장을 키우는 것은 바람직하나, 내수시장에 치우칠 경우 글로벌 경쟁력을 잃어 오히려 성장률이 둔화될 수 있다.

04 법학

01	02	03	04	05															
②	③	③	②	④															

01

정답 ②

인수인은 전(前) 채무자의 항변할 수 있는 사유로 채권자에게 대항할 수 있다(민법 제458조). 그러나 인수된 채무의 발생원인이 되는 계약의 취소권, 해제권과 같이 계약 당사자만이 갖는 권리는 인수인이 행사할 수 없다.

오답분석

① 중첩적 채무인수는 채권자와 채무인수인과의 합의가 있는 이상 채무자의 의사에 반하여서도 이루어질 수 있다(대판 1988.11.22, 87다카1836).

③ 전(前) 채무자의 채무에 대한 보증이나 제삼자가 제공한 담보는 채무인수로 인하여 소멸한다. 그러나 보증인이나 제삼자가 채무인수에 동의한 경우에는 그러하지 아니하다(민법 제459조).

④ 이행인수는 인수인이 채무자에 대하여 그 채무를 이행할 것을 약정하는 채무자와 인수인 사이의 계약을 말하며 당사자는 채무자와 인수인이다.

⑤ 부동산의 매수인이 매매목적물에 관한 근저당권의 피담보채무를 인수하는 한편, 그 채무액을 매매대금에서 공제하기로 약정한 경우, 다른 특별한 약정이 없는 이상 이는 매도인을 면책시키는 채무인수가 아니라 이행인수로 보아야 하고, 매수인이 위 채무를 현실적으로 변제할 의무를 부담한다고 해석할 수 없으며, 특별한 사정이 없는 한 매수인은 매매대금에서 그 채무액을 공제한 나머지를 지급함으로써 잔금지급의무를 다하였다고 할 것이다(대판 2004.7.9, 2004다13083).

02

정답 ③

국세징수법상 공매통지 자체는 원칙적으로 항고소송의 대상이 되는 행정처분이 아니다(대판 2011.3.24, 2010두25527).

오답분석

① 세법상 가산세는 과세권의 행사 및 조세채권의 실현을 용이하게 하기 위하여 납세자가 정당한 이유 없이 법에 규정된 신고, 납세 등 각종 의무를 위반한 경우에 법이 정하는 바에 따라 부과하는 행정상 제재로서 납세자의 고의·과실은 고려되지 않는다(대판 2004.2.26, 2002두10643).

② 국세기본법 제85조의5에 해당한다.

④ 수도조례 및 하수도 사용조례에 기한 과태료의 부과 여부 및 그 당부는 최종적으로 질서위반행위규제법에 의한 절차에 의하여 판단되어야 한다고 할 것이므로, 그 과태료 부과처분은 행정청을 피고로 하는 행정소송의 대상이 되는 행정처분이라고 볼 수 없다(대판 2012.10.11, 2011두19369).

⑤ 구 건축법상의 이행강제금은 구 건축법의 위반행위에 대하여 시정명령을 받은 후 시정기간 내에 당해 시정명령을 이행하지 아니한 건축주 등에 대하여 부과되는 간접강제의 일종으로서 그 이행강제금 납부의무는 상속인 기타의 사람에게 승계될 수 없는 일신전속적인 성질의 것이므로 이미 사망한 사람에게 이행강제금을 부과하는 내용의 처분이나 결정은 당연무효이고, 이행강제금을 부과받은 사람의 이의에 의하여 비송사건절차법에 의한 재판절차가 개시된 후에 그 이의한 사람이 사망한 때에는 사건 자체가 목적을 잃고 절차가 종료한다(대결 2006.12.8, 2006마470).

03

정답 ③

채무자의 법정대리인이 채무자를 위하여 이행하거나 채무자가 타인을 사용하여 이행하는 경우에는 법정대리인 또는 피용자의 고의나 과실은 채무자의 고의나 과실로 본다(민법 제391조). 그리고 사용자책임(민법 제756조)과 달리 면책 가능성이 인정되지 않는다.

오답분석

① 이른바 대상청구권(代償請求權)의 문제로 민법 규정에는 없지만 판례와 학설이 인정하고 있다.

② 채무자의 귀책사유로 이행불능 시 채권자는 최고를 하지 않고 전보배상(손해배상)을 청구할 수 있다.

④ 매매목적물에 관하여 이중으로 제3자와 매매계약을 체결하였다는 사실만 가지고는 매매계약이 법률상 이행불능이라고 할 수 없고, 채무의 이행이 불능이라는 것은 단순히 절대적·물리적으로 불능인 경우가 아니라 사회생활에 있어서의 경험법칙 또는 거래상의 관념에 비추어 볼 때 채권자가 채무자의 이행의 실현을 기대할 수 없는 경우를 말한다(대판 1996.7.26, 96다14616).

04

정답 ②

민법 제140조에 따르면 법률행위의 취소권자는 제한능력자, 착오로 인하거나 사기·강박에 의하여 의사표시를 한 자, 그의 대리인 또는 승계인이다. 피특정후견인이란 특정한 사무에 대한 후원이 필요한 사람을 뜻하며, 특정한 사무 이외에는 능력을 제한할 필요가 없으므로 제한능력자가 아니다.

제한능력자의 종류

- 미성년자
- 피성년후견인
- 피한정후견인

05

정답 ④

ㄹ. 선거의 관리 및 집행이 규정을 위반하였다고 주장하면서 해당 선거의 불법성을 다투는 소송은 선거무효소송으로서 민중소송에 속하는 소송이다. 민중소송이란 국가 또는 공공단체의 기관이 법률에 위반되는 행위를 한 때에 직접 자기의 법률상 이익과 관계없이 그 시정을 구하기 위하여 제기하는 소송이며, 대표적으로 국민투표무효소송, 선거무효소송, 당선무효소송이 있다.

오답분석

ㄱ. 행정청의 처분 등을 원인으로 하는 법률관계에 대한 소송이므로 당사자소송에 해당한다.

ㄴ. 공법상 신분·지위의 확인을 구하는 소송이므로 당사자소송에 해당한다.

ㄷ. 공법상 금전지급청구 소송이므로 당사자소송에 해당한다.

PART 1

직업기초능력평가

CHAPTER

01 의사소통능력

대표기출유형 01 기출응용문제

01

정답 ③

유전거리 비교의 한계를 보완하기 위해 나온 방법이 유전체 유사도를 측정하는 방법이며, 유전체 유사도는 종의 경계를 확정하는 데 유용한 기준을 제공한다고 하였으므로 ③은 적절하다.

오답분석

① 두 번째 문단 첫 번째 문장에 따르면 미생물의 종 구분에 외양과 생리적 특성을 이용한 방법이 사용되기도 한다.
② 마지막 문단에 따르면 수많은 유전자를 모두 비교하는 것은 현실적으로 어렵기 때문에, 유전체의 특성을 화학적으로 비교하는 방법이 주로 사용되고 있다.
④ 제시문의 내용만으로는 확인할 수 없다.

02

정답 ④

생리 활성 물질은 항암 효과를 가지고 있는데, 새싹 채소와 성체 모두 이를 함유하고 있다.

오답분석

① 성체로 자라기 위해 종자 안에는 각종 영양소가 포함되어 있다.
② 새싹은 성숙한 채소에 비하여 영양 성분이 약 3～4배 정도 더 많이 함유되어 있으며, 종류에 따라서는 수십 배 이상의 차이를 보이기도 한다.
③ 씨에서 바로 나왔을 때가 아닌 어린잎이 두세 개 달릴 즈음이 생명 유지와 성장에 필요한 생리 활성 물질을 가장 많이 만들어 내는 때이다.

03

정답 ②

패널 토의는 3～6인의 전문가가 토의 문제에 대한 정보나 지식, 의견이나 견해를 자유롭게 주고받고 토의가 끝난 후 청중의 질문을 받는 순서로 진행된다. 찬반으로 명백하게 나눠 진행하기보다는 서로 다른 의견을 수렴 및 조정하는 방법이기 때문에 ②는 적절하지 않다.

대표기출유형 02 기출응용문제

01

정답 ④

(라) 문단에서는 부패를 없애기 위한 정부의 제도적 노력에도 불구하고 반부패정책 대부분이 효과가 없었음을 이야기하고 있다. 따라서 부패인식지수의 개선방안이 아니라 '정부의 부패인식지수 개선에 대한 노력의 실패'가 (라) 문단의 주제로 적절하다.

02

정답 ②

두 번째 문단의 '시장경제가 제대로 운영되기 위해서는 국가의 소임이 중요하다.'라고 한 부분과 세 번째 문단의 '시장경제에서 국가가 할 일을 크게 세 가지로 나누어 볼 수 있다.'라고 한 부분에서 '시장경제에서의 국가의 역할'이라는 제목을 유추할 수 있다.

03

정답 ①

제시문의 첫 번째 문단에서는 '사회적 자본'이 늘어나면 정치 참여도가 높아진다는 주장을 하였고, 두 번째 문단에서는 '사회적 자본'의 개념을 사이버공동체에 도입하였으나 현실과 잘 맞지 않는다고 하면서 '사회적 자본'의 한계를 서술했다. 그리고 마지막 문단에서는 이 같은 사회적 자본만으로는 정치 참여가 늘어나기 어렵고 이른바 '정치적 자본'의 매개를 통해서만이 가능하다는 주장을 하고 있다. 따라서 ①이 글의 주제로 가장 적절하다.

대표기출유형 03 기출응용문제

01

정답 ②

제시문은 조각보와 클레, 몬드리안의 비교에 대한 글이다. 따라서 (나) 조각보의 정의, 클레와 몬드리안의 비교가 잘못된 이유 – (가) 조각보의 독특한 예술성과 차별화된 가치를 설명 – (다) 조각보가 아름답게 느껴지는 이유 순으로 나열하는 것이 적절하다.

02

정답 ④

제시문은 무협 소설에서 나타나는 '협(俠)'의 정의와 특징에 대하여 설명하는 글이다. 따라서 (라) 무협 소설에서 나타나는 협의 개념 → (다) 협으로 인정받기 위한 조건 중 하나인 신의 → (가) 협으로 인정받기 위한 추가적인 조건 → (나) 앞선 사례를 통해 나타나는 협의 원칙과 정의의 순서로 나열해야 한다.

03

정답 ③

제시문은 지구 온난화의 위협을 비교적 덜 받는 것으로 여겨졌던 동남극의 덴먼 빙하가 지구 온난화의 위협을 받고 있다는 연구 결과를 설명한다. 따라서 (나) 비교적 지구 온난화의 위협을 덜 받는 것으로 생각되어 온 동남극 → (다) 동남극 덴먼 빙하에 대한 조사를 통해 드러난 지구 온난화 위협의 증거 → (가) 한 연구팀의 덴먼 빙하 누적 얼음 손실량 조사와 지반선 측정 → (마) 비대칭성을 보이는 빙상의 육지 – 바다 접점 지반선 후퇴 → (라) 빙하의 동쪽 측면과 서쪽 측면의 다른 역할에 따른 결과의 순서로 나열되어야 한다.

04

정답 ①

제시문은 이글루가 따듯해질 수 있는 원리에 대해 설명하고 있다. 따라서 (나) 이누이트는 이글루를 연상시킴 → (라) 이글루는 눈으로 만든 집임에도 불구하고 따듯함 → (가) 눈 벽돌로 이글루를 만들고 안에서 불을 피움 → (마) 온도가 올라가면 눈이 녹으면서 벽의 빈틈을 메우고 눈이 녹으면 출입구를 열어 물을 얼림 → (다) 이 과정을 반복하면서 눈 벽돌집은 얼음집으로 변하여 내부가 따듯해짐 순서로 나열되어야 한다.

05

정답 ③

제시문은 자본주의의 발생과 한계, 그로 인한 수정자본주의의 탄생과 수정자본주의의 한계로 인한 신자유주의의 탄생에 대해 다루고 있다. 주어진 단락의 마지막 문장인 '이러한 자본주의는 어떻게 발생하였을까?'를 통해 이어질 내용이 자본주의의 역사임을 유추할 수 있으므로, (라) 자본주의의 태동 → (나) 자본주의의 학문화를 통한 영역의 공고화 → (가) 고전적 자본주의의 문제점을 통한 수정자본주의의 탄생 → (다) 수정자본주의의 문제점을 통한 신자유주의의 탄생의 순서대로 나열하는 것이 적절하다.

대표기출유형 04 기출응용문제

01

정답 ③

보기의 내용은 독립신문이 일반 민중들을 위해 순 한글을 사용해 배포됐고, 상하귀천 없이 누구나 새로운 소식을 전달해준다는 내용이다. 따라서 ③이 가장 적절하다.

02

정답 ③

오답분석

① 정상 과학의 시기에는 이미 이론의 핵심 부분들은 정립되어 있으며, 이 시기에는 새로움을 좇아가기보다는 기존 연구의 세부 내용이 깊어진다. 따라서 다양한 학설과 이론의 등장은 적절하지 않다.
② 어떤 현상의 결과가 충분히 예측된다 할지라도 그 세세한 과정은 의문 속에 있기 마련이다. 정상 과학의 시기에 과학자들의 열정과 헌신성은 예측 결과와 실제의 현상을 일치시키기 위한 연구로 유지될 수 있다.
④ 이론의 핵심 부분들은 정립된 상태이므로 과학자들은 심오한 작은 영역에 집중하게 되고 그에 따라 각종 실험 장치의 다양화·정밀화와 더불어 문제를 해결해 가는 특정 기법과 규칙들이 만들어진다. 따라서 문제를 해결해 가는 과정이 주가 된다.

03

정답 ④

바우마이스터에 따르면 개인은 자신이 가지고 있는 제한된 에너지를 자기 조절 과정에 사용하는데, 이때 에너지를 많이 사용한다고 하더라도 긴박한 상황을 대비하여 에너지의 일부를 남겨 두기 때문에 에너지가 완전히 고갈되는 상황은 벌어지지 않는다. 즉, S씨는 식단 조절 과정에 에너지를 효율적으로 사용하지 못하였을 뿐이며, 에너지가 고갈되어 식단 조절에 실패한 것은 아니다.

오답분석

① 반두라에 따르면 인간은 자기 조절 능력을 선천적으로 가지고 있으며, 자기 조절은 세 가지의 하위 기능인 자기 검열, 자기 판단, 자기 반응의 과정을 통해 작동한다.
② 반두라에 따르면 자기 반응은 자신이 한 행동 이후에 자신에게 부여하는 정서적 현상을 의미하는데, 자신이 지향하는 목표와 관련된 개인적 표준에 부합하지 않은 행동은 죄책감이나 수치심이라는 자기 반응을 만들어 낸다.
③ 반두라에 따르면 선천적으로 자기 조절 능력을 가지고 있는 인간은 가치 있는 것을 획득하기 위해 행동하거나 두려워하는 것을 피하기 위해 행동한다.

대표기출유형 05 기출응용문제

01

정답 ①

㉠에서 다섯 번째 줄의 접속어 '그러나'를 기준으로 앞부분은 사물인터넷 사업의 경제적 가치 및 외국의 사물인터넷 투자 추세, 뒷부분은 우리나라의 사물인터넷 사업 현황에 대하여 설명하고 있다. 따라서 두 문단으로 나누는 것이 적절하다.

오답분석

② 문장 앞부분에서 '통계에 따르면'으로 시작하고 있으므로, 이와 호응되는 서술어를 능동 표현인 '예상하며'로 바꾸는 것은 어색하다.
③ 우리나라의 사물인터넷 시장이 선진국에 비해 확대되지 못하고 있는 것은 사물인터넷 관련 기술을 확보하지 못한 결과이다. 따라서 수정하는 것은 적절하지 않다.
④ 문맥상 '기술력을 갖추다.'라는 의미가 되어야 하므로 '확보'로 바꾸어야 한다.

02
정답 ④

재산이 많은 사람은 약간의 세율 변동에도 큰 영향을 받는다. 그러므로 '영향이 크기 때문에'로 수정해야 한다.

03
정답 ②

'로써'는 어떤 일의 수단이나 도구를 나타내는 격조사이며, '로서'는 지위나 신분 또는 자격을 나타내는 격조사이다. 서비스 이용자의 증가가 오투오 서비스 운영 업체에 많은 수익을 내도록 한 수단이 되므로 ⓒ에는 '증가함으로써'가 적절하다.

대표기출유형 06 기출응용문제

01
정답 ③

먹고 난 뒤의 그릇을 씻어 정리하는 일을 뜻하는 단어는 '설거지'이다.

오답분석

① 왠지 : 왜 그런지 모르게. 또는 뚜렷한 이유도 없이
② 드러나다 : 가려져 있거나 보이지 않던 것이 보이게 됨
④ 밑동 : 긴 물건의 맨 아랫동아리

02
정답 ②

ⓒ의 '데'는 '일'이나 '것'의 뜻을 나타내는 의존 명사로 사용되었으므로 '수행하는 데'와 같이 띄어 쓴다.

오답분석

㉠ 만하다 : 어떤 대상이 앞말이 뜻하는 행동을 할 타당한 이유를 가질 정도로 가치가 있음을 나타내는 보조 형용사이다. 보조 용언은 띄어 씀을 원칙으로 하나, ㉠과 같은 경우 붙여 씀도 허용하므로 앞말에 붙여 쓸 수 있다.
㉢ 만 : 다른 것으로부터 제한하여 어느 것을 한정함을 나타내는 보조사로 사용되었으므로 앞말에 붙여 쓴다.

03
정답 ③

- 고객에게 불편을 초레한 경우 : 초레 → 초래
- 즉시 계선·시정하고 : 계선 → 개선
- 이를 성실이 준수할 것을 : 성실이 → 성실히

대표기출유형 07 기출응용문제

01

정답 ①

견이불식(見而不食)은 '눈앞에 보고도 먹지 못한다.'는 뜻으로, 아무리 탐나는 것이 있어도 이용할 수 없거나 차지할 수 없음을 이르는 말이다.

오답분석

② 적구지병(適口之餠) : '입에 맞는 떡'이라는 뜻으로, 제 마음에 꼭 드는 사물을 이르는 말이다.
③ 양수집병(兩手執餠) : '두 손에 떡을 쥐고 있다.'는 뜻으로, 두 가지 일이 똑같이 있어서 무엇부터 해야 할지 모름을 뜻한다.
④ 화룡점정(畫龍點睛) : 용을 그릴 때 마지막으로 눈동자를 그려 넣었더니 실제 용이 되어 하늘로 날아 올라갔다는 고사에서 유래한 말로, 무슨 일을 하는 데에 가장 중요한 부분을 완성함을 비유적으로 이르는 말이다.

02

정답 ③

제시문에서는 협업과 소통의 문화가 기업에 성공적으로 정착하려면 기업의 작은 변화부터 필요하다고 주장한다. 따라서 제시문과 관련 있는 한자성어로는 '높은 곳에 오르려면 낮은 곳에서부터 오른다.'는 뜻으로, '일을 순서대로 하여야 함'을 의미하는 '등고자비(登高自卑)'가 가장 적절하다.

오답분석

① 장삼이사(張三李四) : '장씨의 셋째 아들과 이씨의 넷째 아들'이라는 뜻으로, 이름이나 신분이 특별하지 아니한 평범한 사람들을 이르는 말이다.
② 하석상대(下石上臺) : '아랫돌 빼서 윗돌 괴고 윗돌 빼서 아랫돌 괸다.'는 뜻으로, 임시변통으로 이리저리 둘러맞춤을 말한다.
④ 주야장천(晝夜長川) : '밤낮으로 쉬지 아니하고 연달아 흐르는 시냇물'이라는 뜻으로, '쉬지 않고 언제나, 늘'이라는 의미이다.

03

정답 ③

제시된 문장은 겉만 그럴듯하고 실속이 없는 경우를 뜻하는 '빛 좋은 개살구'와 관련이 있다.

오답분석

① 겉모양새를 잘 꾸미는 것도 필요함을 이르는 말이다.
② 아주 가망이 없음을 비유적으로 이르는 말이다.
④ 겉모양은 보잘것없으나 내용은 훨씬 훌륭함을 이르는 말이다.

CHAPTER

02 문제해결능력

대표기출유형 01 기출응용문제

01

정답 ③

주어진 조건을 토대로 다음과 같이 정리해 볼 수 있다. 원형테이블은 회전시켜도 좌석 배치는 동일하므로 좌석에 1 ~ 7번으로 번호를 붙이고, A가 1번 좌석에 앉았다고 가정하여 배치하면 다음과 같다.

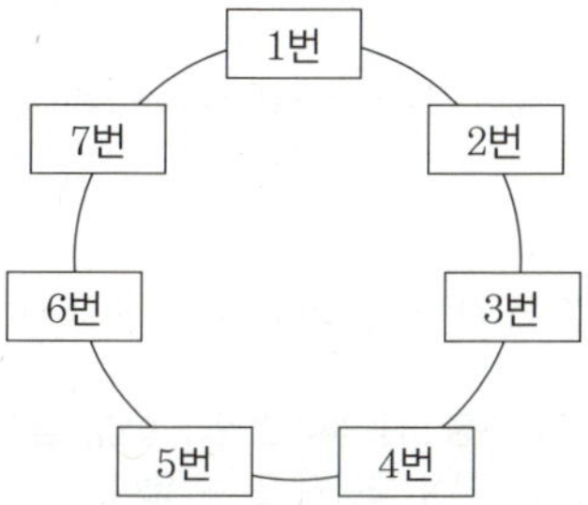

첫 번째 조건에 따라 2번에는 부장이, 7번에는 차장이 앉게 된다.
세 번째 조건에 따라 부장과 이웃한 자리 중 비어 있는 3번 자리에 B가 앉게 된다.
네 번째 조건에 따라 7번에 앉은 사람은 C가 된다.
다섯 번째 조건에 따라 5번에 과장이 앉게 되고, 과장과 차장 사이인 6번에 G가 앉게 된다.
여섯 번째 조건에 따라 A와 이웃한 자리 중 직원명이 정해지지 않은 2번 부장 자리에 D가 앉게 된다.
일곱 번째 조건에 따라 4번 자리에는 대리, 3번 자리에는 사원이 앉는 것을 알 수 있으며, 3번 자리에 앉은 B가 사원 직급임을 알 수 있다.
두 번째 조건에 따라 E는 사원과 이웃하지 않았고 직원명이 정해지지 않은 5번 과장 자리에 해당하는 것을 알 수 있다.
이를 정리하면 다음과 같은 좌석 배치가 되며, F는 이 중 유일하게 빈자리인 4번 대리 자리에 해당한다.

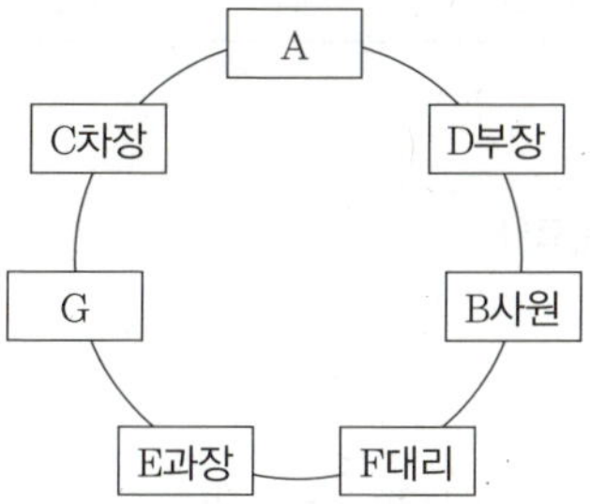

그러므로 사원 직급은 B, 대리 직급은 F가 해당하는 것을 도출할 수 있다.

02

정답 ③

네 번째 조건에서 갑의 점수가 될 수 있는 경우는 노랑 2회, 빨강 2회, 검정 1회와 노랑 2회, 빨강 1회, 파랑 2회로 두 가지이다. 병의 점수가 될 수 있는 경우를 정리하면 다음과 같다.

구분	빨강	노랑	파랑	검정	합계
경우 1	–	–	1점	4점	5점
경우 2	–	1점	–	4점	8점
경우 3	1점	–	–	4점	10점
경우 4	–	–	2점	3점	10점

또한 을의 점수는 갑의 점수보다 높아야 하므로 빨강, 노랑에 각각 2회 파랑에 1회로 41점인 경우가 있다. 나머지 경우에서는 빨강 또는 노랑이 3회가 되어야 하므로 다섯 번째 조건에 부합하지 않는다.

따라서 갑, 을, 병의 점수 분포에 따라 가능한 경우의 수는 $2 \times 4 = 8$가지이다.

03

정답 ③

경상도 출신인 사람은 컴퓨터 자격증이 없고, 기획팀 사람인데 컴퓨터 자격증이 없는 사람은 기혼자이다. 따라서 경상도 출신인 사람이 기획팀에 소속되어 있다면 기혼자이다.

오답분석

① 세 번째 조건의 대우는 '컴퓨터 자격증이 있으면 경상도 출신이 아니다.'이다. 따라서 영업팀 사람은 컴퓨터 자격증이 있으므로 경상도 출신은 없다.

② 다섯 번째 조건의 대우는 '기획팀 사람은 통근버스를 이용하지 않는다.'이다. 경기도에 사는 사람은 지하철을 이용하지만 교통수단이 통근버스와 지하철만 있는 것은 아니므로 항상 옳은지 알 수 없다.

④ 다섯 번째 조건의 대우는 '기획팀 사람은 통근버스를 이용하지 않는다.'이다. 따라서 기획팀 사람 중 통근버스를 이용하는 사람은 한 명도 없다.

04

정답 ①

한 번 배정받은 층은 다시 배정받을 수 없기 때문에 A는 3층, B는 2층에 배정받을 수 있다. C는 1층 또는 4층에 배정받을 수 있지만, D는 1층에만 배정받을 수 있기 때문에, C는 4층, D는 1층에 배정받는다. 이를 표로 정리하면 다음과 같다.

A	B	C	D
3층	2층	4층	1층

따라서 항상 참인 것은 ①이다.

오답분석

②・③・④ 주어진 조건만으로는 판단하기 힘들다.

05

정답 ④

주어진 조건에 따라 엘리베이터 검사 순서를 추론해 보면 다음과 같다.

첫 번째	5호기
두 번째	3호기
세 번째	1호기
네 번째	2호기
다섯 번째	6호기
여섯 번째	4호기

따라서 1호기 다음은 2호기, 그 다음이 6호기이고, 6호기는 5번째로 검사한다.

06

정답 ③

을과 무의 진술이 모순되므로 둘 중 한 명은 참, 다른 한 명은 거짓이다. 여기서 을의 진술이 참일 경우 갑의 진술도 거짓이 되어 두 명이 거짓을 진술한 것이 되므로 문제의 조건에 위배된다. 따라서 을의 진술이 거짓, 무의 진술이 참이다. 그러므로 A강좌는 을이, B와 C강좌는 갑과 정이, D강좌는 무가 담당하고, 병은 강좌를 담당하지 않는다.

대표기출유형 02 기출응용문제

01

정답 ③

가장 먼저 살펴볼 것은 '3번 전구'인데, 이에 대해 언급된 사람은 A와 C 두 사람이다. 먼저 C는 3번 전구를 그대로 둔다고 하였고, A는 이 전구가 켜져 있다면 전구를 끄고, 꺼진 상태라면 그대로 둔다고 하였다. 그리고 B는 3번 전구에 대해 어떠한 행동도 취하지 않는다. 즉, 3번 전구에 영향을 미치는 사람은 A뿐이며, 이를 통해 3번 전구는 A, B, C가 방에 출입한 순서와 무관하게 최종적으로 꺼지게 된다는 것을 알 수 있다.

그렇다면 나머지 1, 2, 4, 5, 6이 최종적으로 꺼지게 되는 순서를 찾으면 된다. C의 단서에 이 5개의 전구가 모두 꺼지는 상황이 언급되어 있으므로, C를 가장 마지막에 놓고 A－B－C와 B－A－C를 판단해 보면 다음과 같다.

먼저 A－B－C의 순서로 판단해 보면, 아래와 같은 결과를 얻게 되어 답이 되지 않음을 알 수 있다.

전구 번호	1	2	3	4	5	6
상태	○	○	○	×	×	×
A	○	○	×	×	×	×
B	○	×	×	○	×	○
C	○	×	×	×	×	×

다음으로 B－A－C의 순서로 판단해 보면, 다음과 같은 결과를 얻게 된다.

전구 번호	1	2	3	4	5	6
상태	○	○	○	×	×	×
B	○	×	○	○	×	○
A	○	×	×	○	×	×
C	×	×	×	×	×	×

따라서 방에 출입한 사람의 순서는 B－A－C이다.

02

정답 ④

㉠ A=100, B=101, C=102이다. 따라서 Z=125이다.
㉡ C=3, D=4, E=5, F=6이다. 따라서 Z=26이다.
㉢ P가 17임을 볼 때, J=11, Y=26, Z=27이다.
㉣ Q=25, R=26, S=27, T=28이다. 따라서 Z=34이다.
따라서 해당하는 Z값을 모두 더하면 125+26+27+34=212이다.

03

정답 ④

게임 규칙과 결과를 토대로 경우의 수를 구하면 다음과 같다.

라운드	벌칙 제외	총 퀴즈 개수
3	A	15
4	B	19
5	C	21
	D	
	C	22
	E	
	D	22
	E	

ㄴ. 총 22개의 퀴즈가 출제되었다면, E가 정답을 맞혀 벌칙에서 제외된 것이다.

ㄷ. 게임이 종료될 때까지 총 21개의 퀴즈가 출제되었다면 C, D가 벌칙에서 제외된 경우로 5라운드에서 E에게는 정답을 맞힐 기회가 주어지지 않았다. 따라서 퀴즈를 푸는 순서가 벌칙을 받을 사람 선정에 영향을 미친다.

오답분석

ㄱ. 5라운드까지 4명의 참가자가 벌칙에서 제외되었으므로 정답을 맞힌 퀴즈는 8개, 벌칙을 받을 사람은 5라운드까지 정답을 맞힌 퀴즈는 0개나 1개이므로 정답을 맞힌 퀴즈는 8개나 9개이다.

04

정답 ③

하얀 블록 5개와 검은 블록 1개를 일렬로 붙인 막대와 하얀 블록 6개를 일렬로 붙인 막대를 각각 A막대, B막대라고 하자. A막대의 윗면과 아랫면에 쓰인 숫자의 순서쌍은 (1, 6), (2, 5), (3, 4), (4, 3), (5, 2), (6, 1)이다. 즉, A막대의 윗면과 아랫면에 쓰인 숫자의 합은 7이다. 검은 블록이 있는 막대 30개, 검은 블록이 없는 막대 6개를 붙여 만든 그림 2의 윗면과 아랫면에 쓰인 숫자의 합은 $(7\times30)+(6\times0)=210$이다. 윗면에 쓰인 숫자의 합은 109이므로 아랫면에 쓰인 36개 숫자의 합은 $210-109=101$이다.

대표기출유형 03 기출응용문제

01

정답 ③

ㄴ. 다수의 풍부한 경제자유구역 성공 사례를 활용하는 것은 강점에 해당되지만, 외국인 근로자를 국내주민과 문화적으로 동화시키려는 시도는 위협을 극복하는 것과는 거리가 멀다. 따라서 해당 전략은 ST전략으로 적절하지 않다.

ㄹ. 경제자유구역 인근 대도시와의 연계를 활성화하면 오히려 인근 기성 대도시의 산업이 확장된 교통망을 바탕으로 경제자유구역의 사업을 흡수할 위험이 커진다. 또한 인근 대도시와의 연계 확대는 경제자유구역 내 국내・외 기업 간의 구조 및 운영상 이질감을 해소하는 데 직접적인 도움이 된다고 보기 어렵다.

오답분석

ㄱ. 경제호황으로 인해 자국을 벗어나 타국으로 진출하려는 해외기업이 증가하는 기회 상황에서 성공적 경험으로 축적된 우리나라의 경제자유구역 조성 노하우로 이들을 유인하여 유치하는 전략은 SO전략에 해당한다.

ㄷ. 기존에 국내에 입주한 해외기업의 동형화 사례를 활용하여 국내기업과 외국계 기업의 운영상 이질감을 해소하여 생산성을 증대시키는 전략은 WO전략에 해당한다.

02

정답 ②

ㄱ. 강점인 공공기관으로서의 신뢰성을 바탕으로 해외 개발 사업에 참여하는 것은 강점을 살려 기회를 포착하는 SO전략으로 적절하다.
ㄷ. 약점인 환경파괴를 최소화하는 방향의 환경친화적 신도시 개발은 약점을 보완하여 기회를 포착하는 WO전략으로 적절하다.

오답분석

ㄴ. 국토개발로 인한 환경파괴라는 약점, 환경보호 단체 등과의 충돌이라는 위협을 고려하면 적절한 전략으로 볼 수 없다.
ㄹ. 환경보호 단체나 시민 단체와의 충돌을 규제 강화라는 강압적 방법으로 해결하는 것은 적절한 전략으로 볼 수 없으며, 공공기관의 역할 수행으로도 볼 수 없다.

03

정답 ①

SWOT 분석은 내부 환경요인과 외부 환경요인의 2개의 축으로 구성되어 있다. 내부 환경요인은 자사 내부의 환경을 분석하는 것으로 자사의 강점과 약점으로 분석된다. 외부 환경요인은 자사 외부의 환경을 분석하는 것으로 기회와 위협으로 구분된다.

04

정답 ②

국내 금융기관에 대한 SWOT 분석 결과는 다음과 같다.

강점(Strength)	약점(Weakness)
• 높은 국내 시장 지배력 • 우수한 자산건전성 • 뛰어난 위기관리 역량	• 은행과 이자수익에 편중된 수익 구조 • 취약한 해외 비즈니스와 글로벌 경쟁력
기회(Opportunities)	**위협(Threats)**
• 해외 금융시장 진출 확대 • 기술 발달에 따른 핀테크의 등장 • IT 인프라를 활용한 새로운 수익 창출	• 새로운 금융 서비스의 등장 • 글로벌 금융기관과의 경쟁 심화

㉠ SO전략은 강점을 살려 기회를 포착하는 전략으로, 강점인 국내 시장 점유율을 기반으로 핀테크 사업에 진출하려는 ㉠은 적절한 SO전략으로 볼 수 있다.
㉢ ST전략은 강점을 살려 위협을 회피하는 전략으로, 강점인 우수한 자산건전성을 강조하여 글로벌 금융기관과의 경쟁에서 우위를 차지하려는 ㉢은 적절한 ST전략으로 볼 수 있다.

오답분석

㉡ WO전략은 약점을 강화하여 기회를 포착하는 전략이다. 그러나 위기관리 역량은 국내 금융기관이 지니고 있는 강점에 해당하므로 WO전략으로 적절하지 않다.
㉣ 해외 비즈니스 역량을 강화하여 해외 금융시장에 진출하는 것은 약점을 보완하여 기회를 포착하는 WO전략에 해당한다.

대표기출유형 04 기출응용문제

01

정답 ②

먼저 A호텔 연꽃실은 2시간 이상 사용할 경우 추가비용이 발생하고, 수용 가능 인원도 부족하다. B호텔 백합실은 1시간 초과 대여가 불가능하며, C호텔 매화실은 이동수단을 제공하지만 수용 가능 인원이 부족하다. 남은 C호텔 튤립실과 D호텔 장미실을 비교했을 때, C호텔의 튤립실은 예산 초과로 예약할 수 없으므로 이대리는 대여료와 수용 가능 인원의 조건이 맞는 D호텔 연회장을 예약해야 한다. 따라서 이대리가 지불해야 하는 예약금은 D호텔 대여료 150만 원의 10%인 15만 원이다.

02

정답 ④

예산이 200만 원으로 증액되었을 때, 조건에 해당하는 연회장은 C호텔 튤립실과 D호텔 장미실이다. 예산 내에서 더 저렴한 연회장을 선택해야 한다는 조건이 없고, 이동수단이 제공되는 연회장을 우선적으로 고려해야 하므로 이대리는 C호텔 튤립실을 예약할 것이다.

03

정답 ①

ㄱ. 부패금액이 산정되지 않은 6번의 경우에도 고발하였으므로 옳지 않은 설명이다.
ㄴ. 2번의 경우 해임당하였음에도 고발되지 않았으므로 옳지 않은 설명이다.

오답분석

ㄷ. 직무관련자로부터 금품을 수수한 사건은 2번, 4번, 5번, 7번, 8번으로 총 5건 있었다.
ㄹ. 2번과 4번은 모두 '직무관련자로부터 금품 및 향응수수'로 동일한 부패행위 유형에 해당함에도 2번은 해임, 4번은 감봉 1월의 처분을 받았으므로 옳은 설명이다.

04

정답 ③

오답분석

(라)·(마) 아동수당 제도 첫 도입에 따라 초기에 아동수당 신청이 한꺼번에 몰릴 것으로 예상되어 연령별 신청 기간을 운영한다. 따라서 만 5세 아동은 7월 1～5일 사이에 접수를 하거나 연령에 관계없는 7월 6일 이후에 신청하는 것으로 안내하는 것이 적절하다. 또한 아동수당 관련 신청서 작성 요령이나 수급 가능성 등 자세한 내용은 아동수당 홈페이지에서 확인 가능한데, 어떤 홈페이지로 접속해야 하는지 안내를 하지 않았다. 따라서 적절하지 않은 답변이다.

05

정답 ④

직무관련업체로부터 받은 물품들인 9번, 11번, 12번, 13번, 16번을 보면 모두 즉시 반환되었음을 알 수 있다.

오답분석

① 신고물품 중 직무관련업체로부터 제공받은 경우는 5건이나, 민원인으로부터 제공받은 경우가 7건으로 더 많다.
② 2번과 8번의 경우만 보아도, 신고물품이 접수일시로부터 3일 이후에 처리된 경우가 있음을 알 수 있다.
③ 2022년 4월부터 2024년 9월까지 접수된 신고물품은 2번부터 15번까지 14건으로, 이 중 개인으로부터 제공받은 신고물품은 2～8번, 10번, 14번, 15번으로 10건이다. 따라서 이 경우의 비중은 $\frac{10건}{14건}\times 100 \fallingdotseq 71.4\%$이므로 옳지 않은 설명이다.

06

정답 ②

A씨와 B씨의 일정에 따라 요금을 계산하면 다음과 같다.

• A씨
  - 이용요금 : 1,310원×6×3=23,580원
  - 주행요금 : 92×170원=15,640원
  - 반납 지연에 따른 패널티 요금 : (1,310원×9)×2=23,580원
  ∴ 23,580+15,640+23,580=62,800원

• B씨
  - 이용요금
    목요일 : 39,020원
    금요일 : 880원×6×8=42,240원 → 81,260원
  - 주행요금 : 243×170원=41,310원
  ∴ 39,020+81,260+41,310=122,570원

CHAPTER

03 조직이해능력

PART 1

대표기출유형 01 기출응용문제

01

정답 ②

경영활동을 구성하는 요소는 경영목적, 인적자원, 자금, 경영전략이다. (나)의 경우와 같이 봉사활동을 수행하는 일은 목적과 인력, 자금 등이 필요한 일이지만, 정해진 목표를 달성하기 위한 조직의 관리, 전략, 운영활동이라고 볼 수 없으므로 경영활동이 아니다.

02

정답 ④

㉠ 집중화 전략에 해당한다.
㉡ 원가우위 전략에 해당한다.
㉢ 차별화 전략에 해당한다.

대표기출유형 02 기출응용문제

01

정답 ④

기계적 조직과 유기적 조직

- 기계적 조직
  - 구성원의 업무가 분명하게 규정되어 있다.
  - 많은 규칙과 규제가 있다.
  - 상하 간 의사소통이 공식적인 경로를 통해 이루어진다.
  - 엄격한 위계질서가 존재한다(대표적으로 군대, 정부, 공공기관 등이 있음).
- 유기적 조직
  - 의사결정 권한이 조직의 하부 구성원들에게 많이 위임되어 있다.
  - 업무가 고전되지 않아 업무 공유가 가능하다.
  - 비공식적인 상호 의사소통이 원활이 이루어진다.
  - 규제나 통제의 정도가 낮아 변화에 맞춰 쉽게 변할 수 있다.
  - 대표적으로 권한 위임을 받아 독자적으로 활동하는 사내 벤처팀, 특정한 과제 수행을 위해 조직된 프로젝트팀이 있다.

오답분석

㉠·㉢ 유기적 조직에 대한 설명이다.

02

정답 ④

조직 목표의 기능

- 조직이 존재하는 정당성과 합법성 제공
- 조직이 나아갈 방향 제시
- 조직 구성원 의사결정의 기준
- 조직 구성원 행동수행의 동기 유발
- 수행 평가의 기준
- 조직 설계의 기준

03

정답 ④

조직 체계의 구성 요소 중 규칙 및 규정은 조직의 목표나 전략에 따라 수립되며, 조직 구성원들의 활동 범위를 제약하고 일관성을 부여하는 기능을 한다. 인사규정 · 총무규정 · 회계규정 등이 이에 해당한다.

오답분석

① 조직 목표 : 조직이 달성하려는 장래의 상태로, 대기업 · 정부부처 · 종교단체를 비롯하여 심지어 작은 가게도 달성하고자 하는 목표를 가지고 있다. 조직의 목표는 미래지향적이지만 현재 조직행동의 방향을 결정해주는 역할을 한다.
② 조직 구조 : 조직 내의 부문 사이에 형성된 관계로 조직 목표를 달성하기 위한 조직 구성원들의 상호작용을 보여준다.
③ 조직 문화 : 조직이 지속되면서 조직 구성원들 간의 생활양식이나 가치를 서로 공유하게 되는 것을 말한다. 이는 조직 구성원들의 사고와 행동에 영향을 미치며 일체감과 정체성을 부여하고 조직이 안정적으로 유지되게 한다.

04

정답 ④

조직 문화는 조직의 안정성을 가져 오므로 많은 조직들은 그 조직만의 독특한 조직 문화를 만들기 위해 노력한다.

05

정답 ①

조직 변화의 과정

1. 환경 변화 인지
2. 조직 변화 방향 수립
3. 조직 변화 실행
4. 변화 결과 평가

06

정답 ①

조직이 생존하기 위해서는 급변하는 환경에 적응하여야 한다. 이를 위해서는 원칙이 확립되어 있고 고지식한 기계적 조직보다는 운영이 유연한 유기적 조직이 더 적합하다.

오답분석

② 대규모 조직은 소규모 조직과는 다른 조직 구조를 갖게 된다. 대규모 조직은 소규모 조직에 비해 업무가 전문화 · 분화되어 있고 많은 규칙과 규정이 존재하게 된다.
③ 조직 구조 결정 요인으로는 크게 전략, 규모, 기술, 환경 등이 있다. 전략은 조직의 목적을 달성하기 위하여 수립한 계획으로 조직이 자원을 배분하고 경쟁적 우위를 달성하기 위한 주요 방침이며, 기술은 조직이 투입 요소를 산출물로 전환시키는 지식 · 기계 · 절차 등을 의미한다. 또한 조직은 환경의 변화에 적절하게 대응하기 위해 환경에 따라 조직의 구조를 다르게 조작한다.
④ 조직 구조의 결정 요인 중 하나인 기술은 조직이 투입 요소를 산출물로 전환시키는 지식, 기계, 절차 등을 의미한다. 소량생산 기술을 가진 조직은 유기적 조직 구조를, 대량생산 기술을 가진 조직은 기계적 조직 구조를 가진다.

07

정답 ②

②는 업무의 내용이 유사하고 관련성이 있는 업무들을 결합해서 구분한 것으로, 기능식 조직 구조의 형태로 볼 수 있다. 기능식 구조의 형태는 재무부, 영업부, 생산부, 구매부 등의 형태로 구분된다.

08

정답 ④

오답분석

ㄱ. 부품 조립 작업 시 계속적인 불량품 발생 인식은 확인 단계에 해당한다.
ㄹ. 추려진 대안들의 장단점을 분석하고 해결안 도출은 선택 단계에 해당한다.

조직의 의사결정 단계
- 확인 단계 : 의사결정이 필요한 문제를 확인하는 단계와 이를 구체화하기 위한 정보를 얻는 진단 단계이다.
- 개발 단계 : 조직 내 기존 해결 방법을 찾는 탐색 단계와 새로운 문제에 대한 해결안을 설계하는 설계 단계이다.
- 선택 단계 : 실행 가능한 해결안을 선택하고 이를 승인하는 단계이다.

대표기출유형 03 기출응용문제

01

정답 ③

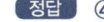

ㄱ. 최수영 상무이사가 결재한 것은 대결이다. 대결은 결재권자가 출장, 휴가, 기타 사유로 상당한 기간 부재중일 때 긴급한 문서를 처리하고자 할 경우 결재권자의 차하위 직위의 결재를 받아 시행하는 것을 말한다.
ㄴ. 대결 시에는 기안문의 결재란 중 대결한 자의 란에 '대결'을 표시하고 서명 또는 날인한다.
ㄹ. 전결 사항은 전결권자에게 책임과 권한이 위임되었으므로 중요한 사항이라면 원결재자에게 보고하는 데 그친다.

담당	과장	부장	상무이사	전무이사
아무개	최경옥	김석호	대결 최수영	전결

오답분석

ㄷ. 대결의 경우 원결재자가 문서의 시행 이후 결재하며, 이를 후결이라 한다.

02

정답 ④

비품은 기관의 비품이나 차량 등을 관리하는 총무지원실에 신청해야 하며, 교육 일정은 사내 직원의 교육 업무를 담당하는 인사혁신실에서 확인해야 한다.

오답분석

기획조정실은 전반적인 조직 경영과 조직문화 형성, 예산 업무, 이사회, 법무 관련 업무를 담당한다.

대표기출유형 04 기출응용문제

01

정답 ②

환율이 상승하면 원화가치가 하락하기 때문에 해외여행자 수는 감소한다.

여행경보 제도

1. 여행 유의(남색경보) : 신변안전 유의
2. 여행 자제(황색경보) : 신변안전 특별 유의, 여행 필요성 신중 검토
3. 철수 권고(적색경보) : 긴급 용무가 아닌 한 귀국, 가급적 여행 취소·연기
4. 여행 금지(흑색경보) : 즉시 대피·철수, 방문 금지

미국 정부의 전자여행허가제(ESTA)

대한민국 국민으로서 관광 및 상용 목적으로 90일 이내 기간 동안 미국을 방문하고자 하는 경우, 2008년 11월 17일부터 원칙적으로 비자 없이 미국 입국이 가능하지만 미국 정부의 전자여행허가제에 따라 승인을 받아야만 한다.

02

정답 ③

명함을 건네는 관습은 동양의 관습 중 좋은 관습이라고 인정되고 있기 때문에 명함을 자신 있게 건네주어도 된다. 다만, 영문 명함이 아니라면 자신의 이름, 전화번호 등을 외국인이 알아볼 수 있게 표기한다.

03

정답 ③

'기축통화'는 국제 간 결제나 금융거래에서 기본이 되는 화폐로, 미국 예일대학의 로버트 트리핀 교수가 처음 사용한 용어이다. 대표적인 기축통화로는 미국 달러화가 있으며, 유럽에서는 유로화가 통용되고 있다.

오답분석

① 나스닥, 자스닥, 코스닥 등은 각 국가에서 운영하는 전자 주식 장외시장이다.
② MSCI 지수(Morgan Stanley Capital International index)는 미국의 모건스탠리캐피털사가 작성해 발표하는 세계 주가지수이다. 글로벌펀드의 투자 기준이 되는 지표이자 주요 기준으로 사용되고 있다.
④ 이머징마켓은 개발도상국 가운데 경제성장률이 높고 빠른 속도로 산업화가 진행되는 국가의 시장으로 한국, 브라질, 폴란드 등 여러 국가들이 속해 있다.

CHAPTER

04 자원관리능력

대표기출유형 01 기출응용문제

01

정답 ①

두 번째 조건에서 경유지는 서울보다 +1시간, 출장지는 경유지보다 −2시간이므로 서울과 −1시간 차이다. 김대리가 서울에서 경유지를 거쳐 출장지까지 가는 과정을 서울 시간 기준으로 정리하면 다음과 같다.

오후 1시 35분 서울 출발 → 오후 1시 35분+3시간 45분=오후 5시 20분 경유지 도착 → 오후 5시 20분+3시간 50분(대기시간)=오후 9시 10분 경유지에서 출발 → 오후 9시 10분+9시간 25분=다음 날 오전 6시 35분 출장지 도착

따라서 출장지에 도착했을 때 현지 시각은 서울보다 1시간 느리므로 오전 5시 35분이다.

02

정답 ③

한국(A기업)이 오전 8시일 때, 오스트레일리아(B기업)는 오전 10시(시차 : +2), 아랍에미리트(C기업)는 오전 3시(시차 : −5), 러시아(D기업)는 오전 2시(시차 : −6)이다. 따라서 업무가 시작되는 오전 9시를 기준으로 오스트레일리아는 이미 2시간 전에 업무를 시작했고, 아랍에미리트는 5시간 후, 러시아는 6시간 후에 업무를 시작한다. 이를 표로 정리하면 다음과 같다.

국가 \ 한국 시각	7am	8am	9am	10am	11am	12pm	1pm	2pm	3pm	4pm	5pm	6pm
A사(서울)												
B사(캔버라)												
C사(두바이)												
D사(모스크바)												

따라서 화상회의가 가능한 시간은 한국 시각으로 오후 3∼4시이다.

03

정답 ③

자동차 부품 생산조건에 따라 반자동라인과 자동라인의 시간당 부품 생산량을 구해보면 다음과 같다.

- 반자동라인 : 4시간에 300개의 부품을 생산하므로, 8시간에 300개×2=600개의 부품을 생산한다. 하지만 8시간마다 2시간씩 생산을 중단하므로, 8+2=10시간에 600개의 부품을 생산하는 것과 같다. 따라서 시간당 부품 생산량은 $\frac{600개}{10시간}$=60개이다.
  이때 반자동라인에서 생산된 부품의 20%는 불량이므로, 시간당 정상 부품 생산량은 60개×(1−0.2)=48개이다.
- 자동라인 : 3시간에 400개의 부품을 생산하므로, 9시간에 400개×3=1,200개의 부품을 생산한다. 하지만 9시간마다 3시간씩 생산을 중단하므로, 9+3=12시간에 1,200개의 부품을 생산하는 것과 같다. 따라서 시간당 부품 생산량은 $\frac{1,200개}{12시간}$=100개이다.
  이때 자동라인에서 생산된 부품의 10%는 불량이므로, 시간당 정상 제품 생산량은 100개×(1−0.1)=90개이다.

따라서 반자동라인과 자동라인에서 시간당 생산하는 정상 제품의 생산량은 48+90=138개이므로, 34,500개를 생산하는 데 $\frac{34,500개}{138개/h}$=250시간이 소요되었다.

04

정답 ④

팀원들의 모든 스케줄이 비어 있는 시간대인 16:00～17:00가 가장 적절하다.

05

정답 ④

공정별 순서는 A → B ↘ C → F이고, D → E ↗ C공정을 시작하기 전에 B공정과 E공정이 선행되어야 하는데 B공정까지 끝나려면 4시간이 소요되고 E공정까지 끝나려면 3시간이 소요된다. 선행작업이 완료되어야 이후 작업을 할 수 있으므로, C공정을 진행하기 위해서는 최소 4시간이 걸린다. 따라서 완제품은 F공정이 완료된 후 생산되므로 첫 번째 완제품 생산의 소요시간은 9시간이다.

06

정답 ①

- 치과 진료 : 수요일 3주 연속으로 진료를 받는다고 하였으므로 13일, 20일은 무조건 치과 진료가 있다.
- 신혼여행 : 8박 9일간 신혼여행을 가고 휴가는 5일간 사용할 수 있으므로 주말 4일을 포함해야 한다.

이 사실과 두 번째 조건을 종합하면, 2일(토요일)부터 10일(일요일)까지 주말 4일을 포함하여 9일 동안 신혼여행을 다녀오게 되고, 치과는 6일이 아닌 27일에 예약되어 있다. 신혼여행은 결혼식 다음날 간다고 하였으므로 주어진 일정을 달력에 표시하면 다음과 같다.

일	월	화	수	목	금	토
					1 결혼식	2 신혼여행
3 신혼여행	4 신혼여행 / 휴가	5 신혼여행 / 휴가	6 신혼여행 / 휴가	7 신혼여행 / 휴가	8 신혼여행 / 휴가	9 신혼여행
10 신혼여행	11	12	13 치과	14	15	16
17	18	19	20 치과	21	22	23
24	25	26	27 치과	28 회의	29	30 추석연휴

따라서 A대리의 결혼날짜는 9월 1일이다.

대표기출유형 02 기출응용문제

01

정답 ④

- H씨 부부의 왕복 비용 : (59,800×2)×2=239,200원
- 만 6세 아들의 왕복 비용 : (59,800×0.5)×2=59,800원
- 만 3세 딸의 왕복 비용 : 59,800×0.25=14,950원

따라서 H씨 가족이 지불한 교통비는 239,200+59,800+14,950=313,950원이다.

02

정답 ②

예산 관리는 활동이나 사업에 소요되는 비용을 산정하고, 예산을 편성하는 것뿐만 아니라 예산을 통제하는 것 모두를 포함한다고 할 수 있다. 즉, 예산을 수립하고 집행하는 모든 일을 예산 관리라고 할 수 있다.

03

정답 ①

예산의 구성 요소

- 직접비용 : 제품 또는 서비스를 창출하기 위해 직접 소비된 것으로 여겨지는 비용이다.
- 간접비용 : 과제를 수행하기 위해 소비된 비용 중 직접비용을 제외한 비용으로, 생산에 직접 관련되지 않은 비용이다.

04

정답 ③

상별로 수상 인원을 고려하여, 상패 및 물품별 총수량과 비용을 계산하면 다음과 같다.

상패 혹은 물품	총수량(개)	1개당 비용(원)	총비용(원)
금 도금 상패	7	49,500원(10% 할인)	7×49,500=346,500
은 도금 상패	5	42,000	42,000×4(1개 무료)=168,000
동 상패	2	35,000	35,000×2=70,000
식기 세트	5	450,000	5×450,000=2,250,000
신형 노트북	1	1,500,000	1×1,500,000=1,500,000
태블릿 PC	6	600,000	6×600,000=3,600,000
만년필	8	100,000	8×100,000=800,000
안마의자	4	1,700,000	4×1,700,000=6,800,000
합계	−	−	15,534,500

따라서 상품 구입 비용은 총 15,534,500원이다.

05

정답 ④

제시된 조건에 따라 1～5층의 월 전기료를 구하면 다음과 같다.

- 1층 : 10대×5만+4대×3만=62만 원
- 2층 : 13대×5만+5대×3만=80만 원
- 3층 : 15대×5만+7대×3만=96만 원
- 4층 : 11대×5만+6대×3만=73만 원
- 5층 : 12대×5만+5대×3만=75만 원

첫 번째 조건을 충족하지 않는 층은 2·3·5층이고, 조건을 충족하기 위해 2·3·5층에 각각 구형 에어컨 2대, 5대, 1대를 판매해야 한다. 이때 발생하는 수입은 구형 에어컨의 중고 판매가격 총 10만×8대=80만 원이다. 구형 에어컨을 판매하고 난 후 각 층의 구형 에어컨의 개수와 신형 에어컨 개수 및 비율을 구하면 다음과 같다.

구분	1층	2층	3층	4층	5층
구형 에어컨	10대	13−2=11대	15−5=10대	11대	12−1=11대
신형 에어컨	4대	5대	7대	6대	5대
비율	$\frac{4}{10}$	$\frac{5}{11}$	$\frac{7}{10}$	$\frac{6}{11}$	$\frac{5}{11}$

두 번째 조건에서 비율이 2분의 1 미만인 층은 1·2·5층이고, 조건을 충족하기 위해 신형 에어컨을 1대씩 구입하면, 신형 에어컨 총 구입비용은 50만×3대=150만 원이 나온다. 따라서 I회사는 150만−80만=70만 원의 비용이 발생한다.

06

정답 ④

제품군별 지급해야 할 보관료는 다음과 같다.

- A제품군 : 300억×0.01=3억 원
- B제품군 : 2,000CUBIC×20,000=4천만 원
- C제품군 : 500톤×80,000=4천만 원

따라서 H기업이 보관료로 지급해야 할 총금액은 3억+4천만+4천만=3억 8천만 원이다.

대표기출유형 03 기출응용문제

01

정답 ①

기업별 평가점수를 구하면 다음과 같다.

구분	경제성	신속성	안정성	유연성	평가점수
A기업	4×0.3=1.2점	3×0.2=0.6점	9×0.4=3.6점	3×0.1=0.3점	5.7점
B기업	2×0.3=0.6점	4×0.2=0.8점	7×0.4=2.8점	3×0.1=0.3점	4.5점
C기업	8×0.3=2.4점	7×0.2=1.4점	4×0.4=1.6점	2×0.1=0.2점	5.6점
D기업	7×0.3=2.1점	6×0.2=1.2점	2×0.4=0.8점	6×0.1=0.6점	4.7점

따라서 평가점수가 5.7점으로 가장 높은 A기업이 선정됨을 알 수 있다.

02

정답 ③

각 과제의 최종 점수를 구하기 전에 항목별로 최하위 점수가 부여된 과제는 제외하므로, 중요도에서 최하위 점수가 부여된 B, 긴급도에서 최하위 점수가 부여된 D, 적용도에서 최하위 점수가 부여된 E를 제외한다. 나머지 두 과제에 대하여 주어진 조건에 따라 최종 점수를 구해보면 다음과 같다. 가중치는 별도로 부여되므로 추가 계산한다.

- A : (84+92+96)+(84×0.3)+(92×0.2)+(96×0.1)=325.2점
- C : (95+85+91)+(95×0.3)+(85×0.2)+(91×0.1)=325.6점

따라서 최종 점수가 높은 C를 가장 먼저 수행해야 한다.

03

정답 ①

두 번째 조건에서 총구매금액이 30만 원 이상이면 총금액에서 5%를 할인해 주므로 한 벌당 가격이 300,000÷50=6,000원 이상인 품목은 할인적용이 들어간다. 업체별 품목 가격을 보면 모든 품목이 6,000원 이상이므로 5% 할인 적용대상이다. 따라서 모든 품목에 할인이 적용되어 정가로 비교가 가능하다.

세 번째 조건에서 차순위 품목이 1순위 품목보다 총금액이 20% 이상 저렴한 경우 차순위를 선택한다고 했으므로 한 벌당 가격으로 계산하면 1순위인 카라 티셔츠의 20% 할인된 가격은 8,000×0.8=6,400원이다. 정가가 6,400원 이하인 품목은 A업체의 티셔츠이므로 팀장은 1순위인 카라 티셔츠보다 2순위인 A업체의 티셔츠를 구입할 것이다.

04

정답 ④

어떤 컴퓨터를 구매하더라도 각각 사는 것보다 세트로 사는 것이 한 세트(모니터+본체)당 약 5만 원에서 10만 원 정도 이득이다. 하지만 세트 혜택이 아닌 다른 혜택에 해당하는 조건에서는 비용을 비교해 봐야 한다. 다음은 컴퓨터별 구매 비용을 계산한 것이다.

- A컴퓨터 : 80만 원×15대=1,200만 원
- B컴퓨터 : (75만 원×15대)−100만 원=1,025만 원
- C컴퓨터 : (20만 원×10대)+(20만 원×0.85×5대)+(60만 원×15대)=1,185만 원 또는 70만 원×15대=1,050만 원
- D컴퓨터 : 66만 원×15대=990만 원

따라서 D컴퓨터만 예산 범위인 1,000만 원 내에서 구매할 수 있으므로 조건을 만족하는 컴퓨터는 D컴퓨터이다.

05

정답 ④

사진별로 개수에 따른 총용량을 구하면 다음과 같다.

- 반명함 : 150×8,000=1,200,000KB(1,200MB)
- 신분증 : 180×6,000=1,080,000KB(1,080MB)
- 여권 : 200×7,500=1,500,000KB(1,500MB)
- 단체사진 : 250×5,000=1,250,000KB(1,250MB)

모든 사진의 총용량을 더하면 1,200+1,080+1,500+1,250=5,030MB이다.

5,030MB는 5.030GB이므로, 필요한 USB 최소 용량은 5GB이다.

대표기출유형 04 기출응용문제

01

정답 ②

- 본부에서 36개월 동안 연구원으로 근무 → 0.03×36=1.08점
- 지역본부에서 24개월 근무 → 0.015×24=0.36점
- 특수지에서 12개월 동안 파견근무(지역본부 근무경력과 중복되어 절반만 인정) → 0.02×12÷2=0.12점
- 본부로 복귀 후 현재까지 총 23개월 근무 → 0.03×23=0.69점
- 현재 팀장(과장) 업무 수행 중
  - 내부평가 결과 최상위 10% 총 12회 → 0.012×12=0.144점
  - 내부평가 결과 차상위 10% 총 6회 → 0.01×6=0.06점
  - 금상 2회, 은상 1회, 동상 1회 수상 → (0.25×2)+(0.15×1)+(0.1×1)=0.75점 → 0.5점(∵ 인정 범위 조건)
  - 시행 결과 평가 탁월 2회, 우수 1회 → (0.25×2)+(0.15×1)=0.65점 → 0.5점(∵ 인정 범위 조건)

따라서 Q과장에게 부여해야 할 가점은 3.454점이다.

02

정답 ③

오답분석

① A지원자 : 9월에 복학 예정이기 때문에 인턴 기간이 연장될 경우 근무할 수 없으므로 부적합하다.
② B지원자 : 경력 사항이 없으므로 부적합하다.
④ D지원자 : 근무 시간(9 ~ 18시) 이후에 업무가 불가능하므로 부적합하다.

03

정답 ④

제시된 근무지 이동 규정과 신청 내용에 따라 상황을 정리하면 다음과 같다.

직원	1년 차 근무지	2년 차 근무지	3년 차 근무지	이동지역	전년도 평가
A	대구	–	–	종로	–
B	여의도	광주	–	영등포	92
C	종로	대구	여의도	제주 / 광주	88
D	영등포	종로	–	광주 / 제주 / 대구	91
E	광주	영등포	제주	여의도	89

근무지 이동 규정에 따라 2번 이상 같은 지역을 신청할 수 없고 D는 1년 차와 2년 차에 서울 지역에서 근무하였으므로 3년 차에는 지방으로 가야 한다. 따라서 D는 신청지로 배정받지 못할 것이다.

오답분석

- A는 1년 차 근무를 마친 직원이므로 우선 반영되어 자신이 신청한 종로로 이동하게 된다.
- B는 E와 함께 영등포를 신청하였으나, B의 전년도 평가 점수가 더 높아 B가 영등포로 이동한다.
- 3년 차에 지방 지역인 제주에서 근무한 E는 A가 이동할 종로와 B가 이동할 영등포를 제외한 수도권 지역인 여의도로 이동하게 된다.
- D는 자신이 2년 연속 근무한 적 있는 수도권 지역으로 이동이 불가능하므로 지방 지역인 광주, 제주, 대구 중 한 곳으로 이동하게 된다.
- 이때, C는 자신이 근무하였던 대구로 이동하지 못하므로 D가 광주로 이동한다면 C는 제주로, D가 대구로 이동한다면 C는 광주 혹은 제주로 이동한다.
- 1년 차 신입은 전년도 평가 점수를 100으로 보므로 신청한 근무지에서 근무할 수 있다. 따라서 1년 차에 대구에서 근무한 A는 입사 시 대구를 1년 차 근무지로 신청하였을 것임을 알 수 있다.

04

정답 ④

기타의 자격조건에 부합하는 사람을 찾아보면, 1961년 이전 출생자로 신용부서에서 24년간 근무하였고, 채용공고일을 기준으로 퇴직일로부터 2년을 초과하지 않은 홍도경 지원자가 가장 적합하다.

오답분석

① 퇴직일로부터 최근 3년 이내 1개월 감봉 처분을 받았다.
②·③ 신용 부문 근무경력이 없다.

05

정답 ④

제시된 조건을 정리하면 다음과 같다.

- 최소비용으로 가능한 많은 인원 채용
- 급여는 희망임금으로 지급
- 6개월 이상 근무하되, 주말 근무시간은 협의가능
- 지원자들은 주말 이틀 중 하루만 출근하길 원함
- 하루 1회 출근만 가능

위 조건을 모두 고려하여 근무스케줄을 작성해보면 총 5명의 직원을 채용할 수 있다.

<table>
<tr><th>근무시간</th><th>토요일</th><th>일요일</th></tr>
<tr><td>11:00 ~ 12:00</td><td rowspan="7">최지홍(7,000원)
3시간</td><td rowspan="4">박소다(7,500원)
3시간</td></tr>
<tr><td>12:00 ~ 13:00</td></tr>
<tr><td>13:00 ~ 14:00</td></tr>
<tr><td>14:00 ~ 15:00</td></tr>
<tr><td>15:00 ~ 16:00</td><td rowspan="5">우병지(7,000원)
3시간</td></tr>
<tr><td>16:00 ~ 17:00</td></tr>
<tr><td>17:00 ~ 18:00</td></tr>
<tr><td>18:00 ~ 19:00</td><td rowspan="4">한승희(7,500원)
2시간</td></tr>
<tr><td>19:00 ~ 20:00</td></tr>
<tr><td>20:00 ~ 21:00</td><td rowspan="2">김래원(8,000원)
2시간</td></tr>
<tr><td>21:00 ~ 22:00</td></tr>
</table>

※ 김병우 지원자의 경우에는 희망근무기간이 4개월이므로 채용하지 못한다.

CHAPTER

05 정보능력

대표기출유형 01 기출응용문제

PART 1

01

정답 ④

Windows 바탕화면에서 왼쪽 아래에 위치하고 있는 '시작 단추 → 모든 프로그램'을 누르면 다양한 아이콘이 보인다. 그중에서 보조프로그램 폴더에 가면 그림판이 있다. 여기서 보이는 그림판은 '바로가기'라는 단축 아이콘이므로 삭제되었다고 하더라도 응용프로그램 전체가 삭제되는 것은 아니다. 따라서 그림판 응용프로그램이 설치된 위치에 가면 실행파일을 다시 찾을 수 있다. 이는 선택지에 제시된 다른 조치 방법과 비교했을 때 가장 간편한 방법으로 볼 수 있다.

02

정답 ②

바이러스에 감염되는 경로로는 불법 무단 복제, 다른 사람들과 공동으로 사용하는 컴퓨터, 인터넷·전자우편의 첨부파일 등이 있다.

바이러스를 예방할 수 있는 방법
- 다운로드한 파일이나 외부에서 가져온 파일은 반드시 바이러스 검사를 수행한 후에 사용한다.
- 전자우편을 통해 감염될 수 있으므로 발신자가 불분명한 전자우편은 열어보지 않고 삭제한다.
- 중요한 자료는 정기적으로 백업한다.
- 바이러스 예방 프로그램을 램(RAM)에 상주시킨다.
- 백신 프로그램의 시스템 감시 및 인터넷 감시 기능을 이용해서 바이러스를 사전에 검색한다.
- 백신 프로그램의 업데이트를 통해 주기적으로 바이러스 검사를 수행한다.

03

정답 ④

제시문에서는 '응용프로그램과 데이터베이스를 독립시킴으로써 데이터를 변경시키더라도 응용프로그램은 변경되지 않는다.'라고 하였다. 따라서 데이터의 논리적 의존성이 아니라 데이터의 논리적 독립성이 적절하다.

오답분석

① '다량의 데이터는 사용자의 질의에 대한 신속한 응답 처리를 가능하게 한다.'라는 내용은 실시간 접근성에 해당한다.
② '삽입·삭제·수정·갱신 등을 통하여 항상 최신의 데이터를 유동적으로 유지할 수 있으며'라는 내용을 통해 데이터베이스는 그 내용을 변화시키면서 계속적인 진화를 하고 있음을 알 수 있다.
③ '여러 명의 사용자가 동시에 공유할 수 있고'라는 부분에서 동시 공유가 가능함을 알 수 있다.

대표기출유형 02 기출응용문제

01 정답 ③

INDEX 함수는 「=INDEX(배열로 입력된 셀의 범위, 배열이나 참조의 행 번호, 배열이나 참조의 열 번호)」로, MATCH 함수는 「=MATCH(찾으려고 하는 값, 연속된 셀 범위, 되돌릴 값을 표시하는 숫자)」로 표시되기 때문에 「=INDEX(E2:E9,MATCH(0,D2:D9,0))」를 입력하면 근무연수가 0인 사람의 근무월수가 셀에 표시된다. 따라서 결괏값은 2이다.

02 정답 ④

매출액 중 최댓값을 구해야 하므로 MAX 함수를 사용한다. 매출 현황은 [B2] 셀에서 [B11] 셀까지이므로 입력해야 할 함수식은 「=MAX(B2:B11)」이다.

오답분석

①·③ MIN 함수는 최솟값을 구하는 함수이다.
② 함수의 참조 범위가 잘못되었다.

대표기출유형 03 기출응용문제

01 정답 ②

numPtr을 역참조(*)하여 출력했을 때 변수 num의 값 10을 출력하려면 변수 num의 주소(&)를 numPtr에 대입하여 출력하면 된다.

02 정답 ③

power 함수는 거듭제곱에 대한 함수로 power(a,b)=a^b이다. 따라서 주어진 프로그램은 6^4를 계산하여 출력하는 프로그램이므로 6^4=1,296이며, 6^4를 출력하려면 printf("%d^%d", a, b)를 입력해야 한다.

03 정답 ②

증감 연산자(++, --)는 피연산자를 1씩 증가시키거나 감소시킨다. 수식에서 증감 연산자가 피연산자의 후위에 사용되었을 때는 값을 먼저 리턴하고 증감시킨다.
temp=i++;은 temp에 i를 먼저 대입하고 난 뒤 i 값을 증가시키기 때문에 temp는 10, i는 11이 된다. temp=i--; 역시 temp에 먼저 i 값을 대입한 후 감소시키기 때문에 temp는 11, i는 10이 된다.

04 정답 ④

a는 전역 변수이므로 main 함수와 func 함수에서 모두 사용할 수 있다. 따라서 func 함수에서 마지막으로 대입된 15가 출력된다.

05

정답 ①

문자열 상수 "hello world"는 공백을 포함한 문자 11개와 마지막에 자동으로 붙는 널 문자(₩0)까지 총 12칸이 배열에 저장된다. 그러나 strlen 함수는 문자열 끝을 나타내는 널 문자를 길이에 포함하지 않고, 그 앞까지의 문자 개수만 센다. 따라서 실행 결과는 11이 출력된다.

06

정답 ③

for 반복문은 i 값이 0부터 1씩 증가하면서 10보다 작을 때까지 수행하므로 i 값은 각 배열의 인덱스(0 ~ 9)를 가리키게 되고, num에는 i가 가리키는 배열 요소 값의 합이 저장된다. arr 배열의 크기는 10이고 초기값들은 배열의 크기 10보다 작으므로 나머지 요소들은 0으로 초기화된다. 따라서 배열 arr는 {1, 2, 3, 4, 5, 0, 0, 0, 0, 0}으로 초기화되므로 이 요소들의 합 15와 num의 초기값 10에 대한 합은 25이다.

07

정답 ③

여러 값을 출력하려면 print 함수에서 쉼표로 구분해주면 된다. 따라서 1 다음에 공백이 하나 있고 2가 출력되고, 공백 다음에 3이 출력되고, 공백 다음에 4가 출력되고, 공백 다음에 5가 출력되므로 1 2 3 4 5가 출력된다.

CHAPTER

06 수리능력

대표기출유형 01 기출응용문제

01

정답 ①

아버지의 자리가 결정되면 그 맞은편은 어머니 자리로 고정된다. 어머니와 아버지의 자리가 고정되므로 아버지의 자리를 고정 후 남은 4자리는 어떻게 앉아도 같아지는 경우가 생기지 않는다. 따라서 자리에 앉는 경우의 수는 $4!=24$가지이다.

02

정답 ④

어느 지점까지의 거리를 $x$km라고 하자. 왕복하는 데 걸리는 시간은 $\frac{x}{3}+\frac{x}{4}=\frac{7}{12}x$시간이다.

2시간에서 3시간 사이에 왕복할 수 있어야 하므로 다음 식이 성립한다.

$2\le\frac{7}{12}x\le3 \rightarrow 24\le7x\le36 \rightarrow \frac{24}{7}\le x\le\frac{36}{7} \rightarrow 3.4\le x\le5.1$

따라서 2시간에서 3시간 사이에 왕복할 수 있는 지점은 Q지점과 R지점이다.

03

정답 ④

할인받기 전 종욱이가 내야 할 금액은 $25,000\times2+8,000\times3=74,000$원이다.

통신사 할인과 이벤트 할인을 적용한 금액은 $(25,000\times2\times0.85+8,000\times3\times0.75)\times0.9=54,450$원이다.

따라서 종욱이가 할인받은 금액은 $74,000-54,450=19,550$원이다.

04

정답 ③

12와 14의 최소공배수는 84이므로 할인행사가 동시에 열리는 주기는 84일이다. 따라서 4월 9일에 할인행사가 동시에 열렸다면 84일 후인 7월 2일에 다시 동시에 열릴 것이다.

05

정답 ③

거슬러 올라간 거리를 $x$km, 내려간 거리를 $(7-x)$km라고 할 때, 속력을 구하면 다음과 같다.

- 배를 타고 거슬러 올라갈 때의 속력 : (배의 속력)−(강물의 속력)=10km/h
- 배를 타고 내려갈 때의 속력 : (배의 속력)+(강물의 속력)=15km/h

이때 (올라갈 때 걸리는 시간)+(내려갈 때 걸리는 시간)$=\frac{2}{3}$시간이므로 다음 식이 성립한다.

$\frac{x}{10}+\frac{7-x}{15}=\frac{2}{3}$

$\rightarrow x+14=20$

$\therefore x=6$

따라서 배를 타고 거슬러 올라간 거리는 6km이다.

06

정답 ②

처음 참석한 사람의 수를 x명이라 하면 다음 식이 성립한다.

i) $8x<17\times10 \rightarrow x<\frac{170}{8}\fallingdotseq21.3$

ii) $9x>17\times10 \rightarrow x>\frac{170}{9}\fallingdotseq18.9$

iii) $8(x+9)<10\times(17+6) \rightarrow x<\frac{230}{8}-9\fallingdotseq19.75$

따라서 세 식을 모두 만족해야 하므로 처음의 참석자 수는 19명이다.

07

정답 ③

B지역 유권자의 수를 x명(단, $x>0$)이라고 하면, A지역 유권자의 수는 $4x$명이다.

- A지역 찬성 유권자 수 : $4x\times\frac{3}{5}=\frac{12}{5}x$명
- B지역 찬성 유권자 수 : $\frac{1}{2}x$명

따라서 A, B 두 지역 유권자의 헌법 개정 찬성률은 $\frac{\frac{12}{5}x+\frac{1}{2}x}{4x+x}\times100=\frac{\frac{29}{10}x}{5x}\times100=58\%$이다.

08

정답 ③

- 5% 설탕물 600g에 들어있는 설탕의 양 : $\frac{5}{100}\times600=30$g
- 10분 동안 가열한 후 남은 설탕물의 양 : $600-(10\times10)=500$g
- 가열 후 남은 설탕물의 농도 : $\frac{30}{500}\times100=6\%$

여기에 더 넣은 설탕물 200g의 농도를 x%라 하면 다음 식이 성립한다.

$\frac{6}{100}\times500+\frac{x}{100}\times200=\frac{10}{100}\times700$

$\rightarrow 2x+30=70$

$\therefore x=20$

따라서 더 넣은 설탕물의 농도는 20%이다.

09

정답 ①

A기계, B기계가 1분 동안 생산하는 비누의 수를 각각 x, y개라 하면 다음 식이 성립한다.

$5(x+4y)=100\cdots$ ㉠

$4(2x+3y)=100\cdots$ ㉡

두 식을 정리하면

$x+4y=20\cdots$ ㉠'

$2x+3y=25\cdots$ ㉡'

㉠', ㉡'을 연립하면 $5y=15$, $y=3 \rightarrow x=8$이다.

따라서 A기계 3대와 B기계 2대를 동시에 가동하여 비누 100개를 생산하는 데 걸리는 시간은

$\frac{100}{(8\times3)+(3\times2)}=\frac{100}{30}=\frac{10}{3}$시간이다.

01

정답 ④

2024년 15세 미만 인구를 x명, 65세 이상 인구를 y명, 15 ~ 64세 인구를 a명이라 하면,

15세 미만 인구 대비 65세 이상 인구 비율은 $\frac{y}{x}\times100$이므로 다음과 같은 식이 도출된다.

(2024년 유소년부양비)$=\frac{x}{a}\times100=19.5 \rightarrow a=\frac{x}{19.5}\times100$ … ㉠

(2024년 노년부양비)$=\frac{y}{a}\times100=17.3 \rightarrow a=\frac{y}{17.3}\times100$ … ㉡

㉠과 ㉡을 연립하면 $\frac{x}{19.5}=\frac{y}{17.3} \rightarrow \frac{y}{x}=\frac{17.3}{19.5}$이므로, 15세 미만 인구 대비 65세 이상 인구의 비율은 $\frac{17.3}{19.5}\times100 \fallingdotseq 88.7\%$이다.

02

정답 ②

카르보나라, 알리오올리오, 마르게리타, 아라비아타, 고르곤졸라의 할인 후 가격을 각각 a원, b원, c원, d원, e원이라 하자.

- $a+b=24{,}000$ … ㉠
- $c+d=31{,}000$ … ㉡
- $a+e=31{,}000$ … ㉢
- $c+b=28{,}000$ … ㉣
- $e+d=32{,}000$ … ㉤

㉠ ~ ㉤식의 좌변과 우변을 모두 더하면

$2(a+b+c+d+e)=146{,}000$

$a+b+c+d+e=73{,}000$ … ㉥

㉥식에 ㉢식과 ㉣식을 대입하면

$a+b+c+d+e=(a+e)+(c+b)+d=31{,}000+28{,}000+d=73{,}000$

$\therefore\ d=73{,}000-59{,}000=14{,}000$

따라서 아라비아타의 할인 전 가격은 $14{,}000+500=14{,}500$원이다.

03

정답 ③

제품별 밀 소비량 그래프에서 라면류와 빵류의 밀 사용량의 10%는 각각 6.6톤, 6.4톤이다. 따라서 과자류에 사용될 밀 소비량은 총 $42+6.6+6.4=55$톤이다.

04

정답 ③

A ~ D과자 중 밀을 가장 많이 사용하는 과자는 45%를 사용하는 D과자이고, 가장 적게 사용하는 과자는 15%인 C과자이다. 따라서 두 과자의 밀 사용량 차이는 $42\times(0.45-0.15)=42\times0.3=12.6$톤이다.

05

정답 ④

A, B, E구의 1인당 소비량을 각각 a, b, e라고 하자.

제시된 조건을 식으로 나타내면 다음과 같다.

- 첫 번째 조건 : $a+b=30$ … ㉠
- 두 번째 조건 : $a+12=2e$ … ㉡
- 세 번째 조건 : $e=b+6$ … ㉢

㉢을 ㉡에 대입하여 식을 정리하면, $a+12=2(b+6) \rightarrow a-2b=0$ … ㉣

㉠−㉣을 하면 $3b=30 \rightarrow b=10,\ a=20,\ e=16$

A～E구의 변동계수를 구하면 다음과 같다.

- A구 : $\frac{5}{20}\times100=25\%$
- B구 : $\frac{4}{10}\times100=40\%$
- C구 : $\frac{6}{30}\times100=20\%$
- D구 : $\frac{4}{12}\times100≒33.33\%$
- E구 : $\frac{8}{16}\times100=50\%$

따라서 변동계수가 3번째로 큰 구는 D구이다.

대표기출유형 03 기출응용문제

01

정답 ①

2021년 대비 2024년 국제소포 분야의 매출액 증가율은 $\frac{21,124-17,629}{17,629}\times100≒19.8\%$로 10% 이상이므로 옳지 않다.

오답분석

② 2020년 대비 2024년 분야별 매출액 증가율은 다음과 같다.

- 국제통상 : $\frac{34,012-16,595}{16,595}\times100≒105.0\%$
- 국제소포 : $\frac{21,124-17,397}{17,397}\times100≒21.4\%$
- 국제특급 : $\frac{269,674-163,767}{163,767}\times100≒64.7\%$

따라서 2020년 대비 2024년에 매출액 증가율이 가장 큰 분야는 국제통상 분야이다.

③ 2023년 총매출액에서 국제통상 분야 매출액이 차지하고 있는 비율은 $\frac{26,397}{290,052}\times100≒9.1\%$로 10% 미만이다.

④ 2024년 총매출액에서 2/4분기 매출액이 차지하고 있는 비율은 $\frac{72,391}{324,810}\times100≒22.3\%$로 20% 이상이다.

02

정답 ③

A국가와 F국가를 비교해 보면 참가선수는 A국가가 더 많지만, 동메달 수는 F국가가 더 많다.

오답분석

① 금메달은 F국가>A국가>E국가>B국가>D국가>C국가 순서로 많고, 은메달은 C국가>D국가>B국가>E국가>A국가>F국가 순서로 많다.

② C국가는 금메달을 획득하지 못했지만, 획득한 전체 메달 수는 149개로 가장 많다.

④ F국가가 참가선수가 가장 적은 국가이며, 메달 합계는 전체 6위이다.

03

정답 ④

L사의 가습기 B와 H의 경우 모두 표시지 정보와 시험 결과에서 아파트 적용 바닥면적이 주택 적용 바닥면적보다 넓다.

오답분석

① W사의 G가습기 소음은 33.5dB(A)로, C사의 C가습기와 E가습기보다 소음이 더 크다.
② L사의 H가습기는 표시지 정보보다 시험 결과의 전력 소모가 덜함을 알 수 있다.
③ W사의 D가습기는 표시지 정보보다 시험 결과의 미생물 오염도가 덜함을 알 수 있다.

대표기출유형 04 기출응용문제

01

정답 ④

마지막 문단에 제시된 영업용으로 등록된 특수차의 수에 따라 2021 ~ 2024년 전년 대비 증가량 중 2021년과 2024년의 전년 대비 증가량이 제시된 보고서보다 높다. 따라서 ④는 옳지 않은 그래프이다.

구분	2021년	2022년	2023년	2024년
증가량	59,281−57,277 =2,004대	60,902−59,281 =1,621대	62,554−60,902 =1,652대	62,946−62,554 =392대

02

정답 ④

신재생에너지원별 내수 현황을 누적으로 나타내었으므로 적절하지 않다.

오답분석

①·② 제시된 자료를 통해 알 수 있다.
③ 신재생에너지원별 고용인원 비율을 구하면 다음과 같다.

- 태양광 : $\frac{8,698}{16,177}\times 100 \fallingdotseq 54\%$
- 풍력 : $\frac{2,369}{16,177}\times 100 \fallingdotseq 15\%$
- 폐기물 : $\frac{1,899}{16,177}\times 100 \fallingdotseq 12\%$
- 바이오 : $\frac{1,511}{16,177}\times 100 \fallingdotseq 9\%$
- 기타 : $\frac{1,700}{16,177}\times 100 \fallingdotseq 10\%$

PART 2

직무지식평가

행정학 적중예상문제

01	02	03	04	05	06	07	08	09	10
④	①	④	②	④	②	①	④	①	④
11	12	13	14	15	16	17	18	19	20
②	③	①	①	③	①	①	④	②	①

01

정답 ④

고객이 아닌 시민에 대한 봉사는 신공공서비스론의 원칙이다. 신공공관리론은 경쟁을 바탕으로 한 고객 서비스의 질 향상을 지향한다.

오답분석

①·②·③ 신공공관리론의 특징이다.

구분	신공공관리론 (NPM)	신공공서비스론 (NPS)
배경 이론	경제 이론	민주주의 이론
합리성	경제적·기술적 합리성	전략적 합리성
공익	개인들의 이익의 총합	공유가치에 대한 담론의 결과
반응 대상	고객	시민
정부의 역할	방향 잡기	봉사
행정 재량	목표 달성을 위해 허락된 재량의 폭이 넓음	재량이 필요하지만 제약과 책임이 수반됨
조직 구조	분권화된 조직	협동적인 조직

02

정답 ①

목적세는 통일성 원칙에 대한 예외이다. 통일성 원칙의 예외로는 특별회계, 기금, 목적세, 수입대체경비, 수입금마련지출이 있다.

오답분석

② 특별회계는 단일성의 원칙에 대한 예외이다. 단일성 원칙의 예외로는 추가경정예산, 특별회계, 기금이 있다.
③ 사전의결의 원칙에 대한 예외로는 준예산, 사고이월, 예비비 지출, 전용, 긴급재정경제처분이 있다.
④ 한계성의 원칙에 대한 예외로는 예산의 이용, 전용, 국고채무부담행위, 계속비, 이월(명시이월, 사고이월), 지난 연도 수입, 지난 연도 지출, 조상충용, 추가경정예산, 예비비가 해당된다.

03

정답 ④

오답분석

① 현재 우리나라는 가예산이 아니라 준예산 제도를 채택하고 있으며, 제1공화국 때에 가예산 제도를 채택하였다.
② 정부는 재정운용의 효율화와 건전화를 위하여 매년 해당 회계연도부터 5회계연도 이상의 기간에 대한 재정운용계획("국가재정운용계획"이라 한다)을 수립하여 회계연도 개시 120일 전까지 국회에 제출하여야 한다(국가재정법 제7조 제1항).
③ 배정과 재배정은 예산집행의 신축성이 아니라 예산집행의 재정통제 제도이다.

04

정답 ②

다면평가 제도는 말 그대로 피평정자의 능력을 여러 시각에서 평정한다는 뜻으로 상급자, 동료, 민원인 등이 평정에 가담하는 제도이다. 따라서 동료와 부하를 다면평정의 평정자에서 제외시킨다는 내용은 옳지 않다.

다면평가 제도의 장단점

- 장점
  - 구성원의 장점 및 단점에 대한 의견 수렴이 가능
  - 객관성·공정성·신뢰성 제고
  - 피평정자들의 승복 증가
  - 국민중심의 충성심 증가
  - 분권화 촉진
  - 민주적 리더십 발전
  - 공정한 평가로 인한 동기유발과 자기개발의 촉진
- 단점
  - 갈등과 스트레스
  - 절차가 복잡하고 시간 소모가 많음
  - 신뢰성·정확성·형평성 저하
  - 대인관계에만 급급하게 될 가능성 증가
  - 피평정자의 무지와 일탈된 행동의 가능성

05

정답 ④

대표관료제는 한 사회의 모든 계층 및 집단을 공평하게 관료제에 반영하려는 것으로, 실적주의 이념에는 배치되는 특성을 갖는다.

06

정답 ②

목표관리는 목표의 설정뿐 아니라 성과평가 과정에도 부하 직원이 참여하는 관리 기법이다.

오답분석

① 목표설정 이론은 명확하고 도전적인 목표가 성과에 미치는 영향을 분석한다.
③ 조직의 구성원이 모두 협의하여 목표를 설정한다.
④ 조직의 목표를 부서별·개인별 목표로 전환해 조직 구성원 각자의 책임을 정하고, 조직의 효율성을 높일 수 있다.

07

정답 ①

오답분석

ㄷ. 예산결산특별위원회는 상설특별위원회이기 때문에 따로 활동기한을 정하지 않는다.
ㄹ. 예산결산특별위원회는 소관 상임위원회가 삭감한 세출예산의 금액을 증액하거나 새 비목을 설치하려는 경우에는 소관 상임위원회의 동의를 얻어야 한다.

08

정답 ④

규칙적 오류는 어떤 평정자가 다른 평정자들보다 언제나 좋은 점수 혹은 나쁜 점수를 주는 것을 말한다.

근무평정상의 대표적 착오

연쇄효과	피평정자의 특정 요소가 다른 평정 요소의 평가에까지 영향을 미치는 것
집중화의 오류	무난하게 중간치의 평정만 일어나는 것
규칙적 오류	한 평정자가 지속적으로 낮거나 높은 평정을 보이는 것
시간적 오류	시간적으로 더 가까운 때에 일어난 사건이 평정에 더 큰 영향을 끼치는 것
상동적 오류	피평정자에 대한 선입견이나 고정관념이 다른 요소의 평정에 영향을 끼치는 것

09

정답 ①

허즈버그(F. Herzberg)의 동기유발에 관심을 두는 것이 아니라 만족 자체에 중점을 두고 있기 때문에 하위 욕구를 추구하는 계층에게는 적용하기가 어렵고 상위 욕구를 추구하는 계층에 적용하기가 용이하다.

10

정답 ④

오답분석

① 매트릭스 조직은 기능구조와 사업 구조를 절충한 형태로 두 조직의 화학적 결합을 시도한 구조이다. 팀제와 유사한 조직에는 수평조직이 있다.
② 정보통신 기술의 발달은 통솔 범위의 확대를 가져온다.
③ 기계적 조직 구조는 직무 범위가 좁다.

11

정답 ②

정책문제 자체를 잘못 인지한 상태에서 계속 해결책을 모색하여 정책문제가 해결되지 못하고 남아 있는 상태는 3종 오류라고 한다. 참고로 1종 오류는 옳은 가설을 틀리다고 판단하고 기각하는 오류이고, 2종 오류는 틀린 가설을 옳다고 판단하여 채택하는 오류를 말한다.

12

정답 ③

정책대안의 탐색은 정책문제를 정의하는 단계가 아니라 정책목표 설정 다음에 이루어진다.

정책문제의 정의
- 관련 요소 파악
- 가치 간 관계의 파악
- 인과관계의 파악
- 역사적 맥락 파악

13

정답 ①

공식화의 수준이 높을수록 구성원들의 재량은 줄어들게 된다. 공식화의 수준이 높다는 것은 곧 하나의 직무를 수행할 때 지켜야 할 규칙이 늘어난다는 것을 의미한다. 지나친 표준화는 구성원들의 재량권을 감소시키고 창의력이 저하되게 만든다.

14

정답 ①

정책의 수혜집단이 강하게 조직되어 있는 집단이라면 정책집행은 용이해진다.

오답분석

② 집행의 명확성과 일관성이 보장되어야 한다.
③ 규제정책의 집행 과정에서 실제로 불이익을 받는 자가 생겨나게 되는데, 이때 정책을 시행하는 과정에서 격렬한 갈등이 발생할 수 있다.
④ 나카무라와 스몰우드는 '정책집행 유형은 집행자와 결정자와의 관계에 따라 달라진다.'고 주장하였다.

15

정답 ③

기획재정부장관은 국무회의의 심의를 거쳐 대통령의 승인을 얻은 다음 연도의 예산안편성지침을 매년 3월 31일까지 각 중앙관서의 장에게 통보하고(국가재정법 제29조 제1항), 국회 예산결산특별위원회에 보고하여야 한다(동법 제30조).

오답분석

① 각 중앙관서의 장은 매년 1월 31일까지 해당 회계연도부터 5회계연도 이상의 기간 동안의 신규사업 및 기획재정부장관이 정하는 주요 계속사업에 대한 중기사업계획서를 기획재정부장관에게 제출하여야 한다(국가재정법 제28조).
② 국가재정법 제5조에서 확인할 수 있다.
④ 정부는 회계연도마다 예산안을 편성하여 회계연도 개시 90일 전까지 국회에 제출하고, 국회는 회계연도 개시 30일 전까지 이를 의결하여야 한다(헌법 제54조 제2항).

16

정답 ①

재분배정책에 대한 설명이다. 분배정책은 공적재원으로 정책이 이루어지기 때문에 제로섬 게임이 발생하지 않는다.

분배정책과 재분배정책의 차이

구분	분배정책	재분배정책
이념	능률성, 효과성	형평성
재원	공적재원(조세)	고소득층의 소득
갈등	없음(논제로섬 게임)	있음(제로섬 게임)
집행용이성	용이	곤란
수혜자	모든 국민	저소득층
사상	자유주의	이전주의

17

정답 ①

피들러는 리더십 유형을 과업지향형, 인간관계지향형으로 구분하는 상황적응 모형을 제시하였고, 리더의 행태에 따라 권위주의형·민주형·자유방임형의 세 가지 유형으로 구분한 학자는 르윈(Lewin), 리피트(Lippitt), 화이트(White)이다.

18

정답 ④

품목별 예산 제도는 지출 대상 중심으로 분류를 사용하기 때문에 지출의 대상은 확인할 수 있으나, 지출의 주체나 목적은 확인할 수 없다.

19

정답 ②

공공 부문에서는 재무적 관점보다 고객 관점이 중요하다.

균형성과관리의 4대 관점

- 재무적 관점 : 기업의 주인인 주주에게 보여주어야 할 성과의 관점으로, 기업 BSC에 있어 최종목표이지만 공공 부문에서 재무적 관점은 제약조건으로 작용한다.
- 고객 관점 : 서비스의 구매자인 고객들에게 보여주어야 할 성과의 관점으로, 공공 부문에서는 재무적 관점보다 고객의 관점이 중요하다.
- 내부 프로세스 관점 : 목표 달성을 위한 기업 내부 일처리 방식의 혁신 관점으로, 공공 부문에서는 정책결정 과정, 정책집행 과정, 재화와 서비스의 전달 과정 등을 포괄하는 넓은 의미이다.
- 학습과 성장 관점 : 변화와 개선의 능력을 어떻게 키워나가야 할 것인가의 관점으로, 공공 부문에서는 구성원의 지식 창조와 관리, 지속적인 자기혁신과 성장 등이 중요한 요소이다.

20

정답 ①

전직과 전보는 수평적 인사이동에 해당한다.

오답분석

② 강등은 1계급 아래로 직급을 내리고(고위공무원단에 속하는 공무원은 3급으로 임용하고, 연구관 및 지도관은 연구사 및 지도사로 한다) 공무원 신분은 보유하나 3개월간 직무에 종사하지 못하며 그 기간 중 보수는 전액을 감한다. 다만, 제4조 제2항에 따라 계급을 구분하지 아니하는 공무원과 임기제 공무원에 대해서는 강등을 적용하지 아니한다(국가공무원법 제80조 제1항).
③ 청렴하고 투철한 봉사 정신으로 직무에 모든 힘을 다하여 공무 집행의 공정성을 유지하고 깨끗한 공직 사회를 구현하는 데에 다른 공무원의 귀감(龜鑑)이 되는 자는 특별승진임용하거나 일반 승진시험에 우선 응시하게 할 수 있다(국가공무원법 제40조의4 제1항 제1호).
④ 임용권자는 만 8세 이하 또는 초등학교 2학년 이하의 자녀를 양육하기 위하여 필요하거나 여성 공무원이 임신 또는 출산하게 된 때 휴직을 원하면 대통령령으로 정하는 특별한 사정이 없으면 휴직을 명하여야 한다(국가공무원법 제71조 제2항 제4호).

외부 임용(신규채용)	공개경쟁 채용(공채)	실적주의에 기반을 둔 제도로, 자격이 있는 모든 사람들에게 평등한 지원 기회를 부여함
	경력경쟁 채용(경채)	비경쟁채용 제도로 공채에 의한 충원이 곤란한 분야에서 실시하는 인사행정 제도
내부 임용(재배치)	수평적 이동	전직, 전보, 배치전환, 휴직, 직무대행, 겸임, 파견
	수직적 이동	승진, 강임, 승급

적중예상문제

01	02	03	04	05	06	07	08	09	10
①	①	①	①	③	③	④	③	③	③
11	12	13	14	15	16	17	18	19	20
②	③	①	②	①	①	③	④	④	③

01

정답 ①

①은 변혁적 리더십의 특징이다. 변혁적 리더십의 요인으로는 카리스마, 지적 자극, 이상적인 역할 모델, 개인화된 배려 등이 있으며, 부하가 가지는 욕구보다 더 높은 수준의 욕구를 활성화시킴으로서 기대하는 것보다 훨씬 높은 성과를 부하로 하여금 올리도록 하는 리더십이다.

02

정답 ①

기계적 조직과 유기적 조직의 일반적 특징

구분	전문화	공식화	집권화
기계적 조직	고	고	고
유기적 조직	저	저	저

03

정답 ①

ㄱ. 앨더퍼는 두 가지 이상의 복합적인 욕구가 하나의 행동을 유발할 수 있다고 보았다.

ㄴ. 맥클리랜드는 인간의 욕구는 사회문화적으로 학습되는 것이라 규정하면서 상위 욕구만을 중심으로 권력 욕구, 친교 욕구, 성취 욕구로 분류하였다.

오답분석

ㄷ. 브룸은 동기유발은 과업에 대한 개인의 기대감(E), 수단성(I), 보상에 대한 유의성(V)의 함수에 의해 결정된다고 주장하였다.

ㄹ. 샤인의 복잡인 모형에 대한 설명이다. 샤인은 인간의 욕구체계는 매우 복잡하고 때와 장소, 조직 생활의 경험, 직무 등 여러 상황에 따라서 달라진다고 주장하였다. 한편, 해크맨과 올드햄은 환류가 이루어지거나 자율성이 인정되는 직무이면서 구성원의 성장 욕구가 강할 때 동기부여의 효과가 크다는 직무특성 이론을 주장하였다.

04

정답 ①

테일러(Tailor)의 과학적 관리법은 노동자의 심리 상태와 인격을 무시하고, 노동자를 단순한 숫자 및 부품으로 바라본다는 한계점이 있다. 이러한 한계점으로 인해 직무특성 이론과 목표설정 이론이 등장하게 되었다.

05

정답 ③

$$(\text{공헌이익률})=\frac{(\text{단위공헌이익})}{(\text{판매가격})}=\frac{1-0.6}{1}=0.4$$

$$(\text{손익분기점 매출액})=\frac{(\text{고정비})}{(\text{공헌이익률})}=\frac{600,000}{0.4}$$

$$=1,500,000\text{원}$$

06

정답 ③

오답분석

① 호감득실 이론 : 자신을 처음부터 계속 좋아해 주던 사람보다 자신을 싫어하다가 좋아하는 사람을 더 좋아하게 되고, 반대로 자신을 처음부터 계속 싫어하던 사람보다 자신을 좋아하다가 싫어하는 사람을 더 싫어하게 된다고 주장하는 이론이다.

② 사회교환 이론 : 두 사람의 인간관계에서 비용과 보상을 주고받는 과정을 사회교환 과정이라 하고, 보상에서 비용을 제한 결과에 따라 그 관계의 존속 여부가 결정된다는 이론이다.

④ 기대 – 불일치 이론 : 1981년 올리버(Oliver)에 의해 세시된 이론으로, 성과가 기대보다 높아 긍정적 불일치가 발생하면 만족하고, 성과가 기대보다 낮아 부정적 불일치가 발생하면 불만족을 가져온다는 이론이다.

07
정답 ④

포터는 기업이 경쟁에서 이기기 위해서는 차별화나 원가우위 둘 중 하나의 경쟁우위에 집중해야 한다고 주장하였다.

08
정답 ③

ESG 경영의 주된 목적은 착한 기업을 키우는 것이 아니라 불확실성 시대의 환경, 사회, 지배구조라는 복합적 리스크에 얼마나 잘 대응하고 지속적 경영으로 이어나갈 수 있느냐 하는 것이다.

09
정답 ③

시장지향적 마케팅이란 고객지향적 마케팅의 장점을 포함하면서 그 한계점을 극복하기 위한 포괄적 마케팅 노력이며, 기업이 최종 고객들과 원활한 교환을 통하여 최상의 가치를 제공해 주기 위해 기업 내외의 모든 구성 요소들 간 상호작용을 관리하는 총체적 노력이 수반되기도 한다. 그에 따른 노력 중에는 외부 사업이나 이익 기회들을 확인하며 다양한 시장 구성 요소들이 완만하게 상호작용하도록 관리하며, 외부 시장의 기회에 대해 적시하고 정확하게 대응한다. 때에 따라 기존 사업시장을 포기하며 전혀 다른 사업 부분으로 진출하기도 한다.

10
정답 ③

수요예측 기법은 수치를 이용한 계산 방법의 적용 여부에 따라 정성적 기법과 정량적 기법으로 구분할 수 있다. 정성적 기법은 개인의 주관이나 판단 또는 여러 사람의 의견에 의해 수요를 예측하는 방법으로, 델파이 기법, 역사적 유추법, 시장조사법, 라이프사이클 유추법 등이 있다. 정량적 기법은 수치로 측정된 통계자료에 기초하여 계량적으로 예측하는 방법으로, 사건에 대하여 시간의 흐름에 따라 기록한 시계열 데이터를 바탕으로 분석하는 시계열 분석 방법이 이에 해당한다.

오답분석

① 델파이 기법 : 여러 전문가의 의견을 되풀이해 모으고 교환하고 발전시켜 미래를 예측하는 방법이다.
② 역사적 유추법 : 수요 변화에 관한 과거 유사한 제품의 패턴을 바탕으로 유추하는 방법이다.
④ 시장조사법 : 시장에 대해 조사하려는 내용의 가설을 세운 뒤 소비자 의견을 조사하여 가설을 검증하는 방법이다.

11
정답 ②

소비자의 구매의사결정 과정

문제인식(Problem Recognition) → 정보탐색(Information Search) → 대안의 평가(Evaluation of Alternatives) → 구매의사결정(Purchase Decision) → 구매 후 행동(Post－Purchase Behavior)

12
정답 ③

침투가격(Penetration Pricing) 전략은 처음에 가격을 낮게 책정했다가 시간이 지남에 따라 가격을 높이는 전략을 말한다.

13
정답 ①

같은 브랜드의 상품이 서로 다른 유통경로로 판매될 경우 경로 간의 갈등을 일으킬 위험이 있다.

14
정답 ②

BCG 매트릭스에서 물음표에 해당하는 사업부는 시장의 성장률이 높고, 상대적 시장점유율은 낮다.

15
정답 ①

경영정보 시스템의 물리적 구성 요소로는 하드웨어, 소프트웨어, 데이터베이스, 처리 절차, 운영 요원 등이 있다.

16
정답 ①

카츠(Kartz)는 경영자에게 필요한 능력을 크게 인간적 자질, 전문적 자질, 개념적 자질 3가지로 구분하였다. 그중 인간적 자질은 구성원을 리드하고 관리하며 다른 구성원들과 함께 일을 할 수 있게 하는 것으로, 모든 경영자가 갖추어야 하는 능력이다. 타인에 대한 이해력과 동기부여 능력은 인간적 자질에 속한다.

오답분석

②·④ 전문적 자질(현장 실무)
③ 개념적 자질(상황 판단)

17
정답 ③

디마케팅(Demarketing)은 기업들이 자사의 상품을 많이 판매하기보다는 오히려 고객들의 구매를 의도적으로 줄임으로써 적절한 수요를 창출하고, 장기적으로는 수익의 극대화를 꾀하는 마케팅 전략이다.

18
정답 ④

지식경영 시스템은 조직 안의 지식자원을 체계화하고 공유하여 기업 경쟁력을 강화하는 기업정보 시스템이다. 따라서 조직에서 필요한 지식과 정보를 창출하는 연구자, 설계자, 건축가, 과학자, 기술자 등을 반드시 포함하는 것과는 관련이 없다.

19

정답 ④

퓨전 마케팅(Fusion Marketing)이란 인터넷을 의미하는 온라인과 현실공간인 오프라인을 적절히 혼합하여 마케팅에 활용한 것이다. 오프라인 기업이 직접 온라인에 들어가 마케팅 활동을 하지 않고 온라인 업체에게 대행 업무를 맡겨 인터넷 기반의 브랜드 이미지를 다시 구축한다. 즉, 온라인 업체가 오프라인 업체를 대신해 고객 확보를 위한 광고, 프로모션, 판매, 고객서비스 등 일련의 마케팅 활동을 기획하고 집행하는 것이다.

오답분석

① 푸시 마케팅(Push Marketing) : 제조업체는 도매상에게, 도매상은 소매상에게, 소매상은 최종소비자에게 적극적으로 판매하는 밀어붙이기 방식이다.

② 헝거 마케팅(Hunger Marketing) : '희소 마케팅' 혹은 '한정판 마케팅'이라고도 불린다. 한정된 물량만 판매해 소비자의 구매 욕구를 더욱 자극시키는 마케팅 기법이다.

③ MGM(Members Get Members) 마케팅 : 기존 고객을 통하여 새로운 고객을 유치하는 판매촉진 방식을 가리키는 마케팅이다.

20

정답 ③

균형성과표(Balanced Score Card)는 조직의 비전과 전략을 달성하기 위한 도구로서, 전통적인 재무적 성과지표뿐만 아니라 고객, 업무 프로세스, 학습 및 성장과 같은 비재무적 성과지표 또한 균형적으로 고려한다. 즉, BSC는 통합적 관점에서 미래지향적 · 전략적으로 성과를 관리하는 도구이다.

(A) 재무 관점 : 순이익, 매출액 등
(B) 고객 관점 : 고객 만족도, 충성도 등
(C) 업무 프로세스 관점 : 내부 처리 방식 등
(D) 학습 및 성장 관점 : 구성원의 능력개발, 직무 만족도 등

PART 2

적중예상문제

01	02	03	04	05	06	07	08	09	10
①	②	④	④	③	③	④	②	③	①
11	12	13	14	15	16	17	18	19	20
④	④	②	①	②	①	④	④	④	①

01

정답 ①

비유동자산이란 재무상태표 작성일을 기준으로 1년 이내에 현금화할 수 없는 자산을 말한다. 비유동자산은 크게 투자자산, 유형자산, 무형자산으로 구분할 수 있다. 이때 '투자자산'은 기업의 본래 영업활동이 아닌 투자목적으로 보유하는 자산을 의미한다. '유형자산'은 토지, 건물 등 부동산 자산과 기계장치, 설비 등을 말한다. 그리고 그 외 영업권, 산업재산권 등을 '무형자산'이라고 한다.

02

정답 ②

오답분석

① 적응적 기대는 과거의 자료를 바탕으로 예상오차를 점차 수정해서 미래를 예측하는 것을 말하며, 적응적 기대에서의 경제주체는 단기적으로 보면 경제상황에 대해 정확히 파악하지 못하기 때문에 오류를 범하게 되고 시간이 지나면서 정확한 값을 찾게 되는 모습을 보인다. 따라서 적응적 기대는 경제주체들이 체계적 오류를 범한다고 보기 때문에 체계적 오류 가능성이 없다고 보는 것은 옳지 않다.

③ 필립스 곡선이 급해지면 희생률은 작아진다.

④ t기의 기대 인플레이션에 영향을 주는 것은 $(t-1)$기의 인플레이션이다.

03

정답 ④

(가)의 수요량이 증가했을 때, 가격이 하락한 (나)는 (가)의 대체재이고, 수요가 함께 증가한 (다)는 (가)의 보완재이다. 따라서 대체 관계에서 수요의 교차탄력성은 0보다 크다.

오답분석

③ (다)의 수요가 증가하였으므로 거래량도 증가한다.

04

정답 ④

임금상승 시 여가소비가 감소하는 것은 여가가 정상재이면서 열등재이거나 대체 효과가 소득 효과보다 큰 경우이다.

05

정답 ③

ㄴ. 기술충격 발생 → 노동수요 증가 → 임금·실질이자율 상승 → 노동공급 증가 → 공급의 증가가 되기 때문에 충격이 더 많이 오게 된다. 따라서 소비의 기간 간 대체효과는 크다.

ㄷ. 자본에 대한 요구가 많아지면 실질이자율 역시 같은 방향으로 움직이기 때문에 경기순행적이다.

오답분석

ㄱ. 흉작이나 획기적 발명품의 개발은 실물적 경비변동 이론(RBC)에 해당하며, 이 경우 영구적 기술충격이 아니라 일시적 기술충격에 해당한다.

ㄹ. 생산성 상승 → 노동 수요 증가 → 실질임금 상승으로 이어진다. 따라서 실질임금과 실질이자율은 경기순행적이다.

ㅁ. 경기 상황에 따라 노동 수요가 늘어날 수도 있고 줄어들 수도 있으므로 생산성은 경기순응적이다.

06

정답 ③

오답분석

① 기술이 매년 진보하는 상황에서 1인당 자본량은 계속 증가한다.

② 전체 자본량의 증가율은 기술진보율(2%)과 인구증가율(1%)의 합과 같다. 따라서 3%씩 증가할 것이다.

④ 저축률이 증가한다는 것은 투자가 많아지는 것을 뜻하므로 1인당 자본량이 증가하게 된다. 하지만 솔로우 모형에서 장기상태의 성장률은 0을 유지하기 때문에 변화하지 않는다고 봐야 한다. 따라서 1인당 자본량의 증가율이 상승한다는 것은 옳지 않다.

07

정답 ④

재산권이 확립되어 있다고 하더라도 거래비용이 너무 크면 협상이 이루어지지 않기 때문에 거래비용이 너무 크면 협상을 통해 외부성 문제가 해결될 수 없다.

08
정답 ②

개별 기업의 수요곡선을 수평으로 합한 시장 전체의 수요곡선은 우하향하는 형태이다. 그러나 완전경쟁기업은 시장에서 결정된 시장가격으로 원하는 만큼 판매하는 것이 가능하므로 개별 기업이 직면하는 수요곡선은 수평선으로 도출된다.

09
정답 ③

X재 수입에 대해 관세를 부과하면 X재의 국내가격이 상승하고, X재의 국내가격이 상승하면 국내 생산량은 증가하고 소비량은 감소하게 된다. 또한 국내가격 상승으로 생산자 잉여는 증가하지만 소비자 잉여는 감소하게 된다. 따라서 X재 수요와 공급의 가격탄력성이 낮다면 관세가 부과되더라도 수입량은 별로 줄어들지 않으므로 관세부과에 따른 손실이 작아진다.

10
정답 ①

가격차별(Price Discrimination)이란 동일한 상품에 대하여 서로 다른 가격을 설정하는 것을 의미하며 다른 시장 간에는 재판매가 불가능해야 한다.

오답분석

② 가격차별이 가능하기 위해서는 소비자를 특성에 따라 구분할 수 있어야 한다.
③ 가격차별이 가능하다는 것은 기업이 시장지배력이 있다는 의미이다.
④ 가격차별이 성립되기 위해서는 차별화되는 구매자들 사이에 수요의 가격탄력성이 서로 달라야 한다.

11
정답 ④

오답분석

① 불황기의 평균소비성향이 호황기의 평균소비성향보다 크다. 호황기에는 일시적인 소득이 증가하여 이러한 일시소득이 대부분 저축되는 반면, 불황기에는 일시적인 소득이 감소하여 돈의 차입 등을 통해 종전과 비슷한 소비수준을 유지한다.
② 생애주기 가설에 따르면 소비는 일생 동안의 총소득에 의해 결정된다.
③ 한계소비성향과 한계저축성향의 합이 언제나 1이다.

12
정답 ④

화폐발행이득은 화폐발행의 특권에서 나오는 이득을 의미하는 것으로, ㄱ, ㄴ, ㄷ 모두 옳은 설명에 해당한다.

13
정답 ②

두 나라의 쌀과 옷 생산의 기회비용을 계산해 보면 다음과 같다.

구분	A국	B국
쌀(섬)	1	0.5
옷(벌)	1	2

쌀 생산의 기회비용은 B국이 더 작고, 옷 생산의 기회비용은 A국이 더 작으므로 A국은 옷 생산에 비교우위가 있고, B국은 쌀 생산에 비교우위가 있다. 따라서 A국은 옷을 수출하고 쌀을 수입한다.

14
정답 ①

목표이자율은 균형이자율보다 낮다.
테일러 법칙=균형이자율+인플레이션 갭−산출 갭
(인플레이션 갭=현재 인플레이션율−목표 인플레이션율)

$$목표이자율=0.03+\frac{1}{4}\times(현재\ 인플레이션율(4\%)-0.02)-\frac{3}{4}\times GDP갭(1\%)$$

$$=0.03+\frac{1}{4}\times(0.04-0.02)-\frac{3}{4}\times 0.01$$

$\therefore\ 0.0275 \fallingdotseq 2.75\%$

15
정답 ②

이자율 상승으로 요구불예금이 증가하면 시장에 있는 현금들이 예금 쪽으로 들어와서 민간 화폐보유성향이 낮아져 통화승수가 커진다.

16
정답 ①

오답분석

② 예상된 인플레이션의 경우에도 구두창 비용, 메뉴 비용 등이 발생한다.
③ 예상한 것보다 높은 인플레이션이 발생했을 경우에는 그만큼 실질이자율이 하락하게 되어 채무자가 이득을 보고 채권자가 손해를 보게 된다.
④ 예상치 못한 인플레이션이 발생했을 경우 실질임금이 하락하므로 노동자는 불리해지며, 고정된 임금을 지급하는 기업은 유리해진다.

17
정답 ④

물가지수를 구할 때 각각의 상품에 대해 가중치를 부여한 후 합계를 내어 계산한다.

18

정답 ④

오답분석

① 기펜재는 열등재에 속하는 것으로 수요의 소득탄력성은 음(−)의 값을 갖는다.

② 두 재화가 서로 대체재의 관계에 있다면 수요의 교차탄력성은 양(+)의 값을 갖는다.

③ 우하향하는 직선의 수요곡선상에 위치한 점에서 수요의 가격탄력성은 다르다. 가격하락 시 소비자 총지출액이 증가하는 점에서는 수요의 가격탄력성이 1보다 크고, 소비자 총지출액이 극대화가 되는 점에서는 수요의 가격탄력성이 1, 가격하락 시 소비자 총지출액이 감소하는 점에서는 수요의 가격탄력성은 1보다 작다.

19

정답 ④

오답분석

ㄱ. 국제 가격이 국내 가격보다 높으므로 수출을 한다. 수출하는 국가는 국제 가격에 영향을 끼칠 수가 없으므로 가격을 그대로 받아들이는 가격수용자가 되며, 국내 가격은 국제 가격을 따라가야 한다. 따라서 H국의 국내 철강 가격은 세계 가격과 똑같아지기 위해 높아지게 되지만 세계 가격보다 높아지는 것은 아니다.

ㅁ. 국가 전체의 총잉여는 증가한다.

20

정답 ①

가격상한제란 정부가 시장가격보다 낮은 가격으로 상한선을 정하고 규제된 가격으로 거래하도록 하는 제도이다.

CHAPTER

04 회계학 적중예상문제

01	02	03	04	05	06	07	08	09	10
④	①	③	③	②	①	①	①	④	④
11	12	13	14	15	16	17	18	19	20
①	①	②	①	④	③	④	②	③	③

01

정답 ④

- 매출채권회전율 $=\dfrac{\text{매출액}}{\text{매출채권평균}}=5$
- 매출액 $=5\times20{,}000=100{,}000$
- 매출액순이익률 $=\dfrac{\text{당기순이익}}{\text{매출액}}=0.05$

∴ 당기순이익 $=0.05\times100{,}000=5{,}000$원

02

정답 ①

- 20×5년 이전 정액법에 의한 감가상각비 누계액
  과거액(정액법) 감가상각비 누계액
  $=(1{,}000{,}000-200{,}000)\times\dfrac{3}{8}=300{,}000$원
- 20×5년 연수합법계에 의한 당기분 감가상각비
  당기분(20×5년) 감가상각비
  $=(1{,}000{,}000-300{,}000-40{,}000)\times\dfrac{5}{15}=220{,}000$원

03

정답 ③

- 자산=자본+부채=자본+(유동부채+비유동부채)
  =100,000+(40,000+60,000)=200,000원
  ∴ 자산=200,000원
- 자산=유동자산+비유동자산=유동자산+120,000
  =200,000원
  ∴ 유동자산=80,000원
- 유동비율 $=\dfrac{\text{유동자산}}{\text{유동부채}}=\dfrac{80{,}000}{40{,}000}\times100=200\%$
- 부채비율 $=\dfrac{\text{부채}}{\text{자본}}=\dfrac{100{,}000}{100{,}000}\times100=100\%$

04

정답 ③

자본자산가격결정 모형(CAPM)을 통한 기대수익률은 무위험이자율+베타(시장포트폴리오의 기대수익률−무위험이자율)이며, 여기서 베타는 시장변동에 대한 주식의 민감도를 의미한다. 주식의 기대수익률은 해당하지 않는다.

05

정답 ②

- 2024년에 인식할 이자비용
  =2023년 말 장부금액×유효이자율
- 2023년 말 장부금액=100,000×1.7355=173,550원

따라서 2024년에 인식할 이자비용은 173,550×0.01=17,355원이다.

06

정답 ①

최초 인식 후에 공정가치를 신뢰성 있게 측정할 수 있는 유형자산과 무형자산은 재평가일의 공정가치에서 이후의 감가상각누계액과 손상차손누계액을 차감한 재평가금액을 장부금액으로 하는 것이다.
따라서 2025년 말 당기손실은 100,000−95,000=5,000원이다.

07

정답 ①

일부 부채는 상당한 정도의 추정을 해야만 측정이 가능하며, 이러한 부채를 충당부채라고도 한다.

오답분석

② 자산 측정기준으로서의 역사적 원가는 현행원가와 비교하여 신뢰성이 더 높다. 신뢰성 있는 정보란 그 정보에 중요한 오류나 편향된 의견이 없고, 그 정보가 나타내고자 하거나 나타낼 것이 합리적으로 기대되는 대상을 충실하게 표현하고 있다고 정보이용자가 믿을 수 있는 정보를 말한다.
③ 보고기업의 경제적 자원과 청구권의 변동은 그 기업의 재무성과, 그리고 채무상품 또는 지분상품의 발행과 같은 그 밖의 사건 또는 거래에서 발생한다.
④ 일반목적재무보고서는 보고기업의 가치를 보여주기 위해 고안된 것이 아니지만, 현재 및 잠재적 투자자, 대여자 및 기타 채권자가 보고기업의 가치를 추정하는 데 도움이 되는 정보를 제공한다.

08

정답 ①

자산은 1년을 기준으로 유동자산과 비유동자산으로 분류한다. 다만, 정상적인 영업주기 내에 판매되거나 사용되는 재고자산과 회수되는 매출채권 등은 보고기간 종료일로부터 1년 이내에 실현되지 않더라도 유동자산으로 분류한다. 이 경우 유동자산으로 분류한 금액 중 1년 이내에 실현되지 않을 금액을 주석으로 기재한다. 또 장기미수금이나 투자자산에 속하는 매도가능증권 또는 만기보유증권 등의 비유동자산 중 1년 이내에 실현되는 부분은 유동자산으로 분류한다.

09

정답 ④

내용연수가 비한정인 무형자산의 내용연수를 유한 내용연수로 변경하는 것은 회계추정의 변경으로 회계처리한다.

회계정책의 변경과 회계추정의 변경

구분	개념	적용 예
회계정책의 변경	재무제표의 작성과 보고에 적용되던 회계정책을 다른 회계정책으로 바꾸는 것을 말한다. 회계정책이란 기업이 재무보고의 목적으로 선택한 기업회계기준과 그 적용 방법을 말한다.	• 한국채택국제회계기준에서 회계정책의 변경을 요구하는 경우 • 회계정책의 변경을 반영한 재무제표가 거래, 기타 사건 또는 상황이 재무상태, 재무성과 또는 현금흐름에 미치는 영향에 대하여 신뢰성 있고 더 목적적합한 정보를 제공하는 경우
회계추정의 변경	회계에서는 미래 사건의 불확실성의 경제적 사건을 추정하여 그 추정치를 재무제표에 보고하여야 할 경우가 많은데, 이를 회계추정의 변경이라고 한다.	• 대손 • 재고자산 진부화 • 금융자산이나 금융부채의 공정가치 • 감가상각자산의 내용연수 또는 감가상각자산에 내재된 미래 경제적 효익의 기대소비 행태 • 품질보증의무

10

정답 ④

원가동인의 변동에 의하여 활동원가가 변화하는가에 따라 활동원가는 고정원가와 변동원가로 구분된다. 고정원가는 고정제조간접비와 같이 원가동인의 변화에도 불구하고 변화하지 않는 원가이며, 변동원가는 원가동인의 변화에 따라 비례적으로 변화하는 원가로 직접재료비·직접노무비 등이 해당된다. 일반적으로 활동기준원가계산에서는 전통적인 고정원가, 변동원가의 2원가 분류체계 대신 단위기준, 배치기준, 제품기준, 설비기준 4원가 분류체계를 이용한다.

활동기준원가계산

기업에서 수행되고 있는 활동(Activity)을 기준으로 자원, 활동, 제품 / 서비스의 소모관계를 자원과 활동, 활동과 원가대상 간의 상호 인과관계를 분석하여 원가를 배부함으로써 원가대상의 정확한 원가와 성과를 측정하는 새로운 원가계산 방법이다.

11

정답 ①

현금흐름표는 한 회계기간 동안의 현금흐름을 영업활동과 투자활동, 그리고 재무활동으로 나누어 보고한다.

오답분석

② 재화의 판매, 구입 등 기업의 주요 수익활동에 해당하는 항목들은 영업활동으로 분류된다.
③ 유형자산의 취득·처분 및 투자자산의 취득·처분 등은 투자활동으로 분류된다.
④ 한국채택국제회계기준에서는 직접법과 간접법 모두 인정한다.

12

정답 ①

단기매매 목적으로 보유하는 유가증권의 취득과 판매에 따른 현금흐름은 영업활동 현금흐름으로 분류한다.

13

정답 ②

계약은 둘 이상의 당사자 사이에 집행 가능한 권리와 의무가 생기게 하는 합의이다. 계약상 권리와 의무의 집행 가능성은 법률적인 문제이다(고객과의 계약에서 생기는 수익 기준서 10).

오답분석

① 계약 당사자 중 어느 한 편이 계약을 수행했을 때, 기업의 수행 정도와 고객의 지급과의 관계에 따라 그 계약을 계약자산이나 계약부채로 재무상태표에 표시한다. 대가를 받을 무조건적인 권리는 수취채권으로 구분하여 표시한다(고객과의 계약에서 생기는 수익 기준서 105).
③ 계약변경이란 계약 당사자들이 승인한 계약의 범위나 계약가격(또는 둘 다)의 변경을 말한다(고객과의 계약에서 생기는 수익 기준서 18).
④ 거래가격을 상대적 개별 판매가격에 기초하여 각 수행의무에 배분하기 위하여 계약 개시시점에 계약상 각 수행의무의 대상인 구별되는 재화나 용역의 개별 판매가격을 산정하고, 이 개별 판매가격에 비례하여 거래가격을 배분한다(고객과의 계약에서 생기는 수익 기준서 76).

14

정답 ①

영업활동 현금흐름은 직접법 또는 간접법 중 하나의 방법으로 보고할 수 있다. 직접법이란 총현금유입과 총현금유출을 주요 항목별로 구분하여 표시하는 방법으로, 간접법에서 파악할 수 없는 정보를 제공하고, 미래 현금흐름을 추정하는 데 보다 유용한 정보를 제공하기 때문에 한국채택국제회계기준에서는 직접법을 사용할 것을 권장하고 있다.

오답분석

② 단기매매 목적으로 보유하는 유가증권의 취득과 판매에 따른 현금흐름은 영업활동으로 분류한다.
③ 일반적으로 법인세로 납부한 현금은 영업활동으로 인한 현금유출에 포함된다.
④ 당기순이익의 조정을 통해 영업활동 현금흐름을 계산하는 방법은 간접법이다.

15

정답 ④

재무활동 현금흐름은 자본을 만들고 상환하는 과정에서 나타나는 현금의 유입 및 유출로 차입금의 차입 및 상환 등을 포함한다.

오답분석

①·②·③ 투자활동에 해당된다.

16

정답 ③

금융자산 종류	금융부채 종류
• 현금 • 다른 기업의 지분상품(지분증권) • 거래상대방에게서 현금 등 금융자산을 수취할 계약상 권리 • 잠재적으로 유리한 조건으로 거래상대방과 금융부채를 교환하기로 한 계약상 권리 • 수취할 자기 지분 상품의 수량이 변동 가능한 비파생상품 계약	• 매입채무 • 미지급금 • 차입금 • 사채 • 부채의 정의를 충족하는 확정계약의무가 있는 현금이나 그 밖의 금융자산으로 결제되는 부채

17

정답 ④

단기투자자산	장기투자자산
• 단기금융상품(CD, RP, CMA, CP 등) • 단기대여금 • 유가증권	• 기타포괄손익 공정가치측정, 금융자산(FVOCI 금융자산) • 상각후원가측정 금융자산(AC 금융자산) • 장기성 예금(장기금융상품)

※ 자산관리계좌(CMA) : 본래 어음관리계좌로 부르는 실적배당형 상품과 자유 입출금식 보통예금 계좌를 접목한 것으로, 단기투자자산의 단기금융상품에 해당한다.

18

정답 ②

부채는 유동부채와 비유동부채로 구분되며, 그중 비유동성 부채는 장기차입금, 임대보증금, 퇴직급여충당부채, 장기미지급금 등이 있다. 따라서 보기 중 ㄹ, ㅁ, ㅈ이 비유동부채에 해당된다.

19

정답 ③

기업의 다양한 경제 활동 중에서 재무상태의 변화를 수반하는 활동을 회계상 거래라고 한다. 회계상 거래는 재무상태표의 구성 요소인 자산, 부채, 자본와 손익계산서의 구성요소인 수익, 비용에 변화를 가져오는 활동이다. 따라서 100억 원 상당의 매출계약을 체결하는 것은 회계상 거래가 아니다.

20

정답 ③

전부원가계산에 의한 영업이익과 변동원가계산에 의한 영업이익의 차이는 고정제조간접원가의 포함 여부이다. 생산량이 판매량보다 크므로 영업이익 차이, 즉 고정제조간접원가의 차이는 다음과 같다.

$$(\text{영업이익 차이})=(\text{총고정제조원가})\times\frac{(\text{기말재고량})}{(\text{총 생산량})}$$

$$=800{,}000\times\frac{8{,}000-6{,}500}{8{,}000}=150{,}000\text{원}$$

전부원가계산과 변동원가계산

- 전부원가계산 : 제품생산과 관련하여 실제 발생된 모든 원가를 제품원가에 포함시키는 방법
  (제조원가)=(직접재료원가)+(직접노무원가)+(변동제조간접원가)+(고정제조간접원가)
- 변동원가계산 : 변동원가만 제품원가에 포함하고 고정제조간접원가는 제품원가에 포함하지 않는 방법
  (제조원가)=(직접재료원가)+(직접노무원가)+(변동제조간접원가)

법학 적중예상문제

01	02	03	04	05	06	07	08	09	10
②	③	④	④	②	①	③	②	④	①
11	12	13	14	15	16	17	18	19	20
③	③	④	③	①	②	③	③	①	④

01

정답 ②

민법은 개인 상호 간의 권리나 의무관계를 규율하는 법으로 사법, 일반법, 실체법, 임의법에 속하는 특징이 있다.

오답분석

① 장소·사람·사물에 제한 없이 일반적으로 적용되는 일반법이다.

③ 당사자의 의사에 따라 그 적용을 받기도 하고 안 받기도 하는 임의법이다.

④ 권리나 의무의 발생·변경·소멸·성질·내용 및 범위 등을 규율하는 실체법이다.

02

정답 ③

헌법 제27조의 재판을 받을 권리는 모든 사건에 대해 상소심 절차에 의한 재판을 받을 권리까지도 당연히 포함된다고 단정할 수 없는 것이며, 상소할 수 있는지, 상소이유를 어떻게 규정하는지는 특단의 사정이 없는 한 입법정책의 문제로 보아야 한다는 것이 헌법재판소의 판례이다. 설사 범죄인인도를 형사처벌과 유사한 것이라 본다고 하더라도, 적어도 법관과 법률에 의한 한 번의 재판을 보장하고 있고, 그에 대한 상소를 불허한 것이 적법절차의 원칙이 요구하는 합리성과 정당성을 벗어난 것이 아닌 이상, 그러한 상소 불허 입법이 입법재량의 범위를 벗어난 것으로서 재판청구권을 과잉 제한하는 것이라고 보기는 어렵다.

오답분석

① 우리 현행 헌법에서는 제12조 제1항의 처벌, 보안처분, 강제노역 등 및 제12조 제3항의 영장주의와 관련하여 각각 적법절차의 원칙을 규정하고 있지만, 이는 그 대상을 한정적으로 열거하고 있는 것이 아니라 그 적용 대상을 예시한 것에 불과하다고 해석하는 것이 우리의 통설적 견해이다.

② 공정거래법에서 행정기관인 공정거래위원회로 하여금 과징금을 부과하여 제재할 수 있도록 한 것은 이에 대한 전문적 지식과 경험을 갖춘 기관이 담당하는 것이 보다 바람직하다는 정책적 결단에 입각한 것이라 할 것이고, 과징금의 부과 여부 및 그 액수의 결정권자인 위원회는 합의제 행정기관으로서 그 구성에 있어 일정한 정도의 독립성이 보장되어 있고 통지, 의견진술의 기회 부여 등을 통하여 당사자의 절차적 참여권을 인정하고 있다는 점들을 종합적으로 고려할 때 과징금 부과 절차에 있어 적법절차의 원칙에 위반되거나 사법권을 법원에 둔 권력분립의 원칙에 위반된다고 볼 수 없다.

④ 수사 중인 사건에 대하여 징계절차를 진행하지 않더라도 징계혐의자는 수사가 종료되는 장래 어느 시점에서 징계절차가 진행될 수 있다는 점을 충분히 예측하여 대비할 수 있고, 수사가 종료되어 징계절차가 진행되는 경우에도 징계혐의자는 관련 법령에 따라 방어권을 충분히 보호받을 수 있다. 공정한 징계제도 운용이라는 이익은, 징계혐의자가 징계절차를 진행하지 않음을 통보받지 못하여 징계시효가 연장되었음을 알지 못함으로써 입는 불이익보다 크다. 그렇다면 징계시효 연장을 규정하면서 징계절차를 진행하지 않음을 통보하지 않은 경우에는 징계시효가 연장되지 않는다는 예외규정을 두지 않았다고 하더라도 적법절차의 원칙에 위배되지 않는다.

03

정답 ④

근로자참여 및 협력증진에 관한 법률은 집단적 노사관계법으로 노동조합과 사용자단체 간의 노사관계를 규율한 법이다(노동조합 및 노동관계조정법, 근로자참여 및 협력증진에 관한 법률, 노동위원회법, 교원의 노동조합설립 및 운영 등에 관한 법률, 공무원직장협의회의 설립·운영에 관한 법률 등)

오답분석

①·②·③ 근로자와 사용자의 근로계약을 체결하는 관계에 대해 규율한 법으로 개별적 근로관계법이라고 한다(근로기준법, 최저임금법, 산업안전보건법, 직업안정법, 남녀고용평등과 일·가정 양립 지원에 관한 법률, 선원법, 산업재해보상보험법, 고용보험법 등).

04
정답 ④

제시문에서의 법이란 형식적인 법과 실질적인 일체의 법을 의미한다. 헌법 제11조의 법 앞의 평등이란 누구에게나 똑같은 기회가 부여되어야 한다는 형식적 기회의 평등과 개인의 조건이나 한계도 고려해 주는 실질적인 기회의 평등도 의미한다.

05
정답 ②

오답분석

①·③·④ 헌법에는 공법상의 의무로 납세의무, 교육의무, 국방의무, 근로의무가 명시되어 있다.

- 납세의무 : 모든 국민은 법률이 정하는 바에 의하여 납세의 의무를 진다(헌법 제38조).
- 교육의무 : 모든 국민은 그 보호하는 자녀에게 적어도 초등교육과 법률이 정하는 교육을 받게 할 의무를 진다(헌법 제31조 제2항).
- 국방의무 : 모든 국민은 법률이 정하는 바에 의하여 국방의 의무를 진다(헌법 제39조 제1항).
- 근로의무 : 모든 국민은 근로의 의무를 진다. 국가는 근로의 의무의 내용과 조건을 민주주의원칙에 따라 법률로 정한다(헌법 제32조 제2항).

06
정답 ①

청약은 불특정인에 대하여도 가능하나, 승낙은 반드시 청약자에 대해 해야 하므로 불특정인에 대한 승낙은 인정되지 않는다.

오답분석

② 민법 제533조
③ 청약의 유인이란 계약의 체결을 수용할 의사가 있음을 표시하여 타인으로 하여금 청약을 해줄 것을 촉구하는 행위를 말한다.
④ 승낙자가 청약에 대하여 조건을 붙이거나 변경을 가하여 승낙한 때에는 그 청약의 거절과 동시에 새로 청약한 것으로 본다(민법 제534조)

07
정답 ③

(가)는 비례의 원칙, (나)는 자기구속의 원칙, (다)는 신뢰보호의 원칙, (라)는 부당결부금지의 원칙이다.
행정청의 행위에 대하여 신뢰보호의 원칙이 적용되기 위한 요건 중 공적견해의 표명이라는 요건 등 일부 요건이 충족된 경우라고 하더라도 행정청이 앞서 표명한 공적인 견해에 반하는 행정처분을 함으로써 달성하려는 공익이 행정청의 공적견해 표명을 신뢰한 개인이 그 행정처분으로 인하여 입게 되는 이익의 침해를 정당화할 수 있을 정도로 강한 경우에는 신뢰보호의 원칙을 들어 그 행정처분이 위법하다고 할 수는 없다.

오답분석

① 자동차 등을 이용하여 범죄행위를 하기만 하면 그 범죄행위가 얼마나 중한 것인지, 그러한 범죄행위를 행함에 있어 자동차 등이 당해 범죄 행위에 어느 정도로 기여했는지 등에 대한 아무런 고려 없이 무조건 운전면허를 취소하도록 하고 있으므로 비난의 정도가 극히 미약한 경우까지도 운전면허를 취소할 수밖에 없도록 하는 것으로 최소침해성의 원칙에 위반된다고 할 수 있다.
② 평등의 원칙은 본질적으로 같은 것을 자의적으로 다르게 취급함을 금지하는 것이고, 위법한 행정처분이 수차례에 걸쳐 반복적으로 행하여졌다 하더라도 그러한 처분이 위법한 것인 때에는 행정청에 대하여 자기구속력을 갖게 된다고 할 수 없다.
④ 고속국도의 유지관리 및 도로확장 등의 사유로 접도구역에 매설한 송유시설의 이설이 불가피할 경우 그 이설 비용을 부담하도록 한 것은, 고속국도 관리청이 접도구역의 송유관 매설에 대한 허가를 할 것을 전제로 한 것으로, 상대방은 공작물설치자로서 특별한 관계가 있다고 볼 수 있고, 관리청인 원고로부터 접도구역의 송유관 매설에 관한 허가를 얻게 됨으로써 접도구역이 아닌 사유지를 이용하여 매설하는 경우에 비하여는 공사절차 등의 면에서 이익을 얻는다고 할 수 있으며 처음부터 이러한 경제적 이해관계를 고려하여 이 사건 협약을 체결한 것이라고 할 것이므로 부당결부금지원칙에 위반된 것이라고 할 수는 없다.

08
정답 ②

행정행위는 행정처분이라고도 하며, 행정의 처분이란 행정청이 행하는 구체적 사실에 대한 법 집행으로서의 공권력 행사 또는 그 거부와 그 밖에 이에 준하는 행정작용이다(행정절차법 제2조 제2호).

09
정답 ④

국정감사권이란 국회가 매년 정기적으로 국정 전반에 관하여 감사할 수 있는 권한을 말하고, 국정조사권이란 국회가 그 권한을 유효·적절하게 행사하기 위하여 특정한 국정사안에 대하여 조사할 수 있는 권한을 말한다.

10
정답 ①

기판력은 확정된 재판의 판단 내용이 소송당사자와 후소법원을 구속하고, 이와 모순되는 주장·판단을 부적법으로 하는 소송법상의 효력을 말하는 것으로 행정행위의 특징과는 관련 없다.

11

정답 ③

산재보험이란 산업재해(업무상 재해, 부상, 질병, 사망)를 당한 근로자에게는 신속한 보상을 하고, 사업주에게는 근로자의 재해에 따른 일시적인 경제적 부담을 덜어 주기 위해 국가에서 관장하는 사회보험을 말한다. 사업주가 보험료 전액을 부담하는 것을 원칙으로 한다.

12

정답 ③

실종선고를 받아도 당사자가 존속한다면 그의 권리능력은 소멸되지 않는다. 실종선고기간이 만료한 때 사망한 것으로 간주된다(민법 제28조).

13

정답 ④

두 개 이상의 규범이 충돌한 경우, 일반적인 법해석 및 적용은 '상위법 우선' 원칙에 따른다. 헌법>관계법률>단체협약>취업규칙>근로계약 순으로 상위법을 우선 적용하는 방식이다. 그러나 근로관계에서는 일반적인 법 적용 원칙과 달리, 상위법 우선의 원칙과 함께 '유리한 조건 우선' 원칙도 적용된다. 유리한 조건 우선 원칙이란 노동법의 여러 법원(法源) 가운데 근로자에게 가장 유리한 조건을 정한 법원을 먼저 적용하는 것을 말한다. 노동관계를 규율하는 규범에는 헌법, 근로기준법이나 노동조합 및 노동관계조정법 등의 법률 및 시행령, 단체협약, 취업규칙, 근로계약, 노동관행 등이 있는데, 이 중 근로자에게 가장 유리한 조건을 정한 규범을 우선해 적용한다는 의미다. 따라서 가장 유리한 조건인 노동조합규칙>법>사내 취업규칙으로 적용한다.

14

정답 ③

사용자는 야간근로에 대하여는 통상임금의 100분의 50 이상을 가산하여 근로자에게 지급하여야 한다(근로기준법 제56조 제3항).

15

정답 ①

"근로자"란 직업의 종류와 관계없이 임금을 목적으로 사업이나 사업장에 근로를 제공하는 사람을 말한다(근로기준법 제2조 제1항 제1호).

16

정답 ②

일반근로자에게 교부하는 근로계약서에 명시되어야 할 사항은 임금의 구성항목, 임금의 계산 방법, 임금의 지급 방법, 소정근로시간, 주휴일, 연차유급휴가이다.

근로조건의 명시(근로기준법 제17조 제1항)
사용자는 근로계약을 체결할 때에 근로자에게 다음 각 호의 사항을 명시하여야 한다. 근로계약 체결 후 다음 각 호의 사항을 변경하는 경우에도 또한 같다.

1. 임금
2. 소정근로시간
3. 제55조에 따른 휴일
4. 제60조에 따른 연차 유급휴가
5. 그 밖에 대통령령으로 정하는 근로조건

17

정답 ③

라드부르흐(Radbruch)는 법의 이념을 3요소(정의, 합목적성, 법적 안정성)로 구분하였으며, ⓐ 합목적성, ⓑ 정의, ⓒ 법적 안정성에 대한 정의이다.

18

정답 ③

법령 등을 공포한 날부터 일정 기간이 경과한 날부터 시행하는 경우 법령 등을 공포한 날을 첫날에 산입하지 아니한다(행정기본법 제7조 제2호).

오답분석

① 행정기본법 제6조 제1항에서 확인할 수 있다.
② 행정기본법 제7조 제3호에서 확인할 수 있다.
④ 행정기본법 제6조 제2항 제1호에서 확인할 수 있다.

법령 등 시행일의 기간 계산(행정기본법 제7조)
법령 등(훈령・예규・고시・지침 등을 포함한다. 이하 이 조에서 같다)의 시행일을 정하거나 계산할 때에는 다음 각 호의 기준에 따른다.

1. 법령 등을 공포한 날부터 시행하는 경우에는 공포한 날을 시행일로 한다.
2. 법령 등을 공포한 날부터 일정 기간이 경과한 날부터 시행하는 경우 법령 등을 공포한 날을 첫날에 산입하지 아니한다.
3. 법령 등을 공포한 날부터 일정 기간이 경과한 날부터 시행하는 경우 그 기간의 말일이 토요일 또는 공휴일인 때에는 그 말일로 기간이 만료한다.

행정에 관한 기간의 계산(행정기본법 제6조 제2항)
② 법령 등 또는 처분에서 국민의 권익을 제한하거나 의무를 부과하는 경우 권익이 제한되거나 의무가 지속되는 기간의 계산은 다음 각 호의 기준에 따른다. 다만, 다음 각 호의 기준에 따르는 것이 국민에게 불리한 경우에는 그러하지 아니하다.

1. 기간을 일, 주, 월 또는 연으로 정한 경우에는 기간의 첫날을 산입한다.
2. 기간의 말일이 토요일 또는 공휴일인 경우에도 기간은 그 날로 만료한다.

19

정답 ①

헌법 제12조 제1항에서 확인할 수 있다.

오답분석

② 우리 헌법은 구속적부심사청구권을 인정하고 있다(헌법 제12조 제6항).

③ 심문은 영장주의 적용대상이 아니다(헌법 제12조 제3항).

④ 영장발부신청권자는 검사에 한한다(헌법 제12조 제3항).

20

정답 ④

유효한 행정행위가 존재하는 이상 모든 국가기관은 그 존재를 존중하고 스스로의 판단에 대한 기초로 삼아야 한다는 것으로, 구성요건적 효력을 말한다.

공정력	비록 행정행위에 하자가 있는 경우에도 그 하자가 중대하고 명백하여 당연무효인 경우를 제외하고는, 권한 있는 기관에 의해 취소될 때까지는 일응 적법 또는 유효한 것으로 보아 누구든지(상대방은 물론 제3의 국가기관도) 그 효력을 부인하지 못하는 효력	
구속력	행정행위가 그 내용에 따라 관계행정청, 상대방 및 관계인에 대하여 일정한 법적 효과를 발생하는 힘으로, 모든 행정행위에 당연히 인정되는 실체법적 효력	
존속력	불가쟁력(형식적)	행정행위에 대한 쟁송제기기간이 경과하거나 쟁송수단을 다 거친 경우에는 상대방 또는 이해관계인은 더 이상 그 행정행위의 효력을 다툴 수 없게 되는 효력
	불가변력(실질적)	일정한 경우 행정행위를 발한 행정청 자신도 행정행위의 하자 등을 이유로 직권으로 취소 · 변경 · 철회할 수 없는 제한을 받게 되는 효력

PART 2

시대에듀

M E M O

PART 3

최종점검 모의고사

PART 3 최종점검 모의고사

01 직업능력기초평가

01	02	03	04	05	06	07	08	09	10
④	③	②	③	④	④	④	①	②	②
11	12	13	14	15	16	17	18	19	20
①	④	②	②	③	④	②	③	④	①
21	22	23	24	25	26	27	28	29	30
①	③	③	④	④	②	③	③	③	②
31	32	33	34	35	36	37	38	39	40
①	③	①	①	②	②	④	④	①	③
41	42	43	44	45	46	47	48	49	50
②	④	②	④	②	④	③	②	④	④

01 문서 내용 이해 정답 ④

슈퍼문일 때는 지구와 달의 거리가 35만 7,000km 정도로 가까워지며, 이때 지구에서 보름달을 바라보는 시각도는 0.56도로 커지므로 0.49의 시각도보다 크다는 판단은 글의 내용으로 적절하다.

오답분석

① 케플러의 행성운동 제1법칙에 따라 태양계의 모든 행성은 태양을 중심으로 타원 궤도로 돈다. 따라서 지구도 태양을 타원 궤도로 돌기 때문에 지구에서 태양까지의 거리는 항상 일정하지는 않을 것이다.
② 달이 지구에 가까워지면 달의 중력이 더 강하게 작용하여, 달을 향한 쪽의 해수면이 평상시보다 더 높아진다. 즉, 지구와 달의 거리에 따라 해수면의 높이가 달라지므로 서로 관계가 있다.
③ 달이 지구에 가까워지면 평소 달이 지구를 당기는 힘보다 더 강하게 지구를 당긴다. 따라서 이와 반대로 달이 지구에서 멀어지면 지구를 당기는 달의 힘은 약해질 것이다.

02 한자성어 정답 ③

견원지간(犬猿之間)은 '개와 원숭이의 사이'라는 뜻으로, 사이가 매우 나쁜 두 관계를 비유적으로 이르는 말이다. 따라서 제시문의 내용과는 전혀 관련이 없는 한자성어이다.

오답분석

① 하석상대(下石上臺) : '아랫돌 빼서 윗돌 괴고 윗돌 빼서 아랫돌 괸다.'라는 뜻으로, 임시변통으로 이리저리 둘러맞춤을 이르는 말이다.
② 미봉지책(彌縫之策) : 눈가림만 하는 일시적인 계책을 이르는 말이다.
④ 고식지계(姑息之計) : '우선 당장 편한 것만을 택하는 꾀나 방법'을 뜻한다. 한때의 안정을 얻기 위하여 임시로 둘러맞추어 처리하거나 이리저리 주선하여 꾸며내는 계책을 이르는 말이다.

03 문단 나열 정답 ②

(가) 상품 생산자와 상품의 관계를 제시 → (다) '자립적인 삶'의 부연 설명 → (라) 내용 첨가 : 시장 법칙의 지배 아래에서 사람과 사람과의 관계 → (나) 결론 : 인간의 소외의 순으로 나열하는 것이 자연스럽다.

04 문서 수정 정답 ③

'적다'는 '수효나 분량, 정도가 일정한 기준에 미치지 못하다.'는 의미를 지니며, '작다'는 '길이, 넓이, 부피 따위가 비교 대상이나 보통보다 덜하다.'는 의미를 지닌다. 즉, '적다'는 양의 개념이고, '작다'는 크기의 개념이므로 공해 물질의 양과 관련된 ©에는 '적게'가 적절하다.

05 내용 추론 정답 ④

㉠의 '고속도로'는 그래핀이 사용된 선로를 의미하며, ©의 '코팅'은 비정질 탄소로 그래핀을 둘러싼 것을 의미한다. ㉠의 그래핀은 전자의 이동 속도가 빠른 대신 저항이 높고 전하 농도가 낮다. 연구팀은 이러한 그래핀의 단점을 해결하기 위해, 즉 저항을 감소시키고 전하 농도를 증가시키기 위해 그래핀에 비정질 탄소를 얇게 덮는 방법을 생각해냈다.

오답분석

① ㉡의 '도로'는 기존 금속 재질의 선로를 의미한다. 연구팀은 기존의 금속 재질(㉡) 대신 그래핀(㉠)을 반도체 회로에 사용하였다.
② 반도체 내에 많은 소자가 집적되면서 금속 재질의 선로(㉡)에 저항이 기하급수적으로 증가하였다.
③ 그래핀(㉠)은 구리보다 전기 전달 능력이 뛰어나고 전자 이동 속도가 100배 이상 빠르다.

06 글의 주제 정답 ④

제시문은 인간은 직립보행을 계기로 후각이 생존에 상대적으로 덜 영향을 주게 되면서, 시각을 발달시키는 대신 후각을 현저히 퇴화시켰다는 사실을 설명하고 있다. 다만 후각은 여전히 감정과 긴밀히 연계되어 있고 관련 기억을 불러일으킨다는 사실을 언급하며 마무리하고 있다. 따라서 인간은 후각을 퇴화시켜 부수적인 기능으로 남겨두었다는 것이 제시문의 요지이다.

07 맞춤법 정답 ④

'신기롭다'와 '신기스럽다' 중 '신기롭다'만을 표준어로 인정한다.

오답분석

한글 맞춤법에 따르면 똑같은 형태의 의미가 몇 가지 있을 경우, 그중 어느 하나가 압도적으로 널리 쓰이면 그 단어만을 표준어로 삼는다.
① '-지만서도'는 방언형일 가능성이 높다고 보아 표준어에서 제외되었으며, '-지만'이 표준어이다.
② '길잡이', '길라잡이'가 표준어이다.
③ '쏜살같이'가 표준어이다.

08 자료 해석 정답 ①

두 번째 조건에 따라 S사원의 부서 직원 80명이 전원 참석하므로 수용 가능 인원이 40명인 C세미나는 제외되고, 첫 번째와 네 번째 조건에 따라 부서 워크숍은 2일간 진행되므로 하루 대관료가 50만 원을 초과하는 D리조트는 제외된다. 마지막으로 다섯 번째 조건에 따라 왕복 이동 시간이 4시간인 B연수원은 제외된다. 따라서 가장 적절한 워크숍 장소는 A호텔이다.

09 자료 해석 정답 ②

ㄱ. 갑의 자본금액이 200억 원이므로 아무리 종업원 수가 적더라도 '자본금액 50억 원을 초과하는 법인으로서 종업원 수가 100명 이하인 법인'이 납부해야 하는 20만 원 이상은 납부해야 한다. 따라서 옳은 내용이다.
ㄹ. 갑의 종업원 수가 100명을 초과한다면 50만 원을 납부해야 하며, 을의 종업원 수가 100명을 초과한다면 10만 원을, 병의 자본금액이 100억 원을 초과한다면 50만 원을 납부해야 하므로 이들 금액의 합계는 110만 원이다.

오답분석

ㄴ. 을의 자본금이 20억 원이고, 종업원이 50명이라면 '그 밖의 법인'에 해당하여 5만 원을 납부해야 하므로 옳지 않다.
ㄷ. 병의 종업원 수가 200명이지만 자본금이 10억 원 이하라면 '그 밖의 법인'에 해당하여 5만 원을 납부해야 하므로 옳지 않다.

10 자료 해석 정답 ②

네 번째 조건에 따르면 A～E 중 공터와 이웃한 곳은 D로, 학원은 D에 위치하고 있음을 알 수 있다.
다섯 번째 조건에 따르면, 공원은 A～E 중 유일하게 13번 도로와 이웃하고 있는 B에 위치하고 있다.
마지막 조건에 따르면, 학원이 이웃하고 있는 7번 도로, 12번 도로와 이웃하고 있는 곳은 A～E 중 E로, 놀이터는 E에 위치하고 있음을 알 수 있다.
남아 있는 A, C 중 주차장으로부터 직선거리가 더 가까운 곳은 A이므로, 학교는 A에, 병원은 C에 위치하고 있음을 알 수 있다. 이를 지도에 나타내면 다음과 같다.

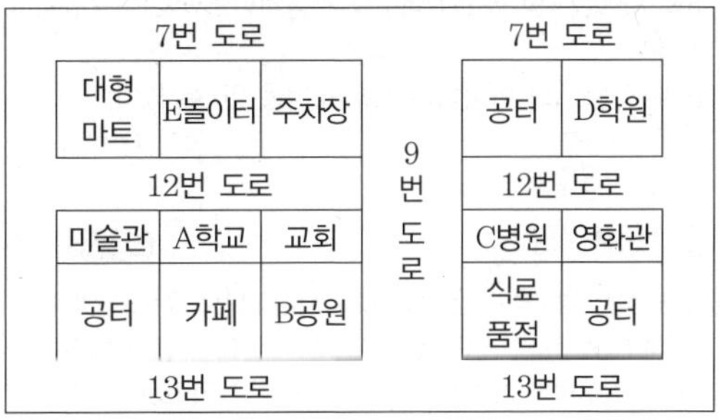

11 명제 추론 정답 ①

화요일은 재무팀 소속인 C의 출장이 불가하며, 수요일은 영업팀의 정기 일정인 팀 회의로 A, B의 출장이 불가하다. 또한 목요일은 B가 휴가 예정이므로, 금요일 및 주말을 제외하고 세 사람이 동시에 출장을 갈 수 있는 날은 월요일뿐이다.

오답분석

② 회계감사로 인해 재무팀 소속인 C는 본사에 머물러야 한다.
③ 수요일에는 영업팀의 정기 회의가 있다.
④ B가 휴가 예정이므로 세 사람이 함께 출장을 갈 수 없다.

12 명제 추론 정답 ④

조건의 주요 명제들을 순서대로 논리 기호화하여 표현하면 다음과 같다.

• 두 번째 명제 : 머그컵 → ~노트
• 세 번째 명제 : 노트
• 네 번째 명제 : 태블릿PC → 머그컵
• 다섯 번째 명제 : ~태블릿PC → (가습기 ∧ ~컵받침)

세 번째 명제에 따라 노트는 반드시 선정되며, 두 번째 명제의 대우(노트 → ~머그컵)에 따라 머그컵은 선정되지 않는다. 그리고 네 번째 명제의 대우(~머그컵 → ~태블릿PC)에 따라 태블릿PC도 선정되지 않으며, 다섯 번째 명제에 따라 가습기는 선정되고 컵받침은 선정되지 않는다. 총 3개의 경품을 선정한다고 하였으므로, 노트・가습기와 함께 펜이 경품으로 선정된다.

13 SWOT 분석 정답 ②

경쟁자의 시장 철수로 인한 새로운 시장으로의 진입 가능성은 H기업이 가지고 있는 내부환경의 약점이 아니라 외부환경에서 비롯되는 기회에 해당한다.

14 규칙 적용 정답 ②

발급 방식에 따르면 뒤 네 자리는 아이디가 아니라 개인정보와 관련이 있다. 따라서 아이디를 구하기 위해서는 뒤 네 자리를 제외한 문자를 통해 구해야 한다.

• 'HW688'에서 방식 1의 역순을 적용하면 HW688 → hw688이다.
• 'hw688'에서 방식 2의 역순을 적용하면 hw688 → hwaii이다.

따라서 직원 A의 아이디는 'hwaii'임을 알 수 있다.

15 규칙 적용 정답 ③

발급 방식상 알파벳 모음만 숫자로 치환되므로 홀수가 몇 개인지 구하기 위해서는 전체를 치환하는 것보다 모음만 치환하는 것이 효율적이다. 제시된 문장에서 모음을 정리하면 IE i oo O o e IE이다. 이어서 방식 2를 적용하면 IE i oo O o e IE → 32 8 99 4 9 7 32이다. 따라서 홀수는 모두 6개이다.

16 업무 종류 정답 ④

메모에 의해 B대리가 가장 먼저 해야 할 일은 A팀장이 요청한 자료를 메일로 전송하는 것이다. 그 다음 PPT 자료를 전송해야 한다. 그리고 점심 예약 전화는 오전 10시 이전에 처리해야 하고, 오전 내에 거래처 미팅 날짜 변경 전화를 해야 한다.

17 국제 동향 정답 ②

미국에서는 악수를 할 때 상대의 눈이나 얼굴을 봐야 한다. 눈을 피하는 태도를 진실하지 않은 것으로 보기 때문이다. 반면, 상대방과 시선을 마주보며 대화하는 것을 실례라고 생각하는 문화가 있는 지역은 아프리카이다.

18 경영 전략 정답 ③

①・②・④는 전략과제에서 도출할 수 있는 추진 방향이지만, ③의 국제 경쟁입찰의 과열 경쟁 심화와 컨소시엄 구성 시 민간기업과 업무 배분, 이윤추구 성향 조율의 어려움 등은 문제점에 대한 언급이기 때문에 추진 방향으로 적절하지 않다.

19 조직 구조 정답 ④

영리조직의 사례로는 이윤 추구를 목적으로 하는 다양한 사기업을 들 수 있다. 또한 비영리조직으로는 정부조직, 병원, 대학, 시민단체, 종교단체 등을 들 수 있다.

20 업무 종류 정답 ①

일반적으로 기획부의 업무는 제시된 표처럼 사업계획이나 경영점검 등 경영활동 전반에 걸친 기획 업무가 주를 이루며, 사옥이전 관련 발생 비용 산출은 회계부, 대내외 홍보는 총무부에서 담당한다.

21 경영 전략 정답 ①

세계적 기업인 맥킨지(McKinsey)에서 개발한 7 – S 모형

1. 공유가치 : 조직 구성원들의 행동이나 사고를 특정 방향으로 이끌어 가는 원칙이나 기준이다.
2. 스타일 : 구성원들을 이끌어 나가는 전반적인 조직관리 스타일이다.
3. 구성원 : 조직의 인력 구성과 구성원들의 능력과 전문성, 가치관과 신념, 욕구와 동기, 지각과 태도 그리고 그들의 행동 패턴 등을 의미한다.
4. 제도・절차 : 조직운영의 의사결정과 일상 운영의 틀이 되는 각종 시스템을 의미한다.
5. 구조 : 조직의 전략을 수행하는 데 필요한 틀로서 구성원의 역할과 그들 간의 상호관계를 지배 하는 공식요소이다.
6. 전략 : 조직의 장기적인 목적과 계획 그리고 이를 달성하기 위한 장기적인 행동지침이다.
7. 기술 : 하드웨어는 물론 이를 사용하는 소프트웨어 기술을 포함하는 요소를 의미한다.

22 조직 구조 정답 ③

마케팅기획본부는 해외마케팅기획팀과 마케팅기획팀으로 구성된다고 했으므로 적절하지 않다.

오답분석

①·② 마케팅본부의 마케팅기획팀과 해외사업본부의 해외마케팅기획팀을 통합해 마케팅기획본부가 신설된다고 했으므로 적절하다.

④ 해외사업본부의 해외사업 1팀과 해외사업 2팀을 해외영업팀으로 통합하고 마케팅본부로 이동한다고 했으므로 적절하다.

23 시간 계획 정답 ③

대화 내용을 살펴보면 S과장은 패스트푸드점, B대리는 화장실, C주임은 은행, A사원은 편의점을 이용한다. 이는 동시에 이루어지는 일이므로 가장 오래 걸리는 일의 시간만을 고려하면 된다. 은행이 30분으로 가장 오래 걸리므로 17:20에 모두 모이게 된다. 그러므로 17:00, 17:15에 출발하는 버스는 이용하지 못하며, 17:30에 출발하는 버스는 잔여석이 부족하여 이용하지 못한다. 따라서 17:45에 출발하는 버스를 탈 수 있고, 가장 빠른 서울 도착 예정 시각은 19:45이다.

24 품목 확정 정답 ④

입찰가격이 9억 원 이하인 업체는 A, C, D, E이고, 이 업체들의 가중치를 적용한 점수와 이에 따른 디자인 점수를 정리하면 다음과 같다.

구분	A업체	C업체	D업체	E업체
운영건전성 점수	6점	5점	8점	9점
시공실적 점수	3×2 =6점	6×2 =12점	8×2 =16점	5×2 =10점
공간효율성 점수	7×2 =14점	3×2 =6점	9×2 =18점	5×2 =10점
총점	26점	23점	42점	29점
디자인 점수	4점	1점	2점	8점

따라서 중간 선정된 A, D, E 중 디자인 점수가 가장 높은 업체는 E이므로 E가 최종 선정된다.

25 비용 계산 정답 ④

우선 면적이 가장 큰 교육시설과 면적이 2번째로 작은 교육시설을 각각 3시간 대관한다고 했다. 면적이 가장 큰 교육시설은 강의실(대)이며, 면적이 2번째로 작은 교육시설은 강의실(중)이다.

- 강의실(대)의 대관료 : (129,000+64,500)×1.1=212,850원
  (∵ 3시간 대관, 토요일 할증)
- 강의실(중)의 대관료 : (65,000+32,500)×1.1=107,250원
  (∵ 3시간 대관, 토요일 할증)

다목적홀, 이벤트홀, 체육관 중 이벤트홀은 토요일에 휴관이므로 다목적홀과 체육관의 대관료를 비교하면 다음과 같다.

- 다목적홀 : 585,000×1.1=643,500원(∵ 토요일 할증)
- 체육관 : 122,000+61,000=183,000원(∵ 3시간 대관)

즉, 다목적홀과 체육관 중 저렴한 가격으로 이용할 수 있는 곳은 체육관이다.

따라서 K주임에게 안내해야 할 대관료는 212,850+107,250+183,000=503,100원이다.

26 비용 계산 정답 ②

성과급 지급 기준에 따라 영업팀의 성과를 평가하면 다음과 같다.

구분	성과평가 점수	성과평가 등급	성과급 지급액
1/4 분기	(8×0.4)+(8×0.4)+(6×0.2)=7.6	C	80만 원
2/4 분기	(8×0.4)+(6×0.4)+(8×0.2)=7.2	C	80만 원
3/4 분기	(10×0.4)+(8×0.4)+(10×0.2)=9.2	A	100+10 =110만 원
4/4 분기	(8×0.4)+(8×0.4)+(8×0.2)=8.0	B	90만 원

따라서 영업팀에게 1년간 지급된 성과급의 총액은 80+80+110+90=360만 원이다.

27 시간 계획 정답 ③

엘리베이터는 한 번에 최대 세 개 층을 이동할 수 있으며, 올라간 다음에는 반드시 내려와야 한다는 조건에 따라 청원경찰이 최소 시간으로 6층을 순찰하고, 1층으로 돌아올 수 있는 방법은 다음과 같다.

1층 → 3층 → 2층 → 5층 → 4층 → 6층 → 3층 → 4층 → 1층

이때, 이동에만 소요되는 시간은 총 2분+1분+3분+1분+2분+3분+1분+3분=16분이다.

따라서 청원경찰이 6층을 모두 순찰하고 1층으로 돌아오기까지 소요되는 시간은 총 60분(10분×6층)+16분=76분=1시간 16분이다.

28 비용 계산 정답 ③

甲대리의 성과평가 등급을 통해 개인 성과평가 점수에 가중치를 적용하여 점수로 나타내면 다음과 같다.

실적	난이도 평가	중요도 평가	신속성	총점
30×1 =30	20×0.8 =16	30×0.4 =12	20×0.8 =16	74

따라서 甲대리는 80만 원의 성과금을 받게 된다.

29 인원 선발 정답 ③

최나래, 황보연, 이상윤, 한지혜는 업무성과 평가에서 상위 40%(인원이 10명이므로 4명)에 해당하지 않으므로 대상자가 아니다. 업무성과 평가 결과에서 40% 이내에 드는 사람은 4명까지이지만 B를 받은 사람 4명을 동순위자로 보아 6명이 대상자 후보가 된다. 6명 중 박희영은 통근거리가 50km 미만이므로 대상자에서 제외되고, 나머지 5명 중에서 자녀가 없는 김성배, 이지규는 우선순위에서 밀려며, 나머지 3명 중에서는 통근거리가 가장 먼 순서대로 이준서, 김태란이 동절기 업무시간 단축 대상자로 선정된다.

30 인원 선발 정답 ②

주어진 자료를 토대로 모델별 향후 1년 동안의 광고 효과를 계산하면 다음과 같다.

(단위 : 백만 원, 회)

모델	1년 광고비	1년 광고 횟수	1회당 광고 효과	총광고 효과
A	180−120 =60	60÷2.5 =24	140+130 =270	24×270 =6,480
B	180−80 =100	100÷2.5 =40	80+110= 190	40×190 =7,600
C	180−100 =80	80÷2.5 =32	100+120 =220	32×220 =7,040
D	180−90 =90	90÷2.5 =36	80+90= 170	36×170 =6,120

따라서 광고 효과가 가장 높은 B가 TV광고 모델로 가장 적합하다.

31 정보 이해 정답 ①

컴퓨터 시스템의 구성 요소

- 주기억장치 : 프로그램이 실행될 때 보조기억장치로부터 프로그램이나 자료를 이동시켜 실행시킬 수 있는 기억장치
- 중앙처리장치(CPU) : 컴퓨터의 시스템을 제어하고 프로그램의 연산을 수행하는 처리장치
- 보조저장장치 : 2차 기억장치, 디스크나 CD-ROM과 같이 영구 저장 능력을 가진 기억장치
- 입출력장치 : 장치마다 별도의 제어기가 있어, CPU로부터 명령을 받아 장치의 동작을 제어하고 데이터를 이동시키는 일을 수행함

32 정보 이해 정답 ③

좋은 자료가 있다고 해서 항상 훌륭한 분석이 되는 것은 아니다. 좋은 자료가 있어도 그것을 평범한 것으로 바꾸는 것만으로는 훌륭한 분석이라고 할 수 없다. 훌륭한 분석이란 하나의 메커니즘을 그려낼 수 있고, 동향, 미래를 예측할 수 있는 것이어야 한다.

33 정보 이해 정답 ①

그래픽카드가 아닌 설치된 CPU 정보에 해당하는 내용이다. 제시된 화면에서 그래픽카드에 대한 정보는 알 수 없다.

34 엑셀 함수 정답 ①

팀명을 구하기 위한 함수식은 「=CHOOSE(MID(B3,2,1),"홍보팀","기획팀","교육팀")」이다. 따라서 CHOOSE 함수와 MID 함수가 사용되었다.

35 엑셀 함수 정답 ②

ISNONTEXT 함수는 값이 텍스트가 아닐 경우 논리값 'TRUE'를 반환한다. [A2] 셀의 값은 텍스트이므로 함수의 결괏값으로 'FALSE'가 산출된다.

오답분석

① ISNUMBER 함수 : 값이 숫자일 경우 논리값 'TRUE'를 반환한다.
③ ISTEXT 함수 : 값이 텍스트일 경우 논리값 'TRUE'를 반환한다.
④ ISEVEN 함수 : 값이 짝수이면 논리값 'TRUE'를 반환한다.

36 엑셀 함수 정답 ②

MOD 함수를 통해 「=MOD(숫자,2)=1」이면 홀수이고, 「=MOD(숫자,2)=0」이면 짝수인 것과 같이 홀수와 짝수를 구분할 수 있다. 또한 ROW 함수는 현재 위치한 '행'의 번호를, COLUMN 함수는 현재 위치한 '열'의 번호를 출력한다. 따라서 대화상자에 입력할 수식은 ②이다.

37 프로그램 언어(코딩) 정답 ④

for( )반복문에 의해 i값은 0부터 시작하여 2씩 증가되면서 i값이 10보다 작거나 같을 때까지 i의 값들을 sum에 누적시킨다. i의 값은 2씩 증가되기 때문에 i의 값은 0, 2, 4, … 로 변화하게 되며 i의 값이 12가 될 때 종료하게 되므로 이때까지 sum에 누적된 i값의 합은 0+2+4+6+8+10=30이다.

38 응용 수리 정답 ④

수건을 4개, 7개, 8개씩 포장하면 각각 1개씩 남으므로 재고량은 4, 7, 8의 공배수보다 1만큼 클 것이다.
4, 7, 8의 공배수는 56이므로 다음과 같이 생각해 볼 수 있다.

- 재고량이 56+1=57개일 때 : 57=5×11+2
- 재고량이 56×2+1=113개일 때 : 113=5×22+3
- 재고량이 56×3+1=169개일 때 : 169=5×33+4

따라서 가능한 재고량의 최솟값은 169개이다.

39 응용 수리 정답 ①

B의 속력을 xm/min라 하자. 서로 반대 방향으로 걸으므로, 한 번 만날 때 두 사람은 연못을 1바퀴 걸은 것이다. A와 B가 1시간 동안 5번을 만났다면, 두 사람의 이동거리는 600×5=3,000m이다.

$3,000=60(15+x) \rightarrow 60x=2,100$

$\therefore x=35$

따라서 B의 속력은 35m/min이다.

40 자료 계산 정답 ③

- A전자 : 8대 구매 시 2대를 무료로 증정하기 때문에 32대를 사면 8개를 무료로 증정받아 32대 가격으로 총 40대를 살 수 있다. 32대의 가격은 80,000×32=2,560,000원이다. 그리고 구매 금액 100만 원당 2만 원이 할인되므로 구매 가격은 2,560,000−40,000=2,520,000원이다.
- B마트 : 40대 구매 금액인 90,000×40=3,600,000원에서 40대 이상 구매 시 7% 할인율을 적용하면 3,600,000×0.93=3,348,000원이다. 1,000원 단위는 절사하므로 구매 가격은 3,340,000원이다.

따라서 B마트에 비해 A전자가 3,340,000−2,520,000=82만 원 더 저렴하다.

41 자료 계산 정답 ②

- 2025년 예상 유료 관람객 수 : 5,187×1.24≒6,431천 명
- 2025년 예상 무료 관람객 수 : 3,355×2.4=8,052천 명

∴ 2025년 예상 전체 관람객 수 : 6,431+8,052=14,483천 명

- 2025년 예상 외국인 관람객 수 : 2,089+35=2,124천 명

42 자료 변환 정답 ④

그래프의 제목이 'TV+스마트폰 이용자의 도시 규모별 구성비'인 것에 반해 그래프에 있는 수치들을 살펴보면, TV에 대한 도시 규모별 구성비와 같은 것을 알 수 있으므로 그래프의 내용이 서로 일치하지 않다. TV+스마트폰 이용자의 도시 규모별 구성비를 구하면 다음과 같다.

구분	TV	스마트폰
사례 수	7,000명	6,000명
대도시	45.3%	47.5%
중소도시	37.5%	39.6%
군지역	17.2%	12.9%

- 대도시 : $45.3\times\frac{7,000}{13,000}+47.5\times\frac{6,000}{13,000}\fallingdotseq46.32\%$
- 중소도시 : $37.5\times\frac{7,000}{13,000}+39.6\times\frac{6,000}{13,000}\fallingdotseq38.47\%$
- 군지역 : $17.2\times\frac{7,000}{13,000}+12.9\times\frac{6,000}{13,000}\fallingdotseq15.22\%$

오답분석

① 연령대별 스마트폰 이용자 비율에 사례 수(조사인원)를 곱하면 이용자 수를 구할 수 있다.
② 매체별 성별 이용자 비율에 사례 수(조사인원)를 곱하면 구할 수 있다.
③ 제시된 자료에서 쉽게 확인할 수 있다.

43 자료 변환 정답 ②

분모가 작아질수록, 분자가 커질수록 분수는 커지므로 전년 대비 종목 수가 감소할수록, 주식 수가 증가할수록 종목당 평균 주식 수는 많아진다. 반대로 분모가 커질수록, 분자가 작아질수록 분수는 작아지므로 전년 대비 종목 수가 증가할수록, 주식 수가 감소할수록 종목당 평균 주식 수는 적어진다. 변환된 그래프의 단위는 백만 주이고, 주어진 자료에는 주식 수의 단위가 억 주이므로 이를 주의하여 종목당 평균 주식 수를 구하면 다음과 같다.

연도	종목당 평균 주식 수
2014	9.39백만 주
2015	12.32백만 주
2016	21.07백만 주
2017	21.73백만 주
2018	22.17백만 주
2019	30.78백만 주
2020	27.69백만 주
2021	27.73백만 주
2022	27.04백만 주
2023	28.25백만 주
2024	31.13백만 주

이를 토대로 전년 대비 증감 추세를 나타내면 다음과 같다.

연도	전년 대비 변동 추이
2014	–
2015	증가
2016	증가
2017	증가
2018	증가
2019	증가
2020	감소
2021	증가
2022	감소
2023	증가
2024	증가

이와 동일한 추세를 보이는 그래프는 ②이다.

44 자료 이해 정답 ④

A, B본부 전체 인원 800명 중 찬성하는 비율로 차이를 알아보는 것이므로 인원 차이만 비교해도 된다. 따라서 전체 여성과 남성의 찬성 인원 차이는 300−252=48명이며, 본부별 차이는 336−216=120명으로 성별이 아니라 본부별 차이가 더 크다.

오답분석

① 두 본부 남성이 휴게실 확충에 찬성하는 비율은 $\frac{156+96}{400}\times100=63\%$이므로 60% 이상이다.

② A본부 여성의 찬성 비율은 $\frac{180}{200}\times100=90\%$이고, B본부는 $\frac{120}{200}\times100=60\%$이다. 따라서 A본부 여성의 찬성 비율이 1.5배 높음을 알 수 있다.

③ B본부 전체인원 중 여성의 찬성률은 $\frac{120}{400}\times100=30\%$로, 남성의 찬성률 $\frac{96}{400}\times100=24\%$의 1.25배이다.

45 자료 이해 정답 ②

㉠ 2020 ~ 2024년 동안 경기전망지수가 40점 이상인 것은 B산업 또는 C산업이다.

㉡ 2022년에 경기전망지수가 전년 대비 증가한 산업은 A산업과 C산업이다.

㉢ 산업별 전년 대비 2021년 경기전망지수의 증가율은 다음과 같다.

- A : $\frac{48.9-45.8}{45.8}\times100≒6.8\%$
- B : $\frac{39.8-37.2}{37.2}\times100≒7.0\%$
- C : $\frac{40.6-36.1}{36.1}\times100≒12.5\%$
- D : $\frac{41.1-39.3}{39.3}\times100≒4.6\%$

따라서 D산업의 전년 대비 2021년 경기전망지수의 증가율이 가장 낮다.

㉣ 매년 5개의 산업 중 경기전망지수가 가장 높은 산업은 A산업이다.

따라서 A산업 – 제조업, B산업 – 보건업, C산업 – 조선업, D산업 – 해운업이다.

46 정답 ④

제시문은 시간 순서대로 글이 전개되며, 우연히 유리 플라스크를 깨뜨린 실수로 인하여 안전유리를 개발하게 된 한 화학자에 대한 내용을 담고 있다. 주어진 문장에서 그가 유리 플라스크와 관련된 경험을 그때서야 기억해냈다고 했으므로 그 이전에는 기억하지 못했다는 내용이 나와야 함을 알 수 있다. 따라서 삽입될 위치로는 자동차 사고로 유리창에 의해 중상을 입은 사람들에 관한 기사를 읽기 전까지는 그것에 관해 더 생각하지 않았다는 내용 다음인 ⓓ에 들어가는 것이 적절하다.

| 해석 |

1903년 프랑스 화학자인 에두아르 베네딕투스는 어느 날 단단한 바닥에 유리 플라스크를 떨어뜨려 그것을 깨트렸다. 그러나 놀랍게도 플라스크는 산산조각 나지 않았으며, 원래 형태 대부분을 유지하고 있었다. 그가 플라스크를 살폈을 때 안쪽에 필름 코팅을 발견했는데, 그것은 플라스크에 담아두었던 콜로디온 용액의 잔여물이었다. 그는 이 흔치 않은 현상을 기록해두었으나, 몇 주 뒤 자동차 사고로 날아가는 앞 유리창에 의해 중상을 입은 사람들에 관한 기사를 읽고 나서야 그것에 관해 생각하게 되었다. 그제야 그는 유리 플라스크에 관한 그의 경험을 떠올렸고, 그와 동시에 유리창이 산산조각 나는 것을 막기 위해서 앞 유리창에 특수 코팅을 적용하는 것을 생각해냈다. 그 후 얼마 지나지 않아, 그는 세계 최초로 안전유리를 생산하는 데 성공했다.

| 어휘 |

- windshield : (자동차의) 앞 유리
- shatter : 산산이 부서지다, 산산조각 나다
- astonishment : 깜짝 놀람
- residue : 잔여물, 잔여 유산
- thereafter : 그 후에

47

정답 ③

제시문은 자연재해의 피해자들에게 도움을 주고, 노인이나 아이들을 보살피는 등 자원봉사자의 다양한 활동에 대해 설명하면서 그들이 국가적으로도 큰 역할을 하는 존재임을 말하고 있다. 따라서 글의 요지로 '자원봉사의 중요성'이 가장 적절하다.

오답분석

① 자원봉사의 불리한 면
② 자원봉사를 계획하는 어려움
④ 유능한 자원봉사자가 되는 방법

| 해석 |

대한민국에서는 650만 명으로 추산되는 주민들이 자원봉사자로 일한다. 그들은 태풍・홍수가 발생한 후에 구호물자를 보내고, 보살핌이 필요한 노인들을 돌보고, 아이들과 시간을 보내며 보육원에서 일하고, 북한에서 온 망명자들에게 남한 생활에 적응하는 방법을 가르치기도 한다. 이탈리아에서 자원봉사자들은 암 환자들을 간호하고 호스피스에서 일한다. 그리고 2002년에 전례 없는 홍수가 독일을 덮쳤을 때, 수만 명의 자원봉사자들이 넘쳐난 물과 싸우기 위해 다른 나라에서 왔다. 자원봉사자들은 각 국가의 경제, 사회적 분위기, 복지 전체에 절대적으로 필요한 부분이다. 그들은 필요한 봉사를 제공하고 공공 부문의 큰 짐을 덜어줄 뿐만 아니라 공동체와 협력하는 환경을 만들기도 한다.

| 어휘 |

- orphanage : 보육원
- refugee : 망명자
- unprecedented : 전례없는

48

정답 ②

제시문은 화산이 지닌 다양한 이점에 대한 글이다.

오답분석

① 화산에서 나오는 유황은 화학 산업에 유용하다.
③ 화산의 용암으로 귀한 물질을 만든다.
④ 부식된 화산 성분이 경작지를 비옥하게 만든다.

| 해석 |

수세기 동안 화산 폭발은 죽음과 불행의 원인이었다. 그러나 Italy, Iceland, Chile, 그리고 Bolivia 일부 지역에서 화산 증기는 발전소를 가동하는 데에 사용된다. 화산의 용암으로 만들어지는 경석은 숫돌이나 광택 재료로 사용된다. 화산에서 나오는 유황은 화학 산업에서 유용하다. Hawaii의 농부들은 부식된 화산 성분으로 비옥해진 땅에서 곡물을 재배한다.

| 어휘 |

- eruption : 폭발, 분화
- volcano : 화산, 분화구
- misery : 고통, 불행
- pumice : 속돌, 경석(輕石)
- lava : 용암, 화산암
- grinder : 숫돌
- polisher : 광택 재료
- sulfur : 유황
- decay : 부식하다, 썩다
- plowland : 경작지

49

정답 ④

콜레스테롤, 혈압, 몸무게 등의 수치도 중요하지만, 행복, 성취감, 기쁨, 낙관 등은 수치로 잴 수는 없어도 건강에 좋은 영향을 준다고 말하고 있다. 즉, 행복한 삶은 신체건강에 좋은 영향을 준다는 것이 이 글의 주제이다. 따라서 신체건강에 대한 행복한 삶의 영향이 제시문의 주제로 적절하다.

오답분석

① 눈에 보이지 않는 즐거움을 측정하는 것의 어려움
② 직장에서 아이디어 공유의 중요성
③ 혈압 조절의 필요성

| 해석 |

환자들과 그들의 의사들은 건강에 대한 기쁨의 영향을 간과하는 경향이 있다. 어째서 그럴까? 아마도 이러한 요소를 측정하는 수치가 없기 때문일 것이다. 대신 우리는 콜레스테롤, 혈압, 체중 등에 대한 "확실한" 가치에 중점을 둔다. 그 모두가 중요하지만, 관계, 개인적인 성취, 그리고 낙관도 중요하다. 낙천주의, 행복, 그리고 기쁨을 좋은 건강과 연결짓는 의료 연구들이 많이 있다. 또한 연구에서 행복한 결혼생활은 좋은 건강을 예상하는 반면에 결혼생활의 스트레스는 그 반대되는 결과를 보여줄 것이다. 그래서 나는 건강으로 가는 비밀 통로를 가졌다고 할 수 있다. 그녀의 이름은 Rita이고, 우리는 결혼 생활 43년 차다.

| 어휘 |

- fulfillment : 이행, 수행, 완수, 실행 가능성
- optimism : 낙관(낙천)주의, 낙관, 낙관론

50

정답 ④

제시문은 Mark Twain의 인생을 시간의 순서대로 설명한 글이다. 각 문단에 시간을 나타낸 표현들이 있어 이를 토대로 글의 순서를 잡을 수 있다. 먼저 ⓒ 작가가 되기 전 인물의 소개(before he became a writer) – ⓐ 작가 경력의 시작(began his career) – ⓓ 작가 경력의 중반(at mid-career) – ⓑ 말년의 투자 실패(in his later life)의 순서가 적절하다.

| 해석 |

ⓒ 필명인 Mark Twain으로 더 잘 알려진 Samuel Langhorne Clemens는 작가가 되기 전에 식자공과 미시시피 강의 뱃사공으로 일했었다.
ⓐ Mark Twain은 그의 경력을 가볍고, 유머러스한 운문을 쓰는 것부터 시작했지만 인류의 허영과 위선의 연대기 작가로 진화하였다.
ⓓ 경력의 중반기에 '허클베리핀의 모험'으로 그는 풍부한 유머와 견고한 서술 기법, 그리고 사회 비판을 결합하였고, 미국적인 주제와 언어로 독특한 미국 문학을 대중화시켰다.
ⓑ Twain은 비록 그의 글과 강의로 많은 돈을 벌었지만, 그는 말년에 벤처기업에 대한 투자로 많은 것을 잃었다.

| 어휘 |

- verse : 운문
- evolve into : ~으로 진화하다
- chronicler : 연대기 작가
- vanity : 허영심, 자만심
- hypocrisy : 위선
- typesetter : 식자공
- riverboat pilot : 뱃사공
- sturdy : 견고한
- narrative : 묘사, 서술 기법
- distinctive : 독특한

02 직무지식평가

| 01 | 경영지원

01	02	03	04	05	06	07	08	09	10
④	②	①	②	①	④	③	③	①	②
11	12	13	14	15	16	17	18	19	20
①	③	①	②	③	②	①	④	④	②
21	22	23	24	25	26	27	28	29	30
①	①	④	③	③	③	④	③	③	④
31	32	33	34	35	36	37	38	39	40
②	②	③	①	④	②	②	④	②	①
41	42	43	44	45	46	47	48	49	50
③	②	④	④	①	②	②	④	③	①

01

정답 ④

거래비용 이론에서 현대적 이론에 대한 설명이다. 현대적 이론에서는 조직은 거래비용을 감소하기 위한 장치로 기능한다고 본다.

조직 이론의 전개

구분	고전적 조직 이론	신고전적 조직 이론	현대적 조직 이론
인간관	합리적 경제인관	사회인관	복잡인관
구조 체제	공식적 구조	비공식적 구조	유기체적 구조 (공식적 +비공식적)
기초 이론	과학적관리론, 행정관리론	인간관계론, 후기 인간 관계론	후기 관료 모형, 상황적응 이론
가치	기계적 능률성	사회적 능률성	다원적 목표・가치
환경	폐쇄 체제		개방 체제
성격	정치・행정 이원론, 공・사행정 일원론	정치・행정 이원론의 성격이 강함	정치・행정 일원론, 공・사행정 이원론

02

정답 ②

교육·소방·경찰공무원 및 법관, 검사, 군인 등 특수 분야의 업무를 담당하는 공무원은 특정직 공무원(경력직)에 해당한다.

오답분석

① 특수경력직 공무원은 정무직과 별정직 공무원으로, 직업공무원제나 실적주의의 획일적 적용을 받지 않는다.
③ 국회수석 전문위원, 감사원 사무차장 등은 특수경력직 중 별정직 공무원에 해당한다.
④ 선거에 의해 취임하는 공무원은 특수경력직 중 정무직 공무원에 해당한다.

구분	국가공무원	지방공무원
일반직	직군, 직렬별로 분류되는 공무원	
	연구·지도직 : 2계급	
특정직	법관, 검사, 경찰공무원, 소방공무원, 군인, 군무원, 헌법재판소 헌법연구관, 국가정보원 직원 등	자치경찰공무원, 지방소방공무원 등
정무직	대통령, 국무총리, 국회의원 등	지방자치단체장, 특별시의 정무부시장
별정직	국회수석 전문위원	광역시 특별자치시의 정무부시장

03

정답 ①

정보격차는 시장과 정부 양쪽에서 모두 나타나는 현상이지만, 대체로 소비자의 무지를 이용하여 이윤을 창출하려는 시장(기업)에서 더 많이 발생하기 때문에 정보격차는 시장실패의 원인으로, 권력의 독점이나 편재는 정부실패의 원인으로 각각 간주한다.

04

정답 ②

㉠ 분배정책은 정부가 가지고 있는 권익이나 서비스 등 자원을 배분하는 정책이나. 수혜자들은 서비스와 편익을 더 많이 취하기 위해서 다투게 되므로 포크배럴(구유통), 로그롤링과 같은 정치적 현상이 발생하기도 한다.
㉢ 재분배정책은 누진소득세, 임대주택 건설사업 등이 대표적이다.

오답분석

㉡ 재분배정책에 대한 설명이다. 분배정책은 갈등이나 반발이 별로 없기 때문에 가장 집행이 용이한 정책이다.
㉣ 설명이 반대로 되어 있다. 분배정책이 재분배정책에 비해서 안정적 정책을 위한 루틴화의 가능성이 높고 집행을 둘러싼 논란이 적어 집행이 용이하다.

분배정책과 재분배정책의 비교

구분	분배정책	재분배정책
재원	조세(공적 재원)	고소득층 소득
갈등 정도	없음 (Non Zero-sum)	많음(Zer-sum)
정책	사회간접자본 건설	누진세, 임대주택 건설
이념	능률성, 효과성, 공익성	형평성
집행	용이함	곤란함
수혜자	모든 국민	저소득층
관련 논점	포크배럴(구유통 정책), 로그롤링	이념상, 계급 간 대립

05

정답 ①

총액배분 자율편성예산 제도는 중앙예산기관이 국가재정 운용계획에 따라 각 부처의 지출한도를 하향식으로 설정해주면 각 부처가 배정받은 지출한도 내에서 자율적으로 편성하는 예산제도이다.

06

정답 ④

정치와 행정은 따로 분리될 수 없는 개념이며, 현대 행정은 정치적 영향 속에서 이루어지고 있다. 행정 또한 정책집행을 넘어서 정책형성에 큰 역할을 한다는 것에 비추어 볼 때 정치와 행정의 관계는 연속적인 관계로 볼 수 있다.

07

정답 ③

정치·행정 이원론은 미국의 대통령이었던 우드로 윌슨(W. Wilson)이 1887년 발표한 논문에 등장한 개념이다. 정치와 행정을 구분하려는 것으로 정치는 정책 결정을, 행정은 정책의 집행을 담당해야 한다고 역설했다. 엽관주의를 지양하며, 행정을 정치와는 다른 중립적이고 전문적인 고유한 영역으로 보았다. 기술적 행정학이라고도 한다.

08

정답 ③

③은 인위적인 통제하에 실험을 진행하는 진실험에 대한 설명이다.

정책실험별 타당도 비교

구분	내적 타당성	외적 타당성	실행 가능성
진실험	높음	낮음	낮음
준실험	낮음	높음	높음
비실험	매우 낮음	높음	높음

09

정답 ①

분권화의 확대, 권한 재조정, 명령계통 수정 등에 관심을 갖는 것은 구조적 접근 방법에 해당한다.

행정개혁의 접근 방법

- 구조적 접근 방법 : 행정체제의 구조적 설계를 개선함으로써 행정개혁의 목표를 달성하려는 접근 방법
  - 원리 전략 : 기능중복의 제거, 기구・직제・계층의 간소화 강조
  - 분권화 전략 : 구조의 분권화를 통해 조직을 개선
- 과정적(관리・기술적) 접근 방법 : 행정체제의 과정 또는 일의 흐름을 개선하려는 접근 방법
- 행태적(인간관계적) 접근 방법 : 행태과학의 지식과 기법을 활용하여 조직의 목표에 개인의 성장 의욕을 결부시킴으로써 조직을 개혁하려는 접근 방법
- 종합적 접근 방법 : 외적인 환경에 따라 담당자가 개방체제 관념에 입각하여 개혁 대상의 구성요소들을 보다 포괄적으로 관찰하고 여러 가지 분화된 접근 방법들을 통합하여 해결안을 탐색하려는 접근 방법

10

정답 ②

엽관주의는 국민의 요구에 대한 관료집단의 대응성을 정당이나 선거를 통하여 확보할 수 있다.

엽관주의의 장단점

장점	단점
• 정당정치 발달에 기여 • 평등이념의 구현 • 정책변동에 대한 대응성 확보에 유리 • 민주성과 책임성 확보	• 행정의 정치적 중립 저해 • 행정의 안정성・일관성・공익성 저해 • 행정의 비전문성 • 기회균등 저해

11

정답 ①

ㄱ・ㄹ・ㅂ. 유기적 조직의 특징에 해당한다.

오답분석

ㄴ・ㄷ・ㅁ. 기계적 조직의 특징에 해당한다.

기계적 조직과 유기적 조직

구분	기계적 조직	유기적 조직
직무범위	직무범위가 좁음	직무범위가 넓음
절차	표준운영절차	적은 규칙과 절차
책임소재	책임관계가 분명	책임관계가 모호함
성질	공식적	비공식적
조직목표	조직목표가 명확함	조직목표가 모호함
동기부여	금전적인 동기부여	복합적인 동기부여

12

정답 ③

우리나라의 경우 고위공무원단 제도는 2006년 노무현 정부 시기에 도입되었다.

13

정답 ①

새로운 정책문제보다는 선례가 존재하는 일상화된 정책문제가 쉽게 정책의제화된다.

정책의제의 설정에 영향을 미치는 요인

문제의 중요성	중요하고 심각한 문제일수록 의제화 가능성이 크다.
집단의 영향력	집단의 규모・영향력이 클수록 의제화 가능성이 크다.
선례의 유무	선례가 존재하는 일상화된 문제일수록 의제화 가능성이 크다.
극적 사건	극적 사건일수록 의제화 가능성이 크다.
해결 가능성	해결책이 있을수록 의제화 가능성이 크다.
쟁점화 정도	쟁점화된 것일수록 의제화 가능성이 크다.

14

정답 ②

내부수익률은 총비용과 총편익을 같게 만들어주는 할인율로, 공식에 대입해보면 80=120(1/1+r)이 되므로, 내부수익률(r)은 0.5가 되며 따라서 50%가 정답이다.

15

정답 ③

주인 – 대리인 이론은 주인이 대리인을 선택함에 있어서 정보가 부족하여 무능력자나 부적격자를 대리인으로 선택하는 등 주인에게 불리한 선택을 하는 문제에 초점을 둔다.

주인 – 대리인 이론

- 전제와 대리손실
  - 전제 : 개인을 자신의 이익을 극대화하려는 이기주의자로 가정하고, 개인과 대리인 간의 이해관계의 차이로 '대리손실'이 발생한다고 주장
  - 역선택 현상 : 대리인에 대한 정보가 부족하여 대리인에 부적격한 사람이나 무능력자를 선택하게 되는 현상
  - 도덕적 해이 : 정보의 격차로 인한 감시의 허술함을 이용하여 주인의 이익보다 자신의 이익을 추구하는 현상

16

정답 ②

부패가 일상적으로 만연화되어 행동 규범이 예외적인 것으로 전락한 상황은 제도화된 부패에 대한 설명이다.

부패의 종류

종류	내용
생계형 부패	하급관료들이 생계유지를 위하여 저지르는 부패이다.
권력형 부패	정치권력을 이용하여 막대한 이득을 추구하는 부패이다.
일탈형 부패	일시적인 부패로 구조화되지 않았고, 윤리적인 일탈에 의한 개인적인 부패이다.
백색 부패	사익을 추구하는 의도없이 선의의 목적으로 행해지는 부패로서 사회적으로 용인될 수 있는 수준이다.
흑색 부패	사회적으로 용인될 수 있는 수준을 넘어서 구성원 모두가 인정하고 처벌을 원하는 부패로서 법률로 처벌한다.
회색 부패	처벌하는 것에 관해 사회적으로 논란이 있는 부패로서 법률보다는 윤리강령에 의해 규정된다.

17

정답 ①

합리적 요인과 초합리적 요인을 동시에 고려한 것은 드로(Dror)가 주장한 최적 모형에 대한 설명이다.

점증 모형의 장점과 단점

장점	단점
• 합리 모형에 비해 비현실성의 감소 • 제한된 합리성과 정치적 합리성을 강조 • 사회가 안정되고 다원화 · 민주화된 경우에 적합 • 불확실한 상황에 적합	• 변화에 대한 적응력이 약함 • 사회가 안정화 못한 경우 부적합(후진국) • 근본적인 정책의 방향을 바로 잡기 곤란 • 보수적이고 비계획적인 모형

18

정답 ④

징계의 대용이나 사임을 유도하는 수단으로 배치전환을 사용하는 것은 배치전환의 역기능에 해당한다. 배치전환은 수평적으로 보수나 계급에 변동 없이 직위를 옮기는 것으로, 공직사회의 침체를 방지하고 부처 사이의 교류와 협력을 증진하는 데 목적을 둔다.

19

정답 ④

ㄱ. 정책오류 중 제2종 오류이다. 정책효과가 있는데 없다고 판단하여 옳은 대안을 선택하지 않는 경우이다.

ㄴ. 정책오류 중 제3종 오류이다. 정책문제 자체를 잘못 인지하여 틀린 정의를 내린 경우이다.

ㄷ. 정책오류 중 제1종 오류이다. 정책효과가 없는데 있다고 판단하여 틀린 대안을 선택하는 경우이다.

3종 오류

1종 오류	2종 오류	3종 오류
올바른 귀무가설을 기각하는 오류	잘못된 귀무가설을 인용하는 오류	가설을 검증하거나 대안을 선택하는 과정에 있어서는 오류가 없었으나, 정책문제 자체를 잘못 인지하여 정책문제가 해결되지 못하는 오류
잘못된 대립가설을 채택하는 오류	올바른 대립가설을 기각하는 오류	
잘못된 대안을 선택하는 오류	올바른 대안을 선택하지 않는 오류	
정책효과가 없는데 있다고 판단하는 오류	정책효과가 있는데 없다고 판단하는 오류	

20

정답 ②

혼합 모형은 정책결정을 근본적 결정과 세부적 결정으로 나눈다. 근본적 결정은 합리 모형에 따라 거시적 · 장기적인 안목에서 대안의 방향성을 탐색하고, 세부적 결정은 점증 모형에 따라 심층적이고 대안적인 변화를 시도하는 것이 바람직하다고 본다.

오답분석

① 최적 모형에 대한 설명이다.
③ 쓰레기통 모형에 대한 설명이다.
④ 점증 모형에 대한 설명이다.

21

정답 ①

직무평가는 직무의 난이도 등 상대적 비중 · 가치에 따른 횡적인 분류 방식으로 책임의 경중에 따라 등급을 구분한다.

오답분석

② 직무분석은 직무에 관한 정보를 체계적으로 수집하고 처리하는 활동으로, 직무의 성질과 종류에 따라 직군 · 직렬 · 직류로 분류한다.
③ 정급은 직위를 각각의 해당 직렬 · 직군 · 직류와 직급 · 등급에 배정하는 것이다.
④ 직급명세는 명칭이나 자격요건 등을 직급별로 직급들을 명확하게 규정한다.

22

정답 ①

근무성적평정은 모든 공무원이 대상이다. 다만 5급 이하의 공무원은 원칙적으로 근무성적평가제에 의한다. 4급 이상 공무원은 평가대상 공무원과 평가자가 체결한 성과계약에 따라 성과목표 달성도 등을 평가하는 성과계약 등 평가제로 근무성적평정을 실시한다.

23

정답 ④

예비타당성 조사는 경제성 분석과 정책성 분석으로 이루어진다. 이 중에서 민감도 분석은 비용·편익 분석을 하는 경제성 분석에 포함된다.

오답분석

①·②·③ 정책성 분석에 해당한다.

예비타당성 조사

구분	내용
경제성 분석	• 수요 및 편익 추정 • 비용 추정 • 경제성 및 재무성 평가 • 민감도 분석
정책성 분석	• 지역경제 파급 효과 • 지역균형개발 • 사업추진 위험요인 • 정책의 일관성 및 추진의지 • 국고지원의 적합성 • 재원조달 가능성 • 상위계획과 연관성

24

정답 ③

학습조직에서는 협력과 상호작용을 중요시하기 때문에 리더의 역할이 중요하다.

오답분석

① 학습조직은 조직 구조에서 수평 구조를 지향하기 때문에 기능이 아니라 업무 프로세스 중심으로 조직을 구조화한다.
② 학습조직은 조직 내의 협력뿐만 아니라 외부와의 협력 또한 중요시한다.
④ 학습조직에서 조직의 구성원은 목표 달성을 위해 재량권과 책임을 가진다.

25

정답 ③

총액인건비 제도는 각 부처의 인사권에 자율성을 높이기 위해 시행되는 제도로서, 중앙예산기관이 총정원과 인건비예산의 상한선(총액)을 정해주면 그 안에서 해당 부처가 자율성을 발휘하여 인사-조직업무를 수행하는 제도이다. 대표관료제와는 관련이 없다.

오답분석

①·②·④ 대표관료제는 한 국가 내의 다양한 집단별 구성비율을 정부조직에 그대로 반영하여 관료를 충원하는 인사제도로서, 민주성과 중립성을 조화시키고자 하는 목적에서 시행되었다. 현재 양성채용 목표제, 장애인 의무고용제, 지방인재 채용목표제 등이 시행되고 있다.

26

정답 ③

제시된 내용은 무의사결정 이론이다. 무의사결정(Non-Decision Making)은 의사결정자(엘리트)의 가치나 이익에 대한 잠재적이거나 현재적인 도전을 억압하거나 방해하는 결과를 초래하는 행위를 말하며, 기존 엘리트 세력의 이익을 옹호하거나 보호하는 데 목적이 있다.

오답분석

① 다원주의에 대한 설명이다. 다원주의에서는 사회를 구성하는 집단들 사이에 권력은 널리 동등하게 분산되어 있으며 정책은 많은 이익집단의 경쟁과 타협의 산물이라고 설명한다.
② 공공선택론에 대한 설명이다.
④ 신국정관리론에 대한 설명이다.

27

정답 ④

비용·편익 분석은 공공지출의 비용과 편익을 경제적인 시각에서 분석하여 자원배분의 효율성을 극대화시키려는 기법이지 형평성과 대응성을 분석하는 기법이 아니다. 비용·편익 분석은 경제적인 지표만을 분석대상으로 삼기 때문에 오히려 형평성과 대응성을 저해할 수 있다.

28

정답 ③

공무원 단체활동은 공직 내 의사소통을 강화시키는 효과가 있다. 공무원들의 참여의식이나 귀속감, 일체감 등 사회적 욕구를 충족시킬 수 있으며 조합원인 공무원과 관리계층 간의 원활한 의사소통을 통하여 공무원의 사기, 참여감, 소속감, 성취감 등을 제고할 수 있다. 또한 의사소통의 기회를 확대하여 행정의 민주화 및 행정 발전에 기여할 수 있다. 이는 공무원 단체활동을 허용해야 하는 논거가 된다.

공무원 단체활동

• 부정론 : 노사 구분의 곤란, 교섭대상의 확인 곤란, 공익 및 봉사자 이념에 배치, 행정의 지속성·안정성 저해, 실적주의 및 능률성 저해
• 긍정론 : 기본적 권익 보장, 공무원의 사기 앙양, 부패방지 및 행정윤리 구현(자율적 내부통제 기제), 권의주의 불식과 민주행정 풍토 조성

29 정답 ③

상속세는 국세이다.

지방세의 세목 체계

구분		광역자치단체	
		특별시 · 광역시세	도세
보통세	주민세	○	–
	취득세	○	○
	레저세	○	○
	담배소비세	○	–
	지방소득세	○	–
	지방소비세	○	○
	자동차세	○	–
	등록면허세	–	○
	재산세	–	–
목적세	지역자원시설세	○	○
	지방교육세	○	○

구분		기초자치단체	
		시 · 군세	자치구세
보통세	주민세	○	–
	취득세	–	–
	레저세	–	–
	담배소비세	○	–
	지방소득세	○	–
	지방소비세	–	–
	자동차세	○	–
	등록면허세	–	○
	재산세	○	○
목적세	지역자원시설세	–	–
	지방교육세	–	–

예산원칙

전통적 예산원칙	현대적 예산원칙
• 입법부 우위 • 통제 지향	• 행정부 우위 • 관리 지향
• 공개성 – 예외 : 국방비, 국가정보원 예산 • 명확성 – 예외 : 총괄예산 • 사전의결의 원칙 – 예외 : 준예산, 긴급재정경제처분, 예비비, 사고이월, 전용 • 정확성 • 한정성 ① 목적 외 사용금지 – 예외 : 이용, 전용 ② 초과지출금지 – 예외 : 예비비, 추가경정예산 ③ 회계연도 독립의 원칙 – 예외 : 이월, 계속비, 국고채무부담, 과년도 수입 및 지출, 조상충용 • 통일성(국고통일의 원칙) – 예외 : 특별회계, 기금, 수입대체경비, 목적세 • 단일성 – 예외 : 특별회계, 기금, 추가경정예산 • 완전성(예산총계주의) – 예외 : 현물출자, 저대차관, 수입대체경비, 차관물자대 등	• 행정부 계획의 원칙 • 행정부 재량의 원칙 • 행정부 책임의 원칙 • 보고의 원칙 • 예산수단 구비의 원칙 • 다원적 절차의 원칙 • 시기의 신축성의 원칙 • 예산기구 상호성의 원칙

30 정답 ④

통일성 원칙의 예외로는 특별회계, 기금, 목적세, 수입대체경비, 수입금마련지출이 있다.

오답분석

① 특별회계는 단일성의 원칙에 대한 예외이다. 단일성 원칙의 예외로는 추가경정예산, 특별회계, 기금이 있다.
② 사전의결의 원칙에 대한 예외로는 준예산, 사고이월, 예비비 지출, 전용, 긴급재정경제처분이 있다.
③ 한계성의 원칙에 대한 예외로는 예산의 이용, 전용, 국고채무부담행위, 계속비, 이월(명시이월, 사고이월), 지난 연도 수입, 지난 연도 지출, 조상충용(繰上充用), 추가경정예산, 예비비가 해당된다.

31 정답 ②

ㄱ. 베버의 관료제론은 규칙과 규제가 조직에 계속성을 제공하여 조직을 예측 가능성 있는 조직, 안정적인 조직으로 유지시킨다고 보았다.
ㄴ. 행정관리론은 모든 조직에 적용시킬 수 있는 효율적 조직관리의 원리들을 연구하였다.
ㄷ. 호손 실험으로 인간관계에서의 비공식적 요인이 업무의 생산성에 큰 영향을 끼친다는 결과를 확인했다.

오답분석

ㄹ. 조직군 생태 이론은 조직과 환경의 관계에서 조직군이 환경에 의해 수동적으로 결정된다는 환경결정론적 입장을 취한다.

거시조직 이론의 유형

구분	결정론	임의론
조직군	• 조직군 생태론 • 조직경제학(주인 – 대리인 이론, 거래비용 경제학) • 제도화 이론	• 공동체 생태론
개별 조직	• 구조적 상황론	• 전략적 선택론 • 자원의존 이론

32

정답 ②

모든 사회문제가 정책의제화되는 것은 아니다. 일반적인 정책의제 설정 과정의 단계에서 사회문제는 사회적 이슈의 과정을 거쳐 공중의제화 되고, 이후에 정부의제의 과정을 거쳐야 정책의제가 된다. 그런데 이 과정에서 어떤 의제는 정책의제화되지 못하기도 한다. 이를 설명한 이론은 여러 가지가 있는데, 대표적으로 신엘리트론에 속하는 무의사결정 이론은 어떤 집단이 제기하는 의제가 정책의제 채택의 과정에 진입하지 못할 수도 있음을 설명한 이론이다. 또한 사이먼(Simon)의 의사결정론은 주의집중력의 한계로, 이스턴(Easton)의 체제 이론은 문지기의 선호에 의해, 이익집단 자유주의는 이익집단의 영향력에 따라 어떤 의제는 정책의제화될 수 없음을 설명한다.

33

정답 ③

갈등에 대한 행태론적 접근 방법은 1940년대 말부터 1970년대 중반까지 널리 받아들여졌던 입장으로, 갈등을 필연적인 현상으로 간주하거나 건설적으로 해결하면 순기능도 수행한다는 갈등 순기능에 바탕을 두고 있다.

갈등관의 변천

전통적 갈등관과 역기능 – 초기 인간관계론 (~ 1940년대까지)	1940년대까지의 갈등관으로서, 모든 갈등이 조직에 역기능을 초래하여 조직의 효과성에 부정적 영향을 미친다고 본다. 따라서 관리자는 갈등이 일어나지 않도록 하고, 갈등이 일어나는 경우에는 신속히 해결해야 한다고 주장한다.
행태주의 관점 (1940년대 말 ~ 1970년대 중반까지)	갈등을 필연적인 현상으로 간주하거나 건설적으로 해결하면 순기능도 수행한다는 갈등 순기능에 바탕을 두고 있다.
상호작용적 갈등관과 순기능 – 조직발전론(OD), 갈등조장론 (1970년대 중반 이후)	갈등이 전혀 없는 조직은 정태적이고 변화의 요구에 대응하지 못한다고 보며, 갈등이 새로운 착상이나 활동 방안을 탐색하게 하고 조직 내의 무사안일을 극복하게 하는 순기능이 있다고 주장한다.

34

정답 ①

직급이란 직무의 종류·곤란도 등이 유사한 직위의 군이다.

직위분류제의 구성요소

구분	내용
직위	한 사람이 근무하여 처리할 수 있는 직무와 책임의 양으로 공직을 분류할 때 최소단위가 된다.
직급	직무의 종류·곤란도 등이 유사하여 채용이나 보수 등의 인사관리에 있어서 동일하게 취급할 수 있는 군이다.
직렬	직무의 종류·성질은 유사하나 곤란도와 난이도가 상이한 직급의 군이다.
직군	직무의 성질이 유사한 직렬의 군이다.
직류	동일한 직렬 내에서 담당하는 분야가 동일한 직무의 군이다.
등급	직무의 종류는 서로 다르지만 직무의 곤란도·책임도나 자격요건이 유사하여 동일한 보수를 줄 수 있는 직위의 군이다.

35

정답 ④

신분을 더 강하게 보장하는 경향이 있는 제도는 계급제이다.

오답분석

① 계급제는 사람을 중심으로 공직자의 잠재능력을 개발하여 공직자를 일반행정가로 훈련시키는 제도이다.
② 직위분류제는 각 직위마다 전문화된 인력을 배치하려고 하기 때문에 인력운용이 경직적으로 이루어질 수밖에 없다.
③ 폭넓은 안목을 지닌 일반행정가를 양성하고자 하는 제도는 계급제이다.

36

정답 ②

총체적 품질관리(Total Quality Management)는 서비스의 품질은 구성원의 개인적 노력이 아니라 체제 내에서 활동하는 모든 구성원에 의하여 결정된다고 본다. 구성원 개인의 성과평가를 위한 도구는 MBO(목표관리법) 등이 있다.

총체적 품질관리(TQM)

- 고객이 품질의 최종 결정자
- 전체구성원에 의한 품질 결정
- 투입과 절차의 지속적 개선
- 품질의 일관성(서비스의 변이성 방지)
- 과학적 절차에 의한 결정

37

정답 ②

정책 쇄신성은 합리 모형의 특징이다. 점증 모형은 정책의 쇄신보다는 현재보다 조금 향상된 대안을 중시하기 때문에 점진적 변화를 추구한다.

점증주의의 특성
- 인간의 인지능력에 한계가 있다고 봄
- 정치적 합리성·제한적 합리성 추구
- 연속적이고 제한적인 비교, 귀납적 접근
- 소폭적·점진적인 변화
- 보수적인 정책결정
- 환경 변화에 대한 대응이 약함
- 선진국에 적합

38

정답 ④

예산의 배정과 재배정은 예산을 통제하는 제도이다.

오답분석

①·②·③ 모두 예산을 신축적으로 운용하기 위한 제도이다.

재정통제와 신축성 유지 방안
- 신축성 제도 : 총액예산, 예비비, 이월, 계속비, 이용, 전용, 국고채무부담행위, 추가경정예산 등
- 통제 제도 : 통합예산, 예산 배정 및 재배정, 정원·보수에 대한 통제, 회계기록, 총사업비 관리 제도, 예비타당성 조사, 조세지출예산

39

정답 ②

건강하고 쾌적한 환경을 보전해야 한다는 것은 국가공무원법상 공무원의 의무에 해당되지 않는다.

국가공무원법상 공무원의 의무
- 선서의무 : 공무원은 취임할 때에 소속 기관장 앞에서 국회규칙, 대법원규칙, 헌법재판소규칙, 중앙선거관리위원회규칙 또는 대통령령으로 정하는 바에 따라 선서(宣誓)하여야 한다. 다만, 불가피한 사유가 있으면 취임 후에 선서하게 할 수 있다.
- 성실의 의무 : 모든 공무원은 법령을 준수하며 성실히 직무를 수행하여야 한다.
- 복종의 의무 : 공무원은 직무를 수행할 때 소속 상관의 직무상 명령에 복종하여야 한다.
- 직장 이탈 금지 : 공무원은 소속 상관의 허가 또는 정당한 사유가 없으면 직장을 이탈하지 못한다. 또한 수사기관이 공무원을 구속하려면 그 소속 기관의 장에게 미리 통보하여야 한다. 다만, 현행범은 그러하지 아니하다.
- 친절·공정의 의무 : 공무원은 국민 전체의 봉사자로서 친절하고 공정하게 직무를 수행하여야 한다.
- 종교중립의 의무 : 공무원은 종교에 따른 차별 없이 직무를 수행하여야 한다. 공무원은 소속 상관이 종교중립의 의무에 위배되는 직무상 명령을 한 경우에는 이에 따르지 아니할 수 있다.
- 비밀 엄수의 의무 : 공무원은 재직 중은 물론 퇴직 후에도 직무상 알게 된 비밀을 엄수(嚴守)하여야 한다.
- 청렴의 의무 : 공무원은 직무와 관련하여 직접적이든 간접적이든 사례·증여 또는 향응을 주거나 받을 수 없다. 또한 공무원은 직무상의 관계가 있든 없든 그 소속 상관에게 증여하거나 소속 공무원으로부터 증여를 받아서는 아니 된다.
- 외국정부로부터의 영예 수여 시 허가 필수 : 공무원이 외국 정부로부터 영예나 증여를 받을 경우에는 대통령의 허가를 받아야 한다.
- 품위유지의 의무 : 공무원은 직무의 내외를 불문하고 그 품위가 손상되는 행위를 하여서는 아니 된다.
- 영리 업무 및 겸직 금지의 의무 : 공무원은 공무 외에 영리를 목적으로 하는 업무에 종사하지 못하며 소속 기관장의 허가 없이 다른 직무를 겸할 수 없다.
- 정치 운동의 금지 : 공무원은 정당이나 그 밖의 정치단체의 결성에 관여하거나 이에 가입할 수 없다.
- 집단 행위의 금지 : 공무원은 노동운동이나 그 밖에 공무 외의 일을 위한 집단 행위를 하여서는 아니 된다. 다만, 사실상 노무에 종사하는 공무원은 예외로 한다.

40

정답 ①

프로슈머는 생산자와 소비자를 합한 의미로서 소비자가 단순한 소비자에서 나아가 생산에 참여하는 역할도 함께 수행하는 것을 말한다. 시민들이 프로슈머화 경향을 띠게 될수록 시민들이 공공재의 생산자인 관료의 행태를 쇄신하려하고 시민 자신들의 의견을 투입시키려 할 것이기 때문에, 이러한 경향은 현재의 관료주의적 문화와 마찰을 빚게 될 것이다. 따라서 프로슈머와 관료주의적 문화가 적절한 조화를 이루게 될 것이라는 설명은 옳지 않다.

41

정답 ③

오답분석

① 가치 있는 것과 교환하여 추종자에게 영향력을 미치는 리더십은 교환적 리더십에 대한 설명이다.

② 새로운 관념을 촉발시키는 리더십은 변혁적 리더십 중에서 '지적자극'에 대한 설명이다.

④ 과업을 구조화하여 과업요건을 명확히 하는 것은 지시적 리더십에 대한 설명이다.

42

정답 ②

비용은 다수가 부담하고 편익은 소수가 혜택을 보는 것은 고객의 정치에 해당하며, 협의의 경제규제가 이에 속한다.

오답분석

① ㉠은 대중적 정치가 맞지만, 각종 위생 및 안전 규제는 운동가의 정치에 해당한다.

③ ㉢은 기업가적 정치(운동가의 정치)가 맞으나, 낙태 규제는 대중의 정치에 해당한다.

④ ㉣은 이익집단 정치로 바르게 들어갔지만, 농산물에 대한 최저가격 규제는 고객의 정치에 해당한다.

윌슨(J. Q. Wilson)의 규제정치 모형

구분		감지된 편익	
		넓게 분산	좁게 집중
감지된 비용	넓게 분산	대중적 정치	고객의 정치
	좁게 집중	기업가적 정치(운동가의 정치)	이익집단 정치

43

정답 ④

A는 예산 총계주의 원칙이고, B는 예산 통일의 원칙이다.

전통적 예산원칙

원칙	내용
공개성의 원칙	국민에 대해 재정활동을 공개
명료성의 원칙	국민이 이해하기 쉽고 단순·명확해야 함
한정성의 원칙	예산 항목, 시기, 주체 등에 명확한 한계를 지녀야 함
통일성의 원칙	특정 수입과 지출의 연계 금지
사전승인의 원칙	국회가 사전에 승인
완전성의 원칙	모든 세입과 세출이 나열(예산 총계주의)
정확성의 원칙	예산과 결산이 일치
단일성의 원칙	단일 회계 내에 처리(단수예산)

44

정답 ④

발생주의는 수입과 지출의 실질적인 원인이 발생하는 시점을 기준으로 하여 회계계리를 한다. 따라서 정부의 수입을 '납세고지시점'을 기준으로, 정부의 지출을 '지출원인행위'의 발생시점을 기준으로 계산한다.

45

정답 ①

앨리슨 모형은 1960년대 초 쿠바 미사일 사건과 관련된 미국의 외교정책 과정을 분석한 후 정부의 정책결정 과정을 설명하고 예측하기 위한 분석틀로써 세 가지 의사결정 모형(합리 모형, 조직과정 모형, 관료정치 모형)을 제시하여 설명한 것이다. 엘리슨은 이 중 어느 하나가 아니라 세 가지 모두 적용될 수 있다고 설명하였다.

46

정답 ②

허즈버그(Herzberg)는 불만을 제거해주는 위생요인과 만족을 주는 동기부여 요인을 독립된 별개로 보고 연구했다. 즉, 위생요인이 갖추어지지 않을 경우 조직 구성원에게 극도의 불만족을 초래하지만, 그것이 잘 갖추어져 있더라도 조직 구성원의 직무수행 동기를 유발하는 요인은 아니며, 동기를 부여하고 생산성을 높여주는 요인은 만족 요인(동기부여 요인)이다.

오답분석

① 매슬로(Maslow)의 욕구계층 이론에서는 자아실현 욕구를 가장 고차원적인 욕구로 본다.

③ 맥그리거(McGregor)는 X·Y 이론은 성장 이론의 하나로서 근로자들의 사회적 욕구, 존경의 욕구, 자아실현 욕구를 충족시켜 주기 위한 방향으로 동기를 부여한다.

④ 앨더퍼(Alderfer)의 ERG 이론 역시 성장 이론의 하나이다.

47

정답 ②

시험의 방법(공무원임용시험령 제5조 제3항)

면접시험은 공무원으로서의 자세 및 태도, 해당 직무 수행에 필요한 능력 및 적격성 등을 검정하며, 다음 각 호의 모든 평정요소를 각각 상, 중, 하로 평정한다. 다만, 시험실시기관의 장이 필요하다고 인정하는 경우 평정요소를 추가하여 상, 중, 하로 평정할 수 있다.

1. 소통·공감 : 국민 등과 소통하고 공감하는 능력
2. 헌신·열정 : 국가에 대한 헌신과 직무에 대한 열정적인 태도
3. 창의·혁신 : 창의성과 혁신을 이끄는 능력
4. 윤리·책임 : 공무원으로서의 윤리의식과 책임성

48

정답 ④

오답분석

① 지출통제예산은 항목별 구분을 없애고, 총액으로 지출을 통제하는 예산 제도이다. 구체적인 항목별 지출에 대해서는 집행부에 대해 재량을 확대하는 성과지향적 예산이다.

② 지방정부예산도 통합재정수지에 포함된다.

③ 우리나라 통합재정수지는 융자지출을 재정수지의 적자 요인으로 간주한다.

49

정답 ③

정책의 대략적인 방향을 정책결정자가 정하고 정책집행자들은 이 목표의 구체적인 집행에 필요한 폭넓은 재량권을 위임받아 정책을 집행하는 유형은 재량적 실험가형에 해당한다.

나카무라와 스몰우드의 정책집행 모형

유형	정책결정자의 역할	정책집행자의 역할	정책평가기준
고전적 기술자형	구체적인 목표를 설정	목표를 달성하기 위한 기술적인 수단을 찾아내고 대책을 세움	효과성 or 능률성
지시적 위임가형		목표달성을 위해 집행자 서로 간에 행정적인 수단에 관해 교섭	목표 달성도
협상자형	• 목표설정 • 정책결정자와 정책집행자가 반드시 서로 합의를 하는 것은 아님	목표달성과 필요한 수단에 관해 정책결 정자와 협상	주민 만족도
재량적 실험가형	추상적인 목표를 지지	목표와 수단을 구체화 함	수익자 대응성
관료적 기업가형	집행자가 설정한 목표와 수단을 지지	목표와 목표달성을 위한 수단을 설정	체제 유지도

50

정답 ①

기획재정부장관의 판단하에 부동산 경기 등 경기부양을 위하여 필요한 경우는 추가경정예산의 편성 사유에 포함되지 않는다.

추가경정예산 편성 사유
- 전쟁 · 대규모 자연재해가 발생한 경우
- 경기가 침체되고 대량 실업이 발생한 경우나 남북관계 등 대내외적으로 중대한 변화가 발생하였거나 발생할 우려가 있는 경우
- 법령에 따라 지출이 발생하거나 증가한 경우

| 02 | 판매마케팅

01	02	03	04	05	06	07	08	09	10
②	④	②	④	①	③	②	②	①	③
11	12	13	14	15	16	17	18	19	20
①	④	④	④	④	①	③	①	③	①
21	22	23	24	25	26	27	28	29	30
①	②	②	④	②	①	②	④	①	③
31	32	33	34	35	36	37	38	39	40
③	①	②	②	④	②	④	③	②	②
41	42	43	44	45	46	47	48	49	50
③	④	②	③	①	①	①	②	①	②

01

정답 ②

옵션 가격은 내재가치와 시간가치의 합으로 계산하며, 콜옵션의 내재가치는 행사 가격이 기초자산의 시장 가격보다 낮을 때, 풋옵션의 내재가치는 행사 가격이 기초자산의 시장 가격보다 높을 때 존재한다.

02

정답 ④

한정서비스 도매상은 현금거래 도매상, 트럭 도매상, 직송 도매상, 진열 도매상으로 나누어진다. 반면, 제조업자 도매상은 판매지점 · 판매사무소로 나누어지며, 제조업자에 의해 소유 및 운영되는 도매상을 의미한다.

03

정답 ②

오답분석

㉡ 이자보상비율=이자, 법인세 비용 차감 전 당기순이익÷이자비용

㉣ 총자산순이익률=당기순이익÷평균총자산

04

정답 ④

재판매가격 유지정책은 사업자가 제품의 거래 가격을 정하여 그 가격대로 판매하도록 하는 정책이다.

05

정답 ①

스키밍(Skimming) 가격전략은 상품이 시장에 도입되는 초기 단계에 고가로 출시하여 점차 가격을 하락시켜 나가는 방법이다.

06

정답 ③

마케팅 전략을 수립하는 순서는 시장세분화(Segmentation) → 표적시장 선정(Targeting) → 포지셔닝(Positioning)으로, STP라 부른다.

07

정답 ②

기대 이론은 과정 이론에 해당하는 동기부여 이론으로서, 성과에 대한 기대성·수단성·유의성을 종합적으로 고려하여 구성원에 대한 동기부여의 정도가 나타난다는 이론이다.

오답분석

①·③·④ 동기부여 이론 중 내용 이론에 속한다.

08

정답 ②

오답분석

① 승수 효과 : 정부 지출을 늘릴 경우 지출한 금액보다 많은 수요가 창출되는 현상
③ 구축 효과 : 정부가 지출을 늘려도 총수요가 늘어나지 않는 현상
④ 분수 효과 : 저소득층의 소비 증대가 전체 경기를 부양시키는 현상

09

정답 ①

기관투자자는 고객, 수익자 등 타인의 자산을 관리·운영하는 수탁자로서 투자 대상 회사의 중장기적인 가치를 제고하여 투자자산의 가치를 보존하고 높일 수 있도록 투자 대상 회사를 정기적으로 점검할 의무가 있다.

오답분석

② 기관투자자가 이해 상충 문제에 직면했을 경우에는 문제 해결 방안에 대한 정책 내용을 공개하여 효과적이고 명확하게 해결하는 것이 바람직하다.
③ 기관투자자는 의결권 행사를 위한 지침·절차·세부 기준을 포함한 의결권 정책을 마련하여 공개함으로써 고객 및 수익자의 신뢰를 얻을 수 있다.
④ 기관투자자는 의결권 행사와 수탁자 책임 이행 활동에 관해 고객과 수익자에게 주기적으로 보고할 의무가 있다.

10

정답 ③

ESG는 Environment, Social, Governance의 머리글자를 딴 단어로 기업 활동에 친환경, 사회적 책임 경영, 지배구조 개선 등 투명 경영을 고려해야 지속 가능한 발전을 할 수 있다는 철학을 담고 있다. ESG는 개별 기업을 넘어 자본시장과 한 국가의 성패를 가를 키워드로 부상하고 있는 투자 전략이자 경영기조 개념이다.

오답분석

① ROA(총자산순이익률) : 기업의 당기순이익을 자산총액으로 나눈 수치로 특정 기업이 자산을 얼마나 효율적으로 운용했느냐를 나타내는 지표이다.
② NIM(순이자마진) : 은행 등 금융기관이 자산을 운용해 낸 수익에서 조달비용을 차감해 운용자산 총액으로 나눈 수치로 금융기관의 수익력을 나타내는 지표이다.
④ ROE(자기자본이익률) : 경영자가 기업에 투자된 자본을 사용하여 이익을 어느 정도 올리고 있는가를 나타내는 기업의 이익창출 능력이다.

11

정답 ①

경영자는 조직의 목표를 달성하는 데 필요한 경영 활동을 책임지고 있는 사람이며, 이러한 경영자의 종류는 크게 소유 경영자, 고용 경영자, 전문 경영자로 볼 수 있다.

소유 경영자
기업에 자본을 출자하고, 동시에 경영 활동을 담당하는 사람을 소유 경영자라 하고, 흔히 기업가라고도 한다. 소유 경영자는 출자와 경영뿐만 아니라, 기업 성장에 필수적인 혁신 활동도 한다. 이 경우, 기업가는 위험 부담에 대한 대가로 이익을 얻을 수 있지만, 손해를 볼 수도 있어서 책임 경영이 이루어질 수 있다. 소유 경영자는 경영 규모가 작은 기업에서 많이 볼 수 있다.

고용 경영자
기업의 규모가 확대되고, 기업 활동이 복잡하게 되면 소유 경영자 혼자서는 기업을 합리적으로 운영할 수 없다. 이때, 급여를 지급하고 다른 경영자를 고용하게 되는데, 이처럼 경영의 일부를 위임받아 경영 활동을 담당하는 경영자를 고용 경영자라고 한다. 의사 결정 권한의 일정 부분이 고용 경영자에게 위임되어 있지만, 최종 결정은 소유 경영자가 담당하게 된다.

전문 경영자
기업의 규모가 커지고, 기업 활동이 고도로 복잡하게 되면, 기업을 합리적으로 경영할 수 있는 경영자가 필요하게 된다. 이에 따라 전문적인 지식과 능력을 갖춘 사람이 출자자로부터 경영 전권을 위임받아 경영 활동을 담당하게 되는데, 이런 경영자를 전문 경영자라고 한다.

12

정답 ④

대량생산 대량유통으로 규모의 경제를 실현하여 비용 절감을 하는 전략은 비차별화 전략의 장점으로 볼 수 있다. 단일 제품으로 단일 세분시장을 공략하는 집중화 전략과는 반대되는 전략이다.

13 정답 ④

전통적인 마케팅에서는 20%의 주력 제품이 매출의 80%를 이끌고 간다는 80 : 20의 파레토의 법칙이 성립했지만, 롱테일 법칙 또는 역파레토 법칙은 인터넷의 활성화 등으로 상대적으로 판매량이 적은 상품의 총합이 전체의 매출에서 더 큰 비중을 차지하게 된다는 이론이다. 과거에는 유통비용과 진열공간의 한계 등으로 소수의 잘 팔리는 상품이 필요했다면, 인터넷 공간에서는 매장에 진열되지 못했던 제품들도 모두 공간을 갖게 될 길이 열렸다는 것이다. 미국 최대의 정보기술 전문지 와이어드 편집장이자 베스트셀러 롱테일의 저자 크리스 앤더슨이 처음 정의했다.

14 정답 ④

반복적인 작업을 하는 근로자는 흔히 단순노동직으로 구분한다. ④는 전문적이고 비반복적인 업무를 담당하는 지식근로자에 대한 특징으로 보기에 적절하지 않다.

15 정답 ④

고관여와 저관여의 비교

구분	특징
고관여	• 복잡한 구매행동 • 제품지식에 근거한 주관적 신념의 형성 • 제품에 대한 호불호에 태도 형성 • 합리적인 선택지 모색 • 부조화 감소 구매행동 • 구매 후 불만사항을 발견하면 구입하지 않은 제품에 대한 호의적인 정보를 얻으면 구매 후 부조화를 경험 • 소비자들이 구매 후 확신을 갖게 하는 촉진활동 전개가 효과적
저관여	• 습관적 구매행동 • 소비자들이 어떤 상표에 대한 확신이 없음 • 가격할인, 판촉 등이 효과적 작용 • 다양성 추구 구매행동 • 제품의 상표 간 차이가 명확한 경우 다양성 추구 구매를 하기 위해서 잦은 상표전환

16 정답 ①

수직적 통합에는 전방통합과 후방통합이 있다. 전방통합은 기업이 현재 실행하는 기업 활동으로부터 최종구매자 쪽의 방향의 활동을 기업의 영역 내로 끌어들이는 것을 말한다. 반면, 후방통합은 기업이 현재 실행하는 기업 활동으로부터 원재료 쪽의 방향의 활동들을 그 영역 안으로 끌어들이는 것을 말한다.

오답분석

② 전방통합에 대한 설명이다.
③ 수평적 통합에 대한 설명이다.
④ 다각화에 대한 설명이다.

17 정답 ③

일면적 주장과 양면적 주장은 모두 장단점을 가지고 있기 때문에 상황에 따라 적절하게 사용한다.

18 정답 ①

감자는 자본감소의 줄임말로, 주식회사가 주식 금액이나 주식 수의 감면 등을 통해 자본금을 줄이는 것을 말한다. 재무구조가 나쁜 회사의 경우 자금을 확보하기 위해 기존의 주식을 소각하고 유상증자를 실시해 자본금을 늘리기도 한다. 자본이 잠식된 법정관리 대상 회사의 경우 법원이 대주주 지분을 강제 소각하는 방법으로 책임을 묻기도 하는데, 이처럼 감자는 기업경영이 나쁜 상황에서 실시되는 것이 일반적이므로 주가에 있어 악재로 작용하는 경우가 많다. 또한 감자는 주주의 이해관계에 변화를 초래하고 회사채권자의 담보를 감소시키게 되므로 주주총회 특별결의와 채권자 보호절차를 필요로 하는 것이다.

19 정답 ③

마케팅 활동은 본원적 활동에 해당한다.

오답분석

① 기업은 본원적 활동 및 지원 활동을 통하여 이윤을 창출한다.
② 물류 투입, 운영, 산출, 마케팅 및 서비스 활동은 모두 본원적 활동에 해당한다.
④ 인적자원관리, 기술 개발, 구매, 조달 활동 등은 지원 활동에 해당한다.

20 정답 ①

고전적 접근 방법은 경험에 근거한 것으로 기업경영능률을 강조하고 있다.

21 정답 ①

성숙기에는 제품의 비용을 절감하는 것이 중요하므로 직접개발보다는 아웃소싱을 많이 활용한다. 직접개발은 오히려 도입기나 쇠퇴기에 새로운 제품을 만들기 위해 기업들이 주로 추구하는 전략이다.

22

정답 ②

침투가격 정책은 수요가 가격에 대하여 민감한 제품(수요의 가격탄력도가 높은 제품)에 많이 사용하는 방법이다.

23

정답 ②

인간관계론은 과학적 관리법의 비인간적 합리성과 기계적 도구관에 대한 반발로 인해 발생한 조직 이론으로 조직 내의 인간적 요인을 조직의 주요 관심사로 여겼다. 심리요인을 중시하고, 비공식조직이 공식조직보다 생산성 향상에 더 중요한 역할을 한다고 생각했다.

24

정답 ④

버즈 마케팅은 소비자들이 자발적으로 상품 및 서비스에 대한 긍정적인 소문을 내도록 하는 마케팅 기법이다.

25

정답 ②

다수 표적시장에서는 그 시장에 맞는 마케팅 전략을 수립·개발·홍보할 수 있는 차별적 마케팅 전략을 구사한다.

26

정답 ①

시장세분화는 수요층별로 시장을 분할화 또는 단편화하여 각 층에 대해 집중적으로 마케팅 전략을 펴는 활동으로, 유효타당성 측면에서 내적 동질성과 외적 이질성이 극대화되도록 해야 한다.

27

정답 ②

진입장벽이 높다는 것은 곧 잠재적 경쟁기업의 진입위협이 낮음을 의미한다. 잠재적 경쟁기업의 진입위협이 낮다면, 매력적인 산업으로 평가된다.

오답분석

① 기존 기업 간의 경쟁 강도가 약하다면 매력적인 산업이다.
③ 대체재의 위협이 작다면 매력적인 산업이다.
④ 공급자의 교섭력이 낮다면 매력적인 산업이다.

28

정답 ④

포드 시스템은 설비에 대한 투자비가 높아 손익분기점까지 걸리는 시간이 장기화될 가능성이 높아 사업 진입장벽을 형성하며, 조업도가 낮아지면 제조원가가 증가한다는 단점이 존재한다.

29

정답 ①

달러를 현재 정한 환율로 미래 일정 시점에 팔기로 계약하면 선물환 매도, 금융회사가 달러를 현재 정한 환율로 미래 일정 시점에 사기로 계약하면 선물환 매수라고 한다. 따라서 달러화 가치가 앞으로 상승할 것으로 예상되면 선물환을 매수하게 된다.

30

정답 ③

단일투자안이나 독립적인 투자안을 평가하는 경우에는 NPV법, IRR법, PI법에 의한 평가 결과가 항상 동일하다. 하지만 투자규모, 투자수명, 현금흐름 양상이 다른 상호 배타적인 투자안을 평가할 때는 NPV법과 IRR법의 평가 결과가 상반될 수 있다. 또한 투자규모가 다른 상호 배타적 투자안을 평가하는 경우에는 NPV법과 PI법의 평가 결과가 상반될 수 있다.

31

정답 ③

주식시장은 발행시장과 유통시장으로 나누어진다. 발행시장이란 주식을 발행하여 투자자에게 판매하는 시장이고, 유통시장은 발행된 주식이 제3자간에 유통되는 시장을 의미한다. 자사주 매입은 유통시장에서 이루어지며, 주식배당, 주식분할, 유·무상증자, 기업공개 등은 발행시장과 관련이 있다.

32

정답 ①

테일러 시스템은 성과 달성 시 고임금을 주는 성과제이며, 미달성 시 근로자에게 책임을 추궁했다.

33

정답 ②

조직 의사결정은 제약된 합리성 혹은 제한된 합리성에 기초하게 된다고 주장한 사람은 사이먼(Herbert Simon)이다.

34

정답 ②

경영자의 개인적 선택에 의한 분류는 개개인의 개인적 지위 및 가치관의 차이에 의한 분류이다.

35

정답 ④

광고 제품에 대한 소비자의 관여도가 높을수록 해당 광고에 대한 인지적 반응(Cognitive Response)의 양이 많아진다.

36

정답 ②

- 비확률 표본추출 방법 : 편의 표본추출 방법, 판단 표본추출 방법, 할당 표본추출 방법
- 확률 표본추출 방법 : 단순무작위 표본추출 방법, 층화 표본추출 방법, 군집 표본추출 방법, 계통 표본추출 방법

37

정답 ④

광고 매체의 수는 매체 선택 시 고려대상에서 제외되어도 된다. 이외에 소비자의 구매 시기, 장소, 광고 매체의 발행부수 등을 고려한다.

38

정답 ③

오답분석

① 플래그십 마케팅 : 시장에서 이미 성공을 거둔 특정 상품에 초점을 맞춰 판촉 활동을 하는 마케팅이다.
② 니치 마케팅 : 틈새시장을 공략하는 마케팅이다.
④ 임페리얼 마케팅 : 높은 가격과 좋은 품질로써 소비자를 공략하는 마케팅이다.

39

정답 ②

현금을 수취하거나 지급하는 시점에 거래를 인식·기록하는 현금기준과 달리 거래나 사건의 영향이 발생한 기간에 인식·기록하는 것은 발생기준으로 재무제표를 작성하는 것이다. 현금흐름표는 예외적으로 현금기준을 적용하여 작성한다.

40

정답 ②

푸시 전략은 제조업체가 도매상에게, 도매상은 소매상에게, 소매상은 최종소비자에게 제품을 적극적으로 판매하는 것을 말한다.

41

정답 ③

유한책임회사는 2012년 개정된 상법에 도입된 회사의 형태이다. 내부관계에 관하여는 정관이나 상법에 다른 규정이 없으면 합명회사에 관한 규정을 준용한다. 신속하고 유연하며 탄력적인 지배구조를 가지고 있고, 출자자가 직접 경영에 참여할 수 있다. 또한 각 사원이 출자금액만을 한도로 책임지므로 초기 상용화에 어려움을 겪는 청년 벤처 창업에 적합하다.

42

정답 ④

기업의 현재 가치가 실제 가치보다 상대적으로 저평가되어 주당 순이익에 비해 주가가 낮은 주식을 가치주라고 한다. 가치주는 현재의 가치보다 낮은 가격에서 거래된다는 점에서, 미래의 성장에 대한 기대로 인하여 현재의 가치보다 높은 가격에 거래되는 성장주와는 다르다. 또한 성장주에 비하여 주가의 변동이 완만하여 안정적 성향의 투자자들이 선호한다. 황금주는 보유한 주식의 수량이나 비율에 관계없이, 극단적으로는 단 1주만 가지고 있더라도 적대적 M&A 등 기업의 주요한 경영 사안에 대하여 거부권을 행사할 수 있는 권리를 가진 주식을 말한다.

43

정답 ②

오답분석

① 내부 벤치마킹 : 기업 내부의 부문 간 또는 관련회사 사이의 벤치마킹으로서 현재의 업무를 개선하기 위한 것이며, 외부 벤치마킹을 하기 위한 사전단계이다.
③ 산업 벤치마킹 : 산업 벤치마킹은 경쟁기업과의 비교가 아니라 산업에 속해 있는 전체 기업을 대상으로 하기 때문에 그 범위가 매우 넓다.
④ 선두그룹 벤치마킹 : 새롭고 혁신적인 업무 방식을 추구하는 기업을 비교대상으로 한다. 이것은 단순히 경쟁에 대처하는 것이 아니라 혁신적인 방법을 모색하는 것을 목표로 한다.

44

정답 ③

오답분석

① 전시 효과 : 개인의 소비행동이 사회의 영향을 받아 타인의 소비행동을 모방하려는 소비성향이다.
② 플라세보 효과 : 약효가 전혀 없는 가짜 약을 진짜 약으로 속여, 환자에게 복용토록 했을 때 환자의 병세가 호전되는 효과이다.
④ 베블런 효과 : 과시욕구 때문에 재화의 가격이 비쌀수록 수요가 늘어나는 수요증대 효과이다.

45

정답 ①

페이욜은 일반관리론에서 어떠한 경영이든 '경영의 활동'에는 다음 6가지 종류의 활동 또는 기능이 있다고 보았다.

- 기술적 활동 : 생산, 제조, 가공
- 상업적 활동 : 구매, 판매, 교환
- 재무적 활동 : 자본의 조달과 운용
- 보호적 활동 : 재화 및 종업원 보호
- 회계적 활동 : 재산목록, 대차대조표, 원가, 통계 등
- 관리적 활동 : 계획, 조직, 명령, 조정, 통제

46

정답 ①

콘체른(Konzern)은 기업결합이라고 하며 법률상으로 독립되어 있으나 지분 결합 등의 방식으로 경영상 실질적으로 결합되어 있는 기업결합 형태를 말한다. 일반적으로는 거대기업이 여러 산업의 다수의 기업을 지배할 목적으로 형성된다.

오답분석

② 카르텔 : 한 상품 또는 상품군의 생산이나 판매를 일정한 형태로 제한하고자 경제적·법률적으로 서로 독립성을 유지하며, 기업간 상호 협정에 의해 결합하는 담합 형태이다.
③ 트러스트 : 카르텔보다 강력한 집중의 형태로서, 시장독점을 위해 각 기업체가 개개의 독립성을 상실하고 합동한다.
④ 콤비나트 : 기술적으로 연관성 있는 생산 부문이 가까운 곳에 입지하여 형성된 기업의 지역적 결합 형태이다.

47

정답 ①

컨베이어 시스템은 모든 작업을 단순작업으로 분해하여 분해된 작업의 소요시간을 거의 동일하게 하여 일정한 속도로 이동하는 컨베이어로, 전체 공정을 연결하여 작업을 수행하기 위하여 포드가 주창한 것이다.

48

정답 ②

마이클 포터의 가치사슬모형에서 부가가치를 추가하는 기본 활동들은 크게 본원적 활동과 지원적 활동으로 볼 수 있다.

1. 본원적 활동(Primary Activities)
   고객에 대한 가치를 창조하는 기업의 제품과 서비스의 생산과 분배에 직접적으로 관련되어 있다. 유입물류, 조업, 산출물류, 판매와 마케팅, 서비스 등이 여기에 포함된다.
2. 지원적 활동(Support Activities)
   본원적 활동이 가능하도록 하며 조직의 기반구조(일반관리 및 경영활동), 인적자원관리(직원 모집·채용·훈련), 기술(제품 및 생산 프로세스 개선), 조달(자재구매) 등으로 구성된다.

49

정답 ①

오답분석

㉢·㉣ 풀(Pull) 전략에 대한 설명이다.

50

정답 ②

소비자의 개성이 중요시되고 IT 기술 등이 발달한 최근 시장 환경으로 인해 대다수의 기업은 일대일 마케팅 전략의 실행을 지향한다.

| 03 | 재무회계관리

01	02	03	04	05	06	07	08	09	10
①	①	②	②	③	③	④	④	③	②
11	12	13	14	15	16	17	18	19	20
①	④	④	③	④	②	④	④	①	④
21	22	23	24	25	26	27	28	29	30
②	③	④	②	②	①	④	④	③	③
31	32	33	34	35	36	37	38	39	40
④	②	①	④	②	①	④	④	①	④
41	42	43	44	45	46	47	48	49	50
④	②	①	④	④	②	②	④	②	④

01

정답 ①

단기매매 목적으로 보유하는 유가증권의 취득과 판매에 따른 현금흐름은 영업활동현금흐름으로 분류한다.

02

정답 ①

오답분석

② 정률법 : 기초의 장부금액에 정률 상각률을 곱하여 감가상각비를 계산하는 방법
③ 생산량비례 : 내용연수 동안의 총생산량에 대한 매년 생산량의 비율로 감가상각 대상 금액을 배분하는 방법
④ 연수합계법 : 기초의 잔존 내용연수에 따라 감가상각 대상 금액을 배분하는 방법

03

정답 ②

한 나라에서 통용되는 통화의 액면을 동일한 비율의 낮은 숫자로 변경하는 '리디노미네이션'에 대한 사례이다. 이는 인플레이션, 경제규모의 확대 등으로 거래가격이 높아지고, 이에 숫자의 자릿수가 늘어나면서 생겨나는 계산상의 불편을 해결하기 위해 실시한다. 이론적으로는 소득이나 물가 등 국민경제의 실질변수에 영향을 끼치지 않지만, 체감지수의 변화가 나타나기 때문에 현실적으로는 물가변동 등 실질변수에 영향을 끼칠 수도 있다. 이 때문에 새로운 화폐 교환의 충격을 줄이고 국민적 공감대를 충분히 이끌어내기 위해 차근차근 진행해야 한다. 그렇지 않으면 치솟는 물가 때문에 액면 단위를 끌어내렸다가 환율과 물가가 급등하는 등 혼란을 겪을 수도 있기 때문이다.

04

정답 ②

손해배상금은 벌금 및 과태료에 해당하며 손금항목이다.

오답분석

① 취득세는 세금에 해당하며 손금 불산입항목이다.

③·④ 교통위반 과태료, 가산세 및 가산금은 벌금 및 과태료에 해당하며 손금 불산입항목이다.

05

정답 ③

생산량이 증가하면 단위당 제조원가가 하락하는 것은 종합원가(전부원가) 계산에 대한 설명이다.

오답분석

① 종합원가는 영업이익이 생산량, 판매량에 의하여 영향을 받는 반면, 변동원가는 생산량과 관계없이 단위당 제조원가가 일정하므로 판매량에 의해서만 영향을 받는다.

② 변동원가 계산은 종합원가 계산에 비해 더 많은 정보를 제공하므로 계획의 수립 및 의사결정 과정에서 상대적으로 유리하다.

06

정답 ③

- (당기 말 결산 시 매출채권 잔액)=(당기 초 매출채권)−(당기 중 회수 매출채권)+(당기 매출 중 미회수 금액)
  =2,000,000−300,000+500,000=2,200,000원
- (대손충당금)=(매출채권잔액)×(대손충당비율)
  =2,200,000×20%=440,000원

∴ (당기 말 대손상각비)=(대손충당금)−(당기 초 대손충당금)=440,000−300,000=140,000원

07

정답 ④

사채를 할인발행하면 사채의 장부금액이 매년 증가하여 액면가액에 수렴하게 된다.

오답분석

① 시장이자율이 사채의 표시 이자율보다 높은 경우 투자자에게 수익률을 보장하기 위해 채권가격을 할인해 발행한다.

② 사채의 액면금액과 발행금액의 차이인 사채할인발행차금은 상각하여 이자비용에 가산한다.

③ 사채를 할인발행 시 매년 일정 기간 동안 상각이 이루어지므로 상각액은 기간이 지날수록 감소한다.

08

정답 ④

현금이 유동성이 가장 높으며, 그 다음으로 현금성자산인 배당금지급통지서, 우편환, 단기금융상품인 9개월 만기적금 순이다. 추가로 만기가 3개월 이내인 적금의 경우 현금 및 현금성자산으로 볼 수 있다.

09

정답 ③

부채 대리비용은 채권자와 주주의 이해상충 관계에서 발생하며, 부채비율이 높을수록 부채 대리비용은 커진다.

오답분석

① 기업의 자금조달의 원천인 자기자본과 부채 각각에서 대리비용이 발생할 수 있다.

② 자기자본 대리비용은 외부 주주와 소유경영자(내부 주주)의 이해상충 관계에서 발생한다. 지분이 분산되어 있어서 외부 주주의 지분율이 높을수록 자기자본 대리비용은 커진다.

④ 위임자는 기업 운영을 위임한 투자자 등을 의미하고, 대리인은 권한을 위임받아 기업을 경영하는 경영자를 의미한다. 대리인은 위임자에 비해 기업 운영에 대한 정보를 더 많이 얻게 되어 정보 비대칭 상황이 발생한다.

10

정답 ②

부채는 과거의 거래나 사건의 결과로 현재 기업실체가 부담하고 있고(즉, '현재의무') 미래에 자원의 유출 또는 사용이 예상되는 의무이다.

11

정답 ①

3C는 Company, Customer, Competitor로 구성되어 있다. 자사, 고객, 경쟁사로 기준을 나누어 현 상황을 파악하는 분석 방법으로 PEST 분석 후, PEST 분석 내용을 기반으로 3C의 상황 및 행동을 분석, 예측한다.

- Company : 자사의 마케팅 전략, 강점, 약점, 경쟁우위, 기업 사명, 목표 등을 파악(SWOT 활용)
- Customer : 고객이 원할 필요와 욕구 파악, 시장 동향 파악, 고객(표적 시장) 파악
- Competitor : 경쟁사의 미래 전략, 경쟁우위, 경쟁 열위(자사와의 비교 시 장점, 약점) 파악, 경쟁사의 기업 사명과 목표 파악

12

정답 ④

독점기업은 시장지배력을 갖고 있으므로 원하는 수준으로 가격을 설정할 수 있으나, 독점기업이 가격을 결정하면 몇 단위의 재화를 구입할 것인지는 소비자가 결정하는 것이므로 독점기업이 가격과 판매량을 모두 원하는 수준으로 결정할 수 있는 것은 아니다.

13

정답 ④

인플레이션으로 총요소생산성이 상승하는 것은 어려운 일이다.

오답분석

① 인플레이션으로 인한 사회적 비용 중 구두창 비용이란 인플레이션으로 인해 화폐가치가 하락한 상황에서 화폐보유의 기회비용이 상승하는 것을 나타내는 용어이다. 이는 사람들이 화폐보유를 줄이게 되면 금융기관을 자주 방문해야 하므로 거래비용이 증가하게 되는 것을 의미한다.

② 메뉴 비용이란 물가가 상승할 때 물가 상승에 맞추어 기업들이 생산하는 재화나 서비스의 판매 가격을 조정하는 데 지출되는 비용을 의미한다.

14

정답 ③

국민의 50%가 소득이 전혀 없고, 나머지 50%에 해당하는 사람들의 소득은 완전히 균등하게 100씩 가지고 있으므로 로렌츠곡선은 아래 그림과 같다. 그러므로 지니계수는 다음과 같이 계산한다.

$$(\text{지니계수})=\frac{A}{A+B}=\frac{1}{2}$$

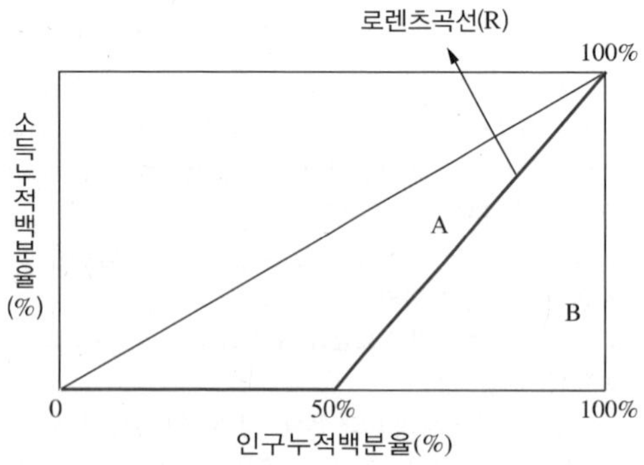

15

정답 ④

제도 변화 후 새로운 내시균형은 (조업 가동, 1톤 배출)이므로 오염물질의 총배출량은 2톤에서 1톤으로 감소했다.

구분		乙	
		1톤 배출	2톤 배출
甲	조업 중단	(0, 4)	(5, 3)
	조업 가동	(10, 4)	(8, 3)

오답분석

① 초기 상태의 내시균형은 (조업 가동, 2톤 배출)이다.

② 초기 상태의 甲의 우월전략은 '조업 가동'이며, 乙의 우월전략은 '2톤 배출'이다.

③ 제도 변화 후 甲의 우월전략은 '조업 가동'이며, 乙의 우월전략은 '1톤 배출'이다.

16

정답 ②

중국은 의복과 자동차 생산에 있어 모두 절대우위를 갖는다. 그러나 리카도는 비교우위론에서 양국 중 어느 한 국가가 절대우위에 있는 경우라도 상대적으로 생산비가 낮은 재화생산에 특화하여 무역을 한다면 양국 모두 무역으로부터 이익을 얻을 수 있다고 보았다. 이때 생산하는 재화를 결정하는 것은 재화의 국내생산비로 재화생산의 기회비용을 말한다.

문제에서 주어진 표를 바탕으로 각 재화생산의 기회비용을 알아보면 다음과 같다.

구분	중국	인도
의복(벌)	0.5대의 자동차	0.33대의 자동차
자동차(대)	2벌의 의복	3벌의 의복

기회비용 표에서 보면 의복의 기회비용은 인도가 중국보다 낮고, 자동차의 기회비용은 중국이 인도보다 낮다.

따라서 중국은 자동차, 인도는 의복에 비교우위가 있다.

17

정답 ④

나. 경기호황으로 인한 임시소득의 증가는 소비에 영향을 거의 미치지 않기 때문에 저축률이 상승하게 된다.

라. 소비가 현재소득뿐 아니라 미래소득에도 영향을 받는다는 점에서 항상소득 가설과 유사하다.

오답분석

가. 직장에서 승진하여 소득이 증가한 것은 항상소득의 증가를 의미하므로 승진으로 소득이 증가하면 소비가 큰 폭으로 증가한다.

다. 항상소득 가설에 의하면 항상소득이 증가하면 소비가 큰 폭으로 증가하지만 임시소득이 증가하는 경우에는 소비가 별로 증가하지 않는다. 그러므로 항상소득에 대한 한계소비성향이 임시소득에 대한 한계소비성향보다 더 크게 나타난다.

18

정답 ④

오답분석

가. 여가, 자원봉사 등의 활동은 생산활동이 아니므로 GDP에 포함되지 않는다.

다. GDP는 마약 밀수 등의 지하경제를 반영하지 못하는 한계점이 있다.

19

정답 ①

오답분석

다. 정부의 지속적인 교육투자 정책으로 인적자본 축적이 이루어지면 규모에 대한 수확체증이 발생하여 지속적인 성장이 가능하다고 한다.

라. 내생적 성장 이론에서는 금융시장이 발달하면 저축이 증가하고 투자의 효율성이 개선되어 지속적인 경제성장이 가능하므로 국가 간 소득수준의 수렴 현상이 나타나지 않는다고 본다.

20

정답 ④

사회후생의 극대화는 자원배분의 파레토 효율성이 달성되는 효용가능경계와 사회무차별곡선이 접하는 점에서 이루어진다. 그러므로 파레토 효율적인 자원배분하에서 항상 사회후생이 극대화되는 것은 아니며, 사회후생 극대화는 무수히 많은 파레토 효율적인 점들 중의 한 점에서 달성된다.

21

정답 ②

오답분석

① 데이터 웨어하우스 : 사용자의 의사결정을 돕기 위해 다양한 운영 시스템에서 추출·변환·통합되고 요약된 데이터베이스를 말한다. 크게 원시 데이터 계층, 데이터 웨어하우스 계층, 클라이언트 계층으로 나뉘며 데이터의 추출·저장·조회 등의 활동을 한다. 데이터 웨어하우스는 고객과 제품, 회계와 같은 주제를 중심으로 데이터를 구축하며 여기에 저장된 모든 데이터는 일관성을 유지해 데이터 호환이나 이식에 문제가 없다. 또한 특정 시점에 데이터를 정확하게 유지하면서 동시에 장기적으로 유지될 수도 있다.

③ 데이터 마트 : 운영데이터나 기타 다른 방법으로 수집된 데이터 저장소로서, 특정 그룹의 지식 노동자들을 지원하기 위해 설계된 것이다. 따라서 데이터 마트는 특별한 목적을 위해 접근의 용이성과 유용성을 강조해 만들어진 작은 데이터 저장소라고 할 수 있다.

④ 데이터 정제 : 데이터베이스의 불완전 데이터에 대한 검출·이동·정정 등의 작업을 말한다. 여기에는 특정 데이터베이스의 데이터 정화뿐만 아니라 다른 데이터베이스로부터 유입된 이종 데이터에 대한 일관성을 부여하는 역할도 한다.

22

정답 ③

양적 평가요소는 재무비율 평가항목으로 구성된 안정성, 수익성, 활동성, 생산성, 성장성 등이 있다. 또한 질적 평가요소는 시장점유율, 진입장벽, 경영자의 경영능력, 은행거래 신뢰도, 광고활동, 시장규모, 신용위험 등이 있다.

23

정답 ④

계속기업의 가정이란 보고기업이 예측 가능한 미래에 영업을 계속하여 영위할 것이라는 가정이다. 기업이 경영활동을 청산 또는 중단할 의도가 있다면, 계속기업의 가정이 아닌 청산가치 등을 사용하여 재무제표를 작성한다.

오답분석

① 재무제표는 재무상태표, 포괄손익계산서, 자본변동표, 현금흐름표, 그리고 주석으로 구성된다. 법에서 이익잉여금처분계산서 등의 작성을 요구하는 경우, 주석으로 공시한다.

② 재무제표는 원칙적으로 최소 1년에 한 번씩은 작성해야 하며, 현금흐름표 등 현금흐름에 관한 정보는 현금주의에 기반한다.

③ 역사적원가는 측정일의 조건을 반영하지 않고, 현행가치는 측정일의 조건을 반영한다. 현행가치는 다시 현행원가, 공정가치, 사용가치(이행가치)로 구분된다.

24

정답 ②

₩470,000(기계장치)+₩340,000+₩10,000(처분손실)−₩800,000=₩20,000

25

정답 ②

이자수익=사채의 장부금액×유효이자율

=951,963×0.12=114,235.56≒114,236원

26

정답 ①

- $P_0=D_1\div(k-g)$에서 $g=b\times r=0.3\times0.1=0.03$
- D_0=(주당순이익)×[1−(사내유보율)]=3,000×(1−0.3)=2,100원
- $D_1=D_0\times(1+g)=2,100\times(1+0.03)=2,163$원
- $P=2,163\div(0.2-0.03)=12,723$원

27

정답 ④

오답분석

① 자기자본이 아니라 타인자본이 차지하는 비율이다.

② 주당순자산이 아니라 주당순이익의 변동폭이 확대되어 나타난다.

③ 보통주배당이 아니라 우선주배당이다.

28

정답 ④

증권회사의 상품인 유가증권과 부동산 매매회사가 정상적 영업 과정에서 판매를 목적으로 취득한 토지・건물 등은 재고자산으로 처리된다.

오답분석

① 선입선출법의 경우에는 계속기록법을 적용하든 실지재고조사법을 적용하든, 기말재고자산・매출원가・매출총이익 모두 동일한 결과가 나온다.
② 재고자산을 순실현가능가치로 감액한 평가손실과 모든 감모손실은 감액이나 감모가 발생한 기간에 비용으로 인식한다.
③ 매입운임은 매입원가에 포함한다.

29

정답 ③

- (당기법인세부채)=(₩150,000+₩24,000+₩10,000)×25%=₩46,000
- (이연법인세자산)=₩10,000×25%=₩2,500
- (법인세비용)=₩46,000−₩2,500=₩43,500

30

정답 ③

- (만기금액)=₩5,000,000+₩5,000,000×6%×6/12
  =₩5,150,000
- (할인액)=₩5,150,000×(할인율)×3/12
  =₩5,150,000−₩4,995,500=₩154,500

∴ (연간 할인율)=12%

31

정답 ④

자기자본비용(k_e)과 타인자본비용(k_d)이 주어졌을 때의 가중평균자본비용(WACC) 공식을 이용한다. 제시된 부채비율이 100%이므로 자기자본 대비 기업가치의 비율$\left(\frac{S}{V}\right)$과 타인자본 대비 기업가치의 비율$\left(\frac{B}{V}\right)$은 $\frac{1}{2}$임을 알 수 있다.

$$WACC = k_e \times \frac{S}{V} + k_d\ (1-t) \times \frac{B}{V}$$

$$\rightarrow 10\% = k_e \times \frac{1}{2} + 8\% \times (1-0.25) \times \frac{1}{2}$$

$$\therefore\ k_e = 14\%$$

32

정답 ②

경제적 주문 모형(Economic Order Quantity)

$$EOQ = \sqrt{\frac{2 \times D \times S}{H}}$$

(D=연간 수요량, S=1회 주문비, H=연간 재고 유지비)

문제에 따르면 D=19,200개, S=150원, H=16원이다. 이를 EOQ 공식에 적용하면 다음과 같다.

$$EOQ = \sqrt{\frac{2 \times 19{,}200 \times 150}{16}} = \sqrt{\frac{5{,}760{,}000}{16}}$$

$$= \sqrt{360{,}000} = 600\text{개}$$

33

정답 ①

조세부담의 귀착

$$\frac{(\text{수요의 가격탄력성})}{(\text{공급의 가격탄력성})} = \frac{(\text{생산자 부담})}{(\text{소비자 부담})}$$

수요의 가격탄력성이 0이므로 생산자 부담은 0, 모두 소비자 부담이다.

34

정답 ④

ㄷ. 수출이 증가하게 되면 IS 곡선이 우측으로 이동하고 소득은 증가하게 된다.
ㅁ. 화폐수요가 감소한다는 것은 통화량이 증가한다는 것을 의미한다. 통화량이 증가하면 외환수요의 증가를 가져오고 환율상승 압력을 가져오게 된다. 중앙은행은 원래대로 돌아가기 위해서 외환을 매각하고 통화량을 변화(감소)시키는데, 이때 LM 곡선은 좌측으로 이동을 하게 되고 최초의 위치로 복귀하게 된다.

오답분석

ㄱ・ㄴ. 변동환율 제도에서 통화량이 증가하게 된다면 LM 곡선은 오른쪽으로 이동하게 된다. 또한 이자율이 하락하고 자본이 유출되면 환율이 변동(상승)하게 되고 수출이 증가하게 된다.
ㄹ. 환율상승 압력이 발생하면 중앙은행은 이전 상태로 돌아가기 위해서 외환을 매각하고 통화량을 줄여야 한다.

35

정답 ②

오답분석

ㄴ. 소비자들의 저축성향 감소는 한계소비성향이 커지는 것을 의미한다. 한계소비성향이 커지면 IS 곡선의 기울기는 감소하게 되면서 곡선을 우측으로 이동시킨다.
ㄷ. 화폐수요의 이자율 탄력성이 커지면 LM 곡선은 완만하게 되고 총수요곡선은 가파르게 된다.

36

정답 ①

ㄱ. 비탄력적인 경우 가격은 올라도 수요의 변화는 크지 않다. 따라서 총지출은 증가한다.

ㄴ. 탄력성이 커지면 세금 내는 것은 적어지고 보조금의 혜택도 적어진다. 반대로 탄력성이 적어지면 세금 내는 것은 많아지고 보조금의 혜택은 늘어나게 된다. 수요와 공급의 가격탄력성이 커지면 정부와 거래량이 줄어들고(세수가 줄어듦) 후생손실이 증가하게 된다.

오답분석

ㄷ. 독점기업의 경우 공급곡선이 존재하지 않는다. 따라서 공급의 가격탄력성은 존재하지 않는다.

ㄹ. 최저임금은 가격하한제에 해당한다. 따라서 노동의 공급보다는 수요 측면에 의해서 결정되는 것이 옳다.

37

정답 ④

ㄴ·ㄷ. 공리는 특별한 증명 없이 참과 거짓을 논할 수 있는 명제를 말한다. 현시선호 이론에는 강공리와 약공리가 존재한다. 약공리는 만약 한 상품 묶음 Q_0이 다른 상품 묶음 Q_1보다 현시선호되었다면 어떤 경우라도 Q_1이 Q_0보다 현시선호될 수는 없다는 것을 말한다. 강공리는 만약 한 상품 묶음 Q_0이 다른 상품 묶음 Q_n보다 간접적으로 현시선호되었다면 어떤 경우라도 Q_n이 Q_0보다 간접적으로 현시선호될 수 없다는 것을 말한다. 결론적으로 현시선호에서 공리는 소비자의 선택 행위가 일관성을 보여야 한다는 것을 말하고 있다. 그리고 현시선호의 공리를 만족시키면 우하향하는 기울기를 가지는 무차별곡선을 도출하게 된다.

ㄹ. 강공리는 약공리를 함축하고 있으므로 강공리를 만족한다면 언제나 약공리는 만족한다.

오답분석

ㄱ. 현시선호 이론은 완전성, 이행성, 반사성이 있다는 것을 전제하는 소비자 선호 체계에 반대하면서 등장한 이론이므로 이행성이 있다는 것을 전제로 한다는 내용은 옳지 않다.

38

정답 ④

오답분석

① 경상수지와 저축 및 투자의 관계는 [순수출(X−M)]=[총저축(S_p−I)]+[정부수입(T−G)]으로 나타낼 수 있다. 저축과 투자의 양이 동일하여 총저축이 0이 되는 경우에는 재정흑자(T−G)와 경상수지적자의 합이 0이 되지만 항상 0이 되는 것은 아니다.

② 경상수지와 자본수지의 합은 항상 0이므로 경상수지가 적자이면 자본수지는 흑자가 되어야 한다.

③ 요소집약도의 역전이 발생하거나 완전특화가 이루어지는 경우, 각국의 생산기술이 서로 다르거나 중간재가 존재하는 경우에는 요소가격 균등화가 이루어지지 않는다.

39

정답 ①

현재가치를 구하는 식은 다음과 같다.

$$PV=\pi_0\frac{1+g}{1+i}+\pi_0\left(\frac{(1+g)}{(1+i)}\right)^2+\pi_0\left(\frac{(1+g)}{(1+i)}\right)^3+\cdots$$

$$=\frac{\pi_0}{1-\dfrac{1+g}{1+i}}=\frac{\pi_0}{\dfrac{1-g}{1+i}}=\pi_0\frac{1+i}{i-g}$$

따라서 이 기업의 가치는 $PV=\pi_0\dfrac{1+g}{i-g}$로 계산된다는 ①은 옳지 않다.

40

정답 ④

장기균형에서는 $P=P^e$이기 때문에 총공급곡선은 수직선이 된다(Y=1). 도출된 내용을 총수요곡선에 대입시키면 P=1의 결과를 얻게 된다. 개인들이 합리적 기대를 한다면 장기적으로는 물가가 장기균형 상태로 이동할 것을 예상해서 조정을 할 것이기 때문에 P_t^e는 1이다.

41

정답 ④

오답분석

가. 재무상태표상에 자산과 부채를 표시할 때는 유동자산과 비유동자산, 유동부채와 비유동부채로 구분하지 않고 유동성 순서에 따라 표시하는 방법도 있다.

다. 비용의 성격에 대한 정보가 미래현금흐름을 예측하는 데 유용하기 때문에 비용별 포괄손익계산서를 사용하는 경우에는 성격별 분류에 따른 정보를 추가로 공시하여야 한다.

라. 포괄손익계산서와 재무상태표를 연결시키는 역할을 하는 것은 총포괄이익이다.

42

정답 ②

• (공헌이익)=(가격)−(변동비용)=5,000−2,000=3,000원

∴ (공헌이익률)=$\dfrac{(\text{공헌이익})}{(\text{가격})}=\dfrac{3{,}000}{5{,}000}=0.6$

PART 3

43

정답 ①

자기자본이익률(ROE)은 당기순이익을 자기자본으로 나누고 100을 곱하여 % 단위로 나타낼 수 있다.
재무비율 분석은 재무제표를 활용, 기업의 재무상태와 경영성과를 진단하는 것이다. 안정성, 수익성, 성장성 지표 등이 있다. 안정성 지표는 부채를 상환할 수 있는 능력을 나타낸다. 유동비율(유동자산 / 유동부채), 부채비율(부채 / 자기자본), 이자보상비율(영업이익 / 지급이자) 등이 해당한다. 유동비율과 이자보상비율은 높을수록, 부채비율은 낮을수록 재무상태가 건실한 것으로 판단한다. 성장성 지표에는 매출액증가율, 영업이익증가율 등이 있다. 매출액순이익률(순이익 /매출액), 자기자본이익률 등은 수익성 지표이다.

$$[\text{자기자본이익률(ROE)}]=\frac{(\text{당기순이익})}{(\text{자기자본})}\times 100$$
$$=\frac{150}{300}\times 100=50\%$$

44

정답 ④

(임대수익률)=(임대금)÷(투입자본)×100
임차인 A, B의 임대금의 합을 투입자본으로 나누어 수익률을 구한다.
{500만 원+700만 원}÷3,000만 원×100=40%

45

정답 ④

'충실한 표현'은 완전성, 중립성, 무오류의 요건을 갖춘 서술을 말한다.

> **재무정보의 질적 특성**
> - 근본적 질적 특성 : 목적 적합성, 충실한 표현
> - 보강적 질적 특성 : 비교 가능성, 검증 가능성, 적시성, 이해 가능성

46

정답 ②

기업의 활동성을 분석할 수 있는 것은 매출채권회전율(ㄱ), 재고자산회전율(ㄴ), 총자산회전율(ㄷ), 매출채권회수기간, 재고자산회전기간(ㅁ)이다.

47

정답 ②

- (원가율 산정)

$$=\frac{(\text{원가기준 판매가능액})[=(\text{기초재고})+(\text{당기매입액})]}{(\text{매출가격기준 판매가능액})[=(\text{매가기초재고})+(\text{매가당기매입액})]}$$
$$=\frac{1,800+6,400}{2,000+8,000}=82\%$$

- (가중판매한 매출액)=₩6,000
- 매출가격으로 표시된 재고자산을 구한다.
  (매출가격기준 판매가능액)−(가중판매한 매출액)
  =(2,000+8,000)−6,000=₩4,000
- (기말재고자산 산출)=4,000×0.82=₩3,280
- (원가매출)+(기말재고)=(기초재고)+(원가매입)

∴ (원가매출)=1,800+6,400−3,280=₩4,920

48

정답 ④

충당부채는 다음의 요건을 모두 충족하는 경우에 인식한다.

1. 과거 사건의 결과로 현재 의무(법적 의무 또는 의제 의무)가 존재한다.
2. 당해 의무를 이행하기 위하여 경제적 효익을 갖는 자원이 유출될 가능성이 높다.
3. 당해 의무의 이행에 소요되는 금액을 신뢰성 있게 추정할 수 있다.

위의 요건을 충족하지 못할 경우에는 어떠한 충당부채도 인식할 수 없다.

오답분석

① 충당부채는 재무제표 본문에 부채로 인식되고, 우발부채는 주석으로 표시된다.
② 자원의 유출 가능성이 높은 경우라도 금액의 신뢰성 있는 추정이 가능하지 않다면, 충당부채로 인식하지 않는다.
③ 금액의 신뢰성 있는 추정이 가능한 경우라도 자원의 유출 가능성이 높지 않다면 충당부채로 인식하지 않는다.

49

정답 ②

경영진이 의도하는 방식으로 자산을 가동하는 데 필요한 장소와 상태에 이르게 하는 데 직접 관련되는 원가의 예는 다음과 같다.

- 유형자산의 매입 또는 건설과 직접적으로 관련되어 발생한 종업원 급여
- 설치장소 준비 원가
- 최초의 운송 및 취급 관련 원가
- 설치원가 및 조립원가
- 유형자산이 정상적으로 작동되는지 여부를 시험하는 과정에서 발생하는 원가[단, 시험 과정에서 생산된 재화(예 장비의 시험 과정에서 생산된 시제품)의 순매각금액은 당해 원가에서 차감한다]
- 전문가에게 지급하는 수수료

50

정답 ④

사채발행비가 고려된 이자율이 8%인데 현재 사채발행비 20,000원보다 높은 30,000원이 된다면 사채의 현재가치가 더 감소하게 되고 액면가와의 차이가 더 커지기 때문에 유효이자율은 높아진다.

| 04 | 법무

01	02	03	04	05	06	07	08	09	10
②	③	①	④	③	④	②	②	①	①
11	12	13	14	15	16	17	18	19	20
②	②	②	①	①	②	④	③	①	④
21	22	23	24	25	26	27	28	29	30
②	④	④	①	①	②	③	③	④	②
31	32	33	34	35	36	37	38	39	40
③	③	②	③	④	③	④	③	④	③
41	42	43	44	45	46	47	48	49	50
④	③	②	①	③	③	①	③	④	①

01

정답 ②

행정기관에 의한 기본권이 침해된 경우 행정쟁송(이의신청과 행정심판청구, 행정소송)을 제기하거나 국가배상·손실보상을 청구할 수 있다. 형사재판청구권은 원칙적으로 검사만이 가지고, 일반국민은 법률상 이것을 가지지 아니하는 것이 원칙이다.

02

정답 ③

압류 또는 가압류·가처분이 있으면 시효는 중단된다(민법 제168조 제2호).

오답분석

① 음식료채권은 1년의 소멸시효에 걸리지만(민법 제164조 제1호), 재판상 청구(재판상 화해 포함)를 하여 소멸시효가 중단되면, 판결이 확정된 날로부터 다시 10년의 소멸시효 기간이 기산된다(민법 제165조 제1항).
② H가 2025년 1월 9일 A에게 음식료를 갚겠다고 한 것은 채무의 승인이므로 소멸시효는 중단된다(민법 제168조 제3호).
④ 최고하고 다시 6개월 이내에 재판상 청구를 한 경우이므로 소멸시효는 중단된다(민법 제170조 제2항).

소멸시효의 중단사유(민법 제168조)
소멸시효는 다음 각호의 사유로 인하여 중단된다.
1. 청구
2. 압류 또는 가압류, 가처분
3. 승인

03

정답 ①

우리 헌법에서 제도적 보장의 성격을 띠고 있는 것은 직업공무원제, 복수정당제, 사유재산제의 보장, 교육의 자주성·전문성 및 정치적 중립성의 보장, 근로자의 근로3권, 지방자치제도, 대학자치, 민주적 선거 제도 등이 있다.

04

정답 ④

자유민주적 기본질서의 내용에 기본적 인권의 존중, 권력분립주의, 법치주의, 사법권의 독립은 포함되지만, 계엄선포 및 긴급명령권, 양대정당제(복수정당제로 해야 맞다)는 포함되지 않는다.

05

정답 ③

취소할 수 있는 법률행위를 추인하는 경우 원인이 소멸한 후에 하여야 하지만 법정대리인이 추인하는 경우에는 원인의 소멸과 관계없이 추인할 수 있다(민법 제144조).

오답분석

① 민법 제141조 본문
② 민법 제146조
④ 민법 제141조 단서

취소의 효과(민법 제141조)
취소된 법률행위는 처음부터 무효인 것으로 본다. 다만, 제한능력자는 그 행위로 인하여 받은 이익이 현존하는 한도에서 상환(償還)할 책임이 있다.

06

정답 ④

오답분석

① 기속력은 인용판결에만 인정된다. 각하나 기각판결의 경우에는 인정되지 않는다.
② 기속력은 당사자인 행정청과 관계 행정청에 미친다.
③ 기속력은 결정의 주문에 포함된 사항뿐 아니라 그 전제가 된 요건사실의 인정과 판단, 즉 처분 등의 구체적 위법 사유에 관한 판단에까지 미친다.

취소판결 등의 기속력(행정소송법 제30조 제1항)
처분 등을 취소하는 확정판결은 그 사건에 관하여 당사자인 행정청과 그 밖의 관계행정청을 기속한다.

집행정지(행정소송법 제23조 제6항)
제30조(취소판결 등의 기속력) 제1항의 규정은 제2항의 규정에 의한 집행정지의 결정에 이를 준용한다.

07

정답 ②

경찰책임의 원칙이란 경찰권의 발동은 경찰위반에 대해 직접책임이 있는 자에게 행해져야 한다는 원칙이다. 오염물질을 배출한 기업은 경찰상 위해를 발생시켰으므로 경찰행위 책임을 지고, 토지 소유자는 이를 사실상 묵인함으로써 경찰상 위해상태를 지속시켰으므로 경찰상태책임을 진다.

08

정답 ②

전형적 과징금의 경우 실정법에서 통상 '위반행위의 내용·정도, 위반행위의 기간·횟수 이외에 위반행위로 인해 취득한 이익의 규모 등'을 고려요소로 규정하여 부과하지만 법령위반으로 취득한 이익이 없는 경우에도 부과한다.

09

정답 ①

시효 제도는 그 요건으로서 진정한 권리관계 여부를 묻지 않으므로 오히려 진정한 권리자의 권리를 불이익하게 할 수 있다.

10

정답 ①

어음행위는 기한에는 친하나 조건은 붙이지 못한다. 조건이라 함은 법률행위의 효력의 발생 또는 소멸이 장래의 불확정한 사실의 성부에 달려 있는 부관을 말하며, 기한은 법률행위의 발생·소멸 또는 채무의 이행을 장래 도래할 것이 확실한 사실의 발생에 의존시키는 부관을 말한다. 양자는 모두 법률행위의 당사자가 임의로 정한 법률행위의 부관으로서 법률행위에서 보통 발생하는 효과를 특히 제한하기 위하여 법률행위의 일부로서 부과하는 약관이다.

11

정답 ②

권리의 작용(효력) 따라 분류하면 지배권·청구권·형성권·항변권으로 나누어지며, 인격권은 권리의 내용에 따른 분류에 속한다.

12

정답 ②

다른 사람이 하는 일정한 행위를 승인해야 할 의무는 수인의무이다.

오답분석

① 작위의무 : 적극적으로 일정한 행위를 하여야 할 의무이다.
③ 간접의무 : 통상의 의무와 달리 그 불이행의 경우에도 일정한 불이익을 받기는 하지만, 다른 법률상의 제재가 따르지 않는 것으로, 보험계약에서의 통지의무가 그 대표적인 예이다.
④ 권리반사 또는 반사적 효과(이익) : 법이 일정한 사실을 금지하거나 명하고 있는 결과, 어떤 사람이 저절로 받게 되는 이익으로서 그 이익을 누리는 사람에게 법적인 힘이 부여된 것은 아니기 때문에 타인이 그 이익의 향유를 방해하더라도 그것의 법적보호를 청구하지 못함을 특징으로 한다.

13

정답 ②

사권은 권리의 이전성(양도성)에 따라 일신전속권과 비전속권으로 구분된다. 절대권과 상대권은 권리의 효력 범위에 대한 분류이다.

14

정답 ①

ㄱ. 사회권은 인간의 권리가 아니라 국민의 권리에 해당한다.
ㄴ. 사회권은 바이마르헌법에서 최초로 규정하였다.

오답분석

ㄷ. 천부인권으로서의 인간의 권리는 자연권을 의미한다.
ㄹ. 대국가적 효력이 강한 권리는 자유권이다. 사회권은 국가내적인 권리인 동시에 적극적인 권리이며, 대국가적 효력이 약하고 예외적으로 대사인적 효력을 인정한다.

15

정답 ①

사회법은 근대 시민법의 수정을 의미하며, 초기의 독점자본주의가 가져온 여러 가지 사회·경제적 폐해를 합리적으로 해결하기 위해서 제정된 법으로 국가에 의한 통제, 경제적 약자의 보호, 공법과 사법의 교착 영역으로 사권의 의무화, 사법(私法)의 공법화 등 법의 사회화 현상을 특징으로 한다. 따라서 계약자유의 원칙은 그 범위가 축소되고 계약공정의 원칙으로 수정되었다.

16

정답 ②

항소는 판결서가 송달된 날부터 2주 이내에 하여야 한다. 다만, 판결서 송달 전에도 할 수 있다(민사소송법 제396조 제1항).

17

정답 ④

공증은 확인·통지·수리와 함께 준법률행위적 행정행위에 속하며, 공법상 계약은 비권력적 공법행위이다.

행정행위의 종류

1. 법률행위적 행정행위
   - 명령적 행정행위 : 하명, 허가, 면제
   - 형성적 행정행위 : 특허, 대리, 인가
2. 준법률행위적 행정행위 : 확인, 공증, 통지, 수리

18
정답 ③

사법은 개인 상호 간의 권리·의무관계를 규율하는 법으로 민법, 상법, 회사법, 어음법, 수표법 등이 있다. 실체법은 권리·의무의 실체, 즉 권리나 의무의 발생·변경·소멸 등을 규율하는 법으로 헌법, 민법, 형법, 상법 등이 이에 해당한다. 부동산등기법은 절차법으로, 공법에 해당한다는 보는 것이 다수의 견해이나 사법에 해당한다는 소수 견해도 있다. 따라서 ③은 사법에 해당하는지 여부에는 견해 대립이 있으나 절차법이므로 옳지 않다.

19
정답 ①

헌법소원은 공권력의 행사 또는 불행사로 인하여 자신의 헌법상 보장된 기본권이 직접적·현실적으로 침해당했다고 주장하는 국민의 기본권침해구제청구에 대하여 심판하는 것이다. 이를 제기하기 위해서는 다른 구제 절차를 모두 거쳐야 하므로 법원에 계류 중인 사건에 대해서는 헌법소원을 청구할 수 없다.

20
정답 ④

관습 또한 사회규범의 하나이므로 합목적성과 당위성에 기초한다. 법과 구별되는 관습의 특징으로는 자연발생적 현상, 반복적 관행, 사회적 비난 등이 있다.

21
정답 ②

사회규범은 사회구성원들이 지키도록 하는 당위규범이다.

당위규범과 자연법칙의 구별

당위규범	자연법칙
당위법칙(Sollen) : 마땅히 '~해야 한다'는 법칙	존재법칙(Sein) : 사실상 '~하다'는 법칙
규범법칙(規範法則) : 준칙이 되는 법칙(행위의 기준)	인과법칙(因果法則) : 원인이 있으면 결과가 나타남
목적법칙(目的法則) : 정의·선과 같은 목적의 실현을 추구	필연법칙(必然法則) : 우연이나 예외가 있을 수 없음
자유법칙(自由法則) : 적용되는 상황에 따라 예외가 존재	구속법칙(拘束法則) : 자유의지로 변경할 수 없음

22
정답 ④

㉠은 시공자의 흠이라는 위법한 행정행위에 대한 것이므로 손해배상을, ㉡은 정당한 법집행에 대한 것이므로 손실보상을 의미한다.

23
정답 ④

아리스토텔레스는 정의를 동등한 대가적 교환을 내용으로 하여 개인 대 개인 관계의 조화를 이룩하는 이념으로서의 평균적 정의와 국가 대 국민 또는 단체 대 그 구성원 간의 관계를 비례적으로 조화시키는 이념으로서의 배분적 정의로 나누었다. 이는 정의를 광의가 아닌 협의의 개념에서 파악한 것이다.

24
정답 ①

사실인 관습은 그 존재를 당사자가 주장·입증하여야 하나, 관습법은 당사자의 주장·입증을 기다림이 없이 법원이 직권으로 이를 판단할 수 있다(대판1983.6.14, 80다3231).

25
정답 ①

헌법은 널리 일반적으로 적용되므로 특별법이 아니라 일반법에 해당한다.

26
정답 ②

법률은 특별한 규정이 없는 한 공포한 날부터 20일이 경과함으로써 효력이 발생한다(헌법 제53조 제7항).

27
정답 ③

도로·하천 등의 설치 또는 관리의 하자로 인한 손해에 대하여는 국가 또는 지방자치단체는 국가배상법 제5조의 영조물 책임을 진다.

오답분석

① 도로건설을 위해 토지를 수용당한 경우에는 위법한 국가작용이 아니라 적법한 국가작용이므로 개인은 손실보상청구권을 갖는다.
② 공무원이 직무수행 중에 적법하게 타인에게 손해를 입힌 경우 국가는 배상책임이 없다.
④ 공무원도 국가배상법 제2조나 제5조의 요건을 갖추면 국가배상청구권을 행사할 수 있다. 다만, 군인·군무원·경찰공무원 또는 예비군대원의 경우에는 일정한 제한이 있다.

28
정답 ③

취소권·해제권·추인권은 형성권에 속한다. 즉, 일방의 의사표시 또는 행위에 의하여 법률관계가 변동되는 것이다.

29

정답 ④

우리나라 헌법은 1987년 10월 29일에 제9차로 개정되었다. 헌법 전문상의 제8차라고 밝히고 있는 것은 9차 개정의 현행 헌법을 공표하면서 그때까지 8차례에 걸쳐 개정되었던 것을 이제 9차로 개정하여 공포하는 취지를 밝힌 것이다(대한민국 헌법 전문).

30

정답 ②

헌법제정권력은 국민이 정치적 존재에 대한 근본결단을 내리는 정치적 의사이며 법적 권한으로 시원적 창조성과 자유성, 항구성, 단일불가분성, 불가양성 등의 본질을 가지고 인격 불가침, 법치국가의 원리, 민주주의의 원리 등과 같은 근본규범의 제약을 받는다.

31

정답 ③

오답분석

① 헌법개정은 국회 재적의원 과반수 또는 대통령의 발의로 제안된다(헌법 제128조 제1항).
② 개정은 가능하나 그 헌법개정 제안 당시의 대통령에 대하여는 효력이 없다(헌법 제128조 제2항).
④ 헌법개정안에 대한 국회의결은 재적의원 3분의 2 이상의 찬성을 얻어야 한다(헌법 제130조 제1항).

32

정답 ③

헌법전문의 법적 효력에 대해서는 학설 대립으로 논란의 여지가 있어 전문이 본문과 같은 법적 성질을 '당연히' 내포한다고 단정을 지을 수는 없다.

33

정답 ②

오답분석

① 독임제 행정청이 원칙적인 형태이고, 지자체의 경우 지자체장이 행정청에 해당한다.
③ 자문기관은 행정기관의 자문에 응하여 행정기관에 전문적인 의견을 제공하거나, 자문을 구하는 사항에 관해 심의·조정·협의하는 등 행정기관의 의사결정에 도움을 주는 행정기관을 말한다.
④ 의결기관은 의사결정에만 그친다는 점에서 외부에 표시할 권한을 가지는 행정관청과 다르고, 행정관청을 구속한다는 점에서 단순한 자문적 의사의 제공에 그치는 자문기관과 다르다.

34

정답 ③

정당의 목적이나 활동이 민주적 기본질서에 위배될 때 정부는 헌법재판소에 그 해산을 제소할 수 있고, 정당은 헌법재판소의 심판에 의하여 해산된다(헌법 제8조 제4항).

오답분석

① 정당의 설립은 자유이며, 복수정당제는 보장된다(헌법 제8조 제1항).
② 정당은 그 목적·조직과 활동이 민주적이어야 하며, 국민의 정치적 의사형성에 참여하는 데 필요한 조직을 가져야 한다(헌법 제8조 제2항).
④ 정당은 법률이 정하는 바에 의하여 국가의 보호를 받으며, 국가는 법률이 정하는 바에 의하여 정당운영에 필요한 자금을 보조할 수 있다(헌법 제8조 제3항).

35

정답 ④

기본권의 제3자적 효력에 관하여 간접적용설(공서양속설)은 기본권 보장에 관한 헌법 조항을 사인관계에 직접 적용하지 않고, 사법의 일반규정의 해석을 통하여 간접적으로 적용하자는 것으로 오늘날의 지배적 학설이다.

36

정답 ③

기본권은 국가안전보장, 질서유지 또는 공공복리라고 하는 세 가지 목적을 위하여 필요한 경우에 한하여 그 제한이 가능하며 제한하는 경우에도 자유와 권리의 본질적인 내용은 침해할 수 없다(헌법 제37조 제2항).

37

정답 ④

헌법 제11조 제1항은 차별금지 사유로 성별·종교·사회적 신분만을 열거하고 있고 모든 사유라는 표현이 없어 그것이 제한적 열거규정이냐 예시규정이냐의 문제가 제기되는데, 우리의 학설과 판례의 입장은 예시규정으로 보고 있다.

38

정답 ③

공공필요에 의한 재산권의 수용·사용 또는 제한 및 그에 대한 보상은 법률로 하되, 정당한 보상을 지급하여야 한다(헌법 제23조 제3항).

39

정답 ④

가정법원은 질병, 장애, 노령, 그 밖의 사유로 인한 정신적 제약으로 사무를 처리할 능력이 지속적으로 결여된 사람에 대하여 본인, 배우자, 4촌 이내의 친족, 미성년후견인, 미성년후견감독인, 한정후견인, 한정후견감독인, 특정후견인, 특정후견감독인, 검사 또는 지방자치단체의 장의 청구에 의하여 성년후견개시의 심판을 한다(민법 제9조 제1항). 사무를 처리할 능력이 부족한 사람의 경우에는 한정후견개시의 심판을 한다(민법 제12조 제1항 참고).

40

정답 ③

공무원 인사관계 법령에 의한 처분에 관한 사항 전부에 대하여 행정절차법의 적용이 배제되는 것이 아니라 성질상 행정절차를 거치기 곤란하거나 불필요하다고 인정되는 처분이나 행정절차에 준하는 절차를 거치도록 하고 있는 처분의 경우에만 행정절차법의 적용이 배제된다. 따라서 군인사법령에 의하여 진급예정자명단에 포함된 자에 대하여 의견제출의 기회를 부여하지 아니한 채 진급선발을 취소하는 처분을 한 것이 절차상 하자가 있어 위법하다(대판 2007.9.21, 2006두20631).

오답분석

① 행정절차법 제30조에서 확인할 수 있다.
② 대판 2002.5.17, 2000두8912
④ 대판 1987.2.10, 86누91

41

정답 ④

종물은 주물의 처분에 수반된다는 민법 제100조 제2항은 임의규정이므로, 당사자는 주물을 처분할 때에 특약으로 종물을 제외할 수 있고 종물만을 별도로 처분할 수도 있다(대판 2012.1.26, 2009다76546).

42

정답 ③

지방자치단체는 법령의 범위 안에서 그 사무에 관하여 조례를 제정할 수 있다(지방자치법 제28조 본문).

오답분석

① 지방자치법 제37조에서 확인할 수 있다.
② 지방자치법 제38조에서 확인할 수 있다.
④ 헌법 제117조 제2항에서 확인할 수 있다.

43

정답 ②

급부와 반대급부 사이의 '현저한 불균형'은 단순히 시가와의 차액 또는 시가와의 배율로 판단할 수 있는 것은 아니고 구체적·개별적 사안에 있어서 일반인의 사회통념에 따라 결정하여야 한다. 그 판단에 있어서는 피해 당사자의 궁박·경솔·무경험의 정도가 아울러 고려되어야 하고, 당사자의 주관적 가치가 아닌 거래상의 객관적 가치에 의하여야 한다(대판 2010.7.15, 2009다50308).

44

정답 ①

조건이 법률행위의 당시 이미 성취한 것인 경우에는 그 조건이 정지조건이면 조건없는 법률행위로 하고 해제조건이면 그 법률행위는 무효로 한다(민법 제151조 제2항).

45

정답 ③

매도인이 매수인의 중도금 지급채무 불이행을 이유로 매매계약을 적법하게 해제한 후라도 매수인으로서는 상대방이 한 계약해제의 효과로서 발생하는 손해배상책임을 지거나 매매계약에 따른 계약금의 반환을 받을 수 없는 불이익을 면하기 위하여 착오를 이유로 한 취소권을 행사하여 매매계약 전체를 무효로 돌리게 할 수 있다(대판 1996.12.6, 95다24982, 24999).

46

정답 ③

행정절차법상 사전통지 및 의견제출에 대한 권리를 부여하고 있는 '당사자 등'에는 불이익처분의 직접 상대방인 당사자와 행정청이 직권으로 또는 신청에 따라 행정절차에 참여하게 한 이해관계인이 포함되며(행정절차법 제2조 제4호), 그밖의 제3자는 포함되지 않는다.

오답분석

① 여객자동차운송사업의 한정면허는 특정인에게 권리나 이익을 부여하는 수익적 행정행위로서, …(중략)… 그 범위 내에서는 법령이 특별히 규정한 바가 없으면 행정청이 재량을 보유하고 이는 한정면허가 기간만료로 실효되어 갱신되는 경우에도 마찬가지이다. 따라서 한정면허가 신규로 발급되는 때는 물론이고 한정면허의 갱신 여부를 결정하는 때에도 관계 법규 내에서 한정면허의 기준이 충족되었는지를 판단하는 것은 관할 행정청의 재량에 속한다(대판 2020.6.11, 2020두34384).

② 행정처분의 상대방이 통지된 청문일시에 불출석하였다는 이유만으로 행정청이 관계 법령상 그 실시가 요구되는 청문을 실시하지 아니한 채 침해적 행정처분을 할 수는 없을 것이므로, 행정처분의 상대방에 대한 청문통지서가 반송되었다거나, 행정처분의 상대방이 청문일시에 불출석하였다는 이유로 청문을 실시하지 아니하고 한 침해적 행정처분은 위법하다(대판 2001.4.13, 2000두3337).

④ 일반적으로 당사자가 근거규정 등을 명시하여 신청하는 인허가 등을 거부하는 처분을 함에 있어 당사자가 그 근거를 알 수 있을 정도로 상당한 이유를 제시한 경우에는 당해 처분의 근거 및 이유를 구체적으로 명시하지 않았더라도 처분이 위법하다고 할 수 없다(대판 2002.5.17, 2000두8912).

정의(행정절차법 제2조)

이 법에서 사용하는 용어의 뜻은 다음과 같다.

4. "당사자 등"이란 다음 각 목의 자를 말한다.
   가. 행정청의 처분에 대하여 직접 그 상대가 되는 당사자
   나. 행정청이 직권으로 또는 신청에 따라 행정절차에 참여하게 한 이해관계인

47

정답 ①

주채무가 시효로 소멸한 때에는 보증인도 그 시효소멸을 원용할 수 있으며, 주채무자가 시효의 이익을 포기하더라도 보증인에게는 그 효력이 없다(대판 1991.1.29, 89다카1114).

48

정답 ③

오답분석

① 확정력에는 형식적 확정력(불가쟁력)과 실질적 확정력(불가변력)이 있다.

② 불가쟁력이란 행정행위의 상대방, 기타 이해관계인이 더 이상 그 효력을 다툴 수 없게 되는 힘을 의미한다.

④ 강제력에는 행정법상 의무위반자에게 처벌을 가할 수 있는 제재력과 행정법상 의무불이행자에게 의무의 이행을 강제할 수 있는 자력집행력이 있다.

49

정답 ④

채권자대위권은 채권자가 채무자의 권리를 행사하는 것이므로, 乙의 丙에 대한 채권은 소멸시효가 중단된다.

50

정답 ①

각 채무의 이행지가 다른 경우에도 상계할 수 있다. 그러나 상계하는 당사자는 상대방에게 상계로 인한 손해를 배상하여야 한다(민법 제494조).

한국마사회 필기전형 답안카드

성 명

지원 분야

문제지 형별기재란	
(　　　)형	Ⓐ Ⓑ

수 험 번 호						
⓪	⓪	⓪	⓪	⓪	⓪	⓪
①	①	①	①	①	①	①
②	②	②	②	②	②	②
③	③	③	③	③	③	③
④	④	④	④	④	④	④
⑤	⑤	⑤	⑤	⑤	⑤	⑤
⑥	⑥	⑥	⑥	⑥	⑥	⑥
⑦	⑦	⑦	⑦	⑦	⑦	⑦
⑧	⑧	⑧	⑧	⑧	⑧	⑧
⑨	⑨	⑨	⑨	⑨	⑨	⑨

감독위원 확인
㉑ 인

1	① ② ③ ④	21	① ② ③ ④	41	① ② ③ ④	61	① ② ③ ④	81	① ② ③ ④
2	① ② ③ ④	22	① ② ③ ④	42	① ② ③ ④	62	① ② ③ ④	82	① ② ③ ④
3	① ② ③ ④	23	① ② ③ ④	43	① ② ③ ④	63	① ② ③ ④	83	① ② ③ ④
4	① ② ③ ④	24	① ② ③ ④	44	① ② ③ ④	64	① ② ③ ④	84	① ② ③ ④
5	① ② ③ ④	25	① ② ③ ④	45	① ② ③ ④	65	① ② ③ ④	85	① ② ③ ④
6	① ② ③ ④	26	① ② ③ ④	46	① ② ③ ④	66	① ② ③ ④	86	① ② ③ ④
7	① ② ③ ④	27	① ② ③ ④	47	① ② ③ ④	67	① ② ③ ④	87	① ② ③ ④
8	① ② ③ ④	28	① ② ③ ④	48	① ② ③ ④	68	① ② ③ ④	88	① ② ③ ④
9	① ② ③ ④	29	① ② ③ ④	49	① ② ③ ④	69	① ② ③ ④	89	① ② ③ ④
10	① ② ③ ④	30	① ② ③ ④	50	① ② ③ ④	70	① ② ③ ④	90	① ② ③ ④
11	① ② ③ ④	31	① ② ③ ④	51	① ② ③ ④	71	① ② ③ ④	91	① ② ③ ④
12	① ② ③ ④	32	① ② ③ ④	52	① ② ③ ④	72	① ② ③ ④	92	① ② ③ ④
13	① ② ③ ④	33	① ② ③ ④	53	① ② ③ ④	73	① ② ③ ④	93	① ② ③ ④
14	① ② ③ ④	34	① ② ③ ④	54	① ② ③ ④	74	① ② ③ ④	94	① ② ③ ④
15	① ② ③ ④	35	① ② ③ ④	55	① ② ③ ④	75	① ② ③ ④	95	① ② ③ ④
16	① ② ③ ④	36	① ② ③ ④	56	① ② ③ ④	76	① ② ③ ④	96	① ② ③ ④
17	① ② ③ ④	37	① ② ③ ④	57	① ② ③ ④	77	① ② ③ ④	97	① ② ③ ④
18	① ② ③ ④	38	① ② ③ ④	58	① ② ③ ④	78	① ② ③ ④	98	① ② ③ ④
19	① ② ③ ④	39	① ② ③ ④	59	① ② ③ ④	79	① ② ③ ④	99	① ② ③ ④
20	① ② ③ ④	40	① ② ③ ④	60	① ② ③ ④	80	① ② ③ ④	100	① ② ③ ④

〈절취선〉

한국마사회 필기전형 답안카드

성 명

지원 분야

문제지 형별기재란	
(　　　)형	Ⓐ Ⓑ

수 험 번 호						
⓪	⓪	⓪	⓪	⓪	⓪	⓪
①	①	①	①	①	①	①
②	②	②	②	②	②	②
③	③	③	③	③	③	③
④	④	④	④	④	④	④
⑤	⑤	⑤	⑤	⑤	⑤	⑤
⑥	⑥	⑥	⑥	⑥	⑥	⑥
⑦	⑦	⑦	⑦	⑦	⑦	⑦
⑧	⑧	⑧	⑧	⑧	⑧	⑧
⑨	⑨	⑨	⑨	⑨	⑨	⑨

감독위원 확인
인

1	① ② ③ ④	21	① ② ③ ④	41	① ② ③ ④	61	① ② ③ ④	81	① ② ③ ④
2	① ② ③ ④	22	① ② ③ ④	42	① ② ③ ④	62	① ② ③ ④	82	① ② ③ ④
3	① ② ③ ④	23	① ② ③ ④	43	① ② ③ ④	63	① ② ③ ④	83	① ② ③ ④
4	① ② ③ ④	24	① ② ③ ④	44	① ② ③ ④	64	① ② ③ ④	84	① ② ③ ④
5	① ② ③ ④	25	① ② ③ ④	45	① ② ③ ④	65	① ② ③ ④	85	① ② ③ ④
6	① ② ③ ④	26	① ② ③ ④	46	① ② ③ ④	66	① ② ③ ④	86	① ② ③ ④
7	① ② ③ ④	27	① ② ③ ④	47	① ② ③ ④	67	① ② ③ ④	87	① ② ③ ④
8	① ② ③ ④	28	① ② ③ ④	48	① ② ③ ④	68	① ② ③ ④	88	① ② ③ ④
9	① ② ③ ④	29	① ② ③ ④	49	① ② ③ ④	69	① ② ③ ④	89	① ② ③ ④
10	① ② ③ ④	30	① ② ③ ④	50	① ② ③ ④	70	① ② ③ ④	90	① ② ③ ④
11	① ② ③ ④	31	① ② ③ ④	51	① ② ③ ④	71	① ② ③ ④	91	① ② ③ ④
12	① ② ③ ④	32	① ② ③ ④	52	① ② ③ ④	72	① ② ③ ④	92	① ② ③ ④
13	① ② ③ ④	33	① ② ③ ④	53	① ② ③ ④	73	① ② ③ ④	93	① ② ③ ④
14	① ② ③ ④	34	① ② ③ ④	54	① ② ③ ④	74	① ② ③ ④	94	① ② ③ ④
15	① ② ③ ④	35	① ② ③ ④	55	① ② ③ ④	75	① ② ③ ④	95	① ② ③ ④
16	① ② ③ ④	36	① ② ③ ④	56	① ② ③ ④	76	① ② ③ ④	96	① ② ③ ④
17	① ② ③ ④	37	① ② ③ ④	57	① ② ③ ④	77	① ② ③ ④	97	① ② ③ ④
18	① ② ③ ④	38	① ② ③ ④	58	① ② ③ ④	78	① ② ③ ④	98	① ② ③ ④
19	① ② ③ ④	39	① ② ③ ④	59	① ② ③ ④	79	① ② ③ ④	99	① ② ③ ④
20	① ② ③ ④	40	① ② ③ ④	60	① ② ③ ④	80	① ② ③ ④	100	① ② ③ ④

한국마사회 필기전형 답안카드

성 명

지원 분야

문제지 형별기재란	
(　　　)형	Ⓐ Ⓑ

수 험 번 호						
⓪	⓪	⓪	⓪	⓪	⓪	⓪
①	①	①	①	①	①	①
②	②	②	②	②	②	②
③	③	③	③	③	③	③
④	④	④	④	④	④	④
⑤	⑤	⑤	⑤	⑤	⑤	⑤
⑥	⑥	⑥	⑥	⑥	⑥	⑥
⑦	⑦	⑦	⑦	⑦	⑦	⑦
⑧	⑧	⑧	⑧	⑧	⑧	⑧
⑨	⑨	⑨	⑨	⑨	⑨	⑨

감독위원 확인
인

1	① ② ③ ④	21	① ② ③ ④	41	① ② ③ ④	61	① ② ③ ④	81	① ② ③ ④
2	① ② ③ ④	22	① ② ③ ④	42	① ② ③ ④	62	① ② ③ ④	82	① ② ③ ④
3	① ② ③ ④	23	① ② ③ ④	43	① ② ③ ④	63	① ② ③ ④	83	① ② ③ ④
4	① ② ③ ④	24	① ② ③ ④	44	① ② ③ ④	64	① ② ③ ④	84	① ② ③ ④
5	① ② ③ ④	25	① ② ③ ④	45	① ② ③ ④	65	① ② ③ ④	85	① ② ③ ④
6	① ② ③ ④	26	① ② ③ ④	46	① ② ③ ④	66	① ② ③ ④	86	① ② ③ ④
7	① ② ③ ④	27	① ② ③ ④	47	① ② ③ ④	67	① ② ③ ④	87	① ② ③ ④
8	① ② ③ ④	28	① ② ③ ④	48	① ② ③ ④	68	① ② ③ ④	88	① ② ③ ④
9	① ② ③ ④	29	① ② ③ ④	49	① ② ③ ④	69	① ② ③ ④	89	① ② ③ ④
10	① ② ③ ④	30	① ② ③ ④	50	① ② ③ ④	70	① ② ③ ④	90	① ② ③ ④
11	① ② ③ ④	31	① ② ③ ④	51	① ② ③ ④	71	① ② ③ ④	91	① ② ③ ④
12	① ② ③ ④	32	① ② ③ ④	52	① ② ③ ④	72	① ② ③ ④	92	① ② ③ ④
13	① ② ③ ④	33	① ② ③ ④	53	① ② ③ ④	73	① ② ③ ④	93	① ② ③ ④
14	① ② ③ ④	34	① ② ③ ④	54	① ② ③ ④	74	① ② ③ ④	94	① ② ③ ④
15	① ② ③ ④	35	① ② ③ ④	55	① ② ③ ④	75	① ② ③ ④	95	① ② ③ ④
16	① ② ③ ④	36	① ② ③ ④	56	① ② ③ ④	76	① ② ③ ④	96	① ② ③ ④
17	① ② ③ ④	37	① ② ③ ④	57	① ② ③ ④	77	① ② ③ ④	97	① ② ③ ④
18	① ② ③ ④	38	① ② ③ ④	58	① ② ③ ④	78	① ② ③ ④	98	① ② ③ ④
19	① ② ③ ④	39	① ② ③ ④	59	① ② ③ ④	79	① ② ③ ④	99	① ② ③ ④
20	① ② ③ ④	40	① ② ③ ④	60	① ② ③ ④	80	① ② ③ ④	100	① ② ③ ④

〈절취선〉

한국마사회 필기전형 답안카드

성 명

지원 분야

문제지 형별기재란	
(　　　)형	Ⓐ Ⓑ

수 험 번 호						
⓪	⓪	⓪	⓪	⓪	⓪	⓪
①	①	①	①	①	①	①
②	②	②	②	②	②	②
③	③	③	③	③	③	③
④	④	④	④	④	④	④
⑤	⑤	⑤	⑤	⑤	⑤	⑤
⑥	⑥	⑥	⑥	⑥	⑥	⑥
⑦	⑦	⑦	⑦	⑦	⑦	⑦
⑧	⑧	⑧	⑧	⑧	⑧	⑧
⑨	⑨	⑨	⑨	⑨	⑨	⑨

감독위원 확인
인

1	① ② ③ ④	21	① ② ③ ④	41	① ② ③ ④	61	① ② ③ ④	81	① ② ③ ④
2	① ② ③ ④	22	① ② ③ ④	42	① ② ③ ④	62	① ② ③ ④	82	① ② ③ ④
3	① ② ③ ④	23	① ② ③ ④	43	① ② ③ ④	63	① ② ③ ④	83	① ② ③ ④
4	① ② ③ ④	24	① ② ③ ④	44	① ② ③ ④	64	① ② ③ ④	84	① ② ③ ④
5	① ② ③ ④	25	① ② ③ ④	45	① ② ③ ④	65	① ② ③ ④	85	① ② ③ ④
6	① ② ③ ④	26	① ② ③ ④	46	① ② ③ ④	66	① ② ③ ④	86	① ② ③ ④
7	① ② ③ ④	27	① ② ③ ④	47	① ② ③ ④	67	① ② ③ ④	87	① ② ③ ④
8	① ② ③ ④	28	① ② ③ ④	48	① ② ③ ④	68	① ② ③ ④	88	① ② ③ ④
9	① ② ③ ④	29	① ② ③ ④	49	① ② ③ ④	69	① ② ③ ④	89	① ② ③ ④
10	① ② ③ ④	30	① ② ③ ④	50	① ② ③ ④	70	① ② ③ ④	90	① ② ③ ④
11	① ② ③ ④	31	① ② ③ ④	51	① ② ③ ④	71	① ② ③ ④	91	① ② ③ ④
12	① ② ③ ④	32	① ② ③ ④	52	① ② ③ ④	72	① ② ③ ④	92	① ② ③ ④
13	① ② ③ ④	33	① ② ③ ④	53	① ② ③ ④	73	① ② ③ ④	93	① ② ③ ④
14	① ② ③ ④	34	① ② ③ ④	54	① ② ③ ④	74	① ② ③ ④	94	① ② ③ ④
15	① ② ③ ④	35	① ② ③ ④	55	① ② ③ ④	75	① ② ③ ④	95	① ② ③ ④
16	① ② ③ ④	36	① ② ③ ④	56	① ② ③ ④	76	① ② ③ ④	96	① ② ③ ④
17	① ② ③ ④	37	① ② ③ ④	57	① ② ③ ④	77	① ② ③ ④	97	① ② ③ ④
18	① ② ③ ④	38	① ② ③ ④	58	① ② ③ ④	78	① ② ③ ④	98	① ② ③ ④
19	① ② ③ ④	39	① ② ③ ④	59	① ② ③ ④	79	① ② ③ ④	99	① ② ③ ④
20	① ② ③ ④	40	① ② ③ ④	60	① ② ③ ④	80	① ② ③ ④	100	① ② ③ ④

2026 최신판 시대에듀 한국마사회 통합기본서

개정11판1쇄 발행	2025년 10월 20일 (인쇄 2025년 09월 11일)
초 판 발 행	2013년 01월 07일 (인쇄 2012년 10월 10일)
발 행 인	박영일
책 임 편 집	이해욱
편 저	SDC(Sidae Data Center)
편 집 진 행	여연주 · 오세혁
표지디자인	김경모
편집디자인	유가영 · 장성복
발 행 처	(주)시대고시기획
출 판 등 록	제 10-1521호
주 소	서울시 마포구 큰우물로 75 [도화동 538 성지 B/D] 9F
전 화	1600-3600
팩 스	02-701-8823
홈 페 이 지	www.sdedu.co.kr

I S B N	979-11-383-9867-1 (13320)
정 가	25,000원

한국 마사회

통합기본서

최신 출제경향 전면 반영

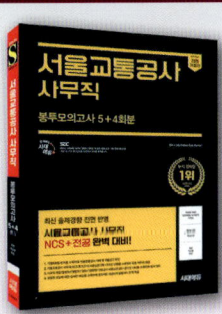

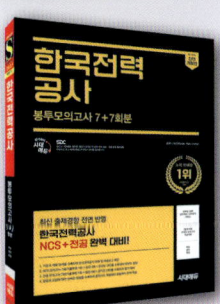

NEXT STEP
시대에듀가 합격을 준비하는
당신에게 제안합니다.
성공의 기회
시대에듀를 잡으십시오.
시대에듀
기회란 포착되어 활용되기 전에는 기회인지조차 알 수 없는 것이다.
– 마크 트웨인 –